O
HUMANO SER

CIP-BRASIL. CATALOGAÇÃO NA PUBLICAÇÃO
SINDICATO NACIONAL DOS EDITORES DE LIVROS, RJ

G53h   Godinho, Bruno
            O humano ser / Bruno Godinho. – 1. ed. – Porto Alegre [RS] : AGE, 2024.
            320 p. ; 16x23 cm.

            ISBN 978-65-5863-269-6
            ISBN E-BOOK 978-65-5863-268-9

            1. Espiritismo – Obras populares. 2. Espiritualidade. I. Título.

24-88564   CDD: 133.9
                        CDU: 133.9

Gabriela Faray Ferreira Lopes – Bibliotecária – CRB-7/6643

BRUNO GODINHO

O
HUMANO SER

Editora AGE

PORTO ALEGRE, 2024

© Bruno Freitas Godinho, 2024

Capa:
Nathalia Real,
utilizando imagem de Pixabay

Diagramação:
Júlia Seixas

Revisão e supervisão editorial:
Paulo Flávio Ledur

Editoração eletrônica:
Ledur Serviços Editoriais Ltda.

Reservados todos os direitos de publicação à
LEDUR SERVIÇOS EDITORIAIS LTDA.
editoraage@editoraage.com.br
Rua Valparaíso, 285 – Bairro Jardim Botânico
90690-300 – Porto Alegre, RS, Brasil
Fone: (51) 3223-9385 | Whats: (51) 99151-0311
vendas@editoraage.com.br
www.editoraage.com.br

Impresso no Brasil / Printed in Brazil

Nossos agradecimentos ao Espírito Vianna de Carvalho – amigo de longos séculos e mentor do Grupo O Humano Ser. Também nossas sinceras gratulações ao Espírito Inácio de Loyola – coordenador desta obra –, a Frederich William Henry Myers, e a tantos outros benfeitores espirituais que nos fizeram enxergar que o *dever de amar* jamais irá sobrepor o *amor ao dever*.

SUMÁRIO

Mensagem espiritual 9
Exórdio..11

PARTE I
CIÊNCIAS PSÍQUICAS

Fisiologia e psicologia 27
Magnetismo e hipnotismo 36
Metapsíquica 43
Histeria..58
Sigmund Freud 65
Carl Gustav Jung 74
Parapsicologia 78
Espiritismo e psicologia..81

PARTE II
VEÍCULOS DA CONSCIÊNCIA

O psiquismo 87
Corpo físico..91
Corpo astral..98
Corpo etérico...111
Corpo mental...114
Aura...120

Corpo causal 123

Novas dimensões 125

PARTE III
SAÚDE MENTAL

O cérebro 133

Estados emocionais 136

Neurose 139

O sistema límbico 154

Obsessão 161

O obsessor e sua vítima 171

Obsessão e loucura 179

Suicídio? Jamais! 183

PARTE IV
O SER REFLEXIVO

Atividade pensante 197

Memória e vontade 201

O tempo 207

E agora? 256

Níveis da consciência 268

Como funciona a Evolução? 278

Liberdade da vontade 287

Intuição 294

Epílogo 308

Referências 317

MENSAGEM ESPIRITUAL

Mensagem espiritual (psicográfica) recebida no dia 09/12/2023, entre 21h33 e 21h50, durante a reunião do grupo *O Humano Ser*, na cidade de Porto Alegre, RS. O médium, que nos pediu permanecer no anonimato, concedeu servir de instrumento, totalmente passivo, ao que o Espírito desejava passar. Somente por isso já tem o nosso mais digno respeito e carinho. Salientamos, porém, que ele mesmo se reconhece como alguém que ainda não compreende a Natureza como um gigante livro que Deus desdobrou aos olhos da criatura humana – um grande símbolo cujo significado só se desvenda à medida que o indivíduo se identifica com Seu Autor.

A profundidade dos atos, através dos sentimentos da vontade, mensura o quão longe já chegamos. Viajores do tempo e do espaço, sempre à procura de respostas que não preenchem os questionamentos da alma, vibram conforme recebem as informações.

Tudo muda sob a óptica do olhar interior; muda conforme as percepções internas e permissões da Natureza. Voltamos, buscamos, deixamos, retornamos, sempre como viajores, livres cada vez mais, distantes das amarras do mundo, sempre ligados ao nosso modelo e guia, o Cristo.

Superando os próprios limites, limitados apenas pela ignorância da Substância, com a certeza da infinitude e da bondade do universo, sigam na direção dos objetivos, no equilíbrio dos sentimentos, no respeito das limitações absorvidos pelo Amor Universal.

Baruch Spinoza

EXÓRDIO

A epígrafe deste livro diz respeito a uma condição, um conjunto de características indestrutíveis inerentes ao **fenômeno humano**, que, por sua vez, apenas **ostenta a manifestação do ser**. É o próprio Homem como objeto da fenomenologia científica, isto é, o *fato experimental* do aparecimento em nosso Universo.[1]

Como fenômeno humano, o que nos distingue de todos os demais seres inferiores da Natureza é nossa capacidade racional, pois não somos apenas **animais racionais**, como preconizava Aristóteles (384-322 a.C.), mas **animais reflexivos**. Melhor dizendo: o fenômeno humano não é apenas a manifestação de **um ser que sabe**, mas de **um ser que sabe que sabe** (*Homo sapiens sapiens*), sob forma pensante e reflexiva. Os animais, todavia, pensam, embora não raciocinem (não reflitam).

O momento mais decisivo para o Humano Ser é aquele que, caindo-lhe a venda dos olhos (da alma), descobre que não é um elemento perdido no Cosmo, mas que **é** uma vontade de viver universal que nele converge e se hominiza. Ou seja, o Homem, não mais centro estático do mundo, como muito tempo se acreditou, mas eixo e flecha da Evolução, porquanto se descobre ele próprio ascendendo em um movimento de *complexidade-consciência*.[2]

Vejamos. Enquanto o Homem está mergulhado no mundo do pensamento – o reino mental –, a consciência fica circunscrita pelas suas limitações – uma espécie de vertigem na matéria.

Sócrates, na Grécia antiga, considerado pelo Templo de Delfos como o homem mais sábio daquele país, disse:

> [...] A alma se transvia e perturba quando se serve do corpo para considerar qualquer objeto; tem vertigem, como se estivesse ébria, porque se prende a coisas que estão, por sua natureza, sujeitas a mudanças; ao passo que, quando contempla a sua própria essência, dirige-se para o que é puro, eterno, imortal, e, sendo ela des-

sa natureza, permanece aí ligada, por tanto tempo quanto possa. Cessam, então, os seus transviamentos, pois que está unida ao que é imutável, e a esse estado da alma é que se chama sabedoria.[3]

Helena Blavatsky (1831-1891), como era conhecida, foi o exemplo da mais ousada pesquisa no campo do mundo oculto, exumando, à luz do dia, os segredos da humanidade esotérica. Em seu legado, deixou a obra denominada *A Doutrina Secreta* – uma síntese de História, Ciência, Religião e Filosofia. Mas queremos aqui deixar registrado o que ela escreveu em seu livro *A Voz do Silêncio*:

> [...] Esta Terra, discípulo, é a sala da tristeza onde existem pelo caminho das duras provações, armadilhas para prender o teu Eu na ilusão chamada a "grande heresia". Quis ela dizer que o Universo objetivo é a **grande ilusão**, à qual se acopla a ilusão da personalidade (O NÃO EU); ao passo que a **grande heresia** é a de que a alma é algo separado do Ser universal, Uno e Infinito.

O maior físico teórico de todos os tempos, Albert Einstein (1879-1955) assim falou:

> [...] Um ser humano é parte limitada no tempo e no espaço de um todo por nós chamado de Universo. Ele tem pensamentos e sentimentos como algo separado do restante – uma espécie de ilusão ótica da Consciência. Essa ilusão é como uma prisão para nós, restringindo-nos a decisões pessoais e ao afeto por algumas pessoas mais próximas. A tarefa que nos cabe é liberar a nós mesmos dessa prisão, ampliando nosso círculo de compaixão para abraçar todas as criaturas e toda a natureza em sua beleza.[4]

Sua Voz, em *A Grande Síntese*, capítulo XXIX, diz:

> [...] O limite sensório é restrito e, diante da realidade das coisas, mantém-vos num estado que poderia chamar-se de contínua alucinação. [...] O relativo vos submerge, a Consciência que se apoia na síntese sensória é um horizonte circular fechado.

A vertigem sobre entendimento da realidade espiritual, quando se está encarnado, ocorre porque nos deixamos envolver pelos matizes do pensamento e ação que predominam no *lado de cá da Vida*. No entanto, mergulhar na vilegiatura carnal não precisa assumir as proporções de um confronto nem as características de uma acomodada entrega, até mesmo porque a reencarnação, a que todos estamos sujeitos, é provida, em suas próprias leis naturais, de espaço para a movimentação de nosso psiquismo.

A dicotomia *personalidade/individualidade* seria mais bem explicada se compreendêssemos que essa dualidade é meramente operacional. Ou seja, a parte encarnada (alma) não se separa do todo, mas apenas fica imersa, por uma ponta, num plano vibratório diferente, para não dizer inferior (no mundo). Há, portanto, **uma só consciência**, embora esteja ela em dois níveis de conscientização.

Logo, essa divisão, entre personalidade (alma) e individualidade (espírito), é apenas didática, já que são muitas as situações e os aspectos da Vida que precisamos separar arbitrariamente para podermos entender. Embora tenhamos dito, alhures, o psiquismo humano, como forma didática de entendimento ao leitor, afirmamos que à luz da psicologia profunda não há consciente e inconsciente, mas, repetimos: **uma só consciência que se manifesta em campos vitais diferentes do mesmo ser**. Não é menos verdade que a individualidade está sempre ali – na personalidade –, mas não procura interferir senão em situações nas quais isso seja absolutamente necessário, e, mesmo assim, sem usar o mecanismo da linguagem falada, que não faz parte de suas faculdades e atribuições, porquanto a linguagem da individualidade é o pensamento.

Um exemplo simples, mas notável, do saudoso escritor Hermínio Miranda, em seu livro *Alquimia da Mente*, capítulo III, aqui reproduziremos para que o leitor fixe melhor o que dissemos no parágrafo acima:

> [...] O mergulhador que se reveste de equipamento especial para descer ao fundo do oceano, não se dividiu em dois; ele apenas aceitou as limitações que a roupagem lhe impõe, a fim de poder atuar em meio que não lhe é próprio. É um estar ali por necessidade imperiosa de desempenhar alguma tarefa relevante no fundo do mar, mas deve esforçar-se por ser breve, de modo a retornar logo que possível ao seu ambiente normal. Enquanto ali estiver, por outro lado, tem seus movimentos severamente inibidos, tanto quanto seus sentidos (visão, audição, paladar, tato e olfato). Há que admitir-se, contudo, certa dicotomia inevitável, porque, embora uno no psiquismo básico, ele tem que dividir sua atenção entre uma espécie de consciência que o faz como mergulhador e outra que administra sua condição de ser humano. É como se sua individualidade houvesse criado uma personalidade específica para atuar no meio líquido.

Pois bem, o Humano Ser, na zona consciente, isto é, ligado ao corpo físico, desenvolve ações, em sua existência física, que posteriormente reprova por serem maléficas e, por essa razão, procura expurgá-las. Entretanto, não havendo neutralização por um ato construtivo, de mesmo peso específico do mal que fizera, o caminho torna-se para dentro, em camada mais profunda do psiquismo, isto é, no subconsciente. Resultado? Essa zona absorve a energia doente e a exterioriza de modo a provocar, através da dor, o equilíbrio.

Os conflitos e complexos – resultados mais comuns desse mecanismo de exteriorização das energias doentias do subconsciente para o consciente – sempre estarão separados do inconsciente, embora funcionando de forma autônoma. Os conflitos e complexos, com suas cargas afetivas, contendo forças e nuanças variadas, despejam-se na zona consciente, na maioria das vezes sob forma de símbolos, oferecendo características tipicamente neuróticas – resultado das emoções desequilibradas na economia da Vida Maior.

Os lados direito e esquerdo do cérebro têm funções específicas, e mais interessante é que têm capacidade de funcionar praticamente de maneira independente um do outro. Em psicologia, isso é chamado de *lateralização da função cerebral*. Em 1960, o neurobiologista e fisiologista americano Roger Sperry (1913-1994) começou a conduzir experimentos em pacientes com epilepsia, e descobriu que, cortando a estrutura responsável pela conexão e pela comunicação entre os dois hemisférios cerebrais – o corpo caloso –, as convulsões podiam ser reduzidas ou até eliminadas.

Sperry conseguiu demonstrar, com sucesso, que os hemisférios direito e esquerdo do cérebro eram responsáveis por diferentes funções e que cada hemisfério tinha a capacidade de aprender. Em 1981, embora tenha sido agraciado com o Prêmio Nobel por seu trabalho em lateralização cerebral, temos que confessar que o eminente fisiologista desconhecia a realidade do Espírito imortal – verdadeiro maestro que rege a orquestra desses dois instrumentos comunicáveis entre si. A despeito disso, o Espiritismo tem recursos suficientes para se apoiar nas pesquisas científicas de Sperry, enriquecendo seu trabalho. É o que veremos a seguir.

A zona consciente, no psiquismo humano, tem sua ação no hemisfério esquerdo do cérebro, já que atende ao Espírito enquanto encarnado. É o território onde se implantam as raízes da personalidade, ou seja, do ser encarnado, que, por sua vez, Allan Kardec denominou de **alma**. É, sem dúvida, o hemisfério da comunicação verbal com os demais seres no ambiente em que vive – local que se ocupa do imediato, das coisas do mundo, da sobrevivência física do ser.

Já o hemisfério direito é a cabine de comando da consciência quando encarnado está o Espírito. As zonas inconsciente e subconsciente exercem papel fundamental no hemisfério direito do cérebro, com caracteres não verbais, espaciais, dotado de condições para a apreciação de aspectos imateriais, como a música, por exemplo. É a área reservada para as interpretações da individualidade, que, a seu turno, estaria conectada com a realidade invisível. É o local programado para as tarefas que promovem, a longuíssimo prazo, os objetivos finais do processo evolutivo.

A atividade mental exercida pelo Espírito, enquanto encarnado, com apoio no lado direito do cérebro, não pode ser entendida como ação independentemente da vontade, feita sem pensar, sem reflexão, involuntária. Em verdade, a atitude é tão consciente (ou mais) do que a que se desenrola no hemisfério esquerdo do cérebro; **o acesso do pensamento dito consciente a ela** é que é **difícil**. Em outras palavras: as zonas inconsciente e subconsciente não são irracionais; elas apenas funcionam fora do alcance da zona consciente. Portanto, elas têm suas programações inteligentes, suas memórias, seus conhecimentos, suas histórias.

Um exemplo para elucidar: vamos supor que um paciente que sofreu a cirurgia de divisão do corpo caloso *típico* (responsável pelo processamento de linguagem no hemisfério esquerdo) esteja sentado, olhando para frente e focalizando em um ponto localizado no meio de uma tela, dividido em duas partes. A figura de uma colher lhe é apresentada do lado direito da tela. Nesse instante, a informação cruza o *quiasma óptico* e acaba sendo processada no hemisfério esquerdo. Quando o paciente é perguntado sobre o nome do objeto que ele viu, ele não tem problema em dizer que se trata de uma colher. Todavia, se essa colher fosse apresentada do lado esquerdo da tela, a imagem seria processada pelo hemisfério direito. Resultado? Se perguntarmos ao paciente o que era a figura apresentada, ele irá nos responder que não havia nada na tela. Mas, se pedirmos para o paciente pegar **um objeto** usando apenas a mão esquerda, ele irá corretamente pegar a colher. Isso acontece porque a informação tátil da mão esquerda é processada pelo hemisfério direito do cérebro, ou seja, o lado que viu a colher na tela. Porém, se perguntarmos ao paciente o nome do objeto, mesmo que a colher esteja em sua mão esquerda, ele não conseguirá nos dizer, pois o hemisfério direito não consegue nomear o objeto, já que ele não é verbal.

No exemplo supracitado, subsidiado no experimento de Roger Sperry, vemos um diferente conceito de racionalidade e não um estado de irracionalidade. Isso se dá porque as coisas se passam numa área psíquica fora do alcance do estado de vigília.

Personalidade é sinônimo de *alma*. A alma, portanto, é a área do EU que se encontra mergulhada na carne, ao passo que a porção mais nobre, se assim podemos nos expressar, ou seja, o *self* (a individualidade) permanece ligada às suas origens e ao seu **ambiente cósmico**, em relativa liberdade.

Aproveitando o ensejo, colocaremos, na íntegra, uma mensagem recebida por um Espírito nobre que, oportunamente, o admirável escritor espiritualista Hermínio Miranda exarou em sua obra *Alquimia da Mente*:

> A individualidade não é perfeita, pronta e acabada, apenas dotada, por suas origens divinas, de perfeição latente, ou seja, potencial. A personalidade, a seu turno, habituada a um contexto limitado para o qual foi programada, tem, na experiência de visão cósmica ou êxtase, a impactante sensação de estar, de repente, na posse de conhecimento ilimitado.
>
> De fato, o conhecimento da individualidade, incomparavelmente mais amplo, pode até causar tal impressão à personalidade, que praticamente ignora o que se passa no contexto da individualidade. Mesmo porque, esta projeta, ao reencarnar-se, apenas diminuta fração de si mesma, se é que assim se pode dizer. Daí ficar incapacitada de expressar, através da personalidade, todo o seu potencial, em vista das limitações impostas pelo condicionamento desta ao corpo físico ao qual se acha acoplada.
>
> Nas experiências de visão cósmica, a personalidade se vê, de repente, diante de um insuspeitado saber ao qual jamais teria acesso em sua condição normal. A individualidade, por sua vez, pela sua origem divina, participa de todo o conhecimento, mas a ele vai acessando gradativamente, segundo seu grau de adiantamento evolutivo, nunca atingindo, contudo, o conhecimento total, infinito, que só a Divindade possui.
>
> Pelo mecanismo da reencarnação, a individualidade vai aprendendo a vencer as limitações da matéria e a dominá-la, sendo cada vez mais ela própria, até que a personalidade não lhe constitua empecilho à sua manifestação.
>
> Se assim não fosse, não haveria etapas evolutivas a vencer e o próprio conceito de evolução não faria sentido. A individualidade evolui; a personalidade não; ela apenas revela parcialmente o grau evolutivo daquela. Quando uma individualidade atinge o nível evolutivo do Cristo, por exemplo, a matéria na qual se acha

mergulhada a personalidade não oferece mais nenhum obstáculo à expressão da individualidade – não representará mais qualquer limitação.

Nesse ponto, a individualidade terá atingido a perfeita união com a Divindade. Ao declarar que era um com o Pai, o Cristo caracterizou sutil modalidade de relacionamento: estar em, sem ser, Deus.

Tudo quanto fazemos, dizemos e pensamos grava-se no cosmos, e não especificamente em nós. É exarado numa espécie de compartimento cósmico reservado para uso pessoal de cada ser vivo, como esses armários coletivos de ginásios esportivos e colégios, do qual cada um tem o seu espaço e chave. Esse armário, porém, seria estruturado em matéria imponderável, isto é, em campos energéticos. Dir-se-ia, segundo a Teosofia, no *éter*, nos *registros akásicos* ou, segundo o Espiritismo, no *Fluido Cósmico Universal*. Pensando assim, pode-se melhor compreender os fenômenos da psicometria, como também as famosas telas mentais que o Espírito André Luiz narra em suas obras, pela mediunidade de Francisco Cândido Xavier, demonstrados nos fenômenos de intercâmbio mediúnico.[5]

O Espírito Ramatís traz uma mensagem notória, retirada da obra *A Sobrevivência do Espírito*, páginas 195 e 196. Vejamo-la:

> Como o espírito é centelha emanando da Chama Viva do Cosmo, que vem a ser o próprio Deus eternamente presente na sua Criação, nós também participamos e vivemos da sua Onisciência e Onipresença, embora ainda não estejamos suficientemente capacitados para usufruir de todo o conhecimento e poder nele existentes. A nossa consciência espiritual, na verdade, mantém-se em contato com todos os demais planos da vida cósmica, embora ainda desconheçamos a natureza dos demais corpos ou energias que se responsabilizam por tal acontecimento, o que só verificamos em futuro remoto.
>
> Mas tanto o perispírito como o corpo físico não passam de verdadeiros interruptores da visão espiritual infinita, que reduzem a influência limitada da massa da consciência total do Criador. Eles eliminam o excesso da Onisciência, transferindo para o homem apenas o conhecimento e apropriado a consolidar a sua consciência individual. É através desse conhecimento menor, mas incessantemente renovado e em expansão, devido ao intercâmbio educativo com os mundos transitórios da matéria, que o Espírito vai compondo o seu campo consciencial e acumulando sua memória no seio da própria Consciência Cósmica de Deus. As consciências individuais, que se constituem nos Espíritos destacados do próprio Espírito Infinito, ampliam-se

sideralmente à medida que mais se lhes flui o conhecimento maior, fazendo-as progredir na percepção real do Sublime Princípio da Vida Imortal.

Assim é que os cérebros do perispírito e do corpo físico, como principais órgãos de atuação da consciência do homem no seio do Cosmo, funcionam então como verdadeiros interceptores e eliminadores do potencial máximo da Onisciência, assemelhando-se a válvulas redutoras que graduam e transmitem só o conhecimento suficiente para a razão coesiva do espírito individualizado em Deus. Interrompem, no mundo astral e no físico, a excessiva massa de conhecimentos sem limites, cumprindo-lhes eliminar o que ainda for inassimilável pelo núcleo espiritual humano ainda imaturo. Ademais, no Cosmo, tudo já existe perfeito e eterno, pois Deus não retrograda nem progride, mas é o próprio Conhecimento, o Poder e a Vontade elevados ao máximo potencial e humanamente indescritível! Só Ele pode suportar o máximo e o infinito Ser e Existir, além e acima de qualquer outro limite ou definição conceptual por parte do homem.

Em consequência, o homem não é um produtor de ideias nem criador de acontecimentos inéditos, mesmo submetendo-os a incessante progresso; mas, como tudo já existe num estado de absoluta perfeição e imutabilidade, integrado no Conhecimento Total do Criador, o espírito humano é apenas um captador de quantidade de conhecimento cabível em sua mente finita, e que ele gradua conforme sua capacidade de suportação racional ou de apreensão da própria consciência forjada no simbolismo do tempo.

E então se justificam os tradicionais conceitos bíblicos, quando rezam que o homem foi feito à imagem de Deus, ou que o reino de Deus está dentro do homem. Mesmo Jesus, num momento de elevada inspiração, afirmou que Ele e o Pai eram um, mostrando assim que no homem permanece latente o potencial da Onisciência e da Onipresença, embora ajustado à capacidade receptiva da consciência do indivíduo, ainda em crescimento, sem se confundir com o conhecimento total, que é infinito e eterno.

O cérebro físico é, pois, o redutor da Onisciência no mundo da matéria, sendo esta última fase da descida angélica, ou seja, a mais grosseira manifestação da Divindade. O cérebro perispiritual, no entanto, é o responsável por essa redução no plano da vida astral. Ambos selecionam, eliminam e ajustam somente aquilo que pode ser útil, suportável e entendível no campo da consciência-indivíduo e ajudam-na a se expandir e a despertar no seio da Consciência Cósmica de Deus.

[...] Estas máximas referem-se ao convite incessante que a Consciência Total de Deus lança na intimidade da consciência individual do homem que, na figura de verdadeiro filtro ativado por inextinguível poder e inteligência, capta o conhecimento cósmico na conformidade do grau de sua própria percepção. A alma humana busca o conhecimento definitivo e preexistente da Vida Real originada do Sublime Princípio Eterno, mas sem lhe poder acrescentar qualquer novidade, pois se pudesse fazer tal coisa, é evidente que também criaria algo desconhecido dentro do seio do próprio Deus. Então, seria uma absurdidade que a centelha espiritual do homem, que é produto da Criação, pudesse criar ineditismos no seio do próprio Criador donde emanou!

Malgrado, quando a mente está tranquila, surge forte insistência para a unidade com o Todo, trazendo inabalável certeza de que somente esse estado é o real e permanente; e que é esse o último refúgio que sempre buscamos, e o qual jamais perderemos. Nada existe além disso, pois ISSO É TUDO. Esse silêncio (interior) diz que EM todo Homem, nosso irmão, DEUS ali habita e que poderemos vê-lO nos olhos de todos. Esse é o País da Realidade! Onde estão as diferenças quando Nele habitamos? Quem viu qualquer sombra nesse País?

Este livro talvez tenha sido escrito para você, caro leitor; **não para vosso *ego* (exterior), mas para o *Eu Real*, pois tudo que estiver fora disso é vosso falso *ego*, a vossa ilusória personalidade, o vosso *maya* – o reino do irreal**. Se não surgir em vós o irresistível desejo de deixar o Eu Superior tomar a frente em vossas ações, através da *intuição* (tema este que abordaremos na parte IV desta obra), então é evidente que o vosso tempo ainda não chegou e os caminhos comuns da existência física serão mais apropriados para vós. A despeito disso, respeitamo-lo porque somos cientes de que cada qual tem o seu momento, o seu despertar – individual e intransferível –, conquanto a evolução, sendo um imperativo categórico, é para todos; é, por fim, a maneira pela qual a Criação se manifesta no espaço-tempo.

Por *espaço-tempo*, neste texto, devemos entender a organização do espaço e do tempo, no nível biológico, em um todo único e convergente, onde a figura do espaço é integrada na dimensão temporal de que representa o corte transversal. Melhor dizendo: o espaço é como que uma *fatia* do cone do tempo. Essa concepção é do padre jesuíta, filósofo, geólogo e paleontólogo Teilhard de Chardin (1881-1955), e não tem nada de semelhante com o espaço-tempo de Albert Einstein (1879-1955), que seria uma espacialização do tempo concomitantemente a uma geometrização da matéria. Estudaremos o espaço-tempo einsteiniano na parte IV deste livro, no texto n.º 3 (*O Tempo*), quando narrarmos sobre a Teoria da Relatividade Restrita.[6]

Encerramos nosso curto exórdio dizendo que o estudo do **fenômeno no Homem, do Homem como fenômeno e do fenômeno Humano** será longamente apresentado neste livro, em nossas considerações ulteriores. Isso se dará porque não podemos negligenciar o Humano Ser, que toma, paulatinamente, lugar preponderante nas construções da ciência moderna, como uma das grandes forças universais, reconhecida por biólogos, físicos, químicos, humanistas, antropólogos, etnógrafos, geólogos, etc.

Agradecimentos sinceros pela honra de vossa leitura.

Notas

1. A palavra *fenômeno*, no dicionário, significa tudo quanto é percebido pelos sentidos ou pela consciência. Sendo assim, é dado, é fato, e, por extensão, é objeto de experiência possível, porquanto se pode manifestar no tempo e no espaço, segundo as leis do entendimento.

    Sob a óptica filosófica, Immanuel Kant (1724-1804) define *fenômeno* como as realidades e as aparências interpretadas por nossa mente – ou seja, fenômeno, como aparência, é o modo que o Real tem de se mostrar e/ou ser percebido. E na filosofia do idealismo transcendental de Kant, ele faz a diferença entre *fenômeno* e *númeno*. Este último diz respeito às coisas que existem, independentemente da interpretação de nossa mente. Em outras palavras: númeno, como essência, modo de ser, é o próprio Real – a Divindade reconhecida em suas várias manifestações.

    Kant afirma que nós temos a habilidade de conhecer o mundo que nos é apresentado por nossa mente, e que o único conhecimento que temos, e sempre teremos, segundo Kant, **é o conhecimento dos fenômenos**. O filósofo prussiano afirma que nossa mente contextualiza e limita a Realidade e jamais seremos capazes de transcender essas limitações. Concordamos, em parte, com Kant, porquanto o vocábulo *jamais*, para nós, é inapropriado. É bem verdade que a mente tem sua função na evolução do Humano Ser, e que essa função, no estágio em que nos encontramos como criaturas imperfeitas, é limitada e pode guiar somente até certo nível. Mas além desse ponto começa outro novo – o campo superior da consciência (intuição). E a consciência cósmica é inatingível à criatura humana? Obviamente, não.

2. O Universo evolui por *complexificação* (material), por *conscientização* (espiritual), constituindo-se na maior unidade de complexidade (orgânica), de consciência (psíquica) que nos é dado observar. É o fenômeno por excelência.

    A complexidade é crescente. No curso do tempo aumenta. Uns após os outros, por desenvolvimentos ou *saltos*, vão surgindo seres materiais cada vez mais organizados, a saber: átomos, moléculas, células, organismos, etc., permitindo-nos mais do que escaloná-los logicamente, isto é, estabelecer fisicamente uma autêntica sucessão entre eles e calcular historicamente a *idade* de cada um.

Ao avançar nessa linha da complexidade, rastreamos também a manifestação crescente de **um foco íntimo de organização e integração, de uma interioridade. É a força que faz com que, num ser complexo, os vários elementos materiais se unifiquem para constituir aquele ser de raio determinado.** Exemplo: partículas em torno de um núcleo, átomos na molécula, moléculas na células, etc. Essa força, essa interioridade (consciência) está como *dentro* de cada ser e **o grau de interiorização (de espiritualidade)**, em função da qual *ele é mais*. Um micróbio, a quem possa interessar, é mais do que um cometa, pois sua complexidade faz dele um ser orgânico e **sua interioridade (consciência)** se manifesta numa capacidade original de se alimentar, crescer e reproduzir-se.

Tanto mais complexo um ser em sua estrutura material (maior número de elementos, mais bem ligados), maior sua centração, maior sua interiorização, maior seu psiquismo, maior sua consciência espiritual. Cada qual *sendo mais* do que o outro em função de sua *complexidade-consciência*, expressando-se ao máximo na criatura humana.

Tudo tem um *dentro*. O todo é bifacial. Sendo assim, matéria puramente inerte, totalmente bruta, NÃO EXISTE. Todo elemento do Universo contém, em um grau ao menos infinitesimal, alguma interioridade. E essa consciência, como a complexidade, é crescente, aumentando também no curso do tempo.

Nos corpos muito simples (minerais), excessivamente numerosos, a consciência permanece imperceptível, *como* se não existisse, a bem dizer. À medida, porém, que cresce a complexidade, a consciência emerge sempre mais à nossa experiência, e, por arranjos sucessivos, deixando de ser negligenciável, faz-se evidente, até patentear-se no Humano Ser.

Os físicos já aventaram a hipótese de um Universo em expansão. **Ora, por que não podemos encarar a perspectiva de um Universo em interiorização no complexo?** Ora:

[...] É assim que tudo serve, que tudo se encadeia na Natureza, desde o átomo primitivo até o arcanjo, que também começou por ser átomo. Admirável lei de harmonia, que o vosso acanhado espírito ainda não pode apreender em seu conjunto! (*O Livro dos Espíritos*, perg. 540.)

Eis aqui uma verdade: ser é unir – essa é a lei profunda da *complexidade-consciência*. Que é um átomo senão o resultado da união de partículas entre si e em torno do núcleo? O que é uma molécula senão a união de átomos? O que é uma célula senão a união de moléculas? O que são organismos senão as células reunidas em coletividades?

Cada ser representa sempre o fruto de uma união, e **é** essa união, organização, síntese de outros que lhe são inferiores e anteriores. Portanto, cada qual, ao seu nível, *é mais, é o novo*. Nesse sentido, a *união cria*.

Isso não significa que os seres, como tais, se percam e se destruam. Ao revés, até assumem maior significação no conjunto em que são agenciados. Exemplo: uma célula no organismo não é absolutamente eliminada, mas toma ali lugar e função específica. Do mesmo modo, as fibras nervosas de um cérebro, os membros de uma colônia de insetos, e por que não os indivíduos em grupos sociais? A verdadeira união *diferencia* e, no caso do Humano Ser, *personaliza*.

Não é uma intensificação de consciência, uma profunda valorização do *eu*, em termos de autonomia e autenticidade, que encontram na união de duas pessoas que se amam? Ora, maior valorização, e, portanto, maior liberdade quanto maior o Amor.

Cada unificação, na matéria (por fora) corresponde de algum modo a uma união no espírito (por *dentro*). E a cada nível ou grau de unificação-união corresponde um ser mais *complexo-consciente*, progressivo, aperfeiçoado, como demonstra a análise do fenômeno humano – atualmente, vanguarda da evolução.

Pois bem. Não somos apenas uma espécie de progresso biológico, não constituímos tão somente uma ramificação recente da árvore da vida, e muito menos nos reduzimos a elos da cadeia evolutiva cósmica. Cada um de nós – o Humano Ser – é ponto crítico, limiar, emersão, eclosão de uma ordem superior da realidade, **inauguração do todo novo**, criativo e livre, renovação do Universo, matriz do futuro.

É no Humano Ser que o Universo culmina, entrando nele, com ele e por ele. Em regime de autoevolução, **o Universo agora se pensa**, é livre para decidir, optar e resolver sobre o seu avanço.

Então, se a evolução deve avançar, pois não regride, só pode ser na direção *acima de nós*, isto é, por *dentro*, pelo espírito, em uma concentração crescente até um ponto de emergência final que nos leve ao eterno, imortalizando-nos.

Se *ser é unir*, e para ser mais é preciso unir cada vez mais, como se chama essa lei? Esse imperativo categórico? Fraternidade – ei-la no amor entre as criaturas, na universalização do saber, na promoção humana, no ecumenismo religioso, etc.

Infelizmente, disse Albert Einstein:

> Triste época! É mais fácil desintegrar um átomo do que um preconceito.

Em outras palavras: é mais fácil impedir, a essa altura, a Terra parar de girar em torno de si mesma, no movimento de rotação, a 1.600 km/h, ou suprimir sua translação em torno do Sol, a mais de 100.000 km/h, do que a humanidade se totalizar, se confraternizar pelos laços do Amor Universal. Mas esse é um outro assunto de que trataremos no livro *A Dor do Amor* (Editora AGE, 2025), de nossa autoria.

3. Sócrates *apud* Kardec. (*O Evangelho Segundo o Espiritismo*, Introdução IV.)
4. Peter Russel. (*Apud The Global Brain.*)
5. A psicometria é uma faculdade psíquica rara, visto que só a possuem pessoas dotadas de aguçada sensibilidade psíquica. Cada objeto pode ser um mediador para entrarmos em relação com as pessoas que se interessam por ele, e um registro de fatos da Natureza. É o caso dos paleontologistas, que, a seu turno, reconstituem determinadas peças da fauna pré-histórica por um simples osso encontrado a esmo. Quanto aos encarnados, qualquer pessoa, em se servindo de objetos pertencentes a outros, tais como ves-

tuários, leitos, adornos, pode sentir os reflexos daqueles que os usaram. Todavia, para que isso aconteça, repetimos: as pessoas devem ser portadoras de aguçada sensibilidade psíquica. A marca de nossa individualidade vibra onde vivemos, e, por elas, provocamos o bem ou o mal naqueles que entram em contato conosco.

No caso da psicometria, como faculdade mediúnica, o medianeiro possui olhos e ouvidos à distância do envoltório somático, operando o **desdobramento** do corpo físico, acompanhando o esboço do que ocorre no espaço e no tempo, obtendo, assim, as impressões e informações para os fins que se tenha procurado.

6. Sentimo-nos no dever de falarmos, à guisa de uma pequena biografia, do **coordenador espiritual desta obra** – Pierre Teilhard de Chardin. Nascido no dia 1.º de maio de 1881, em Sarcenat, aldeia de Auvergne, região ao sul da França, foi o quarto de uma família de onze filhos, e a piedade religiosa de sua mãe, Berthe de Dompierre d'Hornoy (1853-1936), juntada à formação científica de seu pai, Emmanuel Teilhard de Chardin (1844-1932), plasmaram, por assim dizer, o místico *filho do Céu* como o pesquisador *filho da Terra*.

Depois, tanto no noviço fervoroso da Companhia de Jesus como no aluno estudioso e interessado em geologia, foram se formando o sacerdote e o pesquisador da Natureza.

Mal professa os primeiros votos, na França alguns ficaram por vezes com a impressão de estar em vésperas de uma verdadeira guerra civil e religiosa. Uma série de conflitos, exacerbados pelas leis republicanas, muito severas, adaptadas contra as congregações religiosas (1901 e 1904), fizeram com que Chardin fosse obrigado a fazer seus estudos de filosofia e teologia na Inglaterra.

Em 1903, foi *enviado* ao Egito, para lecionar Física, Química. Volta para a Inglaterra em 1908 e fica até 1911.

Ordenado sacerdote, e, logo em seguida, convidado a estudar Paleontologia em Paris, bem como realizar expedição científica na Espanha, ele é logo submetido ao *batismo de fogo* da Primeira Guerra Mundial (1914-1918), servindo sua pátria como padioleiro, recolhendo mortos e feridos em campos de batalha. Quando a Primeira Guerra terminou, ele ganha uma medalha militar da Ordem da Legião de Honra.

Mas sua vida de testemunhos estava apenas começando. Seus contatos com filósofos na Universidade da Sorbonne, em Paris, no ano de 1922, fizeram-lhe ter uma cadeira de Geologia no Instituto Católico da capital francesa. Nesse mesmo ano, escreveu sobre o dogma do pecado original, negando-o.

Resultado: já em 1923, ele se encontra na missão paleontológica jesuíta na cidade portuária de Tientsin, na China, que lhe renderia um verdadeiro exílio até o ano de 1946. Conseguiu fazer algumas viagens rápidas à França, longas viagens pelo Oriente, além de quatro idas aos Estados Unidos da América do Norte, para proferir conferências.

Em 1929, sua participação nas escavações de Chou-Kou-Tien – aldeia situada a 50km de Pequim – foi descoberto o Sinantropo – um membro da espécie *Homo erectus*.

Em 1931, ei-lo engajado na aventura chamada *Cruzeiro Amarelo* – expedição por todo o Turquestão chinês, localizado ao sul do Cazaquistão.

Em 1939, fez expedições pela Índia, Birmânia e Java.

Em 1946, volta a Paris. Um ano depois (1947) teve um enfarto do miocárdio. Recuperado, ofereceram-lhe a cadeira no Colégio de França.

Em 1948, vai a Roma pedir autorização para lecionar e publicar a obra *O Fenômeno Humano*. Seus superiores negam e querem-no calado. Por que será? Explicaremos ao final desta nota.

Em 1951, já em sua primeira viagem científica à África do Sul, é exilado na América com 70 anos de idade.

Em 1952, faz a travessia dos Estados Unidos; no ano de 1953, a segunda viagem à África; e em 1954, sua última passagem pela França.

No dia 1.º de abril 1955, desencarna em Nova Iorque prostrado por uma hemorragia cerebral, em casa de amigos. Era dia da Páscoa. E olha que interessante: menos de um mês antes de seu passamento, durante um jantar no Consulado da França, Teilhard de Chardin assim disse:

Gostaria de morrer no dia da Ressurreição.

Caro leitor. Lembra que dissemos que Teilhard foi *calado* pelo Clero, e que iríamos dizer a razão? Ei-la: Teilhard era padre jesuíta. Portanto, fazia parte da Companhia de Jesus – ordem religiosa fundada por Inácio de Loyola (1491-1556), em Paris, no ano de 1534. E o leitor sabia que Inácio de Loyola e Teilhard de Chardin são o mesmo Espírito reencarnado em personalidades distintas? Pois é: o fundador da Companhia de Jesus, no século XVI, torna-se também jesuíta no século XX, e embora fosse um cientista respeitado e famoso, mas um padre de ideias novas e *suspeitas*, foi mais cômodo para os seus superiores eclesiásticos (da Companhia de Jesus) manterem-no em silêncio, e bem longe do efervescente clima intelectual parisiense e europeu. Seus sofrimentos – o exílio, a falta de aprovação eclesiástica para a publicação de seus escritos, bem como o desencarne sucessivo de seus parentes, obrigaram-no a recorrer àquela *ígnea força* que trazemos em nós: a fé, a vontade. Resultado: o *filho do Céu* e o *filho da Terra* aproveita o ensejo para desenvolver uma larga visão do desapego e da transformação íntima, e iniciar sua *cosmovisão* – **que tinha o intuito de construir a Terra para consumar o céu, alcançar o espírito através da matéria e chegar a Deus partindo do Universo.**

Sua obra *O Fenômeno Humano* só foi publicada postumamente; ela resume um *novo saber* – isto é, uma maneira inaugural de ver a realidade como um só Todo dinâmico, evoluindo espiritualmente através do espaço-tempo: a hiperfísica, concebida como visão sintética de todos os fenômenos, antes estudados separadamente, e do fenômeno inteiro, atingindo não *o porquê, a explicação de tudo* como pretendem os metafísicos, **mas uma descrição interpretativa da significação do Todo (Deus, Uno, Criação, etc.).**

Para Chardin o Mundo **é** isto ou aquilo; mas que tudo **é** sendo, está se fazendo, sucedendo-se e acontecendo. Desse modo, desvela-se um só fenômeno, desenrolando-se evolutivamente, ao longo do espaço-tempo, na gênese do Cosmo. Para tanto, interessa o *fora* (matéria) e o *dentro* (Espírito) das coisas.

PARTE I
CIÊNCIAS PSÍQUICAS

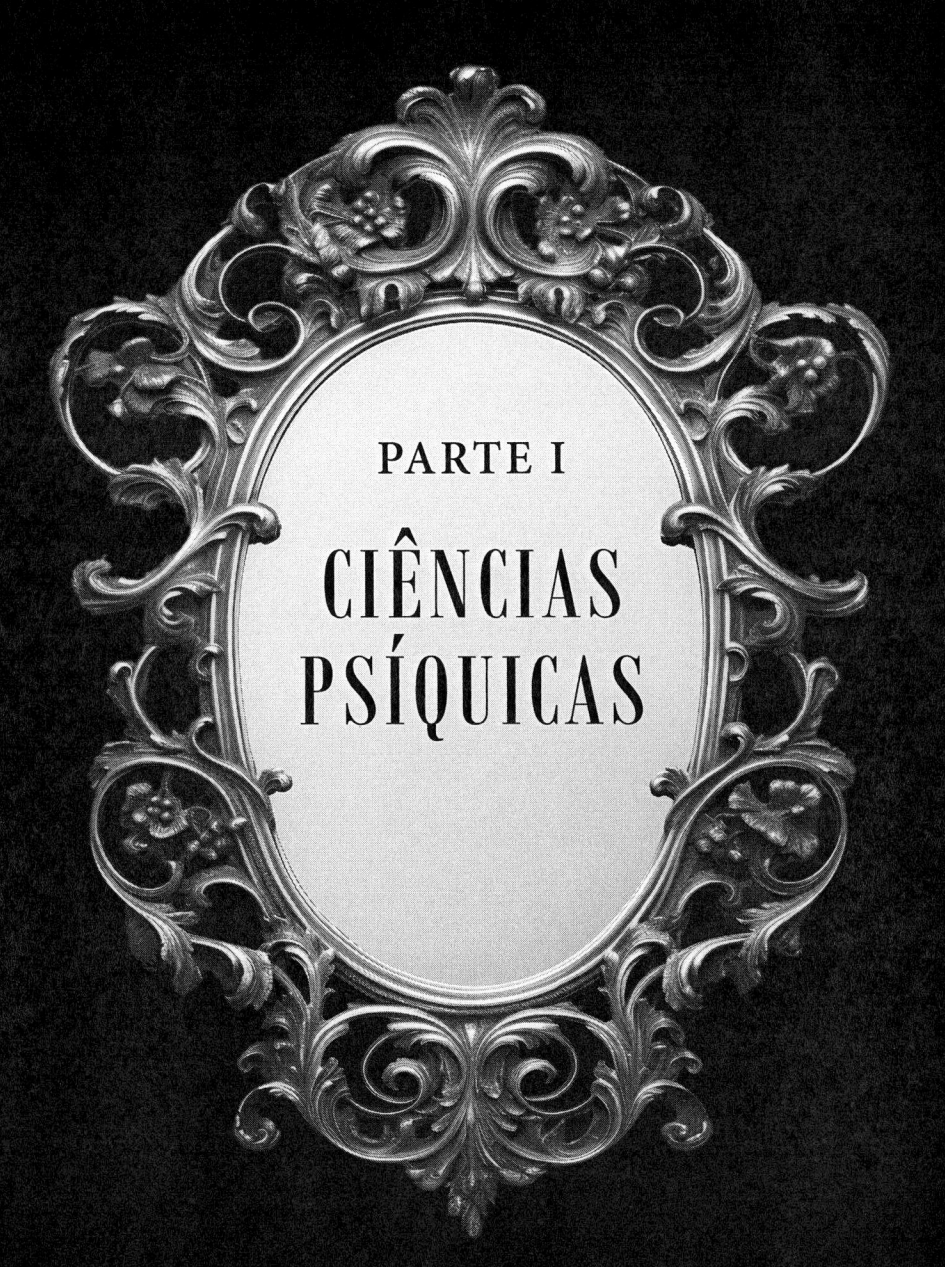

FISIOLOGIA E PSICOLOGIA

Toda decisão acertada é proveniente de experiência.
E toda experiência é proveniente de uma decisão não acertada.

(ALBERT EINSTEIN)

A partir do século XIX, houve a tendência, tanto na filosofia quanto nas ciências acadêmicas, especialmente a Biologia e a Fisiologia, de instituir-se laboratórios de pesquisa, e, daí, obterem-se dados numéricos acerca de todos os fenômenos mensuráveis. Com isso, acabaram por suscitar a psicologia experimental. Esta, por sua vez, não surgiu repentinamente. Pode-se dizer que ela resultou de uma paulatina evolução, principalmente da Fisiologia, e, em particular, do estudo das sensações.[1]

O anatomista e fisiologista Charles Bell (1774-1842), em 1811, descobriu a diferença entre as fibras nervosas sensoriais e as fibras nervosas motoras. Mais tarde, em 1822, o fisiologista francês François Magendie (1783-1855) viria ratificar as descobertas do cirurgião escocês.

Não olvidamos o importante trabalho do biólogo alemão Johannes Peter Müller (1801-1858), que, em 1838, formulou o **princípio da energia específica dos nervos**, esclarecendo que a excitação de cada nervo, traz a sensação tão somente naquele mesmo nervo, e em nenhum outro mais (exemplo: o nervo visual). Contribuiria, dessa forma, para o avanço da Fisiologia do sistema nervoso, onde o cérebro desempenha um papel essencial no pensamento.

A Frenologia também teve sua contribuição importante nos laboratórios do século XIX. Foi teorizada pelo médico e anatomista alemão Franz Joseph Gall (1758-1858), que, diferentemente de muitos fisiologistas, acreditava haver localização de áreas cerebrais com funções específicas bem determinadas. Ademais, na Frenologia o estudo anátomo-fisiológico **ligava os inchaços na cabeça** de uma pessoa a certos aspectos da personalidade e do caráter do indivíduo. Eis, aí, o seu centro de interesse. Hoje, a Frenologia é tida como pseudociência.

A caminhada para a completa emancipação da psicologia, em relação à filosofia, já havia iniciado em 1860, quando foi publicado *Elementos de Psicofísica*, pelo filósofo e físico alemão Gustav Theodor Fechner (1801-1887), demonstrando que o físico e o psíquico não seriam realidades opostas, mas aspectos de uma mesma essência. O Universo, para ele, seria um conjunto vivificado de seres finitos sustentados pela infinitude de Deus. Assim, as leis naturais seriam manifestações da perfeição divina.

Em 1861, o cirurgião e antropologista francês Paul Broca (1824-1880) estudou o caso de um paciente que perdera a faculdade de falar. Durante o desenvolvimento da moléstia, não manifestara nenhum sintoma que servisse de pista para Broca descobrir a causa do seu mal. Após a morte do doente, a autópsia revelou em seu cérebro uma única lesão situada ao pé da terceira circunvolução frontal do hemisfério esquerdo. Esse fato levou Broca a concluir, no mesmo ano de 1861, que naquela região do cérebro acha-se localizado o centro da linguagem. Daí o nome *Centro de Broca*, tão conhecido ao estudar o Sistema Nervoso Central, principalmente o encéfalo.

Não poderíamos deixar de citar Wilhelm Maximilian Wundt (1832-1920), que focalizou, particularmente, o mecanismo da sensação, da percepção, da associação e da consciência. Sua influência na emancipação da psicologia, de seu aspecto psicocêntrico inicial, foi definitiva. Wundt criou, no seu laboratório em Leipzig (Alemanha), no ano de 1875, o que chamamos *psicologia experimental*, e que teve, até hoje, seus reflexos no progresso dos modernos sistemas surgidos dali em diante. Inobstante, e infelizmente, a partir de Wundt, a psicologia iria fatalmente caminhar em direção à interpretação materialista que, a seu turno, limita-se ao cérebro, deixando de lado as funções anteriormente atribuídas à alma – ou seja, entidade imaterial cuja concepção era puramente metafísica.

Ora, o vocábulo *psicologia* (do grego: *psyché*, significa *alma, espírito*; e do grego: *logos* significa *razão, o estudo de algo*). Como pôde, então, no final do século XIX, **criar uma psicologia sem alma?** Literalmente experimental, evolucionista, basicamente introspectiva e preocupada apenas com a experiência e a consciência? Ó triste nova! Fez-se elementarista e associacionista.[2]

Em suma, o objetivo da psicologia, nessa época, e principalmente na Europa, consistia na preocupação de compreender os conteúdos da consciência, através das hipóteses fisiologistas, sob o ponto de vista materialista.[3]

Um bom exemplo que **a alma se tornou função do cérebro** está no fisiologista russo Ivan Petrovich Pavlov (1849-1936). No seu laboratório em Leipzig (Alemanha), no ano de 1875, ele se dedicou à pesquisa da secreção salivar. Em 1890, havia se tornado hábil cirurgião e passou a se interessar pela regulação da pressão sanguínea. Sem o uso de qualquer anestesia, ele conseguia inserir, de forma quase indolor, um cateter na artéria femoral de um cachorro (de laboratório), e registrar o impacto que os estímulos emocionais e farmacológicos causavam na pressão sanguínea.

De 1890 a 1924, Pavlov trabalhou na Academia Médica Imperial, como professor de fisiologia. Em seus primeiros dez anos na academia, começou a voltar sua atenção mais para a correspondência entre a salivação e a digestão. Por meio de um procedimento cirúrgico, ele conseguiu estudar as secreções gastrointestinais de um animal, durante o seu tempo de vida em condições relativamente normais. Ademais, conduziu experimentos para mostrar a relação entre as funções autônomas e o Sistema Nervoso Central. De suas pesquisas, realizada com cães, Pavlov criou a expressão *condicionamento clássico* – ou seja, aprender algo por associação. Desse trabalho, identificou dois princípios básicos – o *reflexo incondicionado* e o *reflexo condicionado*.

Conheçamo-los. Ao ser colocado um pedaço de carne na boca de um cachorro novinho, este recebe uma excitação sensorial (uma excitação mecânica), a qual provoca a produção de saliva pelas suas glândulas salivares. Desencadeia-se, com efeito, um fenômeno secretor, glandular, independente da atividade do córtex cerebral. Temos, portanto, o reflexo salivar, que, por natureza (já que é inato, estável, necessário, típico da espécie) é denominado *reflexo incondicionado* – suficiente para, em um meio estável, garantir a sobrevivência do indivíduo e a preservação da espécie.[4]

Durante suas investigações acerca da produção de saliva de um cão, quando se lhe dava a carne, Pavlov observou que o cão entrava a salivar, assim que notava a chegada do assistente que devia trazer-lhe o alimento. Foi aí que o médico russo resolveu uma série de experiências para estudar o fenômeno. Estabeleceu um sinal convencional (o toque de uma campainha), que era acionado antes de dar-se a carne ao animal. Depois de algum tempo, Pavlov observou que o cão salivava apenas ao ouvir o toque da campainha, independentemente de receber o estímulo do alimento em contato direto com os receptores sensoriais da boca. O sinal da campainha, portanto, substituía o estímulo do contato direto do alimento com a cavidade bucal. A esse novo tipo de reflexo, desencadeado pelo sinal (o toque da campainha), Pavlov deu o nome de *reflexo condicionado*. Este difere-se do anterior (o incondicionado), pois depende da atividade do córtex cerebral.

O trabalho de Pavlov foi notável. Seria impossível sintetizar aqui toda imensa e genial obra do fisiologista russo. O que deve realmente interessar, para o escopo deste singelo livro, é a posição da reflexologia em relação à psicologia, já que Pavlov, a partir de 1930, depois de ter estudado a atividade nervosa dos animais superiores, verificou que o homem estava também enquadrado nas mesmas leis. Desde então, utilizou suas pesquisas sobre reflexos condicionados para explicar as psicoses humanas.

As palavras, segundo Pavlov, são sinais de sinais, ou seja, substituem os seus equivalentes concretos; isto é, permitem que nos antecipemos aos acontecimentos, e desse modo, um ajuste mais adequado às variações do meio externo. Como exemplo, vejamos a palavra *fogo*. Ela pode suscitar as mesmas reações autodefensivas que adviriam da imagem visual de um incêndio. Basta, aliás, pensar num foco luminoso (uma chama brilhante, que seja), para que, em plena escuridão, nossas pupilas se contraiam como se a luz incidisse sobre as mesmas.

Em síntese, escreveremos abaixo, segundo Pavlov, os aspectos básicos de nossa estrutura mental:

I. Atividade subcortical: representada pelos reflexos incondicionados, inatos (atividades fisiológicas, instintos, emoções). Quando o cão recebe qualquer substância na cavidade bucal, o estímulo sensorial seguirá até o centro salivar subcortical, através das vias aferentes previamente formadas. Uma vez estimulado, o centro salivar subcortical envia diretamente uma corrente nervosa, através das vias aferentes, até as glândulas salivares do cão, ativando-as. A partir de então, resulta a salivação.[5]

II. Atividade cortical, que corresponde aos reflexos condicionados ou adquiridos e se desenvolve em dois sistemas:

   a) Primeiro sistema de sinalização: comum aos animais e ao homem, responsável pelo pensamento figurativo, ou seja, feito de imagens, concretas e particulares – os sinais da realidade. O primeiro sistema tem como substrato anatômico todo o córtex cerebral situado fora das áreas frontais e está em conexão direta com as vias aferentes que relacionam o cérebro com o mundo exterior. É a origem dos reflexos condicionados, propriamente ditos. Exemplo: em condições sempre idênticas, toca-se uma campainha e, em seguida, dá-se a carne ao animal. Após um certo número de sessões, o cão passará a salivar assim que ouvir o toque da campainha. Nesse caso, o sinal sonoro vai à zona sensorial auditiva do córtex, onde ele (o sinal) é percebido pelo cão. A repetição dos estímulos – sinal sonoro seguido do sensório bucal – cria caminhos de condução das correntes nervosas, unindo os dois pontos correspondentes às regiões de chegada daqueles estímulos ao cérebro. Desse modo, ficam diretamente conectados o centro salivar subcortical e a zona auditiva cortical. Quando essa conexão se efetiva, estabelece-se o reflexo condicionado. Ao simples toque, portanto, da campainha, o animal entra a salivar, porque o estímulo sonoro ativa diretamente a zona salivar, através da conexão antes criada.

Cabe aqui uma observação: quando se coloca qualquer objeto ou substância diretamente na boca do cachorro, ele saliva. E a qualidade da saliva dependerá da natureza do excitante. Se for areia, por exemplo, a saliva será alcalina, de modo a neutralizar a acidez da substância. Este reflexo é a resposta imediata do organismo, sem a intervenção, vale lembrar, do córtex cerebral. Por isso, é chamado de *reflexo incondicionado*.

b) Segundo sistema de sinalização: característico da espécie humana e resultante do desenvolvimento da linguagem, conjunto de *sinais de sinais* que possibilitam o pensamento abstrato. Os lobos frontais, onde se encontram os centros motores da palavra, são, principalmente, áreas de associação (áreas pré-frontais) e representam a base estrutural do segundo sistema.

No entanto, os trabalhos de Pavlov se contrapunham veementemente à interpretação dada pelos psicólogos de sua época, quando se falava em processos mentais. Para o russo tudo se reduzia à atividade do sistema nervoso, não cabendo, nos processos mentais, sequer uma explicação que fugisse ao aspecto puramente material e fisiológico. Afirmava ele:

Os pensamentos são reflexos cujas manifestações exteriores estão inibidas. (Apud. Jayme Cervino, *Além do Inconsciente*.)

Com a obra de Pavlov, **a psicologia ainda mais se concretizou como objetiva, materialista, mecanicista e fisiologista**. Os termos *pensamento* e *vontade* deixaram de ter lugar, no sentido idealista, já que tudo, nos conceitos de Pavlov, fora reduzido à atividade cerebral. Não desmerecemos suas notáveis pesquisas acerca dos processos cerebrais relacionados aos nossos processos mentais. Ao que se parece, Pavlov passou a maior parte da sua existência perseguindo a forma de demonstrar experimentalmente que o homem é uma máquina, embora ele não negasse que o homem, como qualquer outro sistema da natureza, está submetido às mesmas leis naturais, irrefutáveis e comuns. E isso nós concordamos com ele.

Pavlov deixou seguidores. O fisiologista norte-americano John Broadus Watson (1878-1958), ex-discípulo de Willian James (1842-1910), foi um deles. Tornou-se doutor em Psicologia na Universidade de Chicago, no ano de 1903, e combateu o *funcionalismo* de seu mestre. Defendeu a ideia que a psicologia não fizesse distinções entre comportamento animal e humano, e fosse uma ciência natural e objetiva em que se pudessem desenvolver princípios pelos quais o comportamento não somente seria previsto, como também controlado. Watson acreditava que as crianças funcionavam com bases nos mesmos princípios que os animais, embora fossem seres bem mais complicados. Ele ficou muito interessado pelo experimento de Pavlov com cães e condicionamento, e quis ver se conseguiria levar o condicionamento comportamental um passo adiante, condicionando de forma clássica as reações das pessoas.[6]

Enfim, a preocupação dos psicólogos, no fim do século XIX e começo do século XX, era construir uma psicologia totalmente objetiva e capaz de se nivelar com as demais disciplinas estritamente científicas. Antes da década de 1950, a escola do pensamento dominante havia sido o *behaviorismo*. Mas durante os vinte anos seguintes, o campo da psicologia começou a se afastar do estudo de comportamento observáveis e passou a estudar processos mentais internos, tratando de temas como **atenção, memória, resolução de problemas, percepção, inteligência, tomada de decisões e processamento de linguagens**. Nascia, então, a *psicologia cognitiva*, que, por sua vez, diferia da psicanálise, porque utilizava métodos de pesquisa científica para estudar os processos mentais, em vez de simplesmente confiar nas percepções subjetivas de um psicanalista.

Salientamos ainda, que na *psicologia cognitiva* a atenção refere-se à forma como um indivíduo, de maneira ativa, processa informações especificamente presentes em seu ambiente. Ao ler este livro, por exemplo, você também está absorvendo inúmeras visões, sons e sensações ao seu redor: o peso do livro em suas mãos, os sons de uma pessoa que fala ao telefone perto de você, a sensação de estar sentado em sua cadeira, a visão, de repente, das árvores do lado de fora da sua janela, etc. Os psicólogos que estudam a *psicologia cognitiva* querem entender como uma pessoa consegue absorver todas essas sensações diferentes, e ainda se concentrar em apenas um único elemento ou tarefa.

Eles não acharão a resposta enquanto não estiverem convictos, cada um *per si*, da vida imortal da alma e que em tudo há harmonia no Universo.

Vejamos:

Se o mundo fosse somente um composto de matéria, governado pela força cega, isto é, pelo acaso, não se veria essa sucessão regular, contínua, dos mesmos fenômenos, produzindo-se segundo uma ordem estabelecida; não se veria essa adaptação inteligente dos meios aos fins, essa harmonia de leis, forças e proporções, que se manifesta em toda a Natureza. A vida seria um acidente, um fato de exceção e não de ordem geral. Não se poderia explicar essa tendência, esse impulso, que, em todas as idades do mundo, desde a aparição dos seres elementares, dirige a corrente vital, em progressos sucessivos, para formas cada vez mais perfeitas. Cega, inconsciente, sem fito, como poderia a matéria se diversificar, se desenvolver sob o plano grandioso, cujas linhas aparecem a qualquer observador atento? Como poderia coordenar seus elementos, suas moléculas, de maneira a formar todas as maravilhas da Natureza, desde as esferas que povoam o espaço infinito até os órgãos do corpo humano; o cérebro, os olhos, o ouvido, até os insetos, até os pássaros, até as flores? (León Denis, *Depois da Morte*, Primeira Parte, cap. VII.)

Notas

1. A Ontologia faz parte de muitas tradições orientais, e tem suas primeiras raízes no Ocidente, através dos filósofos gregos. Sócrates, por exemplo, deixou-nos conceitos acerca da dualidade – alma e corpo –, assim postulando:

   > O homem é uma alma encarnada. Antes da sua encarnação, existia unida aos tipos primordiais das ideias do verdadeiro, do bem e do belo; separa-se deles, encarnando, e, recordando o seu passado, é mais ou menos atormentada pelo desejo de voltar a ele. (apud. *O Evangelho Segundo o Espiritismo*, Introdução.)

   E mencionava as ideias de Anaxágoras, seu mestre, acerca da função da alma:

> [...] E a natureza de todos os seres, não crê você com Anaxágoras que é um espírito e uma alma que a organizam e mantêm? Seria, pois, correto dar o nome de psique a esta força que veicula e mantém a natureza. (*Crátilo*, Parte III.)

2. A teoria associacionista atribui exclusivamente ao ambiente a constituição das características humanas e coloca a experiência, em primeiro lugar, como fonte do conhecimento e de formação de hábitos de comportamento. Os caracteres do indivíduo, no associacionismo, são sobejamente determinados por fatores externos à ele.

3. Dissemos Europa, porque nos Estados Unidos da América do Norte ocorreu um movimento paralelo, embora a psicologia americana fosse fundamentalmente religiosa, devido ao influxo calvinista que assolou os psicólogos americanos do século XVIII. Esses eram, em sua maioria, clérigos do Calvinismo – movimento religioso protestante, cujas raízes são da Reforma iniciada por João Calvino, em Genebra, no século XVI.
   Um grande nome da psicologia americana foi Willian James (1842-1910). Embora fosse ele mais interessado nos fenômenos paranormais, ele contribuiu sobremaneira para a criação de uma psicologia experimental, científica, materialista, nos Estados Unidos da América do Norte. Assumindo um aspecto diferente da escola alemã, a americana se tornou mais funcionalista, já que Willian James enfatizou o papel do hábito e da emoção, apresentando uma descrição da formação da consciência. De qualquer maneira, a psicologia americana também abdicou da existência da alma como seu objetivo principal, visto que o próprio Willian James, após infatigáveis pesquisas, conclui que o fenômeno não procede pelas vias sensórias comuns, silenciando, todavia, quanto às suas origens.

4. Embora não haja concordância universal a esse respeito, **os instintos seriam formados por cadeias de reflexos incondicionados**. Estes são muito numerosos, embora se possa agrupá-los em duas categorias diferentes: I) preservação da espécie = reflexo sexual; II) sobrevivência = reflexo alimentar, de defesa, de investigação e de libertação. Allan Kardec, em *O Livro dos Espíritos*, Parte I, capítulo IV – *Inteligência e Instinto* –, aborda essas questões de forma incomum. De mais a mais, sugerimos a leitura, também, da mesma obra supracitada, na Parte III, capítulos IV, V e X – *Instintos de Reprodução, Conservação e Liberdade*.

5. Vias aferentes são as que levam aos centros nervosos os impulsos originados nos receptores periféricos. São cadeias neuronais que unem os receptores ao córtex cerebral. Exemplo: você é tocado no braço... Seu sistema nervoso detecta através das vias aferentes.

6. Sua mais importante pesquisa com um bebê de aproximadamente 9 meses de idade, a quem Watson chamou de Albert B., embora atualmente seja chamado de *Pequeno Albert*. Ele e sua pesquisadora assistente, Rosalie Rayner (1898-1935), com quem viria a ter um caso amoroso, expuseram o bebê a vários estímulos e registraram suas reações.

Os estímulos eram um coelho, um macaco, um rato branco, jornais queimados e máscaras. De início, a criança não demonstrou absolutamente nenhum medo a qualquer um dos estímulos.

Na vez seguinte, em que expôs a criança ao rato branco, Watson utilizou simultaneamente um martelo e bateu em um tubo de metal, gerando um ruído extremamente elevado. O bebê começou a chorar com o barulho. Ele repetiu, então, a simultaneidade entre o ruído elevado e o rato branco. No final, o bebê começou a chorar só de ver o rato branco, sem nenhum barulho simultâneo. Com efeito, Watson mostrou que é possível criar uma resposta condicionada a um estímulo neutro, embora no caso do fisiologista americano a resposta condicionada ocorresse em um Humano Ser, e fosse uma resposta emocional, não meramente fisiológica.

Ademais, Watson observou também uma nova reação de medo do *Pequeno Albert* a todos os objetos brancos. Depois do condicionamento, o bebê passou a ficar com medo não apenas quando via o rato branco, mas também diante de uma variedade de objetos brancos – desde um casaco de pele branco até a barba do Papai Noel. Watson é considerado o criador da Psicologia do Comportamento, chamada mais comumente de *Behaviorismo*.

MAGNETISMO E HIPNOTISMO

*O que é a ciência senão pura religião,
procurando por toda parte os verdadeiros mandamentos?*

(Alfred Noyes)

Faremos uma incursão na história do magnetismo e de seu débil filho – o hipnotismo –, a fim de que o leitor entenda como os cientistas do século XIX se aprofundaram na pesquisa da *sugestão*, para explicar e classificar cientificamente os fatos observados.

Para tanto, recobremos o século XVIII na pessoa do padre jesuíta e astrônomo Maximilian Hell (1720-1792), da Universidade de Viena, na Áustria, que curava homens e mulheres com vários tipos de ímãs que os pacientes usavam nas partes afetadas. Em 1774, Hell passou ímãs a Franz Anton Mesmer (1734-1815), que, a partir daí, dedicar-se-ia pelo resto da vida a pesquisar os efeitos do magnetismo na saúde, fazendo com que o mundo tomasse efetivo conhecimento dessa ciência.[1]

Mesmer fez produzir e vendeu vários tipos de ímãs; experimentou-os em infinidades de doenças por vários métodos, cujas curas foram noticiadas pelos jornais da capital da Áustria (Viena), trazendo-lhe fama. Depois de estudar, usar e abusar dos ímãs, concluiu, em 1775, que o responsável pelas curas não era o tão endeusado ímã, mas, sim, a força magnética do próprio corpo humano, ativada de alguma forma. Eis que abandona, em 1776, o tetróxido de triferro (Fe_3O_4) e passa a operar curas somente com as mãos. Surgiu daí o que ele denominou *magnetismo animal*. Publica sua descoberta em 1779, no artigo *Memória sobre a descoberta do magnetismo animal*.[2]

As 27 proposições contidas na publicação supracitada resumem a doutrina de Mesmer, das quais destacamos seis assertivas importantes: I – a influência dos astros uns sobre os outros e sobre os corpos animados; II – o fluido universal é o agente do magnetismo; III – essa ação recíproca está submetida a leis mecânicas; IV – os corpos gozam de propriedades análogas às dos ímãs; V – essas propriedades podem ser transmitidas a outros corpos, animados ou inanimados; VI – a moléstia é apenas a resultante da falta ou do desequilíbrio na distribuição do magnetismo pelo corpo. Salientamos que Mesmer, conquanto materialista, baseava sua teoria no fluido universal, que, segundo ele, é de uma sutileza sem comparação e que penetra todos os corpos.

Mesmer valia-se de vários artifícios para captar, condensar, acumular e aplicar o seu *magnetismo animal*. Célebre ficou sua bateria magnética – o *baquet*. Era uma peça circular de madeira, em cujo interior havia duas fileiras de garrafas cheias de água magnetizada, ligadas às barras saindo para o exterior, onde as pessoas se serviam do fluido magnetizado. Resultado? Uns nada sentiam; outras passavam mal; às vezes ouviam-se gritos; viam-se convulsões; alguns outros dormiam pesadamente.

O seu *baquet* levou-o a ser expulso de Viena, acusado de impostor e charlatão. Em 1784, porém, o Rei francês Luís XVI (1754-1793) convidou uma comissão de médicos a fim de investigar as atividades de Mesmer. Benjamin Franklin (1706-1790)[3] e Antoine-Laurent Lavoisier (1743-1794)[4] faziam parte dessa comitiva. Eram várias sessões diárias de magnetismo em Paris, com 130 pessoas por vez. Com o acúmulo de clientes, Mesmer ativou outros recursos coletivos, como cordas amarradas em árvores e seguras pelos enfermos. Mesmer, muitas vezes, fixava o olho nas pessoas e passava-lhes fluidos magnéticos.

Em 1785, Mesmer vê-se forçado a retirar-se de Paris, vilipendiado. Em viagem a Zurique, Mesmer encontrou-se com o pastor protestante Johann Gaspar Lavater (1741-1801), um entusiasta do magnetismo animal na Suíça.[5] Em 1796, Mesmer retornou a Paris, tendo residido na Rua Vendôme, 206, até 1801, quando se mudou para Versalhes (hoje, a 30 minutos de Paris, indo de trem). Nesse meio tempo, publicou, em 1799, *Memória de F. A. Mesmer, doutor em medicina, sobre suas descobertas*, considerada a sua principal obra, contendo o modelo teórico da terapia do magnetismo animal, sonambulismo provocado e lucidez sonambúlica. Foi o seu primeiro trabalho publicado em quase 20 anos de atividade.

Em 1802, Mesmer decidiu deixar a França, passando a residir em Meersburg, no sul da Alemanha. Em 1809, instala-se em pequena cidade Suíça – Frauenfeld –, onde vive servindo aos necessitados e sem nunca desanimar nem se queixar. Em 1812, já aos 78 anos de idade, a Academia de Ciências de Berlim convida-o para prestar esclarecimentos, pois pretendia investigar a fundo o magnetismo. Era tarde; ele recusa o convite. A Academia encarrega o médico alemão Karl Christian Wolfart (1778-1832) de entrevistá-lo.[6]

Muitos foram os adeptos de Mesmer. Tanto os que conheciam as teorias do magnetismo animal – os magnetistas – como aqueles que, além de conhecerem as teorias, praticavam-nas – os magnetizadores. Em 1784, um cultor do mesmerismo (portanto, magnetizador), Sr. Armand Marie Jacques de Chastenet (1751-1825), conhecido como o Marquês de Puységur, foi chamado para socorrer um camponês de 18 ou 23 anos de idade, chamado Vitor, que se encontrava na cama, acometido de uma doença no peito (congestão pulmonar). O rapaz foi magnetizado. Ao cabo de meio quarto de hora Puységur observou que o jovem adormecera calmamente em seus braços, sem dor nem convulsão. Encontrava-se em estado de sonambulismo perfeito. Notou seu comportamento estranho, já que falava de seus afazeres, de coisas díspares e, eis o ponto importante: obedecia, em tudo, às ordens de Puységur. **Aí estava, casualmente, a descoberta, de uma só vez, do sonambulismo, da sugestão mental e da transmissão do pensamento.**

Quase meio século depois, no cenário médico inglês, o cirurgião James Braid (1795-1860), de Manchester, na Inglaterra, assistindo a uma sessão, em 1841, do célebre e itinerante magnetizador francês Charles La Fontaine (1803-1892), convenceu-se da autenticidade do mesmerismo. Não procurou reproduzir todos os fenômenos do magnetismo, do qual o sono magnético ou sonambulismo é apenas ocorrência natural. Entretanto, foi isso que o impressionou ao estar presente na sessão de La Fontaine. Trabalhou muito bem tanto o prestígio como o preconceito do magnetismo animal, e, com isso, colocou o sonambulismo como causa fisiológica provocada artificialmente, a que deu o nome de *hipnotismo*. Eis aí o filho débil do magnetismo.

É digno de menção o que fala León Denis:

> [...] O magnetismo, estudado e praticado secretamente em todas as épocas da História, vulgarizou-se sobretudo nos fins do século XVIII. As academias ainda o encaram como suspeito, e foi sob o novo nome de hipnotismo que os mestres da Ciência resolveram-se a admiti-lo, um século depois do seu aparecimento. (*Depois da Morte*, Terceira Parte, cap. XVII.)

O nome *magnetismo* feria as suscetibilidades científicas da época. Ora, o fluido universal de Mesmer, essa matéria sutil que penetrava todos os corpos, é o agente do magnetismo. Tal concepção não soava muito bem aos ouvidos dos homens de ciência (que eram, em sua maioria, materialistas), visto que nela viam algo de sobrenatural. Mas, como os fenômenos não podiam ser contestados ou negados, não havia como mudar-lhes o nome e atribuir-lhes outra causa. Por essa razão, o termo *hipnotismo* soava melhor, conquanto não abrangesse toda ordem de fenômenos realizados pelo magnetismo. Dessarte, Braid pôde definir o estado hipnótico como sendo **o estado particular do sistema nervoso, determinado por manobras artificiais, tendendo, pela paralisia dos centros nervosos, a destruir o equilíbrio nervoso**. O temor reverencial dos doutores com assento nas academias estava por esse modo desviado. Nada de fluidos, nada de matéria sutil, nada de agentes sobrenaturais, mas um estado fisiológico causado pela destruição do equilíbrio nervoso – eis o que é hipnotismo, até hoje, para a ciência acadêmica.

Acresce dizer, para bem gravarmos essa triste nova, que o hipnotismo (sempre realizado por sugestão) é apenas um dos fenômenos do magnetismo, uma *modalidade* dentro da *generalidade*. Portanto, é um filho deficiente do magnetismo. Mas, felizmente, os magnetizadores que sustentavam a teoria do fluido universal, curavam as doenças pela aplicação dos passes, das imposições das mãos, dos sopros, sem se preocuparem direta e especificamente com a produção do sono. Temos o exemplo do supracitado Puységur, ao descobrir o sonambulismo inadvertidamente. Em suma, embora possam os magnetizadores, por meio de passes apropriados, provocar o sonambulismo, não o fazem senão em circunstâncias excepcionais, deixando sempre que o fenômeno se produza em toda a sua espontaneidade.

Notas

1. Franz Anton Mesmer nasceu na vila de Iznang, na Alemanha. Estudou Teologia e formou-se em Medicina na Universidade de Viena. Depois de desencarnado, contribuiu, na falange do Espírito de Verdade, para que o **Consolador Prometido** (o Espiritismo) pudesse ser edificado no mundo. Uma de suas mensagens mais significativas, a nosso ver, aconteceu em 07/10/1864, na Sociedade Parisiense de Estudos Espíritas, através do médium Dellane, publicada em maio de 1865, quando nos fala sobre a **Imigração dos Espíritos Superiores para a Terra**. Convidamos o leitor, desde já, a apreciar essa bela e instrutiva missiva espiritual.

2. O magnetismo animal não surgiu com Mesmer, porquanto sua prática remonta eras imemoriais. Os sacerdotes egípcios, como exemplo, quando iniciados nos Mistérios de

Ísis, tomavam conhecimento acerca da experimentação magnética. Malgrado, não se pode negar que Mesmer foi quem realmente despertou a atenção pública para os fenômenos magnéticos e provocou a intervenção acadêmica, agitando e alimentando polêmicas em torno do assunto.

3. O norte-americano Benjamim Franklin foi jornalista, filantropo e abolicionista. Foi um dos líderes da Revolução Americana, conhecido por suas citações e experiências com a eletricidade. Foi o inventor do para-raios, depois de identificar as cargas positiva e negativa, demonstrando, com efeito, que os raios são um fenômeno de natureza elétrica.

Era reencarnacionista e trazia em seu íntimo a ideia da imortalidade da alma, quando escreve para a Sra. Jone Mecone, em dezembro de 1770, uma carta atestando seu modo de pensar. Sugerimos, ao leitor mais interessado, ler o artigo da *Revista Espírita* de agosto de 1865, p. 244 – *O epitáfio de Benjamim Franklin*, bem como a *Revista Espírita* de dezembro de 1867, onde a carta supracitada se encontra.

4. Lavoisier foi um químico francês. Foi o primeiro cientista a anunciar o princípio de conservação da matéria. Disse ele:

> Na Natureza nada se cria, nada se perde, tudo se transforma. (*Tratado Elementar de Química.*)

Dessa forma, a matéria desorganiza-se sob um aspecto para se reassociar em outras manifestações. Refutou a teoria flogística e participou na reforma da nomenclatura química. É, portanto, o pai da química moderna. Identificou e batizou o oxigênio. Demonstrou, portanto, a verdadeira natureza da combustão.

A partir de Lavoisier:

> [...] Sabemos que a respiração do homem e dos animais é ato análogo às combustões mediante as quais nos aquecemos e aclaramos. Insistamos um tanto nesse ponto. A respiração estabelece uma solidariedade universal entre os homens, animais e plantas. Ela é resultante da união do oxigênio com o carbono e o hidrogênio dos alimentos, tanto quanto a combustão resulta da união desse mesmo oxigênio com o hidrogênio e o carbono da vela, da madeira, ou combustível qualquer. A respiração verifica-se sob a influência da vida, enquanto a combustão, propriamente dita, se opera sob a influência de um calor intenso. Um e outro ato têm por fim produzir calor. É o calor desprendido da nossa respiração que entretém no corpo a temperatura de 37 graus, necessária à mantença da vida. Lavoisier demonstrou que todo animal é um foco e todo alimento um combustível. Se a respiração não se acompanha, como a combustão, de claridades incandescentes, é por ser uma combustão lenta, menos ativa. Mas, por muito lenta que seja, equivale, contudo, à de uma dose assaz forte de carbono. Um homem queima 10 a 12 gramas de carbono por hora, ou 250 por dia, mais ou menos, além de certa quantidade de hidrogênio. (Camille Flammarion, *Deus na Natureza.*)

Em nossos despretensiosos estudos íntimos chegamos naturalmente à conclusão (portanto, nossa especulação) de que Lavoisier fora a reencarnação de Arquimedes de Siracusa (287-212 a.C.) – matemático por excelência, que usou o método da exaustão para calcular a área sob o arco de uma parábola utilizando a soma de uma série infinita; descobriu a espiral que leva seu nome; criou fórmulas para os volumes de sólidos de revolução e um engenhoso sistema para expressar números muito grandes. Foi um físico notável, descobrindo as leis de flutuação dos corpos, criando a hidrostática, bem como desvelou a lei do empuxo e da alavanca. Foi o inventor da bomba de parafuso. Ademais, trouxe contribuição relevante na astronomia grega.

Depois de sua encarnação como Lavoisier, voltaria à Terra na personalidade de Hernani Guimarães Andrade (1913-2003) – fundador do Instituto Brasileiro de Pesquisas Psicobiofísicas (IBPP). Este emérito pesquisador procurou demonstrar cientificamente a existência dos fenômenos paranormais, tais como a reencarnação, a obsessão, a transcomunicação instrumental, além de ter realizado pesquisas laboratoriais para detectar o que denominou como Campo Biomagnético (CBM) ou Modelo Organizador Biológico (MOB).

5. O filósofo, poeta e teólogo suíço Johann Gaspar Lavater nasceu em Zurique, na Suíça. Foi amigo, desde a juventude, de J. H. Pestalozzi. Os dois frequentavam a Sociedade Helvética (criada em 1761, com o intuito de discutirem o futuro da Confederação Suíça). Lavater não estudava a estrutura craniana, mas sim a face, isto é, o fogo vivo móvel do rosto, que, quase sempre, a alma inteira se reflete. Foi o fundador da fisiognomonia – nome dado à ciência que analisava os caracteres do espírito através de sua face.

Kardec comenta, na *Revista Espírita* de março de 1868, acerca da correspondência inédita entre Lavater e Maria da Rússia, que aqui transcrevemos em parte:

> [...] Para manter uma correspondência sobre semelhante assunto com a Imperatriz, era preciso que esta partilhasse essas ideias, e várias circunstâncias não permitem duvidar que o mesmo se passava com o Czar, seu esposo. Era a pedido dela, ou melhor, a pedido de ambos, que Lavater escrevia. Como se vê, as crenças espíritas nas altas regiões não datam de hoje. Aliás, pode-se ler na *Revista Espírita* de abril de 1866 o relato de uma aparição tangível do Imperador Pedro, o Grande, ao Czar Paulo I.

Não é novidade para o leitor espírita que Johann Gaspar Lavater voltaria, 79 anos depois, na personalidade de Eurípedes Barsanulfo (1880-1918). A quem possa interessar, na obra *Tormentos da Obsessão*, de Manoel Philomeno de Miranda, pela psicografia de Divaldo Pereira Franco, há a corroboração desse exato informe.

Eurípedes Barsanulfo nasceu na cidade de Sacramento, Minas Gerais. Não fez, em sua existência, nenhum curso superior de ensino laico. Era autodidata. Lia avidamente sobre os mais diversos assuntos. As leituras acordavam em seu íntimo o espírito culto e nobre que era. Tornou-se médium curador, no sentido literal do termo, conforme Kardec exarou em *O Livro dos Médiuns*, capítulo XIV. Portanto, Eurípedes tinha todos os caracteres morais para tanto. Sua primeira cura foi em sua mãe, que, por sua vez, o ajudou muito posteriormente em seus objetivos. Certa feita, ao entrar em transe dando aula, foi até Versalhes, na França, e presenciou a reunião havida depois da Primeira Grande Guerra, dizendo a hora e as pessoas presentes nesta oitiva, onde foi assinado o famoso Tratado de Versalhes.

Eurípedes Barsanulfo fundou o Colégio Allan Kardec, matriculando-se várias pessoas no mesmo dia em que abriram as inscrições, deixando as escolas das freiras vazias, e, consequentemente, deixando-as irritadas ao ponto de pedir para vir de Campinas (SP) o Reverendo Felício Yague, com o fito de, em praça pública, desafiar o missionário do Espiritismo. Assim se fez. Todavia, o médium amoroso venceu a batalha com humildade, que era sua faculdade inata.

6. Eis aí um trecho de relatório da entrevista obtida pelo professor alemão Karl Christian Wolfart (?-†):

> [...] Encontrei-o dedicando-se ao hospital por ele mesmo escolhido. Acrescente-se a isso um tesouro de conhecimentos reais em todos os ramos da ciência, tais como dificilmente acumula um sábio, uma bondade imensa de coração que se revela em todo o seu ser, em suas palavras e ações, e uma força maravilhosa de sugestão sobre os enfermos. (apud Michaelus, *Magnetismo Espiritual*.)

METAPSÍQUICA

Deus não escolhe os capacitados; capacita os escolhidos.

(Albert Einstein)

As escolas psicológicas que resolveram estudar o enigma da natureza psíquica do homem terminaram por negar-lhe sistematicamente a posse de uma alma. Mesmo aquelas escolas que fizeram concessão ao aspecto subjetivo da *psique* mantiveram-se basicamente fiéis ao materialismo científico. Especularam e investigaram demoradamente; entretanto, quando se defrontaram com o fato, elaboraram teorias que foram revestidas com nomes pomposos, em contínuas tentativas de negação da imortalidade da alma, cuja ideia pareceu repugnar a maioria dos estudiosos das ciências psíquicas.

Não olvidamos as fraudes de alguns médiuns, durante muito tempo, que prejudicou e sempre prejudicará o estudo desses fenômenos. Mas o que tem isso de extraordinário? Tudo se falsifica, inclusive o diamante, uma assinatura ou uma nota monetária. Contudo, isso destrói o valor do verdadeiro diamante, da assinatura ou da nota monetária? Os falsos médiuns, por serem humanos antes de supostos médiuns, são indivíduos imperfeitos, e, com efeito, julgaram proveitoso explorar esse novo terreno. Na América e na Inglaterra, certos indivíduos muito práticos assenhoraram-se dessa indústria e dela tiraram belos proventos. As ambições do lucro e o valor em demasia ao dinheiro constituíram sempre poderosos incentivos ao dolo. Ora, não foi sempre assim, desde o início das civilizações? À época de Jesus não existiam os falsos profetas? Nos dias atuais, em abundância, não vemos aqui ou acolá mercadores da espiritualidade, sob várias formas?[1]

Não obstante, houve fenômenos verazes, tais quais as mediunidades escreventes e falantes. Entretanto, os cientistas preconceituosos apelaram para a telepatia e as percepções do inconsciente. Com isso, encontraram os recursos para elucidar os intricados mecanismos da xenoglossia e das manifestações do esquecimento nos quadros das lembranças de existências passadas. Já diante de um presságio, como acontece na clarividência e na clariaudiência, atualmente encaixado nas classificações de pré e retrocognição, repetem as mesmas justificativas, conceituando-as como resultantes do próprio psiquismo do sensitivo.[2]

No que diz respeito aos fenômenos de materializações, desmaterializações, de transportes de objetos, as mesmas arguições são reencaixadas com molduras novas, embora deixem perplexos os investigadores que, malgrado, permanecem duvidosos. Não pense o leitor que negamos a ocorrência de fenômenos da personalidade, da própria essência divina da criatura humana, que se apresenta em várias condições, reclamando cuidados e estudos honestos. Não se engane, por favor! Conhecemo-los à conta de muitos cientistas sérios que venceram os preconceitos do materialismo científico, conforme veremos adiante. Mas não obliteramos a multiplicidade de manifestações espirituais pela mediunidade, que convida os homens sensatos e dignos a uma avaliação mais profunda delas, e, por conseguinte, à reflexão em torno das causas, de modo a influenciar o seu comportamento moral, com ressonâncias na humanidade, sôfrega desses dias de transição planetária.

Surge a metapsíquica – disciplina científica fundada pelo professor Charles Richet (1850-1935) no começo do século XX. Essa ciência psíquica divide-se em duas grandes partes – metapsíquica objetiva e metapsíquica subjetiva. Há três fenômenos fundamentais que resumem a metapsíquica: I) a criptestesia: é a faculdade de conhecimento diferente das faculdades empíricas; II) a telecinesia: é uma ação mecânica diferente das forças mecânicas conhecidas, a qual, em determinadas condições, tem, à distância, atuação sem contato sobre os objetos ou pessoas; III) a ectoplasmia: é a formação de objetos diversos, os quais, as mais das vezes, parecem sair do corpo humano e tomam a aparência de uma realidade material (vestuário, corpos vivos, véus, etc.).[3]

A metapsíquica tinha um critério qualitativo, já que procurava um experimento, um fenômeno (crucial e definitivo) que escapasse às sumárias explicações naturalísticas. Richet fez experiências diretas, verificou o fenômeno, aceitou os fatos, embora tenha preferido não afirmar a ação dos Espíritos, referindo-se a termos como *vibrações* e *cascões mentais*, ainda que pese ter analisado as experiências do físico e químico inglês Willian Crookes (1832-1919), com famosos e respeitáveis médiuns da época.[4]

Salientamos que um outro médium relevante que Willian Crookes usou em suas experiências de natureza psicológica, concluindo a existência do Espírito, foi o Sr. Daniel Dunglas Home (1833-1886).[5]

Mas dentro da ciência, preocupada com o esclarecimento da vida e do Universo, houve sempre os legítimos cientistas – ou seja, aqueles que, lançando mão dos métodos científicos, com observação arguta e percuciente, bem característica dos integrantes da grei dos defensores do esclarecimento humano, prosseguem na pesquisa sem espírito prevenido, sem a má vontade dos falsos pesquisadores, e com incomum equilíbrio entre o cérebro e o coração. Inconformados com o divisionismo artificial e impulsionados pelos planos da Hierarquia Espiritual Superior, vários homens ilustres, especialmente no século XIX, quando a ciência se estratificava na ilusão materialista, tentaram favorecer a ligação entre os dois planos existenciais – o físico e o extrafísico. Para tanto, produziram experimentações cientificamente controladas, e o resultado foi o impacto de se poder conversar com espíritos materializados (a exemplo de Willian Crookes) e lhes pesquisar todos os mais inadmissíveis detalhes vivenciais, abrindo-se largo panorama para a investigação honesta da ciência.

O renomado médico e bacteriologista francês Paul Gibier (1851-1900) foi um deles. Dentre poucos perquiridores das ciências psíquicas, com o rigor dos métodos positivos, inclinou-se para a tese espírita. Discípulo predileto de Pasteur (1822-1895), desvelou o micróbio da *raiva*.[6] Em 1884, a Faculdade Médica de Paris concedeu-lhe a mais elevada recompensa, que se pode dar às teses, quando então apresentou *Memória sobre a hidrofobia e seu tratamento*. Gibier, a partir de 1885, interessou-se pelos fenômenos da fisiologia experimental, sendo forçado a admitir os fenômenos da escrita direta. Disse ele: "Só depois de ter observado o fenômeno da escrita direta pelo menos 500 vezes foi que me decidi a publicar as minhas investigações. Além disso, já me havia fixado absolutamente a respeito de muitos fatos da mesma natureza e muito mais extraordinários em aparência."[7]

No que diz respeito às materializações, para evitar qualquer surpresa, Gibier mandou fabricar uma gaiola que oferecesse todas as garantias necessárias. Tendo colocado essa gaiola num canto do seu quarto, encerrou nela a médium (Sra. Salmon). Repetidas vezes o doutor obteve formas materializadas, de modo a excluir qualquer espécie de dúvida. – Em que consistem essas formas? – diz o doutor. – É impossível dizê-lo. São talvez emanações do médium ou do seu corpo astral. – Assim concluiu ele. Foi nos Estados Unidos da América do Norte que Paul Gibier realizara a experiência supracitada. Morando em Nova Iorque, lá exerceu o lugar de Diretor do Instituto Pasteur. Foi autor dos livros: *O Espiritismo (faquirismo ocidental)*, de 1886, e *Análise das Coisas*, de 1890.

E o brilhante professor de Cambridge Frederic William Henry Myers (1843-1901), líder da Sociedade de Pesquisas Psíquicas de Londres? Ele constatou que o subconsciente não basta para explicar todos os fatos, como imaginavam certos sábios. Ele fora um desses incomuns e equilibrados cientistas. A posição de Myers, em sua obra *Personalidade Humana*, é que o Humano Ser tem dupla evolução – a terrestre e a extraterrestre (ou seja, na dimensão póstuma, além do túmulo, extrafísica, espiritual). Dentre vários fenômenos psíquicos que observou, estudou e conceituou, a escrita automática foi a área que Myers mais pesquisou. Disse ele:

> [...] O estudo de numerosos casos desse gênero me convenceu de que a hipótese menos improvável é que uma certa influência sobre os habitantes da Terra pode ser exercida pelas personalidades sobreviventes de homens mortos. O que me fortificou nessa crença foi o estudo da escrita automática. Observei que, em todas as variedades desse fenômeno, o conteúdo dessas mensagens parece vir de três fontes diferentes: a primeira de todas é o cérebro daquele que escreve; tudo aquilo que nele entrou pode sair, embora esteja esquecido. A segunda é que há uma pequena proporção de mensagens que parecem telepáticas, isto é, indicam fatos que o autômato ignora completamente, mas que são conhecidos de alguma pessoa viva que está em relação com ele ou assiste à sessão. A terceira é que resta pequeno número de mensagens que me é impossível explicar dos dois modos precedentes: mensagens que contêm fatos desconhecidos daquele que escreve e de seus amigos ou parentes, mas conhecidos de uma pessoa morta, às vezes completamente estranha ao ente vivo que escreve. Não posso nesse caso escapar à convicção de que, por mais indiretas que pareçam essas indicações, só à personalidade de um morto podem ser devidas tais mensagens.[8]

O que dizer de Alexandre Aksakoff (1833-1902), conselheiro do Estado russo e Diretor do jornal *Psychiske Studien*, de Leipzig? Na Rússia, ele estudou os fenômenos de materialização e obteve na parafina moldes de mãos materializadas, que são uma das provas mais inconcussas da realidade dos fatos. Suas obras espíritas mais relevantes são *Animismo e Espiritismo* e *Um Caso de Desmaterialização*.

Vamos a outro: o criminologista italiano Cesar Lombroso (1835-1909). Até o ano de 1882, era contrário aos fenômenos explicados à luz do Espiritismo. Segundo o que ele mesmo dissera, palavras estas fruto de uma educação científica, tinha como ocupação mais tenaz defender a tese de que toda força era uma propriedade da matéria e a alma uma emanação do cérebro. Os Espíritos, para Lombroso, eram irrisórios. Não desconhecemos sua incomum adoração pela busca da verdade, na verificação dos fatos, e, por isso, a partir do ano supracitado, presenciou, como neuropatologista que era, fenômenos psíquicos singulares que não encontram qualquer explicação nas leis fisiológicas. A partir de então, as primeiras experiências mediúnicas com Eusápia Paladino (1854-1918), em Nápoles (Itália), no ano de 1891, e em Milão, no ano de 1892, fê-lo considerar os fenômenos espíritas autênticos. Sugerimos a leitura da esplêndida obra *Hipnotismo e Espiritismo*, em que Cesar Lombroso, com detalhes, traz suas mais desveladoras pesquisas.[9]

Outro ilustre médico a ser apresentado chama-se Gustav Geley (1868-1924). Formado na Faculdade de Medicina de Lyon (França), foi cientista moralizado, e moralizador dono de grande ciência. Reencarnado em pleno século em que efervesciam as asserções do Positivismo,[10] de Augusto Comte (1798-1857), Geley soube separar o *joio do trigo*, jamais aceitando o que não fosse pesquisado e provado. Filósofo e caritativo, soube compreender a sede de saber que ardia dentro de cada um. Trabalhador consciencioso, doou-se ao mundo científico da época, lobrigando o mundo moralizado do futuro. Foi presidente do Instituto de Metapsíquica Internacional, desde 1918, até quando desencarnou, no ano de 1924, em desastre de avião. Sugerimos ao leitor interessado sua magnífica obra *O Ser Subconsciente*, de 1899.

De 1922 a 1923, Geley conduziu sessões, com médiuns, no Instituto de Metapsíquica, introduzindo em seus estudos o conceito de desdobramento, atualmente caracterizado como *experiência fora do corpo*, e que ele identificava como *exteriorização da sensibilidade*.[11] Esse fenômeno, na visão de Geley, é considerado essencial ao entendimento da subconsciência superior. Ou seja, uma vez desdobrado ou parcialmente separado do corpo físico, o ser subconsciente denota conhecimentos obtidos à revelia do ser consciente, sem trânsito obrigatório pelas vias sensoriais normais. Essa consideração de Geley antecipa em 40 anos, no mínimo, importantes descobertas da futura parapsicologia. Portanto, na descoberta científica do espírito humano, com a final confirmação dos princípios espíritas, dificilmente encontraremos alguém como Gustav Geley.

E tem mais. O engenheiro francês Gabriel Delanne (1857-1926) transformou-se num preparadíssimo divulgador espiritista, escrevendo mais de dez obras importantíssimas, muitas falando do ectoplasma, e das quais citaremos apenas três: *As Aparições Materializadas*, *Fenômeno Espírita* e *Katie King – História de suas Aparições*. Gabriel Delanne era filho de Alexandre Delanne (1830-1901) – o segundo a discursar, depois de Camille Flammarion, à beira do túmulo de Allan Kardec, no cemitério Montmartre, no dia 2 de abril de 1869, por ocasião do enterro daquele que, segundo Delanne (pai), **foi o pioneiro emérito do Espiritismo**.

Não deixaríamos no ostracismo o eminente fisiologista italiano Ernesto Bozzano (1862-1943), nascido em Gênova, na Itália. Foi, no início, um positivista materialista, tornando-se, mais tarde, espírita depois de estudar, analisar e entender os fenômenos que teve curiosidade de conhecer; principalmente os de Willian Crookes. O professor Ernesto Bozzano foi autor de cerca de 40 obras espiritistas, das quais lembramos duas: I) *Materializações Minúsculas*, que foi importante documentário sobre o ectoplasma; II) *Pensamento e Vontade*, em que demonstra, com propriedade, amparado nas descobertas científicas de sua época, as temáticas "Formas do Pensamento" e "Ideoplastia". Em suma: **conclui, notavelmente, que o pensamento e a vontade são forças plásticas e organizadoras**.[12]

Bozzano foi o refutador do metapsiquista René Sudre (1880-1968). Este contestador da Doutrina Espírita e autor de *Introdução à Metapsíquica Humana*, publicada em 1926, tece, em sua infeliz obra, tristes e até infantis raciocínios, ditos científicos, porquanto procurava, com preconceitos, explicar os fenômenos psíquicos através da exteriorização e da subconsciência. Nada obstante, o livro de Sudre foi de inusitado valor informativo e histórico. Ao leitor interessado, a obra em que se pode, com vagar, ler as refutações de Ernesto Bozzano a René Sudre, chama-se *Metapsíquica Humana*.

Notas

1. O termo *médium* (do latim: *medium*, *meio*, *intermediário*) é apanágio da Doutrina Espírita. Foi Allan Kardec – o Codificador do Espiritismo – quem o idealizou, já que "para se designarem coisas novas são precisos termos novos." (*O Livro dos Espíritos*, item I.) É um vocábulo, portanto, espírita. O próprio Kardec inseriu, na 1.ª edição de *O Livro dos Espíritos*, no capítulo I, o *Vocabulário Espírita*, sendo excluído, pelo próprio autor, a partir da 2.ª edição da referida obra, em 1860.

Allan Kardec conceituou *médium* da seguinte maneira: "Todo aquele que sente, num grau qualquer, a influência dos Espíritos é, por esse fato, médium. Essa faculdade é inerente ao homem; não constitui, portanto, um privilégio exclusivo. Por isso mesmo, raras são as pessoas que dela não possuam alguns rudimentos. Pode, pois, dizer-se que todos são, mais ou menos, médiuns. Todavia, usualmente, assim só se qualificam aqueles em quem a faculdade mediúnica se mostra bem caracterizada e se traduz por efeitos patentes, de certa intensidade, o que então depende de uma organização mais ou menos sensitiva." (*O Livro dos Médiuns*, cap. XIV, item 159.) De modo geral, "médium é a pessoa que pode servir de medianeira entre os Espíritos e os homens." (*O Livro dos Médiuns*, cap. XXXII.) Posto isso, o médium assemelhar-se-ia às pitonisas gregas, às necromantes hebraicas.

2. Trata-se do fenômeno em que o médium fala em língua (*glôssa*) estrangeira (*xénos*). Nesses casos, verificamos que há mudanças no timbre da voz, na musicalidade da frase, na pronúncia das palavras; ora surge um sotaque estrangeiro, ora o Espírito fala diretamente em sua língua de origem, às vezes totalmente desconhecida do sensitivo. O Espírito, ao ligar-se fluidicamente ao *chakras* laríngeo, atinge os dois plexos, movimentando toda a área governada por eles. Dessarte, o Espírito atua como controlador, de forma que o médium não consegue resistir-lhe. Tem a impressão de que lhe colocaram na garganta um aparelho de comando que passa a falar independentemente da vontade do sensitivo. A despeito disso, poucas afirmações têm sido tão tolas quanto as que a maioria dos cientistas faz diante de um caso de xenoglossia, declarando que se trata de mera associação de ideias. A verdade, porém, é que essa disposição dos tais cientistas, para se agarrarem aos princípios denominados científicos, não passa de uma ingênua crendice do ceticismo acadêmico, incapaz de sentir aquilo que, depois de percebido, se torna comum e assimilável por qualquer mentalidade incipiente...

3. Charles Richet, em 1905, então presidente da Sociedade de Investigações Psíquicas, em Londres, propôs o nome de Metapsíquica a esse conjunto de conhecimentos. É o Pai dessa ciência, escrevendo a obra *Tratado de Metapsíquica*. Criou o termo **Metapsíquica** como ramo da psicologia experimental, definindo-a, com pesar, como "a ciência que tem por objeto os fenômenos mecânicos ou psicológicos, devidos a forças que parecem inteligentes, ou a potências desconhecidas, latentes na inteligência humana, para com ela provar a fragilidade do fenômeno mediúnico." (Vianna de Carvalho, *À Luz do Espiritismo*, p. 53.)

É considerado, também, o Pai da Fisiologia Humana, ganhando o Prêmio Nobel de Fisiologia em 1913. Descobriu a anafilaxia (reação alérgica sistêmica a uma substância). A semântica da palavra *ectoplasma* (do grego: *ektos* – exterior, superficial e às vezes dilatação; e *plasma* – formar, criar) foi dada por esse fisiologista. Ele encontrou anidrido carbônico no ar respirado por Bien-Boa (Espírito materializado em suas rigorosíssimas sessões). Disse ele:

> Temos muitas provas de que a materialização experimental ou ectoplasmia alcance lugar definitivo na ciência. É certo que tudo isso é um absurdo, mas pouco importa: É verdadeiro. (*Tratado de Metapsíquica*.)

Na obra *Crônicas do Além-Túmulo*, de Humberto de Campos, no item 16, encontramos a seguinte narrativa do escritor brasileiro (Espírito) falando acerca de Charles Richet:

> Seu coração foi generoso e sincero; em seus últimos meses de vida, foi inspirado pelos mensageiros do Cristo, inclinando-se para a fé, e conseguindo um trabalho profundo, que apareceu no planeta sob o nome de *A Grande Esperança*. Nos seus últimos dias de vida, realizou uma mensagem entusiástica em prol dos estudos espiritualistas. Jesus pediu que ele retornasse à Pátria espiritual, e, com seu amor, deu-lhe a centelha divina da crença, como recompensa pelos esforços honestos em benefício da Humanidade. No momento em que estavam sendo levados seus despojos ao sepulcro, ele não dormiu o sono dos mortos, já que ali, cercando-lhe o corpo, estavam Gabriel Dellane, Camille Flammarion, Leon Denis, esperando-o para abraçá-lo. E, quando olha para esses vultos, ouve uma exclamação vinda do Senhor do Tribunal da Misericórdia: – Por que não afirmaste a imortalidade e não reconheceste meu nome no apostolado de missionário da ciência e do labor? Todavia, agora premiando os teus labores, eu te concedo os tesouros da fé que te faltou na dolorosa estrada do mundo. Sobre o peito desce do céu um punhal de luz opalina como um venábulo maravilhoso de luar indescritível. Richet sente o coração tocado de luminosidade infinita e misericórdia, que a ciência nunca lhe havia dado. Seus olhos cheios de lágrimas e seus lábios como de um menino recitam *Pai Nosso que estás no Céu...*

4. Willian Crookes foi membro da Academia das Ciências de Londres. Descobriu o eletroscópio, o espectroscópio, o fotômetro de polarização, o radiômetro, o microspectroscópio. Foi o primeiro a fotografar, com o auxílio do heliômetro do observatório de Greenwich, os corpos celestes. Estudou os fenômenos da luz polarizada. Descobriu o elemento químico *talium*. Trabalhou com a física molecular no vácuo sobre gases rarefeitos, descobrindo, assim, os raios catódicos, constituídos por descargas de elétrons, correspondendo aos grãos ou corpúsculos de essência e de natureza elétrica, animados de velocidades de 1/10 a 3/10 da ordem da luz (300.000 km/s).

Por repetidas experiências de técnica delicada e complexa, ficou demonstrada a homogeneidade dos elétrons, sendo da mesma natureza elétrica para todos os elementos químicos, diferindo, de corpo para corpo, no seu número, velocidade e na orientação do seu movimento orbitário. Os raios catódicos de Crookes fizeram oscilar os alicerces da ciência, demonstrando experimentalmente que a energia e a matéria eram termos não irredutíveis, mas indissoluvelmente ligados na mesma origem, na intimidade de sua essência homogênea, na mesma comunidade da sua natureza intrínseca, através da sua dualidade de condensação elétrica e desintegração dos respectivos elétrons: em última análise, meras expressões corpusculares elétricas.

Sua maior descoberta foi o quarto estado da matéria – a radiante (plasma) – quando até então existiam os três estados clássicos: sólido, líquido e gasoso. Com essa descoberta, terminou assumindo um lugar no panteão da Inglaterra, ao lado de Newton. No plasma, a temperatura é tão alta, que os núcleos atômicos não conseguem manter seus elétrons. Ao acender uma lâmpada fluorescente, vemos ali a transformação do gás, em seu interior, em plasma. Resumidamente, plasma é o estado da matéria sob altas temperaturas no qual os núcleos atômicos se tornam separados de seus elétrons.

Descobriu, também, a lâmpada de raios catódicos, que leva o seu nome, além de implementar estudos sobre a luz, a fotografia, a astronomia, etc.

Fez experiências significativas de materialização, através da médium Florence Cook, de 15 anos de idade apenas, nas quais o Espírito hindu Katie King se manifestava, ordinariamente, durante três anos consecutivos – de 1871 a 1874. As pesquisas e fotos de Crookes, com as materializações de Katie King, ainda correm mundo, e, com seu livro *Fatos Espíritas*, são sem dúvida o maior referencial científico-acadêmico sobre a autenticidade da ectoplasmia.

5. Daniel Dunglas Home nasceu em 20 de março de 1833, na vila Currie, perto de Edimburgo, na Escócia. Aos seis meses de vida, seu berço balançava e mudava de lugar sozinho. No tapete de casa, quando não alcançava os brinquedos, estes vinham ao seu alcance. Já adulto, aos 22 anos de idade, ou seja, no ano de 1854, foi à Itália por motivo de saúde; espantou Florença e Roma com seus prodígios. Em 1855 foi a Paris.

Casou-se com Sacha no dia 1.º de agosto de 1858. Transmitiu a ela a tuberculose, da qual ela morreria em 1862. Casou-se novamente, em 1871, com Julie. Homem de caráter afável e benevolente. Médium, sobremaneira, de efeitos físicos. Kardec ainda disse que deviam a Home, em virtude de suas qualidades morais, conciliar as simpatias de Espíritos Superiores.

Sob sua influência, diz Kardec na *Revista Espírita* de fevereiro de 1858, ouviam-se ruídos, o ar se agitava, os corpos sólidos se moviam, levantavam-se, transportavam-se de um lado a outro, através do espaço; instrumentos de música produziam sons melodiosos; apareciam, quando ele estava presente, seres desencarnados falando, escrevendo e por vezes abraçando os presentes até produzir dor. Muitas vezes, ele próprio foi visto elevando-se a vários metros de altura sem qualquer sustentáculo.

Para que os fenômenos fossem devidamente observados, andou pelas cortes europeias, tais quais a de Napoleão III e da Imperatriz Eugênia, na França; a de Guilherme I, da Alemanha; a da Rainha Sofia, da Holanda. Patenteou a vida do mundo espiritual, sempre amparado por sua mãe, seu verdadeiro anjo de guarda. Sabemos que sua missão não foi fácil, visto que foi vítima de várias calúnias.

Deixou-se ser examinado por pesquisadores honrados; dentre eles, Willian Crookes.

As 11 sessões que o químico inglês decidiu publicar em 1889 realizaram-se na casa dele mesmo. Em todas elas, Home serviu de médium. Entre as principais experiências, pode-se citar o aumento ou diminuição, à vontade, do peso de uma mesa. Em uma das sessões, a Senhora De W. Crookes tirou seu colar de coral e colocou-o sobre uma mesa. Um instante depois o colar moveu-se, erguendo-se em espiral. Várias vezes, Crookes e seus amigos viram mãos luminosas. Na sessão de 22 de maio de 1871, Crookes constata que ele e sua mulher sentiram uma pesada mão apoiar-se sucessivamente em seus joelhos (as mãos de Home se achavam sobre a mesa, e a sala estava iluminada; toda fraude era, pois, impossível). Alguns minutos depois, a mesa se ergueu várias vezes, e no mesmo momento diversas pessoas, com o auxílio de uma vela, examinaram as mãos e os pés de Home, enquanto a mesa se elevava, e constataram que os três pés da mesa se achavam no ar. Quando terminaram as experiências, vimos – continua Crookes – um pequeno sofá mover-se de repente e ficar a seis polegadas de distância de *miss* Dunglas. A cadeira desta começou a mover-se, ficando depois como que pregada ao soalho. Crookes tentou movê-la, porém ela resistiu a todos os esforços. (*Apud* Alfred Erny, *O Psiquismo Experimental*, p. 18-19.)

Lê-se no livro *Defesa do Espiritualismo Moderno*, do eminente naturalista, geógrafo, antropólogo e crítico social Alfred Russel Wallace (1823-1913):

> O senhor Daniel D. Home é talvez o médium mais bem conhecido no mundo, e suas faculdades sempre estiveram abertas a todo e qualquer exame, ao menos por 20 anos. Faz 19 anos que Sir David Brewster e Lord Brougham fizeram com ele uma sessão, sendo esses dois cavalheiros bastante perspicazes e eminentes observadores, e por suposto, céticos intransigentes. Felizmente temos em *Vida Doméstica*, de Sir David Browster, a sua própria narração do acontecido na sessão daquele dia: – "Vi o suficiente para me convencer de que tudo podia ser feito com as mãos e os pés". Ele diz: "A mesa elevou-se do piso sem que mão alguma houvesse sobre ela; e uma campainha pequena foi colocada de boca sobre o tapete, e começou a tinir quando nada a poderia ter tocado. A campainha foi então colocada no outro lado, sempre sobre o tapete, veio até onde eu estava e colocou-se por si só em minha mão. Fez a mesma coisa com Lord Brougman".
>
> E acrescenta, falando em nome de ambos: "Não conseguimos encontrar explicação para esses fatos, nem alcançamos a conjeturar sobre como poderiam ser produzidos por meio de mecanismo de espécie alguma".
>
> Por boca do autor de *Cartas sobre a Magia Natural*, esse depoimento não deixa de ser ótimo. Esses fenômenos e outros ainda mais surpreendentes vêm sendo repetidos até hoje milhares de vezes, e quase sempre em casas particulares que o Sr. Home visita. Todos afirmam que ele oferece as maiores facilidades para a investigação; e eu mesmo pude testemunhar isso, sendo convidado por ele para examinar, da maneira mais escrupulosa que eu quisesse, um acordeão que ele segurava com uma de suas mãos, com as chaves para baixo, e que nessa posição invertida tocava com a maior doçura. Porém, talvez o fenômeno melhor comprovado e mais extraordinário de todos os que são rela-

cionados com a mediunidade de Mr. Home, seja aquele chamado *a prova de fogo*. Em estado sonambúlico e, de um fogo bem aceso, pega pela parte mais candente uma brasa, que carrega pelo quarto todo, para todos poderem ver e sentir que é uma brasa de verdade. Isso foi presenciado por Mr. H. D. Jencken, Lord Lindsay, Lord Adare, Miss Douglas, Mr. S. C. Hall e muitos outros. Porém, mais extraordinário ainda, ele pode, enquanto nesse estado, descobrir em outra pessoa esse mesmo poder, ou transmiti-lo a essa pessoa. Em certa ocasião, um pedaço de carvão aceso foi colocado sobre a cabeça de Mr. S. C. Hall, em presença de Lord Lindsay e de quatro testemunhas.

A senhora Hall, em carta ao conde de Dunraven, publicada no *Repertório Espiritual*, 1870, p. 178, diz: "O senhor Hall estava sentado quase defronte a mim, vi o senhor Home, após ter ficado em pé, coisa assim como meio minuto atrás da cadeira do senhor Hall, colocar de propósito na cabeça dele uma brasa de carvão ardente! Muitas vezes fiquei admirada de naquele momento eu não ter me assustado; mas não me assustei: estava perfeitamente convencida de que ele não sofreria dano algum. Alguém falou: não está queimando? O senhor Hall respondeu: está quente, porém não muito. O senhor Home afastara-se um pouco, mas aproximou-se de novo, ainda em estado sonambúlico; sorriu, parecia muito satisfeito e começou a estender os brancos cabelos do senhor Hall, e o carvão, rubro ainda, deixava-se ver debaixo deles."

Quando retirou a brasa da cabeça, onde não sofreu o menor ferimento, e nem sequer teve o cabelo chamuscado, outros quiseram tocá-la, porém queimaram os dedos. Lord Linsay e a senhorita Douglas também receberam em suas mãos brasas acesas; e contam terem sentido como se elas estivessem mais frias do que quentes; apesar de que ao mesmo tempo queimavam qualquer outra pessoa, e faziam sentir muito calor no rosto das pessoas que as seguravam, tanto que, se as aproximassem muito, teriam sua pele abrasada. As mesmas testemunhas afirmam que o senhor Home guardou brasas incandescentes nos bolsos do colete, sem queimar o tecido, e colocou seu rosto sobre o fogo, de modo que seus cabelos ficavam por entre as chamas, sem que eles se chamuscassem nem um pouco.

É possível dar-se transitoriamente aos objetos inanimados esse mesmo poder de resistência ao fogo. O senhor H. Nisbet, de Glasgow, afirma (*Natureza Humana*, fevereiro 1870) que em sua própria casa, em janeiro de 1870, o senhor Home colocou uma brasa ardente nas mãos de uma senhora e de um cavalheiro, e eles afirmaram que só estava quente; depois colocou essa mesma brasa sobre um jornal, que queimou, deixando um buraco em suas oito dobras. Pegou então um novo carvão aceso e colocou-o sobre o mesmo jornal, que passeou pelo quarto todo por três minutos, e essa vez se observou que o papel não tinha a mínima queimadura. O depoimento de Lord Linsay não poderia deixar de ter certo valor, por ser um dos poucos nobres que fazem trabalhos realmente científicos; ele declara que, além disso, em oito sessões segurou em sua própria mão carvões incandescentes, colocados pelo senhor Home, sem sofrer qualquer ferimento.

O senhor W.H. Harrison (*Espiritualista*, de março de 1870), viu como ele pegava uma enorme brasa, cobrindo toda a palma da sua mão, e com seis ou sete polegadas de espessura. Enquanto andava pelo quarto, o rubro resplendor da brasa refletia-se nas paredes, e quando se aproximou da mesa, todos os assistentes sentiram o calor em seu rosto. Segurou o carvão aceso em sua mão por cinco minutos. Esses fenômenos aconteceram vintenas de vezes em presença de vintenas de testemunhas. São fatos sobre os quais não pode haver qualquer dúvida, e absolutamente inexplicáveis pelas leis conhecidas da fisiologia e do calórico.

Os poderes do senhor Home foram testados pelo senhor Cox e o senhor Crookes, por separado, e ambos os cavalheiros declaram enfaticamente que ele convida para o exame e a crítica. O senhor Cox, em sua casa, ouviu um acordeão novo (comprado naquele dia por ele mesmo) tocando sozinho, em suas próprias mãos, enquanto o senhor Home tocava piano. O senhor Home pegou na sequência o acordeão em sua mão esquerda, com as chaves para baixo, enquanto tocava piano com sua mão direita, e o acordeão tocou belissimamente o acompanhamento do piano, por não menos de um quarto de hora. (*O que Sou?* Vol. II, p. 388).

O fenômeno intitulado *à prova de fogo*, narrado acima por Alfred Wallace, é antiquíssimo. Vamos ver essa faceta no Velho Testamento, quando o rei Nabucodonosor II, irado com seus ministros – Sidrache, Misache e Abdénago – por não adorarem os deuses pagãos, mandou-os serem queimados na fornalha, com um fogo sete vezes mais forte que o normal. Mas eles não morreram. Foram vistos andando de um lado para outro, sem a menor lesão.

O fenômeno da incombustibilidade foi estudado por notáveis mestres das ciências psíquicas, a saber: Frederic Myers (narraremos sobre ele mais adiante), e o próprio Willian Crookes. Conta o químico inglês que o Sr. Home, na presença de várias testemunhas, meteu uma das mãos num fogão, retirou dali uma brasa acesa e a colocou num lenço que, em outra ocasião, se teria incendiado imediatamente. Outra vez, pegou em uma brasa acesa e a deu ao lorde Adare. Crookes, com sua meticulosidade de sábio, examinou as mãos de Home e se convenceu de que, além de não estarem protegidas por nenhum condutor, não apresentavam o menor sinal de combustão.

Como explicar o fenômeno? A hipótese espiritualista, que também é a espírita, explica esse fenômeno pelo poder divino, transmitida por Espíritos encarnados ou desencarnados. Daniel Dunglas Home, quando consultado, declarou que os Espíritos lhe cobriam as mãos com **matéria fluídica**, tornando-as incomburentes.

A revista *Psych News*, de 19 de setembro de 1936, relatou a façanha do xeque Fazil Elehee. Quando lhe disseram que o Dr. Victor Rabie (?-†) possuía iguais faculdades, e confessava que a incombustibilidade era devida à ação protetora de Espíritos, Fazil protestou energicamente, declarando que qualquer praticante de ioga estava habilitado a produzir os mesmos fenômenos. Porém, uma médium vidente, assistindo a experiências de Rabie, viu diversos Espíritos que trabalhavam ativamente com ele para a incolumidade dos pacientes.

O xeque Fazil tornava incombustas as pessoas a quem dava passes na espinha dorsal. Ora, as pessoas, sem dúvida, não tinham praticado ioga e, muitas vezes, sequer ouvido falar sobre tal prática. No entanto, o fogo não tinha ação comburente sobre elas.

Daniel Dunglas Home, talvez o maior médium de efeitos físicos que apareceu até os dias atuais, ficou conhecido como *o príncipe dos médiuns*, e, vitimado pela vaidade, tornou-se objeto de escárnio dos seus opositores, quanto de bajulação insensata dos seus admiradores. Não obstante, após sua desencarnação, no dia 21 de junho de 1886, aos 53 anos de idade, não deixou mais que os resultados dos estudos, controvérsias, sem um lastro de consolação de vidas carentes que se agonizavam ao seu lado, embora jamais tenha sido surpreendido em fraude. Volta à Terra, no dia 5 de maio de 1927, na cidade de Salvador, Bahia, na personalidade do médium e orador espírita Divaldo Pereira Franco, para que, nessa existência, junto aos carentes, pudesse encontrar sua Redenção. E ainda encarnado, no momento desta narrativa, certo estamos de que já vencera, aos 94 anos de idade, os desafios que este planeta de calcetas lhe oferecera.

6. Louis Pasteur foi um químico e biólogo francês; realizou notáveis trabalhos sobre a estereoquímica (investigação sobre a disposição especial dos átomos nas moléculas), voltando-se depois para o estudo das fermentações, demonstrando-as como sendo a consequência da ação de micro-organismos e que, com efeito, não existia a *geração espontânea* dos micróbios. Em 1865, estudou a doença do bicho-da-seda e, em seguida, após um estudo sobre os vinhos, estabeleceu um método de conservação das cervejas – a *pasteurização*. De 1870 a 1886, provou sua genialidade: I) demonstrou a natureza microbiana do carvão; II) descobriu o vibrião séptico (gênero de bactérias em forma de bastonete recurvo, que provocam infecções); III) desvelou o estafilococo e a vacina contra o carvão, bem como a primeira vacina contra a raiva, que lhe valeu a glória em 1896. Os trabalhos desse singular cientista francês foram coroados pela criação do Instituto Pasteur, na cidade de Paris, em 1888, destinado a levar adiante a imensa obra da microbiologia que ele havia criado.

7. Paul Gibier. (*Análise das Coisas*, Prefácio do tradutor.)

8. Alfredy Erny. (*apud O Psiquismo Experimental*, cap. III.)

9. Eusápia Paladino nasceu na cidade de Murge, na Itália. Presenciou, aos oito anos de idade, seu pai ser assassinado por bandidos. Criada pela avó, que a maltratava sobremaneira, foi largada à matroca, nas ruas napolitanas, sendo recolhida por caridade, não poucas vezes, pela alta burguesia napolitana. Desde a infância via, sem que alguém pudesse explicar, os fantasmas (Espíritos); ouvia pancadas nos móveis em que se apoiava, rasgavam-lhe as vestes à noite. À luz da Doutrina Espírita diríamos ser Eusápia Pala-

dino uma médium de efeitos físicos, como também de efeitos inteligentes (cf. *O Livro dos Médiuns*, cap. XIV). Fez disso, de forma ingênua e bem compreensível à época, um emprego que, a seu turno, tornava-a independente financeiramente. Em certo instante de sua existência, as sessões a que ela se submetia tornaram-se sua ocupação única. Não teríamos espaço suficiente para descrever, sequer, metade das sessões em que Eusápia Paladino sujeitava-se pela Europa. Malgrado, as 17 sessões realizadas em Milão, no ano de 1892, na presença de psiquistas como Alexandre Aksakof e Charles Richet, já seria de bom alvitre àqueles mais interessados em conhecer essa extraordinária médium italiana.

10. Apoiando-nos nas palavras de León Denis sobre o Positivismo, lê-se que:

    > Mais sutil, ou menos franca que o materialismo, essa filosofia [Positivismo] nada afirma, nada nega. Afastando qualquer estudo metafísico, qualquer investigação das causas primárias, ela estabelece que o homem nada pode saber do princípio das coisas; que, por conseguinte, é supérfluo o estudo do mundo e da vida. Todo o seu método refere-se à observação dos fatos verificados pelos sentidos, e das leis que o ligam. Só admite a experiência e o cálculo. (*Depois da Morte*, Primeira Parte, cap. VII.)

11. Frederick Myers caracterizou o fenômeno da *exteriorização da sensibilidade* e da motricidade como de *projeção e ação da sensibilidade à distância*. Em uma análise espírita, recomendamos a leitura de *O Livro dos Espíritos*, capítulo VIII, que cuida especificamente do tema *Emancipação da Alma*, isto é, das atividades que o Espírito encarnado exerce nos seus momentos de liberdade relativa, tais quais: o sono, o estado sonambúlico (induzido ou provocado), a dupla vista, o êxtase, a catalepsia, a letargia, fenômenos de bilocação, etc.

12. O vocábulo *ideoplastia* foi criado, em 1860, pelo filósofo francês Joseph Pierre Durand de Gros (1826-1900), cujo objetivo era designar os principais caracteres de sugestibilidade. Mais tarde, Charles Richet demonstrou, em suas experiências incontestáveis, a realidade da materialização de semblantes humanos. Desses fatos, inferiu-se que a matéria viva exteriorizada é plasmada pela ideia. Com o estudo e comprovações da ideoplastia, seja pelas formas do pensamento ou pelas suas fotografias, descobriu-se que o complexo celular que figura o corpo físico não é mais que um retrato ideoplástico do psiquismo (espírito).

    Ernesto Bozzano, em seu livro *Pensamento e Vontade*, na página 114, diz que "é o mesmo milagre ideoplástico que forma, a expensas do corpo materno, mãos, rosto, vísceras, todos os tecidos, o feto integral". E não poderia ser diferente. Como explicar a pergunta 356 de *O Livro dos Espíritos*? Ora, os benfeitores desencarnados dizem que "entre os natimortos alguns haverá que não tenham sido destinados à encarnação de Espíritos", e, sem embargo, que "alguns há, efetivamente, a cujos corpos nunca nenhum Espírito esteve destinado. A justificativa desse fenômeno só encontra nexo lógico através da ideoplastia.

O Espírito André Luiz, na obra *Evolução em Dois Mundos*, no capítulo XIII, traz o esclarecimento sobra a gestação frustrada, quando assim lhe fora questionado: "Como compreenderemos os casos de gestação frustrada quando não há Espírito reencarnante para arquitetar as formas do feto? Em todos os casos em que há formação fetal, sem que haja a presença de entidade reencarnante, o fenômeno obedece aos moldes mentais maternos. Há, por exemplo, aquelas nas quais a mulher, em provação de reajuste do centro genésico, nutre habitualmente o vivo desejo de ser mãe, impregnando as células reprodutivas com elevada percentagem de atração magnética, pela qual consegue formar com o auxílio da célula espermática um embrião frustrado que se desenvolve, embora inutilmente, na medida da intensidade do pensamento maternal, que opera, através de impactos sucessivos, condicionando as células do aparelho reprodutor, que lhe respondem aos apelos segundo os princípios de automatismo e reflexão."

Ademais, como esclarecer a reencarnação de Espíritos evoluídos? Muitos deles não participam da gestação, pois "em contraposição com os mais obscurecidos e ignorantes, goza de quase inteira liberdade, até a consolidação total dos laços materiais com o novo nascimento na esfera do mundo". (Emmanuel, *O Consolador*, perg. 31.) Somente através da ideoplastia, porquanto o perispírito em nada toma parte no processo gestatório. "Os Espíritos categoricamente Superiores, quase sempre, em ligação sutil com a mente materna que lhes oferta guarida, podem plasmar por si mesmos e, não raro, com a colaboração de instrutores da Vida Maior, o corpo em que continuarão a futuras experiências, interferindo nas essências cromossômicas, com vistas às tarefas que lhes cabem desempenhar." (André Luiz, *Evolução em Dois Mundos*, cap. XIX.) "Encetando uma nova existência corpórea para determinado efeito, a criatura recebe, desse modo, implementos cerebrais completamente novos no domínio das energias físicas, e, para que se lhe adormeça a memória, funciona a hipnose natural como recurso básico, uma vez que, em muitas ocasiões, dorme em pesada letargia, muito tempo antes de acolher-se ao abrigo materno. Na melhor das hipóteses, quando desfruta grande atividade mental nas esferas superiores, só é compelida ao sono, relativamente profundo, enquanto perdure a vida fetal. Em ambos os casos, há prostração psíquica nos primeiros sete anos de tenra instrumentação fisiológica dos encarnados, tempo em que se lhes reaviva a experiência terrestre." (Emmanuel, *Religião dos Espíritos*, cap. XLV.)

HISTERIA

> *A histeria é uma neurose;*
> *mas nem toda neurose é histeria.*[1]
>
> (O Autor)

No fim do século XIX e princípios do século XX ocorriam, comumente, inúmeros fenômenos inexplicáveis com pessoas consideradas portadoras de uma doença singular, cujo nome popularizou-se como *histeria* (do grego: *hysteron*, útero). Desde o tempo de Hipócrates (460-370 a.C.), na antiga Grécia, até o século XVII, o termo *histeria* serviu para identificar **violentas crises não epiléticas de nervos**, usualmente acompanhada de uma sensação de bolo, que parecia movimentar-se entre o hipogástrio (região inferior do ventre) e o epigástrio (região superior do abdômen) até o pescoço, provocando, às vezes, protuberância ou projeção no ventre. Entendiam os médicos de então, desprovidos de conhecimentos mais amplos acerca da anatomia e fisiologia, que era o próprio útero que se deslocava, daqui para ali, no interior do corpo da mulher, atingindo o cérebro por meio de desconhecidos vapores, que acabavam por provocar convulsões e contorções. **Era, portanto, uma patologia tipicamente feminina.** Mas somente a partir do século XVIII, a histeria passou a ser considerada uma neurose uterina. Como se vê, não houve muita mudança, já que *uterina* continuou sendo, pelo menos para a maioria, não só no nome, a causa da histeria.

O ilustre médico francês Jean-Martin Charcot (1825-1892) **considerava a histeria como doença de causa fisiológica, além de considerá-la como doença mental**. O objetivo de seus estudos e experiências era as funções cerebrais. As crises, para ele, eram ataques de nervos. A amnésia hipnótica (um estigma, conforme classificava Charcot), total ou parcial sobre certos eventos, depois que a pessoa voltava a si, era, segundo Charcot, devida a uma **im-**

pressão insuficiente sobre o cérebro, por causa da diminuição momentânea e periódica no afluxo de sangue em certas partes dessa imensa glândula do Sistema Nervoso Central. Especulações de ordem psíquica? Para Charcot, nem pensar.

A neuropatia histérica, porém, é completamente diferente de uma doença orgânica que, a seu turno, manifesta-se por problemas mórbidos (enfermos), de caráter geralmente fixo e constante, evoluindo num ritmo especial. Os sintomas da histeria, todavia, caracterizam-se por mobilidade e inconstância, aparecendo, desaparecendo, variando sem causa ou sob influência de causas múltiplas. Sucedem-se anestesias, hiperestesias (sensibilidade excessiva), contraturas e paralisias, que passam de uma região a outra, burlando qualquer previsão de extensão e duração.

A histeria não atinge tão somente as mulheres, conforme se pensava até 1886, mas também atinge os homens, com um componente sintomático bem expressivo. Ela muitas vezes se assemelha à epilepsia, pela perda de consciência e *ataques*. Mas no transe histérico o paciente sabe sempre cair, jamais se machucando; diferentemente do epilético, que quase sempre se fere durante as convulsões, inclusive mordendo a própria língua. O distúrbio, na histeria, é eminentemente psicológico.[2]

A personalidade histérica, comumente, teme a solidão. Pode apresentar-se como pessoa muito dependente e, como tal, passiva; outras vezes, mostram traços inversos, com tendência a teatralização e dramatização. Nesta última, tornam-se extravagantes no vestuário e nos impulsos maníacos, contando fantasiosas histórias assaz fora da realidade, a ponto de não se saber separar o falso do verdadeiro; o único drama que lhes importa é o da sua própria imaginação. Choram e riem com facilidade e fora de medidas.

O histérico, por si só, possui uma estrutura psicológica rica em deficiências e, por isso, mais facilmente demarcada pelas influências espirituais, que, no dia a dia, vão ampliando o desajuste. A influência espiritual seria uma constante hipnose, de modo permanente, a criar tensões internas que se acabam derramando na tela consciente sob a forma de sintomas. Quando isso acontece, sem haver a perda de memória, o Espírito impõe a substância do próprio pensamento ao Centro Coronário da vítima, que, a seu turno, passa a acolher qual se fosse o seu próprio. Assim, em perfeita simbiose, refletem-se mutuamente, estacionários ambos no tempo, até que a vida lhes reclame, pela dor ou pela dificuldade, a mudança imprescindível.

Charcot fez apresentações semipúblicas em Paris, entre os anos de 1873 e 1884, especialmente no Hospital da Salpêtrière, também escola à época, onde era professor desde 1866. Do francês: *La grande Hystérie* foi a expressão formulada por ele durante suas apresentações. Charcot era conhecido como o *César da Salpêtrière*, visto que ninguém ousava contestar seus propósitos, exceto um professor da Faculdade de Medicina de Nancy (França), Henri Bernheim (1837-1919), que demonstrou ser algumas teses de Charcot inconsistentes com os fatos. Bernheim estudou os comportamentos induzidos por sugestões pós-hipnóticas.[3]

De forma transparente e sem temor informa León Denis:

> [...] Seja como for, o magnetismo, repelido pelas corporações sábias, começa sob outro nome a atrair-lhes a atenção. Os resultados seriam, porém, muito mais fecundos se, ao invés de operarem sobre histéricos, experimentassem sobre indivíduos sãos e válidos. O sono magnético desenvolve, nos passivos lúcidos, faculdades novas, um poder incalculável de percepção. O mais notável fenômeno é a visão a grande distância, sem o auxílio dos olhos. Um sonâmbulo pode orientar-se durante a noite, ler e escrever com os olhos fechados, entregar-se aos mais delicados e complicados trabalhos. Outros veem no interior do corpo humano, discernem seus males e causas, leem o pensamento no cérebro, penetram, sem o concurso dos sentidos, nos mais recônditos domínios, e até no vestíbulo do outro mundo. Sondam os mistérios da vida fluídica, entram em relação com os seres invisíveis, transmitem-nos seus conselhos, seus ensinos.
>
> [...] E esse ser psíquico que, no sono, vive, pensa, age fora do corpo, que afirma sua personalidade independente por um modo especial de apreciação, por conhecimentos superiores aos que possuía no estado de vigília, que será senão a própria alma, não mais uma resultante das forças vitais dos órgãos, porém uma causa livre, uma vontade ativa, desprendida momentaneamente de sua prisão, pairando sobre a natureza inteira e gozando a integridade de suas faculdades inatas?
>
> Assim, pois, os fenômenos magnéticos tornam evidente não só a existência da alma, mas também a sua imortalidade; porque, se, durante a existência corpórea, essa alma se desliga do seu grosseiro invólucro, vive e pensa fora dele, com mais forte razão achará na morte a plenitude de uma liberdade. (*Depois da Morte*, Terceira Parte, cap. XVII.)

Outro a contribuir, sobremaneira, para o estudo moderno das desordens mentais e emocionais, envolvendo a ansiedade, as fobias e outros comportamentos anormais, foi o neurologista francês Pierre Marie Félix Janet (1859-1947), discípulo de Charcot. A expressão *baixa tensão psíquica* foi usada, pela primeira vez, por Pierre Janet. Significa um estado especial, entre a vigília e o sono, que de alguma forma abre as portas da subconsciência. Esse estado é conhecido vulgarmente como *transe* – ou seja, ocorre a *baixa tensão psíquica*, com o estreitamento do campo *de* (e não *da*) consciência. As contribuições de Janet para os estudos do inconsciente foram notáveis. Ora, como explicar, através de simples estruturas formadas por ligações sinápticas, quando Janet levou a sensitiva Leonie B. (?–†) ao sono hipnótico, e a despertou depois, através de sugestão, encontrando-se ela à distância de dois quilômetros?[4]

Entretanto, conquanto suas pesquisas tenham fornecido preciosas indicações, que permitem eliminar do domínio das investigações psíquicas certas causas de erro – como o exemplo de que todos os processos mentais são reduzidos a processos meramente neurofisiológicos –, não podemos aceitar, também, que em seu exclusivismo, Janet afirme que todos os médiuns se sugestionam a si mesmos, ou então recebem uma sugestão exterior. Seria o mesmo, e semelhante equivocado exclusivismo, daqueles espíritas propensos a ver em todos os fenômenos a intervenção dos seres do outro mundo. O estudo do psiquismo humano exige severo critério seletivo nas experiências, **a fim de não se jogar fora o bebê com a água do banho.**

Pierre Janet estabeleceu a hipótese da dissociação da personalidade. Daí a expressão **Síndrome das Personalidades Múltiplas** (SPM), expressão no português que assumiu verdadeiro dogma e se difundiu pelo mundo civilizado afora. Atentemos que a Doutrina Espírita já tinha sido codificada desde o ano de 1857. Portanto, 28 anos antes das conclusões de Janet. Mas, infelizmente, o modelo rigidamente mecanicista, que ainda confunde o corpo físico com o espírito, imperou e ainda impera, entre muitos ilustres cientistas.

A SPM caracteriza-se, repetimos, para muitos cientistas atuais, como manifestação da histeria. Produz-se uma dissociação mental por cisão da personalidade originária. A terapia tem por objetivo uma fusão (uma união) dos diversos fragmentos, de volta a um só todo, isto é, ao psiquismo original. Sendo assim, perguntamos: a personalidade humana divide-se, fragmenta-se, fraciona-se, parte-se em pedaços como uma peça de cristal? Será válido o conceito de que tais fragmentos possam organizar-se em personalidades autônomas, com características próprias, memórias específicas, diferentes níveis de inteligência e cultura, e até imagens físicas diferentes umas das outras? E que possam ser refundidas, depois de manifestadas, num só bloco psíquico, como se fossem peças, não de um quebra-cabeça, mas pedaços de diferentes metais suscetíveis de produzirem uma liga mental?

Isso é um absurdo, mesmo que queiramos fazer um esforço de credibilidade ou credulidade. No entanto, aceita-se mais facilmente a teoria da cisão da personalidade do que **a hipótese da presença espiritual interferindo nos instrumentos psíquicos do paciente**. Para os cientistas que não querem ter "olhos de ver ou ouvidos de ouvir" (Mt 13), é preferível admitir-se a criação de uma personalidade consciente e atuante a partir de mero fragmento de memória ou de consciência para tentar explicar fenômenos que exigem a presença de uma personalidade integral, isto é, de uma individualidade. Isso se dá, porque a Ciência acadêmica tem de evitar, a todo custo, a admissão da interferência exógena que oferece, para ela, o grave inconveniente de pressupor a realidade espiritual, a existência de Espíritos que podem interferir nas pessoas. Os médiuns seriam apenas histéricos, neuróticos, particularmente predispostos, por seu estado fisiológico, a tais cisões da personalidade, como se fossem gente. Por isso, a terapia da SPM é sutil faz de conta.

Graças a Deus, e com a promessa de Jesus, o Espiritismo veio à Terra como a Terceira Revelação!! O conceito de médium foi muito bem definido por Allan Kardec em *O Livro dos Médiuns*, Cap. XIV, conforme já ilustramos alhures. E olha que muitos cientistas ainda quiseram (ou querem?) caracterizar a mediunidade como psicose ou processo de alienação e descontrole mental! Não! Se há médiuns desequilibrados, eles são, antes de tudo, pessoas desequilibradas que também dispõem de faculdades mediúnicas.

O que a ciência chama de histeria, com manifestações de personalidades secundárias (no meio científico a SPM) resultantes do fracionamento do psiquismo dela, não passa, para nós espíritas, de uma entidade que, no momento da crise (do transe), tem a posse do corpo físico e manipula os controles que comandam a manifestação. No transe, a entidade psíquica, a alma, se revela por distinta atividade do funcionamento orgânico, por particular acuidade das faculdades. Quando é completa a exteriorização, o Espírito do médium pode agir sobre o corpo adormecido com mais eficácia que no estado de vigília e do mesmo modo que um Espírito estranho. O cérebro não é então, como no estado normal, um instrumento movido diretamente pela alma, mas um receptor que ela aciona de fora. No Espiritismo, o fenômeno das crises histéricas ganhou vida, e Kardec o chamou de *mediunidade*.

Contemporâneo de Janet, não podemos deixar no ostracismo o médico e professor de Filosofia e Psicologia da Universidade de Genebra (Suíça) Theodore Flournoy (1854-1920), que, à conta de desvelar o Humano Ser e sua natureza, estudando Helena Smith (1861-1929), que alegava ser a reencarnação de uma princesa hindu e da Rainha Marie Antonieta, constatou que ela falava sânscrito, oferecendo detalhes históricos sobre a Índia (porque vivera lá no século XIV), que não se encontravam em compêndios conhecidos, e verificados, mais tarde, por ele mesmo, após fatigantes buscas.

Notas

1. Abordaremos o tema *neurose*, com acuidade, na Parte III deste livro.
2. A epilepsia é conhecida como disritmia cerebral periódica ou sintomática. Ocorre devido à emissão irregular das ondas cerebrais, registradas pelo eletroencefalograma (EEG). Quando nada é registrado no EEG, dá-se o nome de idiopática essencial, criptogênica ou genuína (legítima). Na epilepsia, muitas vezes, já existem lesões das células nervosas, lesões anatômicas e funcionais. O distúrbio, na epilepsia, é, portanto, patológico. A epilepsia não perturba a inteligência, podendo encontrar-se em pacientes idiotas como intelectualizados.

    Embora muitas formas epiléticas se instalem devido a traumatismos cranianos, sem correlações com o passado reencarnatório da criatura humana, as experiências realizadas pelo Doutor Ladislaus Von Medina (1896-1964) – no Centro Acadêmico de pesquisas psiquiátricas de Budapeste – foram constatadas diferenças fundamentais entre os cérebros de um epilético e dos esquizofrênicos, verificando-se que a presença de uma dessas enfermidades constitui impedimento à presença de outra. Assim, desde berço, o Espírito imprime no encéfalo as condições cármicas, para o resgate das dívidas perante a Consciência Cósmica.

    No caso das percepções alucinatórias durante a manifestação da aura epilética, existe probabilidade de um fenômeno alterado de consciência e não apenas de natureza patológica. E, se acontecer tal estado, a entrada do Espírito invasor dá-se pelo chakra umbilical (pode ser pelo esplênico ou fundamental). Nesse caso, a epilepsia pode ser a fixação mental de ondas mentais do Espírito comunicante. Análise importante a ser feita nos casos de obsessão. Sugerimos ao leitor estudioso a obra *Libertação*, do Espírito André Luiz, pela psicografia de Francisco Cândido Xavier.
3. A sugestão pós-hipnótica é interessante de se notar. Por exemplo: se dissermos a um indivíduo hipnotizado: "depois que você despertar, levantar-se-á da cadeira, irá até a porta da rua e tornará a voltar e sentar-se novamente na mesma cadeira", assim que ele for acordado, executará a ordem dada. Se lhe for perguntado qual o motivo do seu ato, ele não saberá dizer por que o executou; apenas informará que se sentiu compelido a

realizá-lo, sem razão alguma. Esse fato, portanto, sugere que muitas ações podem ser motivadas por impulsões inconscientes.

4. Várias experiências sonambúlicas foram realizadas por Janet, entre 1885 e 1886, no Havre (França). Lê-se em *O Desconhecido e os Problemas Psíquicos*, de Camille Flammarion:

> A Sra. Leonie B. era uma honesta mulher do campo, uma bretã, com a idade de 50 anos, bem-disposta, honrada, muito tímida, inteligente, ainda que sem instrução alguma (não sabendo mesmo ler e apenas podendo soletrar algumas letras). Era de constituição forte e robusta; quando jovem fora histérica, tendo sido, porém, curada por um magnetizador desconhecido. Depois disso, é somente em estado sonambúlico que se manifestam alguns traços de histerismo, sob a influência de uma contrariedade. Seu marido e seus filhos gozam de boa saúde. Parece que vários médicos já manifestaram o desejo de utilizá-la para as suas experiências; ela sempre recusou, porém, as suas propostas. Somente a pedido do Senhor Gilbert consentiu em vir passar algum tempo no Havre. Fazem-na adormecer muito facilmente: para isso basta que se lhe tome a mão, apertando-a ligeiramente, durante alguns instantes, com a intenção de adormecê-la. De outra forma, nada se produz. Após um lapso de tempo mais ou menos longo (de 2 a 5 minutos, segundo a pessoa que a hipnotiza), o olhar se torna vago, as pálpebras são agitadas por pequenos movimentos quase sempre muito rápidos, até que o globo ocular se esconde nas pálpebras cerradas. Ao mesmo tempo o peito se dilata com esforço; um estado de indisposição evidente parece invadi-la. Muito frequentemente o corpo é agitado por estremecimentos passageiros; ela dá um suspiro e cai para trás, mergulhada em profundo sono.

SIGMUND FREUD

*A patogenia é um conjunto
de inferioridades do aparelho psíquico.*

(Emmanuel)

Sigmund Freud (1856-1939), aluno de Charcot na Salpêtrière (de 1885 a 1886), foi quem suscitou zangada reação dos colegas conservadores ao declarar, perante a Sociedade Imperial dos Médicos de Viena, em outubro de 1886, que a **histeria também afetava homens**. Ele apresentou um caso indiscutivelmente traumático de histeria masculina, resultante de choque psíquico e não de causa orgânica. Sem falar que Freud, com sua personalidade forte, **via que a causa da histeria era psíquica**. Essa foi a gritante diferença entre o professor Charcot e o aluno Freud. Este antecipou seu mestre. Ou seja, Freud entendia que a crise não era nervosa, mas emocional, mental, psíquica, anímica, e nada tinha a ver a substância de que são formados os nervos. E, embora classificasse a histeria como uma neurose, sabia também que muita coisa passava, erroneamente, por histeria.

Os primeiros estudos publicados por Freud – núcleo original de toda a sua arquitetura científica – foram sobre a histeria. Sua projeção, no cenário internacional, aconteceu devido a essas pesquisas. A psicanálise – da qual ele é conceituado como o pai dessa ciência, é resultado desses estudos. Tanto é verdade, que aprofundando-se no mecanismo da histeria, disse que o elemento característico dela é a **faculdade de conversão**, ou seja, os distúrbios orgânicos são consequências dos distúrbios psíquicos. Esse entendimento até então era desconhecido. A psicanálise, portanto, foi uma técnica destinada a analisar, minuciosamente, o psiquismo das pessoas afetadas por distúrbios de comportamento.

No verão de 1889, Freud passou algumas semanas em Nancy, na clínica do já citado nesta obra – Henri Bernheim. Ali, ele tomou contato com as experiências da sugestão pós-hipnótica e recebeu as mais fortes impressões relativas à possibilidade de poderosos processos psíquicos permanecidos, entretanto, ocultos à consciência dos homens. A princípio, Freud encarou a existência de processos psíquicos que se mantinham ocultos à consciência e que podiam ocasionar os sintomas observados nos pacientes histéricos.

Freud inspirou-se no caso tratado pelo seu colega, o eminente médico Joseph Breuer (1842-1925), quando estudou, em 1880, o caso clínico da jovem de 21 anos de idade – Bertha Pappenheim (1859-1936) –, conhecida como Anna. O., que, por sua vez, não conseguia, sob forma alguma, beber água. Ela acreditava-se impossibilitada de deglutir, e, por algum tempo, não conseguia comer ou beber água, mesmo estando com fome e sede. Breuer, vendo que a hipnose poderia ser dispensada caso conduzisse a conversa habilmente no sentido de provocar as recordações mais difíceis de serem trazidas à consciência, conseguiu ajudá-la nesse trauma, que, por sua vez, correspondia à morte de seu pai. Dessa experiência, Breuer concluiu que os sintomas neuróticos resultam de processos inconscientes e desaparecem quando esses processos se tornam conscientes. Chamou esse processo de *método catártico* ou, simplesmente, *catarse*. Aliviou os sintomas de histeria por um método até então desconhecido – a *terapia de conversa*.

A partir do aprendizado tirado nas experiências de seu colega Breuer, Freud começou a estudar outra espécie de neurose – a obsessiva –, devido à qual os doentes se preocupam com ideias (fixas) que absolutamente não lhes interessam. Esses doentes sentem-se impelidos a comportamentos absurdos, que lhes causam até problemas. Exemplo: ter pavor de sair à rua, entrar em elevador, etc. E se insistem em vencer a compulsão, são presos de intenso mal-estar, vertigens, angústia, etc. Chegou, porém, à mesma conclusão de Breuer – isto é, que existiam processos inconscientes em sua origem. Assim, nos casos de neurose obsessiva, após ter aliviado os sintomas de seus pacientes histéricos, e tê-los cientificados de suas etiologias, empregou o mesmo termo de seu amigo para o processo empregado – a catarse. Dessa forma, Freud reforçou sua crença na existência do inconsciente, colocando-o não apenas nos jornais científicos de sua época, mas na linguagem do cotidiano.

Nos dias atuais, classificaríamos Freud como psiquiatra e não neurologista. À sua época, a psiquiatria estava nascendo. Os médicos especialistas no Sistema Nervoso Central eram neurologistas. Há uma sutil, mas importante diferença entre neurologia e psiquiatria que, desde já, classificaremos. A neurologia ocupa-se de certos componentes do corpo humano (do Sistema Nervoso Central como um todo). A psiquiatria cuida expressamente dos sinais através dos quais o homem, em conflito com situações do viver diário, transmite através do corpo físico, por mensagens codificadas.

Aproveitamos o ensejo para trazer uma anedota sadia:

– Sabe qual é a diferença entre o neurótico, o psicótico e o analista? – perguntou o professor.

– Não; qual seria? – questionou o aluno.

– O neurótico constrói castelos no ar. O psicótico vai morar nos castelos. – respondeu o sábio.

– E o analista? – questionou, ansioso, o aprendiz.

– O analista cobra aluguel de ambos. – arguiu o mestre.

Mas o estudo do inconsciente individual, para Freud, através da associação livre, não era tão simples e fácil. Houve momentos em que o paciente se detinha, afirmando não saber dizer mais nada, porque literalmente mais nada lhe vinha à mente. Freud esbarraria num obstáculo, a princípio intransponível, caso sua habilidade não houvesse encontrado outra saída para o impasse. E qual seria ela? A **interpretação dos sonhos**. Analisando-os, Freud foi paulatinamente penetrando o antes insondável labirinto do psiquismo humano. Ia, portanto, encontrando o passaporte que lhe permitia entrar nas fronteiras aparentemente intransponíveis do inconsciente profundo. Com essa investida, o médico de Viena descobriu, também, que até em nosso cotidiano conduzimo-nos de forma a revelar, em algumas situações, tendências inconscientes. Portanto, para Freud, os sonhos podem levar ao descobrimento da parte oculta da mente.

Ele apontou outro atalho através do qual se pode atingir o inconsciente individual e ali encontrar a origem de grandes números de manifestações neuróticas, oriundas dos processos de repressão exercida pela educação – o **instinto sexual**. Freud deu capital importância à influência do instinto sexual como causa das neuroses. Segundo ele (e discordamos), os períodos cruciais por que passa a criança, no que diz respeito ao desenvolvimento psicossexual, através das fases – oral (do nascimento até 18 meses), anal (18 meses a 3 anos de idade), fálica (3 a 6 anos de idade), latência (6 anos de idade até a puberdade) e genital (da puberdade até a idade adulta) – direcionam o Humano Ser somente para a busca do prazer, sendo que, na mudança de uma para outra fase, são gerados conflitos e frustrações, em razão de as formas anteriores de satisfação (prazer) serem negadas.

Naturalmente, essa teoria de Freud tem seus críticos, e estamos incluídos nesse grupo. Ora, se não tivéssemos certeza sobre a lei da reencarnação e a consequente sobrevivência do Espírito após a morte física, e ainda quiséssemos dar crédito a Freud, ele centrou-se quase exclusivamente no sexo masculino. Sua pesquisa não se baseou no comportamento de crianças, e sim naquilo que lhe contaram seus pacientes adultos. Como existe, em suas concepções, um grande intervalo de tempo entre a hipotética *causa* na infância e o eventual *efeito* na idade adulta, é extremamente difícil medir ou testar se as ideias freudianas de desenvolvimento psicossexual são precisas. Ademais, não sabemos como elas conseguiram passar indenes à opinião pública, já que o sexo era o maior tabu à época, além de o instinto sexual inexistir nas crianças, surgindo apenas na puberdade.

Ora, é sabido que a glândula pineal ou epífise tem seis milímetros de diâmetro, e está localizada no centro do cérebro, na altura dos olhos. É bem vascularizada. É um órgão cronobiológico, pois capta as vibrações do Sol e da Lua. Estes regem as noções de tempo e influenciam a pineal, que, a seu turno, libera o hormônio chamado melatonina, regendo o horário de vigília e de sono. Isso dá ao organismo referência do horário. Na puberdade, essa glândula acorda a energia criadora do sexo e as sensações emocionais, começando a examinar o inventário de suas paixões (vícios), que aparecem com grandes impulsos. Na fase infantil, quando se encontra em desenvolvimento, é o freio das manifestações do sexo. Os neurologistas comuns, infelizmente, não a conhecem bem. A Psiquiatria, no momento certo, desvelará seus segredos. A Psicologia acadêmica ignora-a.

Freud achou uma palavra que melhor expressava sua ideia acerca das tendências sexuais – *libido*. Esta, para ele, é a força com a qual se manifesta o instinto sexual, da mesma maneira que a fome exprime a força com que se manifesta o instinto de absorção do alimento. No livro *Estudos Espíritas*, página 53, o Espírito Joanna de Ângelis, pela mediunidade de Divaldo Pereira Franco, manifesta-se sobre Freud, assim dizendo:

> [...] Lutando tenazmente contra a ignorância dos doutos e a estultice dos ignorantes, arrostando as consequências da impiedade e da má-fé da maioria aferrada ao dogmatismo e às superstições a que se vinculavam, teve o trabalho grandemente dificultado, vendo-se obrigado ao refúgio no materialismo, transferindo para a libido a responsabilidade por quase todos os problemas em torno da neurose

humana. Graças a isso passou a ver o sexo em tudo, pecando, por ocasião da elaboração das leis da psicanálise, pelo excesso de tolerância a respeito do comportamento sexual, no que classificou inibições, frustrações, castrações e complexos do homem como sendo próprios problemas sexuais.

O Espírito André Luiz, na obra *Ação e Reação*, capítulo XV, através da psicografia do médium Francisco Cândido Xavier, exara a explicação do mentor Silas:

[...] Freud – considerou Silas – deve ser louvado pelo desassombro com que empreendeu a viagem aos mais recônditos labirintos da alma humana, para descobrir as chagas do sentimento e diagnosticá-las com o discernimento possível. Entretanto, não pode ser rigorosamente aprovado quando pretendeu, de certo modo, explicar o campo emotivo das criaturas pela medida absoluta das sensações eróticas [a libido].

Em suma, o que fazer com as tensões liberadas pelo processo de emersão do inconsciente se, ao se efetuarem esses fenômenos, encontravam-se à época, como ainda hoje se encontram, criaturas desarmadas e ignorantes em relação à forma de se orientar? Fazendo uma analogia: Freud abriu o aprisco, soltou as ovelhas famintas e sedentas, mas não ofereceu o pastor para conduzi-las aos campos onde os verdes prados e a água fresca poderiam reconfortá-las. Malgrado, perguntar-se-ia: nos dias atuais a Psicologia já encontrou o verdadeiro pegureiro?

Além de suas teorias de desenvolvimento psicossexual, Freud acreditava que estavam em jogo inúmeras outras forças impulsionadoras importantes para a compreensão do desenvolvimento da personalidade de um indivíduo. Resumiremos, em síntese, o modelo estrutural da personalidade, o qual o arauto da era que prenunciava um profundo mergulho no oceano da mente fizera. É composto em três subdivisões, a saber:

I. O *id* – é o sistema primitivo, básico e inicial da personalidade. É formado pelos impulsos e tendências instintivas. É a bagagem inata do indivíduo. Em suma, o *id* contém tudo o que foi recalcado no inconsciente.

II. O *ego*: é a parte do id que se modificou devido à interação do indivíduo com o meio exterior. Essa interação entre *id* e *ego* é efetivada por causa da percepção e da consciência. Portanto, o ego representa a parte consciente da personalidade.

III. O *superego* – é a parte superior da personalidade, em que se encontram as normas morais individuais, sociais e religiosas. O *superego* advém inicialmente da atuação educativa dos pais e preceptores.

Examinando a estrutura da personalidade que Freud dispôs, encontramo-la com suas limitações no tratamento das neuroses, sob o nome de *complexos* e *recalques*. Ora, os conflitos existenciais nada mais são que emersões psíquicas, cuja origem Freud atribuiria ao *id* – ou seja, ao inconsciente em luta constante para atingir o *ego* consciente. Mas, em verdade, sabemos ser a memória espiritual pregressa e acumulada nos milênios findos, que reponta entre as almas adversas, enquanto os seus corpos refletem suas emoções, quase sempre, corrompidas. Por isso, o *id* é a designação de que muitos de nós conhecemos os efeitos, quando observamos as condições cármicas da Humanidade terrena.

No livro *O Consolador*, pergunta 45, o Espírito Emmanuel, através da psicografia do médium Francisco Cândido Xavier, foi interrogado da seguinte maneira:

Pergunta: A psicanálise freudiana, valorizando os poderes desconhecidos do nosso aparelhamento mental, representa um traço de aproximação entre a Psicologia e o Espiritismo?

Resposta: Essas escolas do mundo constituem sempre grandes tentativas para aquisição das profundas verdades espirituais, mas os seus mestres, com raras exceções, se perdem na vaidade dos títulos acadêmicos ou nas falsas apreciações dos valores convencionais. Os preconceitos científicos, por enquanto, impossibilitam a aproximação legítima da Psicologia oficial e do Espiritismo. Os processos da primeira falam da parte desconhecida do mundo mental, a que chamam subconsciência, sem definir essa cripta [caverna] misteriosa da personalidade humana, examinando-a apenas na classificação pomposa das palavras. Entretanto, somente à luz do Espiritismo poderão os métodos psicológicos apreender que essa zona oculta, da esfera psíquica de cada um, é o reservatório profundo das experiências do passado, em existências múltiplas da criatura, arquivo maravilhoso onde todas as conquistas do pretérito são depositadas em energias potenciais, de modo a ressurgirem no momento oportuno.

Não desconhecemos a veracidade de que todos nós apresentamos sintomas neuróticos, haja vista termos sempre um setor necessitado de acerto em nossa personalidade. Entretanto, não anuímos com a psicanálise freudiana quando afirma que se sentir infeliz e ser desesperado são condições exclusivamente explicadas à luz da teoria da personalidade – *id*, *ego* e *superego*. Até os dias atuais, ainda se aguarda dos maiores cientistas acadêmicos de *Psi* e, por conseguinte, da Organização Mundial de Saúde (OMS), uma definição clara do que seja MENTE. Seria esta algo material, ou que se irradie? Algo que seja destilado pelo cérebro?

Sem tirar o mérito do trabalho de Freud, ainda não se conseguiu demonstrar logicamente um caráter científico para a psicanálise. Sem bases científicas, a psicanálise é uma superstição teórica, uma arquitetação de fantasias, uma vez que o analisando (o paciente) curte sua análise a tal ponto que acaba induzindo sua própria neurose. Há no processo de análise, em verdade, um *striptease* moral da falsa libertação. Não olvidamos que assumir as próprias dificuldades constitui um dos passos necessários para superá-las. Mas, assumir-se significa aceitar-se; como então reconhecer nossas imperfeições, à luz da teoria da personalidade freudiana se ela mesma ainda não encontrou suas raízes nas profundezas do espírito imortal? O gás que não vemos, podemos provar sua existência. Quem lograria êxito em comprovar cientificamente a existência do *id*, do *ego* e do *superego*, através da teoria do seu próprio autor?

Os psicanalistas trabalham como quem, a um determinado ponto da estrada simbólica da busca de si mesmo, colocasse sinais capazes de despistar o buscador de seu verdadeiro rumo, conduzindo o ser desprevenido a caminhos intransitáveis, embora aparentemente acolhedores. E isso se dá porque a infelicidade e o desespero são condições cujas raízes não podem ser encontradas com a lei da unicidade da existência, mas, sim, pela doutrina das vidas sucessivas, de que todos nós, indistintamente, fazemos parte, aceitando-a ou não.

A psicanálise:

> [...] Utilizando-se dos recursos terapêuticos convencionais, procurando diluir os traumas e conflitos, nem sempre os erradica com o êxito que seria de esperar. No entanto, pela terapia profunda, tendo em vista as "vidas passadas", logra-se despertar o "Eu consciente" para a sua realidade atual, vencendo o agente perturbador, assim como a "consciência de culpa" em predomínio, libertando o paciente do tormento que o aflige, desalgemando-o da inibição angustiante, da ansiedade injustificada, da depressão perniciosa, da dificuldade de relacionamento ou da incapacidade sexual de natureza psicológica. (Vianna de Carvalho, *Novos Rumos*, cap. VI.)

Prezado leitor: com a reencarnação bem compreendia (portanto, sentida), uma visão holística jaz em nosso ser, e, com efeito, traz-nos o entendimento de que perversidade é loucura, revolta é ignorância, desespero é enfermidade, e crime é doença mental.

Não há saída para a psicologia acadêmica senão admitir a existência e sobrevivência do Espírito. Caso contrário, terá que mudar de nome para *Comportamentologia*. O eminente filósofo italiano Pietro Ubaldi (1886-1972), em sua obra *Problemas Atuais*, na página 91, assim afirma:

> [...] Pode-se dizer que Freud, sem querer, haja dirigido seus primeiros passos para levar a pesquisa psicológica positiva ao terreno da reencarnação. Fixando e aplicando o conceito do subconsciente, Freud afirmou e demonstrou a existência de uma atividade espiritual que se não pôde exaurir na vida atual, mesmo se ele não ultrapassou o limiar desta. Chegado a esse ponto em seu caminhar às avessas, ele embrenha pela hereditariedade fisiológica, mas não nos dá disso as provas, nem podia no-las dar, de que a continuação desse caminho para trás não podia tomar outra direção, diferente da assinalada no cérebro, experiências e personalidades dos pais. De qualquer modo, Freud inaugurou um sistema que, levado apenas um pouco mais para trás, leva-nos à vida precedente. Ora, é um fato que, se com a psicanálise, com a pesquisa para explicação dos traumas psíquicos e depois pelo desmantelo das posições psicológicas erradas, andamos para trás até a meninice e o nascimento, podem existir traumas e posições tão profundamente congênitas que, para conhecê-las e corrigi-las, precisaria remontar até suas raízes, que são tão profundas, que só podem ser achadas na vida anterior ao nascimento. Trata-se de casos que, nem mesmo a vida dos pais ou avós nos mostra conter as causas, e que, se apresentam como fato pessoal do sujeito, cujas origens não podem, pois, achar-se senão em sua vida individual antes do nascimento, desde que não sejam achadas na atual.

Encerramos este texto lembrando que a filha caçula de Freud, Anna Freud (1895-1982), depois de traduzir a obra do pai para o alemão, trabalhou como professora na escola primária, onde passou a se interessar por terapia infantil. Em 1918, porém, depois de contrair tuberculose, teve que deixar o cargo. Durante esse período difícil de sua existência, contava seus sonhos para Freud e, com isso, ele começou a analisá-la. Anna rapidamente consolidou o interesse pela psicanálise, embora estivesse mais interessada no ego e na dinâmica do que na estrutura do subconsciente. A prova disso está na publicação, em 1936, de seu livro *O Ego e os Mecanismos de Defesa*.

Não demorou muito para que Anna percebesse que havia diferenças importantes entre as crianças e os pacientes adultos que seu pai havia tratado, e, com efeito, suas técnicas tiveram que mudar continuamente. Outra percepção de Anna foi como a brincadeira infantil poderia ser útil na terapia. As crianças poderiam usar um jogo como um meio para adaptar a realidade ou enfrentar os problemas, e poderiam falar livremente durante a terapia. Embora a brincadeira pudesse ajudar um terapeuta a identificar um trauma infantil e tratá-lo, ela não revelava muito da mente inconsciente, porque, ao contrário dos adultos, as crianças não aprenderam a encobrir e reprimir acontecimentos e emoções. Ora, quando a criança diz algo, ela quer dizer exatamente aquilo.

Anna Freud é mais conhecida por criar o campo da psicanálise infantil, que forneceu grandes ideias sobre a psicologia da criança. Em 1923, sem nunca ter obtido um diploma de faculdade, Anna começou a trabalhar na própria clínica de psicanálise infantil, em Viena, e foi nomeada Presidente da Sociedade Psicanalítica de Viena. Em 1938, devido à invasão nazista, ela se mudou para a Inglaterra. Até seu desencarne, em 1982, Anna havia deixado um legado profundo e duradouro nessa área, ainda que pese ter iniciado sua carreira sob a sombra do pai. Com todo o respeito à psicanálise infantil, ela só tem valor para os que desconhecem que a criança manifesta os instintos bons ou maus que traz da sua existência anterior, e que cabe aos pais estudá-los (cf. *O Evangelho Segundo o Espiritismo*, capítulo XIV, item 9).

CARL GUSTAV JUNG

A Natureza tem perfeições
para mostrar que é a imagem de Deus,
e tem defeitos para revelar que é só a imagem.

(Blaise Pascal)

Carl Gustav Jung (1875-1961) nasceu em Kesswyl, na Suíça, no dia 26 de julho de 1875. Sempre foi um garoto solitário. Sua juventude foi marcada pela presença na biblioteca de seu pai, lendo textos sobre filosofia e teologia. Tais leituras aguçaram seus sonhos e fantasias que, mais tarde, vieram a influenciar seu trabalho, quando adulto.

Em 1906, Jung começou a se corresponder com Sigmund Freud. Os dois tornaram-se bons amigos. A amizade de Jung com Freud teria impacto profundo sobre seu trabalho, especialmente em seu interesse pela mente inconsciente. No entanto, a partir de 1909, Jung começou a discordar de algumas ideias de Freud. Fundou, com efeito, uma nova abordagem dentro da psicologia, já que incorporou novos conceitos à psicanálise freudiana. Para diferenciar as duas práticas (a de Freud e a de Jung), à sua filosofia de trabalho, Jung deu o nome de *psicologia analítica*, em 1912 – ano este em que se rompeu a amizade entre os dois, depois de várias discordâncias que o médico suíço tivera com Freud na ocasião em que este pretendeu erroneamente querer explicar todos os fenômenos inconscientes por influências e experiências infantis do instinto sexual. Jung não considerava unicamente a sexualidade como o motivo principal da vida instintiva.

É bem verdade que Freud teve seu singular mérito expondo ao mundo sua visão de inconsciente, e seu respectivo encaixe na psicologia humana, com a coragem de enfrentar o contexto científico da época (assaz materialista). Malgrado, devemos reconhecer que foi Carl Gustav Jung quem mais fundo mergulhou nos enigmas propostos pelo novo conceito da natureza humana, ultrapassando seu mestre nesse desiderato. A quem desejar uma visão mais ampla de certos enigmas humanos e, em especial, o que se tem no conceito de inconsciente, é a Jung que se deve recorrer. Movido pelo interesse em acessar os mecanismos e as estruturas do inconsciente, o médico suíço não hesitou em pesquisar todo o aspecto do conhecimento, sem preocupar-se com o que seus dogmáticos colegas cientistas pudessem pensar dele.

Com conhecimento próprio acerca de suas pesquisas sobre inconsciente, Jung esteve perto demais de abrir totalmente as janelas que dão para a visão cósmica do Humano Ser, conquanto isso tornasse (e ainda torna) inquietante e potencialmente subversivo para o acomodado modelo clássico contemporâneo sobre o suspeito território do ocultismo. A faculdade de Psicologia muito pouco transmite ao estudante que o induza a conhecer ou entender a natureza essencial da individualidade humana. O psicoterapeuta pode até lobrigar, durante as tais entrevistas, um motivo psíquico que esteja influindo no corpo somático e provocando a enfermidade. No entanto, mesmo que tenha a melhor boa vontade, encontrará sérias barreiras que o impedem de chegar até a raiz do problema. Concordamos com Jung quando diz que **nenhum livro didático é capaz de ensinar psicologia; só se pode aprendê-la com a experiência real**.

É com pesar que afirmamos: o essencial não é visto nas universidades. Por isso, quem evolui é o cientista (psicólogo, psiquiatra, etc.) e não a ciência (Psicologia, Psiquiatria, etc.). Para se ter uma ideia, e ainda superficial, o livro *Recordações, Sonhos e Reflexões*, supracitado, escrito pela secretária de Jung – Aniela Jaffé (1903-1991) –, durante muito tempo foi subtraído aos estudantes acadêmicos da área de *Psi*. Sua melhor tradução foi para o italiano, e já as traduções para o inglês, espanhol e português contêm deformações que o descaracterizam, porquanto alguns trechos extraordinariamente valiosos e reveladores foram retirados.

A dicotomia individualidade-personalidade revelou-se muito cedo na existência de Jung. Ele tinha plena consciência de uma dualidade paralela que identificamos como resultante da interface da permanência com a transitoriedade. À luz da psicologia profunda, seria como dizer sobre os dois estados em que nos encontramos quando encarnados – o *estar* e o *ser*. Exemplo: eu sou um Espírito; eu estou fulano, beltrano ou sicrano. A obra já citada – *Memórias, Sonhos e Reflexões* – bem exprime a tão, infelizmente, mal entendida dicotomia individualidade-personalidade. Jung acreditava que o propósito de todas as pessoas na vida era ter o consciente e o inconsciente plenamente integrados, de modo que pudessem se transformar no seu *verdadeiro eu*. Ele chamou isso de *individuação*.

O médico suíço admitia que o campo da consciência, empiricamente, chega até certo limite ao atingir o desconhecido. Desde então começa uma zona constituída por tudo aquilo que ignoramos. O desconhecido, para Jung, é composto de dois campos – o desconhecido do mundo interior, que ele chamou de *inconsciente pessoal*, e o desconhecido do mundo exterior, que ele denominou de *inconsciente coletivo*. Deste, surgiram os *arquétipos* – responsáveis por todos os fenômenos psicológicos, conscientes ou não, identificáveis pelos sonhos, que responderiam aos estímulos que os podem desencadear, muitas vezes surgindo como complexos, que são os grupos de conceitos portadores de significativa carga emocional.

Diz Jung, em sua obra *Memórias, Sonhos e Reflexões*, no *Glossário*:

[...] Tudo o que conheço, mas não penso; tudo aquilo de que já tive consciência, mas esqueci; tudo o que foi percebido por meus sentidos, e meu espírito consciente não registrou; tudo o que involuntariamente e sem prestar atenção (isto é, inconscientemente) sinto, penso, relembro, desejo e faço, todo o futuro que se prepara em mim e que só mais tarde se tornaria consciente, tudo isso é conteúdo do inconsciente.

A esses conteúdos se acrescentam as representações ou impressões penosas mais ou menos intencionalmente reprimidas. Chamo de inconsciente pessoal ao conjunto de todos esses conteúdos.

[...] Mas além disso encontramos também no inconsciente propriedades que não foram adquiridas individualmente; foram herdadas, assim como os instintos e os impulsos que levam à execução de ações comandadas por uma necessidade, mas não por uma motivação consciente.

[...] Nesta camada encontramos mais profundamente os arquétipos. Os instintos e arquétipos constituem juntos o inconsciente coletivo. Aqueles constituem como que uma condição ou base da psique em si mesma; condição onipresente e imutável; idêntica a si própria em toda parte.

O que o eminente Dr. Carl G. Jung denominou *inconsciente coletivo*, como sendo o psiquismo de cada ser vivo, como partícula da Inteligência Cósmica, representam ou personificam certas existências instintivas da psique primitiva obscura, das próprias raízes da consciência, não sendo ideias herdadas, e sim passos abertos herdados. Se pudéssemos personificar o inconsciente, teríamos um ente coletivo colocado além das particularidades genéricas, além da juventude e da velhice, do nascimento e da morte, que disporia da experiência praticamente imortal de um ou dois milhões de anos. Esse ente estaria acima das limitações do tempo. O presente significaria para ele o mesmo que qualquer momento cem mil anos antes do Cristo. O inconsciente coletivo, portanto, é poderosa massa psíquica herdada da evolução da Humanidade, renascida em cada criatura individual. Todo o conhecimento e toda a memória do Universo estão no inconsciente coletivo, e são da mesma essência da consciência cósmica que, comumente, chamamos *pensamento de Deus*.

O inconsciente coletivo agrega ideias, pulsões, anseios, desejos, fantasias, símbolos e formas-pensamento plasmados através da história da Humanidade, desde os primórdios, os quais se concentram na aura do planeta em forma de plasma etéreo. Como a Terra é um plano de inúmeras imperfeições, os desejos e as paixões materiais se formam de maneira mais intensa, gerando pesada complexidade etérea, de onde emergem raízes e frutos plantados em todas as épocas, como o desejo de poder, a sexualidade exagerada e a violência. Os psicólogos terrenos chamam de *arquétipos* do inconsciente, o que, na verdade, são frutos das idas e vindas (encarnações e desencarnações) do Espírito imortal, na roda da Vida. Temos a idade sideral equivalente a um suspiro, na eternidade da existência – ou seja, somente alguns milênios tentando voltar ao Todo cósmico (a Deus).

O Espírito Joanna de Ângelis, no livro *Autodescobrimento*, capítulo IV, diz que:

> [...] Modernamente, a genética descartou a transmissão cromossômica, encarregada dos caracteres adquiridos. Esse *inconsciente coletivo* seria, então, o registro mnemônico das reencarnações anteriores de cada ser, que se perde na sua própria historiografia.

Os *arquétipos* de Carl Gustav Jung são o que Sigmund Freud chamou de *id*. É a *subconsciência superior*, que Gustav Geley, mais tarde, definiria como o *ser subconsciente exteriorizável*. É o *inconsciente subcortical*, de Pavlov. É a *consciência subliminal*, de Frederic Myers. É a *consciência interior*, de Alexander Aksakof. É o *inconsciente arcaico*, do ilustre psiquiatra brasileiro Jorge Andréa (1916-2017). É o *subconsciente* ou *zona dos instintos*, de Sua Voz (na obra *A Grande Síntese*), bem como do Espírito André Luiz (na obra *No Mundo Maior*).

PARAPSICOLOGIA

> *A Parapsicologia nada mais representa do que a multimilenar atividade espiritual do homem, classificada com nome científico ao gosto do século.*
>
> (O Autor)

As pesquisas sobre os fenômenos psíquicos, batizadas no século XIX por Charles Richet sob o título de *Metapsíquica*, tomaram novo fôlego no século XX, a partir de 1930, com as pesquisas de Joseph Banks Rhine (1895-1980), na Carolina do Norte, EUA, sob a nova denominação de *Parapsicologia*. Com este novo título, as pesquisas psíquicas foram aceitas sem restrições no meio acadêmico, pois era partidária da **psicologia sem alma**. Não podendo mais sustentar os conceitos incômodos de imortalidade do espírito, que retiram o sono e a tranquilidade dos que desejam locupletar-se com os bens materiais sem se preocuparem com os princípios éticos de espiritualização, nasceu a Parapsicologia.

Na Universidade de Duke, Rhine e sua esposa, Louisa Ella Rhine (1891-1983), estudantes do curso de pós-doutorado em pesquisas psíquicas, deram início, em 1927, aos estudos sobre os fenômenos paranormais, embora os dois fossem formados em Biologia. Joseph e Louisa Rhine apresentaram ao mundo científico uma categoria de fenômenos, enfocando a função *Psi* (psíquica), que abarca o processo de intercomunicação-extrassensório-motor com o mundo exterior. Esse estudo ainda não está incorporado ao sistema da Psicologia científica hodierna, embora tenha esse objetivo.

No legado de Joseph Banks Rhine nasceram duas obras que aqui deixamos ao leitor interessado – *O Alcance do Espírito* e *Novo Mundo do Espírito*. Os fenômenos parapsicológicos são de natureza anímica. Vejamos as duas categorias da função *Psi*:

I. *Psi-gama* – também denominado percepção extrassensorial (ESP). É uma forma de conhecimento que dispensa os sentidos fisiológicos. É, em suma, a telepatia (quando um ser vive e percebe informação do outro), a clarividência (quando um ser vive e capta vendo algo espiritual em seu derredor físico) e a precognição (conhecimento antecipado de um fato que não ocorreu).

II. *Psi-kappa* – refere-se aos fenômenos de psicocinesia, isto é, alterações ou movimentos que a mente, à distância, provoca sobre a matéria (um objeto) ou a sugestão feita a alguém que, por sua vez, se encontra fora do corpo. Chamar-se-ia, a psicocinesia, ao fenômeno de *telecinesia,* na definição de Richet, e *exteriorização da sensibilidade e da motricidade*, nos conceitos de Geley e Myers.

A Parapsicologia tem um critério quantitativo, estatístico, que consiste em aplicar em grande escala, a quaisquer indivíduos, testes especiais que evidenciam o exercício de uma função *Psi*. Em suma, a Parapsicologia é uma espécie de Metapsíquica em massa, trabalhando a existência de certas funções genéricas, comum à maioria dos indivíduos, do que ao estudo particular em torno do Humano Ser. Em outras palavras, o que vale na Parapsicologia não é um caso de ser espetacular, mas sim que a sua ocorrência se verifique em quantidades convincentes.

Não é bastante, por exemplo, que um indivíduo adivinhe as cartas de um baralho colocado à distância, pois isso pode acontecer por mero acaso. Importa que o indivíduo acerte centenas de vezes, medindo-se o acerto pela matemática, a fim de comprovar que a frequência se deu em nível superior ao admitido como casual nos cálculos de probabilidade. A matemática é, consequentemente, muito utilizada na Parapsicologia e, diferentemente, não o era na Metapsíquica. Atualmente (e infelizmente), a física encontra-se mais *mística*, com suas recentes descobertas, do que a Parapsicologia, preocupada com os métodos estatísticos.

A despeito disso, a Parapsicologia penetra os escaninhos da mente mais do que qualquer outra ciência acadêmica. Entretanto, ela não compreendeu ainda sua missão e se encontra ameaçada de soçobrar por falta de lastro para sulcar o mar alto da pesquisa sobre o Humano Ser em seus aspectos fundamentais. Ora, se o campo experimental é a criatura humana, que ele seja visto em toda a sua integridade e, com efeito, a pesquisa, em vez de procurar simplesmente fenômenos, seja voltada para a procura das partes que compõem o grande fenômeno chamado *Homem*, consciente de si dentro do Universo. Somente quando a Parapsicologia incorporar aos seus princípios a certeza da imortalidade e as técnicas de intercomunicação dos Espíritos, encontrará caminhos ilimitados de desenvolvimento.

Diz o Espírito Vianna de Carvalho, pela mediunidade de Divaldo Pereira Franco, em *À Luz do Espiritismo*, na Introdução, que:

> [...] As admiráveis contribuições da Metapsíquica de ontem e da Parapsicologia de hoje, embora respeitáveis, não trouxeram nova luz sobre a questão fundamental da existência: a continuidade da vida após a extinção do castelo celular.

Por fim, deixaremos uma mensagem trazida através do médium Francisco Cândido Xavier, pelo Espírito André Luiz, no dia 11 de agosto de 1959, e apresentada no índice da obra *Mecanismos da Mediunidade*, quando diz que:

> [...] A Parapsicologia nas Universidades e o estudo dos mecanismos do cérebro e do sonho, do magnetismo e do pensamento nas instituições ligadas à Psiquiatria e ás ciências mentais, embora dirigidos noutros rumos, chegarão igualmente à verdade, mas, antes que se integrem conscientemente no plano da redenção humana, burilemos, por nossa vez, a mediunidade, à luz da Doutrina Espírita, que revive a Doutrina de Jesus, no reconhecimento de que não basta a observação dos fatos em si, mas também que se fazem indispensáveis a disciplina e a iluminação dos ingredientes morais que os constituem, a fim de que se tornem fatores de aprimoramento e felicidade, a benefício da criatura em trânsito para a realidade maior.

ESPIRITISMO E PSICOLOGIA

> *Toda verdade passa por três estágios.*
> *Primeiro, ela é ridicularizada.*
> *Depois, a verdade é violentamente confrontada.*
> *Terceiro, ela é aceita como sendo óbvia.*
>
> (Artur Schopenhauer)

Repetiremos, com outras palavras, o que escrevemos alhures: a Psicologia hodierna, como ciência, estuda as manifestações psíquicas da consciência, enxergando apenas os fenômenos observados pelos sentidos físicos ou empíricos. E com todo o nosso respeito à Psicologia acadêmica, não escusaremos em dizer que essa ciência, por malbaratar o conhecimento da essência do Humano Ser e desprezar a influência dos Espíritos sobre a criatura humana, deixa de compreendê-lo adequadamente, e, com efeito, não consegue criar uma psicoterapia eficaz.

Ora:

Não menos logicamente daí se depreende também que o materialismo, suprimindo o livre-arbítrio, fazendo das faculdades intelectuais e das qualidades morais a resultante de combinações químicas, de secreções da substância parda do cérebro, considerando o gênio como uma nevrose, degrada a dignidade humana, e rouba à existência todo o caráter elevado.

Com a convicção de que nada mais há além da vida presente, e que não existe outra justiça superior à dos homens, cada qual pode dizer: para que lutar e sofrer? Para que a piedade, a coragem, a retidão? Por que nos constrangermos e domarmos nossos apetites e desejos? Se a Humanidade está abandonada a si própria, se em nenhuma parte existe um poder inteligente e equitativo que a julgue, a guie e sustente, que socorro pode ela esperar? Que auxílio lhe tornará mais leve o peso das suas provações?

Se não há no Universo razão, justiça, amor, nem outra coisa além da força cega prendendo os seres e os mundos ao jugo de uma fatalidade, sem pensamento, sem alma, sem consciência, então o ideal, o bem, a beleza moral são outras tantas ilusões e mentiras. Não é mais aí, porém na realidade bruta; não é mais aí, porém na realidade bruta; não é mais no dever, mas sim no gozo, que o homem precisa ver o alvo da vida, e, para realizá-lo, cumpre passar por cima de toda a sentimentalidade vã.

Se viemos do nada para voltar ao nada, se a mesma sorte, o mesmo olvido, espera o criminoso e o homem dedicado; se, conforme as combinações do acaso, uns devem ser exclusivamente votados aos trabalhos, e outros às honras; então, cumpre ter-se a ousadia de proclamar que a esperança é uma quimera, visto não haver consolação para os aflitos, justiça para as vítimas da sorte. A Humanidade rola, arrastada pelo movimento do planeta, sem fito, sem luz, sem moral, renovando-se pelo nascimento e pela morte, dois fenômenos entre os quais o ser se agita e passa, sem deixar outro vestígio mais do que uma faísca na noite. (León Denis, *Depois da Morte*, Primeira Parte, cap. VII.)

E mais adiante, continua o eminente filósofo espiritualista:

[...] Uma sociedade sem esperança, sem fé no futuro, é como um homem perdido no deserto, como uma folha seca que vagueia à feição dos ventos. É bom combater a ignorância e a superstição, mas cumpre substituí-las por crenças racionais. Para seguirmos na vida com passo firme, para nos preservarmos dos desfalecimentos e das quedas, é preciso uma convicção robusta, uma fé que nos eleve acima do mundo material: é necessário ver-se o alvo e para ele nos encaminharmos. A mais segura arma no combate terrestre é uma consciência reta e esclarecida.

Mas, se nos domina a ideia do nada, se acreditamos que a vida não tem sequência e que tudo termina com a morte, então, para sermos lógicos, cumpre sobrepor, a qualquer outro sentimento, o cuidado da existência material, o interesse pessoal. Que nos importa um futuro que não devemos conhecer? A que título falar-nos-ão de progresso, de reformas, de sacrifícios? Se há para nós somente uma existência efêmera, nada mais nos resta fazer do que aproveitar a hora atual, gozar-lhe as alegrias e abandonar-lhe os sofrimentos e os deveres! Tais são os raciocínios em que forçosamente terminam as teorias materialistas, raciocínios que ouvimos formular e vemos aplicar todos os dias em nosso círculo. (León Denis, *Depois da Morte*, Primeira Parte, cap. VIII.)

Pois bem, caro leitor. A ética meramente psicológica *acomoda*; produz, assim, massificação. Já a ética espírita, calcada no livre-arbítrio, *incomoda*. Contudo, faz o Humano Ser desvendar-se, assumir-se e transformar-se para melhor. Portanto, não pode haver inversão de valores no que tange ao ensino espírita. Não podemos obliterar que no centro espírita, seja na tribuna ou nos estudos, incluem-se comumente as seguintes disciplinas: Psicologia, Sociologia, Pedagogia, Medicina, Artes e Doutrina Espírita – ou seja, esta aparece como uma disciplina qualquer, ao lado das demais.

Como pode o Espiritismo se apresentar como *parte*, se ele representa o *todo*? A inversão é mais perniciosa ainda, porque em vez de se estudar Psicologia, Sociologia, Pedagogia, Medicina, Artes à luz do Espiritismo, estuda-se Espiritismo à luz da Psicologia, da Sociologia, da Didática, etc. Isto é, a Doutrina Espírita é que vai buscar contribuição em outras ciências, em vez de estas irem buscar contribuição no Espiritismo. Resultado? Muita gente sabedora de Psicologia, Sociologia, etc., mas muito poucas entendidas em Espiritismo, amor, caridade e Evangelho.

Encerramos nossa pequena digressão, colocando abaixo o que Allan Kardec escreveu na *Revista Espírita* de maio de 1861, sobre o Espiritismo:

> [...] A Doutrina Espírita, tal qual é hoje professada, tem uma amplidão que lhe permite abranger todas as questões de ordem moral; satisfaz a todas as aspirações e, pode-se dizer, à razão mais exigente, para quem queira estudá-la e não esteja dominado pelos preconceitos. Ela não tem as mesquinhas restrições de certas filosofias; alarga ao infinito o círculo das ideias e nenhuma é capaz de elevar mais alto o pensamento e livrar o homem da estreita esfera do egoísmo na qual têm procurado confiná-lo.

Malgrado, não olvidamos a contribuição magnífica do eminente psicólogo americano Carl R. Rogers (1902-1987), que, em suas ideias, revoluciona a atual Psicologia acadêmica quando traz uma abordagem centrada na própria *persona*, ou seja, o ser está fadado à saúde, ao bem-estar, e não, como pensam os testamenteiros da psicanálise freudiana, a carregarem consigo uma neurose. Em outras palavras, o psicoterapeuta, segundo Rogers, ao analisar um paciente não pode nem, e nem deve, vê-lo como um *doente*. Para tanto, é preciso, aprioristicamente, desenvolver uma relação de confiança com o *sujet*, ajudando-o a encontrar, sozinho, sua própria cura.

O Espírito Emmanuel, através da psicografia do médium Francisco Cândido Xavier, no livro *Opinião Espírita*, página 48, diz que:

> [...] A Psicologia [acadêmica] investiga as ocorrências da vida mental, a desdobrar-se nos meandros da análise psíquica; entretanto, sem o estudo da reencarnação, reduz-se a frio holofote que desvenda males e chagas sem oferecer-lhes consolo.

Já o Espírito Manoel Philomeno de Miranda, pela mediunidade escrevente de Divaldo Pereira Franco, na obra *Nos Bastidores da Obsessão*, no Exórdio, afirma:

> [...] As disciplinas e doutrinas decorrentes da Psicologia Experimental, nos seus diversos setores, preferem continuar teimosamente arregimentando teorias que não correspondem aos resultados da observação demorada e das constatações de laboratório, como se a imortalidade somente merecesse acirrado combate e não investigação imparcial.

Em contrapartida, o Espírito Joanna de Ângelis, na obra *Conflitos Existenciais*, capítulo V, também psicografia do médium Divaldo Pereira Franco, afirma que:

> [...] A visão nova da Psicologia positiva, que reage à proposta freudiana a respeito da personalidade humana, procura entender de maneira diversa as emoções, ensejando-lhe uma conduta otimista, na qual devem permanecer, como assinaladores de fronteiras da bondade, o perdão, o prazer, as gratificações do sentimento, a esperança e a fé, a confiança, o cultivo das virtudes, a busca do enriquecimento pela sabedoria, o amor pela Humanidade, a coragem e a justiça, a espiritualidade e a transcendência do ser.

Na questão 43 do livro *O Consolador* – conjunto de perguntas e respostas feitas ao Espírito Emmanuel e psicografadas pelo médium Francisco Cândido Xavier – assim está exarado:

> Pergunta. Estabelecendo a psicologia do mundo como sede da memória, do julgamento e da imaginação, as partes do cérebro humano, cujas funções não são ainda devidamente conhecidas pela ciência, retardam a solução de um problema que só pode ser satisfeito pelos conhecimentos espirituais?
> Resposta. Distante das cogitações de ordem divina, a psicologia terrestre efetua sua procrastinação [seu adiamento], até que consiga atingir o profundo estuário [abertura mais ou menos larga] da verdade integral.

Bem justo e preciso foi o Espírito André Luiz, na obra *Mecanismo da Mediunidade*, capítulo XXIV, ao dizer que:

> [...] É justo encarecer a oportunidade e a excelência do amparo moral da Doutrina Espírita, como sendo o recurso mais sólido na assistência às vítimas do desequilíbrio espiritual de qualquer matiz, por oferecer-lhes, no estudo nobre e no serviço edificante, o clima indispensável de transmutação e harmonização, com que se recuperem, no domínio dos pensamentos mais íntimos, para assimilarem a influência benéfica dos agentes espirituais da necessária renovação.

PARTE II
VEÍCULOS DA CONSCIÊNCIA

O PSIQUISMO

A vida, que é a essência, não se pode ver.
Ela se manifesta em existências vivas.

(O Autor)

Na vida reside o psiquismo, estagiando em todos os Reinos da Natureza – Vegetal, Animal e Hominal, regendo assim todas as formas da vida, mantendo-as aderidas. Posto isso, as formas de vida nada mais são do que **vestes exteriores de um íntimo psiquismo**, e é nelas que ele se revela e se exprime, ascendendo rumo às formas mais complexas da consciência. Mas o que se quer dizer, neste texto, com o vocábulo *consciência*? Vemo-la como fenômeno – isto é, como manifestação evidente de interioridade. Indica, portanto, qualquer forma de psiquismo, desde a mais diluída e elementar (o tactismo dos unicelulares, por exemplo) até a mais concentrada e complexa (a humana).

Leiamos o que escreveu Sua Voz, em *A Grande Síntese*, no capítulo LXII:

[...] A partir das formas, observando-as, podeis subir até o princípio psíquico, à centelha que se agita em seu âmago. Tudo isso constitui um esforço, uma ascensão dolorosa, do protozoário ao homem, sempre subindo, até os mais altos cimos do psiquismo, onde se realiza a gênese do espírito, obra maravilhosa e progressiva, em que a Divindade, princípio infinito, está sempre presente num ato constante de criação.

E mais na frente, no capítulo LXIII, complementa, no intuito de não pensarmos que:

[...] Os movimentos vorticosos, em que o complexo atômico transforma-se na vida, contenham e desenvolvam o espírito e o vosso pensamento, mas pensai que eles [os movimentos vorticosos] formam a mais complexa disciplina a que a matéria se submete, para poder produzir o princípio que a anima [o psiquismo] e corresponder ao impulso interior [Centro – Deus] que lhe solicita sempre a evoluir.

Com isso, Sua Voz quis dizer que o psiquismo é agente, porque aperfeiçoa a matéria, e esta, por sua vez, o desenvolve. Em outras palavras: a matéria (movimentos vorticosos) desenvolve o psiquismo e este intelectualiza a matéria. Assim, os dois surgem juntos e o progresso é recíproco. Os Espíritos da Revelação Espírita já haviam falado sobre isso, de forma sucinta, em *O Livro dos Espíritos*, pergunta 63. O leitor afeito aos estudos espíritas poderia interrogar (e com razão) se o princípio vital, explicado pelos Espíritos na pergunta supracitada, é o psiquismo que aqui estamos referindo. Sim; princípio vital e psiquismo tem o mesmo significado. Aprofundar-se neste tema, porém, não é nosso objetivo; é assunto para um outro livro, posterior a este, cuja tese sobre a origem do espírito e do Universo já a temos pronta, aguardando vir a público. A despeito disso, desde já acrescentamos que psiquismo = princípio vital = princípio espiritual = princípio inteligente do Universo. Iremos nos ater, neste texto, apenas à evolução do psiquismo *através* dos Reinos Inferiores da Natureza.

Pois bem. De forma *sui generis*, mais uma vez Sua Voz, em *A Grande Síntese*, agora no capítulo LXIV, esclarece que:

> [...] Desde a primeira forma protoplasmática, a vida tinha de possuir uma consciência orgânica própria, embora rudimentar. Sem isso não poderia subsistir àquela primitiva permuta. Se a vida = permuta e permuta = psiquismo, então a vida = psiquismo. Essa primordial consciência orgânica, em que já estão presentes as leis fundamentais da vida, está em toda parte, em qualquer organismo. Desenvolvida na complexa estrutura cinética dos movimentos vorticosos, já era integrante da vida em seu primeiro nascer, como substrato fundamental de todos os crescimentos futuros. Essa consciência orgânica [o psiquismo, o princípio vital] tornar-se-á inteligência orgânica e instinto; finalmente ascenderá à consciência psíquica e abstrata no homem.

O Espírito Áureo enriquece a temática, na obra *Universo e Vida*, item III, psicografia do médium Hernani T. Santana (?-†), dizendo que:

> [...] O princípio espiritual é o gérmen do Espírito, a protoconsciência. Uma vez nascido, jamais se desfará, jamais morrerá. Filho de Deus Altíssimo, inicia então a sua lenta evolução, no espaço e no tempo, rumo ao principado celeste, à infinita grandeza crística. Durante milênios vai residir nos cristais, em longuíssimo pro-

cesso de autofixação, ensaiando aos poucos os primeiros movimentos internos de organização e crescimento volumétrico, até que surja, no grande relógio da existência, o instante sublime em que será liberado para a glória orgânica da vida.

É grande a escalada do psiquismo rumo à perfeição. O Espírito André Luiz apresenta, de forma esplêndida e sucinta, na obra *Evolução em Dois Mundos*, capítulo IV, psicografia de Francisco Cândido Xavier, os caminhos percorridos pelo princípio espiritual (princípio inteligente do Universo):

> [...] Vestindo-se da matéria densa no plano físico e desnudando-se dela no fenômeno da morte, para revestir-se de matéria sutil no plano extrafísico e renascer de novo na Crosta da Terra, em inumeráveis estações de aprendizado, é que o princípio espiritual incorporou todos os cabedais da inteligência que lhe brilharam no cérebro do futuro, pelas chamadas atividades reflexas do inconsciente.
>
> [...] Se, no círculo humano, a inteligência é seguida pela razão e a razão pela responsabilidade, nas linhas da Civilização, sob os signos da cultura, observamos que, na retaguarda do transformismo, o reflexo precede o instinto, tanto quanto o instinto precede a atividade refletida, que é a base da inteligência nos depósitos do conhecimento adquirido por recapitulação e transmissão incessantes, nos milhares de milênios em que o princípio espiritual atravessa lentamente os círculos elementares da Natureza, qual vaso vivo, de fôrma em fôrma, até configurar-se no indivíduo humano, em trânsito para a maturação sublimada no campo angélico.
>
> [...] O tato nasceu no princípio inteligente, na sua passagem pelas células nucleares em seus impulsos ameboides; (...) a visão principiou pela sensibilidade do plasma nos flagelados monocelulares expostos ao clarão solar; (...) o olfato começou nos animais aquáticos de expressão simples, por plantas, muitas delas armadas de pelos viscosos destilando sucos digestivos; (...) as primeiras sensações do sexo apareceram com algas marinhas providas não só de células masculinas e femininas que nadam, atraídas umas para as outras, mas também de um esboço de epiderme sensível, que podemos definir como região secundária de simpáticas genésicas.
>
> [...] Examinando, pois, o fenômeno da reflexão sistemática, gerando o automatismo que assinala a inteligência de todas as ações espontâneas do corpo espiritual, reconhecemos sem dificuldade que a marcha do princípio inteligente para o reino humano e que a viagem da consciência humana para o reino angélico simboliza a expansão multimilenar da criatura de Deus, que, por força da Lei Divina, deve merecer, com o trabalho de si mesma, a auréola da imortalidade em pleno Céu.

Sem embargo, Allan Kardec também já havia questionado sobre esse assunto. Leiamos o que está exarado em *O Livro dos Espíritos*, pergunta 607a:

> Pergunta: Parece que assim se pode considerar a alma como tendo sido o princípio inteligente dos seres inferiores da criação, não?
> Resposta: Já não dissemos que tudo na Natureza se encadeia e tende para a unidade? Nesses seres, cuja totalidade estais longe de conhecer, é que o princípio inteligente se elabora, se individualiza pouco a pouco e se ensaia para a vida, conforme acabamos de dizer. É, de certo modo, um trabalho preparatório, como o da germinação, por efeito do qual o princípio inteligente sofre uma transformação e se torna Espírito.

O mestre lionês, em *A Gênese*, capítulo VI, item 19, alude:

> [...] Aos que desejem religiosamente conhecer e se mostrem humildes perante Deus, direi o seguinte: o Espírito não chega a receber a iluminação divina, que lhe dá, simultaneamente com o livre-arbítrio e a consciência, a noção de seus altos destinos, sem haver passado pela série divinamente fatal dos seres inferiores, entre os quais se elabora lentamente a obra da sua individualização. Unicamente a datar do dia em que o Senhor lhe imprime na fronte o seu tipo augusto, o Espírito toma lugar no seio das humanidades.

Encerramos nossa digressão sobre o psiquismo, com o texto do inspirado filósofo espiritualista León Denis:

> [...] A alma é o princípio da vida, a causa da sensação; é a força invisível, indissolúvel que rege o nosso organismo e mantém o acordo entre todas as partes do nosso ser. Nada de comum têm as faculdades da alma com a matéria. A inteligência, a razão, o discernimento, a vontade, não poderiam ser confundidos com o sangue das nossas veias, ou com a carne do nosso corpo. O mesmo sucede com a consciência, esse privilégio que temos para medir os nossos atos, para discernir o bem do mal. Essa linguagem íntima, que se dirige a todo homem, ao mais humilde ou ao mais elevado, essa voz cujos murmúrios podem perturbar o estrondo das maiores glórias, nada tem de material. (León Denis, *Depois da Morte*, Primeira Parte, cap. X.)

CORPO FÍSICO

Ó corpo físico! Bem te conheço.
És uma vestimenta de carbono, mas cruel.
Tua existência vem de tempos imemoriais
Tecendo o Espírito com enganoso véu.

(O Autor)

Começaremos escrevendo sobre o veículo temporário e mais inferior da consciência (reflexiva) – o corpo físico. Juntamente com o corpo etérico (de que falaremos mais adiante, ainda nesta Parte II), são os veículos utilizados pelo Espírito somente enquanto ele se encontra encarnado. **Ressaltamos que em TODOS os textos doravante, neste livro, o termo** consciência **será tomado para designar a forma mais superior de psiquismo – o Humano Ser**.

Prezado leitor: a força é uma constante do Universo que faz entendamos o seu funcionamento. É a resultante da grande Lei de evolução. Da mesma forma que o movimento é a essência do Universo, assim também é o de cada um de seus aspectos. Velocidade é energia – é o denominador comum que nos permite a passagem de uma a outra forma de ser do Universo. Na natureza física assinalamos diferentes graus de vibrações com nomes diferentes. A uma série se chama *luz*, a outra *calor*, ou *eletricidade*, ou *som*, e assim sucessivamente; entretanto, todas são da mesma natureza; todas são modalidades de movimento do éter, e só se diferem em graus de velocidade, correspondentes a diferenças de densidade no Fluido Cósmico Universal (éter).

A matéria (seu estado) deixará de existir desde que suas partículas (elétrons) percam o seu movimento. Em suma, a rigidez da matéria é uma função do movimento dos elétrons. A inércia, portanto, é a resistência de causa desconhecida que os corpos opõem ao movimento ou mudança de movimento. Ela é suscetível de medida que se define pelo termo *massa*. Esta é, pois, a medida da inércia da matéria – isto é, seu coeficiente de resistência ao movimento. A matéria, por fim, é um modo do movimento.

Vejamos o que diz o maior astrônomo do século XIX, Camille Flammarion (1842-1925), no livro *Urânia*, capítulo VI:

> [...] O átomo, intangível, invisível, dificilmente concebível para o nosso espírito, afeito a julgamentos superficiais, constitui a única matéria verdadeira, e o que chamamos matéria é apenas um efeito produzido em nossos sentidos pelos movimentos dos átomos, isto é, uma possibilidade incessante de sensações.

E na mesma obra *Urânia*, capítulo III, Flammarion é mais detalhista:

> [...] Eis aqui uma forte trave de ferro, dessas que geralmente se empregam nas construções. Está colocada no vácuo, a dez metros de altura, sobre duas paredes, nas quais se apoiam as respectivas extremidades. É sólida, com certeza. No centro dela foi posto um peso de mil, dois mil, dez mil quilogramas, e esse peso enorme ela nem mesmo fez imperceptível flexão. No entanto, essa trave é composta de moléculas que não se tocam, que estão em vibração perpétua, que se afastam umas das outras sob a influência do calor e se aproximam sob a do frio. Digam-me, por favor, que é que constitui a solidez dessa barra de ferro? Seus átomos materiais? Certamente não, pois eles não se tocam. Essa solidez reside na atração molecular, isto é, em uma força imaterial. Falando, de modo absoluto, o sólido não existe. Tomemos nas mãos uma pesada barra de ferro. Essa barra é composta de moléculas que não se tocam também. A continuidade da superfície dessa barra parece ter e a sua aparente solidez são puras ilusões. Para o Espírito que analisasse a sua íntima estrutura seria um turbilhão de mosquitos, lembrando os que redemoinham na atmosfera dos dias de verão. Aqueçamos essa barra que nos parece sólida: ela se derreterá; aqueçamo-la mais: ela se evaporará sem por isso mudar de natureza: líquido ou gás, será sempre ferro.

Sua Voz, em *A Grande Síntese*, capítulo XLVI, argui:

> [...] Um jato de água, se velocíssimo, oferece à penetração de outro corpo a mesma resistência de um sólido. Quando a massa de um gás, como o ar, se multiplica pela velocidade, adquire a propriedade da massa de um sólido. A pista sólida que sustenta o aeroplano – que é a sua velocidade em relação com o ar que, por sua vez, se lançado qual tufão, derruba casas. (...) É inútil correrdes atrás de vossos sentidos, na ilusão tátil da solidez, que julgais fundamental, porque é a primeira

e fundamental sensação da vida terrestre. A solidez nada mais é que a soma de movimentos velocíssimos. (...) A matéria é pura energia. Na sua íntima estrutura atômica, é um edifício de forças. Matéria, no sentido de corpo sólido, compacto, impenetrável, não existe. Não se trata senão de resistências, de reações; o que chamais de solidez é tão só a sensação que ininterruptamente vos dá aquela força que se opõe ao impulso e ao tato. É a velocidade que enche as imensas extensões de espaços vazios em que as unidades mínimas se movem. É a velocidade que forma a massa, a estabilidade, a coesão da matéria.

Posto isso, o corpo físico, um pedaço de ferro ou de granito, não tem absolutamente nada de sólido. Na verdade, não têm mais solidez do que o ar que respiramos. Tudo isso é composto de átomos, que jamais se tocam e se acham em perpétuo movimento. E mais: as moléculas que constituem o corpo físico, em seu modo substancial, são formadas por uma reunião geométrica de átomos tomados entre os corpos, que na química são chamados *simples*. Cada molécula é um modelo de simetria e representa um tipo geométrico. Exemplo: a molécula de ácido sulfúrico (H2SO4) é um sólido geométrico, regular, um heptaedro composto de sete átomos. Outro exemplo: a molécula de água (H_2O) é composta por dois elementos químicos – o hidrogênio e o oxigênio. Para formar uma molécula dessa substância são necessários dois átomos de hidrogênio e apenas um de oxigênio, que se ligam por ligações covalentes (H–O–H). Nesse tipo de ligação, os pares de elétrons entre os átomos são compartilhados. Essa será sempre a composição dessa substância, e ninguém poderá, absolutamente, juntar à combinação da molécula de água uma partícula a mais de qualquer dos componentes.

Partindo desse fato, o Dr. Deepak Chopra (1946), médico de origem indiana, residente nos Estados Unidos, informa em *Ageles Body, Timeless Mind* (*Corpo sem Idade, Mente sem Fronteiras*), que o ambiente no qual vivemos é uma extensão do nosso próprio corpo, e a cada vez que respiramos, inalamos centenas de milhões de átomos de ar, exalados ontem por alguém na China, no Japão ou na Europa, em virtude da passividade dos átomos. Em outras palavras: a cada momento estamos fazendo e desfazendo os nossos corpos, o que leva a concluir que **o corpo é um processo, não um objeto estável**. Isso significa que ainda somos, basicamente, aquele vórtice inicial de consciência dentro do qual circula a matéria, ou melhor, movimentam-se partículas intelectualizadas de luz coagulada.[1]

Antes da descoberta do elétron, em 1897, os Espíritos afirmaram que, além de ser a mesma força (de atração) que une a matéria, tanto nos seres orgânicos como inorgânicos (cf. *O Livro dos Espíritos*, pergunta 60), a matéria é a mesma em todos os corpos da natureza (cf. *O Livro dos Espíritos*, questão 61). E sobre esse assunto também temos a contribuição de Camille Flammarion, quando diz, em sua obra *Narrações do Infinito*, de 1872, na Primeira Narrativa, que:

> [...] O corpo material é uma associação de moléculas, formadas elas próprias de agrupamentos de átomos. Os átomos são inertes, passivos, governados pela força, e entram no organismo pela respiração e pelos alimentos, renovam incessantemente os tecidos, são substituídos por outros, e, eliminados, vão pertencer a outros corpos.
>
> Em alguns meses, o corpo humano é totalmente renovado, e nem no sangue, nem na carne, nem no cérebro, nem nos ossos resta mais um único dos átomos que constituíam o todo alguns meses antes. Por intermédio da atmosfera, principalmente, os átomos viajam sem cessar de um para outro corpo.
>
> A molécula de ferro é sempre a mesma, quer esteja incorporada ao sangue que pulsa sob a têmpora de um homem ilustre, quer pertença a um vil fragmento enferrujado. A molécula de oxigênio é idêntica, brilhe no olhar amoroso da noiva, ou, reunida ao hidrogênio, projete sua flama em um dos mil luzeiros das noites parisienses, ou, ainda, tombe em gota de água do alto das nuvens.
>
> Os corpos vivos atualmente são formados da cinza dos mortos, e, se todos os mortos ressuscitassem, faltariam aos vindos por último muitos fragmentos pertencentes aos primeiros. E, durante a vida mesmo, numerosas mudanças ocorrem, entre amigos e inimigos, entre homens, animais, plantas, trocas que causariam singular espanto ao olhar analisador.
>
> Quanto respirais, comeis ou bebeis, já foi respirado, bebido ou comido milhares de vezes. Tal é o corpo: um complexo de moléculas materiais que se renovam constantemente.

Agora vejamos o que Camille Flammarion aduz em seu livro *Deus na Natureza*, primeira parte, capítulo III – A Terra –, ratificando a renovação atômica, molecular e celular, em nossos corpos perecíveis, mas infelizmente ainda tão valorizado em detrimento dos valores espirituais:

> [...] A molécula de ácido carbônico (H_2CO_3) a exalar-se do peito opresso do moribundo em seu leito de dor, vai incorporar-se à flor do jardim, à relva do prado, ao

tronco da floresta. A molécula de oxigênio que se desprende dos últimos ramos do anoso (velho) carvalho, vai incorporar-se ao cabelinho louro do recém-nascido, no seu berço de sonhos. Nada podemos mudar na composição dos corpos. Nada nasce, nada morre. Só a forma é perecível. [...] Constituímo-nos da poeira dos antepassados, os mesmíssimos átomos e moléculas.
Nada se cria, nada se perde.
Uma vela que ardeu completamente deixa de existir para os olhos vulgares e nem por isso deixará de existir integralmente. Se lhe recolhêssemos as substâncias consumidas, reconstituí-la-íamos com o seu peso anterior. Os átomos viajam de um a outro ser, guiados pelas forças naturais. O acaso não colhe nessas combinações e casamentos.

E na segunda parte, capítulo I – *Circulação da Matéria* –, da mesma obra, Camille Flammarion argui:

> O átomo de oxigênio, que ora estais respirando, foi ontem, possivelmente, expirado por alguma das árvores que orlam o bosque, além. O átomo de hidrogênio que, neste momento, umedece a pupila vigilante do leão do deserto será o mesmo que, não há muito, molhava os lábios da mais pudica donzela de Paris. O átomo de carbono que neste instante arde em meu pulmão, ardeu talvez na candeia que serviu a Newton para as suas experiências de óptica; e as fibras mais preciosas do cérebro de Newton talvez se encontrem, agora, na concha de uma ostra ou numa dessas miríades de animálculos microscópicos, que povoam os mares fosforescentes. O átomo de carbono que se escapa, no momento, da combustão do vosso charuto, terá talvez saído, há alguns anos, do túmulo de Cristóvão Colombo, que demora, como sabeis, na catedral de Havana. Toda a vida não passa de uma constante permuta de elementos materiais. Fisicamente falando, nós nada possuímos de nós mesmos.

O Espírito Joanna de Ângelis, através do médium Divaldo Pereira Franco, também traz sua participação, sobre a movimentação do átomo de carbono, em sua viagem no Universo de 13,8 bilhões de anos, podendo chegar ao organismo somático nos Reinos da Natureza. Assim está escrito na obra *Estudos Espíritas*, no capítulo II:

> [...] O átomo [de carbono] segue sua jornada intérmina pelos diversos reinos da Natureza até um dia atingir o Homem e perder-se no ar dos pulmões de algum ser, num turbilhão de aproximadamente 10 octilhões de átomos (no pulmão huma-

no), respirando-se, assim, o mesmo átomo que esteve em outros pulmões e poderá ser respirado por futuros seres. Esse átomo de carbono está imutável jornadeando há aproximadamente quatro bilhões de anos ou talvez mais, podendo desaparecer somente numa estrela nova, vitimado por colisões atômicas violentíssimas que o desagregarão, vindo a formar novos átomos outros.

Não se espante, caro leitor, com o que agora iremos escrever, pois é a mais pura verdade: quando nos encontramos com um amigo que não vemos há seis meses, não há no seu rosto uma só molécula que lá estivesse quando o vimos pela última vez. No entanto, graças ao controle do princípio vital (cf. *O Livro dos Espíritos*, capítulo IV), as novas moléculas se alinharam segundo a mesma disposição antiga e familiar que nos leva a conhecer suas feições. Se assim não fosse, não reconheceríamos o rosto daquele que nos é tão caro.

Sendo assim, quando nos encontramos com um amigo que não vemos há seis meses, não há no seu rosto uma só molécula que lá estivesse quando o vimos pela última vez. Mas, graças ao controle dos campos vitais (princípio vital), as novas moléculas alinharam-se segundo a mesma disposição antiga e familiar que nos leva a conhecer suas feições. O rosto contemplado é o do corpo espiritual (assunto para a Parte II desta obra) tornado visível, porque colheu em sua malhas magnéticas a quantidade certa de átomos, a fim de materializá-lo, como, aliás, o corpo todo. Ora, o corpo físico é a resultante de um processo de materialização, cuja estabilidade é assegurada pelo campo magnético do corpo invisível.

Ora:

[...] A inteligência não pode provir da matéria. A Fisiologia ensina-nos que as diferentes partes do corpo humano se renovam em um lapso de tempo que não vai além de alguns meses. Sob a ação de duas grandes correntes vitais, produz-se em nós uma troca perpétua de moléculas. Aquelas que desaparecem do organismo são substituídas, uma a uma, por outras, provenientes da alimentação. Desde as substâncias moles do cérebro até as partes mais duras da estrutura óssea, tudo em nosso ser físico está submetido a contínuas mutações. O corpo dissolve-se, e, numerosas vezes durante a vida, reforma-se. Entretanto, apesar dessas transformações constantes, através das modificações do corpo material, ficamos sempre a mesma pessoa. A matéria do cérebro pode renovar-se, mas o pensamento é sempre idêntico a si mesmo, e com ele subsiste a memória, a recordação de um passado de que não participou o corpo atual. Há, pois, em nós um princípio distinto da matéria, uma força indivisível que persiste e se mantém entre essas perpétuas substituições. (León Denis, *Depois da Morte*, cap. X.)

O corpo físico é a veste que usamos, enquanto encarnados, nesse mundo de calcetas. Abandonamo-lo no momento da morte física – isto é, no desencarne. Constitui o traje mais exterior do Humano Ser. O envoltório físico é a sua manifestação menos elevada, a sua expressão mais limitada e mais imperfeita. É desse vestuário que a consciência (o espírito individualizado) usa para realizar sua atividade no plano físico. É dessa morada, que tanto se pode prestar a ser um *atelier* para o trabalho físico, como o seu cárcere, de que somente a morte (física) possui a chave.

Saibamos, portanto, bem aproveitar nossa existência física, e não nos conformemos com sua situação de simples hóspede de um mundo que não nos pertence. Ora, **não somos seres humanos, passando por uma experiência espiritual. Somos, sim, seres espirituais, passando por uma experiência humana.**

Nota

1. Depois que Albert Einstein desvelou, em 1905, a Teoria da Relatividade Geral ($E = m \cdot c^2$), pode-se dizer que a matéria densa não é senão a energia radiante condensada. Inclusive, essas foram as palavras usadas pelo instrutor Cláudio a Evelina, na obra *E a Vida Continua*, capítulo IX, quando afirmou:

   > Em última análise, chegaremos a saber que a matéria é luz coagulada, substância divina, que nos sugere a onipresença de Deus.

CORPO ASTRAL

> *Ó corpo astral! Bem te conheço.*
> *Conquanto necessário, de ti não vem a luz.*
> *És ainda o veículo inferior da consciência,*
> *Sem o qual não chegarei a Jesus.*
>
> (O Autor)

Antes de abordamos mais precisamente o corpo astral – ou seja, o *perispírito,* na terminologia espírita –, precisamos tecer algumas considerações relevantes. Vejamo-las. Em *O Livro dos Espíritos*, na pergunta 23, os benfeitores espirituais afirmam ser o espírito (com *e* minúsculo) o princípio inteligente do Universo. Já na questão 76, da mesma obra, parecendo Kardec estar fazendo a mesma pergunta (é somente aparência), os Espíritos responsáveis pela Revelação Espírita disseram que os Espíritos (com *e* maiúsculo) são os seres inteligentes da criação, e que povoam o Universo, fora do mundo material. O Codificador do Espiritismo, de imediato, faz uma singular nota:

> A palavra *Espírito* é empregada aqui para designar as individualidades dos seres extracorpóreos e não mais o elemento inteligente do Universo.

Pois bem. Fazendo uma relação entre as perguntas 23 e 76, podemos concluir que espírito + perispírito = Espírito. E este, conforme esclarecem os imortais, na pergunta 79 de *O Livro dos Espíritos*:

São a individualização do princípio inteligente.

O perispírito é o laço que prende ao corpo o Espírito, **cuja morte física não o destrói**, constituindo um corpo etéreo (cf. *O Livro dos Espíritos*, Introdução VI). Paulo de Tarso chamava-o de *corpo celeste* (cf. 1 Co 15:41) e *corpo espiritual* (cf. 1 Co 15:44); os orientalistas chamam-no de *Corpo Astral*; no Vedanta, o perispírito era conhecido como *manu*; no Budismo é conhecido como *kama-rupa;* no Hermetismo egípcio surgiu na qualidade de *kha*; na Cabala hebraica é denominado *rouach*; Pitágoras nominava o perispírito como *carne sutil da alma*; Aristóteles considerava-o *corpo sutil e etéreo*; O neoplatônico Orígenes, de Alexandria, chamava-o de *aura*; Os psicobiofísicos russos chamam de *corpo bioplásmico*, resultado do MOB (Modelo Organizador Biológico); o psicobiofísico brasileiro Hernani Guimarães de Andrade (1913-2003) chamava-o de *ectossoma*; o Espírito André Luiz, em suas obras psicografadas por Francisco Cândido Xavier, também o chama de *corpo espiritual*.

Na posse do corpo físico (quando encarnado) ou mesmo liberto dele (quando desencarnado), o verdadeiro receptor de **todas as sensações e fenômenos do mundo físico ou astral (espiritual) ainda é o perispírito**. Desse modo, aquilo que se percebe dificultosamente, quando no comando do corpo físico, pode ser captado diretamente, e sem os sentidos físicos intermediários, quando desencarnado. É no corpo astral que se manifestam as paixões, os apetites vis e suas emoções. Claro que varia na cor, segundo o grau de pureza do Homem. Os Espíritos, não muito mais tarde, iriam trazer informações a esse respeito.

Diz León Denis:

> [...] Como precedentemente já o dissemos, a alma está, durante a vida material, assim como depois da morte, revestida constantemente de um envoltório fluídico, mais ou menos sutil e etéreo, que Allan Kardec denominou perispírito ou corpo espiritual. Como participa simultaneamente da alma e do corpo material, o perispírito serve de intermediário a ambos: transmite à alma as impressões dos sentidos e comunica ao corpo as vontades do Espírito. No momento da morte, destaca-se da matéria tangível, abandona o corpo às decomposições do túmulo; porém, inseparável da alma, conserva a forma exterior da personalidade desta. O perispírito é, pois, um organismo fluídico; é a forma preexistente e sobrevivente do ser humano, sobre a qual se modela o envoltório carnal, como uma veste dupla e invisível, constituída de matéria quintessenciada, que atravessa todos os corpos por mais impenetráveis que estes nos pareçam.
>
> [...] A matéria grosseira, incessantemente renovada pela circulação vital, não é a parte estável e permanente do homem. É perispírito o que garante a manutenção da estrutura humana e dos traços fisionômicos, e isto em todas as épocas da vida, desde o nascimento até a morte. Exerce, assim, a ação de uma forma, de um molde contrátil e expansível sobre o qual as moléculas vão incorporar-se.

O Espírito Emmanuel, em seu livro *Emmanuel*, capítulo XXIV, psicografia do médium Francisco Cândido Xavier, diz que:

> O corpo espiritual não retém somente a prerrogativa de constituir a fonte da misteriosa força plástica da vida, a qual opera a oxidação orgânica; é também ele a sede das faculdades, dos sentimentos, da inteligência e, sobretudo, o santuário da memória, em que o ser encontra os elementos comprobatórios da sua identidade, através de todas as mutações e transformações da matéria.[1]

Já na obra *Roteiro*, capítulo VI, também de sua autoria, assim está exarado:

> [...] O perispírito, quanto à forma somática, obedece a leis de gravidade, no plano a que se afina. Nossos impulsos, emoções, paixões e virtudes nele se expressam fielmente. Por isso mesmo, durante séculos e séculos nos demoraremos nas esferas da luta carnal ou nas regiões que lhes são fronteiriças, purificando a nossa indumentária e embelezando-a, a fim de preparar, segundo o ensinamento de Jesus, a nossa veste nupcial para o banquete do serviço divino.

Encontramos Annie Wood Besant (1847-1933), eleita, em 1907, Presidente Internacional da Sociedade Teosófica, escrever em sue livro *O Homem e Seus Corpos*, página 56, que:

> [...] O corpo astral é a sede de todas as paixões, de todos os desejos animais; é o centro dos sentidos, donde brotam todas as sensações.

Na obra mediúnica *Recordações da Mediunidade*, página 69, orientada pelo Espírito Bezerra de Menezes, assim se lê:

> [...] O perispírito arquiva em seus refolhos, como que superpostos em camadas vibratórias, todos os acontecimentos, todos os fatos, atos, sensações, e até os pensamentos que tenhamos produzido através das nossas imensas etapas evolutivas.

O Espírito Manoel Philomeno de Miranda, na obra psicografada pelo médium Divaldo Pereira Franco, *Trilhas da Libertação*, no subtítulo *Medicina Holística*, narra uma prece feita pelo Dr. José Carneiro de Campos, cujo texto se refere ao perispírito. Ei-la:

> [...] Encarregado de plasmar as necessidades evolutivas do ser eterno na forma física e conduzir as emoções e ações às telas sutis da energia pensante, imortal, então encarnada. Os traumas, os estresses, os desconcertos psíquicos e as mani-

festações genéticas estão impressos nesse corpo intermediário, que é o modelo organizador biológico sob a ação do Espírito em processo de evolução e irão expressar-se no campo objetivo como necessidade moral de reparação de crimes e erros antes praticados.

E mais à frente, Philomeno de Miranda acrescenta que:

[...] Adestrando-se na percepção das lesões espirituais, refletidas e fixadas no perispírito, a sede das distonias e enfermidades que calcinam os homens e enlouquecem os desencarnados irresponsáveis.

O Espírito Joanna de Ângelis, na obra *Psicologia da Gratidão*, página 80, com propriedade informa:

[...] A plenitude dilui e absorve a sombra, fazendo desaparecer todas as suas marcas ancestrais que dificultam o processo de autoiluminação. Ao lado disso, proporciona a cura real das mazelas antigas arquivadas no insondável do ser, no seu corpo espiritual, encarregado de modelar as formas físicas e todos os equipamentos da sua fisiologia e da sua psicologia.

Nada mais digno de menção sobre o perispírito (corpo astral) como órgão de transmissão de todas as sensações (cf. *Obras Póstumas*, primeira parte, item 10), podemos agora escrever sobre suas propriedades gerais, enumerando-as de forma aleatória: I) Plasticidade: alterações morfológicas que ocorrem em função dos comandos mentais do Espírito. II) Densidade: relaciona-se às medidas de peso específico (ponderabilidade) e de luminosidade (frequência vibratória mental do Espírito). III) Penetrabilidade: capacidade de atravessar barreiras. O veículo astral da consciência é de tal modo tênue que pode atravessar os poros mais delicados do corpo, tão facilmente como a luz passa através do vidro ou o raio atravessa a bainha de uma espada sem despedaçá-la nem riscá-la. IV) Visibilidade: capacidade de ver o perispírito de encarnados e desencarnados. V) Bicorporeidade: capacidade de desdobramento do Espírito encarnado; seu corpo físico está em estado sonambúlico e seu perispírito desdobra-se a grandes distâncias e torna-se tangível. VI) Unicidade: não há dois perispíritos iguais. VII) Mutabilidade: o perispírito muda ante o seu estado evolutivo; muda-se a forma, a substância, etc.

Salientamos que nem todos os Espíritos que reencarnam no planeta Terra – seja por prova ou por expiação –, possuem os mesmos elementos constitutivos em seus perispíritos. **A composição molecular de cada perispírito está relacionada ao estado evolutivo do Espírito** – isto é, à evolução intelecto-moral (espiritual) de cada individualidade (consciência). Allan Kardec, na obra *A Gênese*, no capítulo XIV, itens 8 e 9, trouxe esclarecimentos sobre o que acabamos de ressaltar. Leiamos suas considerações:

> [...] Do meio onde se encontra é que o espírito extrai o seu perispírito, isto é, esse envoltório ele o forma dos fluidos ambientais. Resulta daí que os elementos constitutivos do perispírito naturalmente variam, conforme os mundos. [...] A natureza do envoltório fluídico está sempre em relação com o grau de adiantamento moral do Espírito.

E mais adiante, no item 10, diz que:

> [...] A camada de fluidos espirituais que cerca a Terra se pode comparar às camadas inferiores da atmosfera, mais pesadas, mais compactas, menos puras, do que as camadas superiores. Não são homogêneos esses fluidos; são uma mistura de moléculas de diversas qualidades, entre as quais necessariamente se encontram as moléculas elementares que lhes formam a base, porém mais ou menos alteradas. Os efeitos que esses fluidos produzem estarão na razão da soma das partes puras que eles encerram. (...) Conforme seja mais ou menos depurado o Espírito, seu perispírito se formará das partes mais puras ou das mais grosseiras do fluido peculiar ao mundo onde ele encarna. (...) Resulta disso este fato capital: a constituição íntima do perispírito não é idêntica em todos os Espíritos encarnados ou desencarnados que povoam a Terra ou o espaço que a circunda.

E no item 13, informa que:

> [...] Os fluidos espirituais, que constituem um dos estados do fluido cósmico universal, são, a bem dizer, atmosfera dos seres espirituais, o elemento donde eles tiram os materiais sobre que operam; o meio onde ocorrem os fenômenos especiais, perceptíveis à visão e à audição do Espírito, mas que escapam aos sentidos carnais, impressionáveis à matéria tangível; o meio onde se forma a luz peculiar ao mundo espiritual, diferente, pela causa e pelos efeitos, da luz ordinária; finalmente, o veículo do pensamento, como o ar o é do som.

Na diversidade de nossas experiências, somos obrigados a nos adaptar às condições fluídicas de cada orbe – esse é um imperativo para aquisição de nossos valores evolutivos dentro das leis do aperfeiçoamento. Conforme o mundo em que somos levados a viver (tanto na dimensão física como na extrafísica), revestimo-nos do invólucro apropriado à natureza desse mundo (cf. *O Evangelho Segundo o Espiritismo*, capítulo IV, item 4).

Ora, o peso específico (γ) é igual ao produto da densidade absoluta (δ) pela gravidade (g). A fórmula é: $\gamma = \delta.g$. Posto isso, tomemos o corpo astral como a densidade que, multiplicada pela gravidade de cada plano, vai resultar no peso específico. Este diminui na mesma proporção da evolução do Espírito – ou seja, quanto maior a evolução do Espírito, menor o peso específico do perispírito. Dessa maneira inversa, também é uma lei física que quanto menor a evolução do Espírito, maior o peso específico do corpo espiritual.

Ensina-nos León Denis:

> Quanto mais sutis e rarefeitas são as moléculas constitutivas do perispírito tanto mais rápida é a desencarnação, tanto mais vastos são os horizontes que se rasgam ao Espírito. Devido ao seu peso fluídico e às suas afinidades, ele se eleva para os grupos espirituais que lhe são similares. Sua natureza e seu grau de depuração determinam-lhe nível e classe no meio que lhe é próprio. Com alguma exatidão tem-se comparado a situação dos Espíritos no espaço à dos balões cheios de gases de densidades diferentes que, em virtude de seus pesos específicos, se elevam a alturas diversas. Mas, cumpre que nos apressemos em acrescentar que o Espírito é dotado de liberdade e, portanto, não estando imobilizado em nenhum ponto, pode, dentro de certos limites, deslocar-se e percorrer os páramos etéreos. (*Depois da Morte*, Quarta Parte, cap. XXXI.)

Perguntar-se-ia: como seria então o perispírito do *Homo erectus*, originário da África oriental, cuja idade de aparecimento no orbe terrestre está estimada em 1,8 milhão de anos?

O Espírito André Luiz, na obra *Entre a Terra e o Céu*, capítulo XXI, psicografada pelo médium Francisco Cândido Xavier, traz a resposta do mentor espiritual Clarêncio:

> [...] O instrumento perispirítico do selvagem deve ser classificado como protoforma humana, extremamente condensado pela sua interação com a matéria mais densa. Em criaturas dessa espécie a vida moral está começando a aparecer e o perispírito nela ainda se encontra enormemente pastoso.

O Espírito Emmanuel, no livro *Roteiro*, capítulo VI, também pela mediunidade de Francisco Cândido Xavier, assim argui:

> [...] Nas mentes primitivas, ignorantes e ociosas, semelhante vestidura [perispírito] se caracteriza pela feição pastosa, verdadeira continuação do corpo físico, ainda animalizado ou enfermiço. O progresso mental é o grande doador de renovação ao equipamento do espírito em qualquer plano de evolução.

Perguntar-se-ia: o que será desse envoltório fluídico, dentro da Lei de Progresso, quando o Espírito atingir a perfeição relativa? Allan Kardec informa que o perispírito passa por transformações sucessivas, tornando-se cada vez mais etéreo, até chegar à depuração completa, que é a condição dos puros Espíritos (cf. *O Evangelho Segundo o Espiritismo*, capítulo IV, item 24). À **medida que evoluímos, nosso corpo físico se aprimora, face às vibrações do perispírito, que o organiza e mantém** – ou seja, no correr dos milênios, o corpo astral também vai se desfazendo dos seus componentes materiais até alcançar um estágio puramente energético, como um campo magnético de elevadíssimo teor vibratório.

Em *O Livro dos Médiuns*, segunda parte, capítulo I, item 55, lemos que:

> [...] Qualquer que seja o grau em que se encontre, o Espírito está sempre revestido de um envoltório, ou perispírito, cuja natureza se eteriza, à medida que ele se depura e se eleva na hierarquia espiritual.

E na mesma segunda parte, capítulo XXIV, item 256, o mestre lionês instruiu assim:

> [...] À medida que os Espíritos se purificam e elevam na hierarquia, os caracteres distintivos de suas personalidades se apagam, de certo modo, na uniformidade da perfeição; nem por isso, entretanto, conservam eles menos suas individualidades. É o que se dá com os Espíritos superiores e os Espíritos puros.

O Espírito Josepho, de forma incomum, no livro *Veladores da Luz*, página 53, cuja psicografia é da médium Dolores Bacelar, exprime que:

> [...] Quando o espírito atinge o segundo Estado Evolutivo ou Plano ou Segundo Céu, ele perde o corpo perispiritual. Mas quanto tempo levamos, através dos milênios terrenos, para nos libertar daquele corpo, o qual muitos denominam astral e outros, de alma. Ainda quando ingressos no Primeiro Campo Operacional, nos sentimos presos pelos laços familiares humanos; porém, na segunda Escala Evolutiva, já deles nos libertamos com o cumprimento integral dos nossos deveres e obrigações junto àqueles de quem fomos devedores.

O Espírito André Luiz, na obra *Libertação*, capítulo VI, revelando um diálogo que teve com um orientador espiritual, de nome Gúbio, parafraseia a instrução desse eminente Espírito, que abaixo retrataremos:

[...] – André – respondeu ele, circunspecto, evidenciando a gravidade do assunto – já ouviste falar, de certo, numa "segunda morte".
– Sim – acentuei –, tenho acompanhado vários amigos à tarefa reencarnacionista, quando, atraídos por imperativos de evolução e redenção, tornam ao corpo de carne. De outras vezes, raras, aliás, tive notícias de amigos que perderam o veículo perispiritual, conquistando planos mais altos. A esses missionários, distinguidos por elevados títulos na vida superior, não me foi possível seguir de perto.
[...] – Viste companheiros – prosseguiu o orientador – que se desfizeram dele [o perispírito], rumo a esferas sublimes, cuja grandeza por enquanto não nos é dado sondar, e observaste irmãos que se submeteram a operações redutivas e desintegradoras dos elementos perispíriticos para renascerem na carne terrestre.

O Espírito Áureo, na obra *Universo e Vida*, capítulo IV, assim aduz:

[...] A ação contínua de ondas mentais de alta frequência provoca desintegrações em cadeia, suscetíveis de aniquilar o corpo espiritual dos seres que alcançam as mais altas faixas da evolução terrestre, determinando maior velocidade ao seu pensamento, que passa a vibrar em ritmos ainda insuspeitados pela ciência terrestre, que julga serem os 300 mil quilômetros por segundo a velocidade constante de qualquer espécie de luz.

Pois bem. Nos dias atuais, lançando mão da metodologia científica, a câmera Kirlian, com alta frequência, ultrapassando a barreira da matéria densa, descoberta em 1939 pelo russo Semyon Kirlian (1898-1978), pôde mostrar a contraparte imaterial dos seres vivos. Isso se deu quando cientistas soviéticos, com equipamentos ópticos conjugados à tal câmera, tiveram uma visão maravilhosa que até então era reservada aos videntes – o corpo astral de um ser vivo. Assim sendo, disseram que o corpo espiritual é uma espécie de constelação elementar semelhante ao plasma, compostos de elétrons ionizados e excitados, de prótons e possivelmente de outras partículas. Mas, ao mesmo tempo, esse corpo de energia não é só de partículas. Não é um sistema caótico. É um organismo totalmente unificado em si mesmo. Age como unidade, fazendo o corpo energético produzir seu próprio campo eletromagnético, que, por sua vez, constitui a base dos campos biológicos.

Perguntar-se-ia: qual seria então a natureza do corpo astral? Segundo o que conseguimos depreender dos ensinamentos do Espiritismo, o perispírito se compõe de certa modificação do fluido cósmico universal, do fluido elétrico e do fluido magnético, e sabe-se que os três têm a mesma origem e são luminosos. O próprio Allan Kardec questionou a São Luís se é o fluido universal que compõe o perispírito, e a resposta foi afirmativa (cf. *Revista Espírita* de junho de 1858, pergunta 4). E mais: São Luís diz ser do fluido cósmico universal que o Espírito extrai o envoltório semimaterial que constitui o seu perispírito (cf. *Revista Espírita* de junho de 1858, pergunta 22).

E depois que São Luís instruiu o mestre lionês sobre o perispírito, cujo conteúdo fora apreendido durante a construção de *O Livro dos Médiuns*, iremos encontrar, somente na 2.ª edição de *O Livro dos Espíritos* (1860), na pergunta 257, uma longa digressão cujo título é *Ensaio teórico da sensação nos Espíritos*. Dele, tiramos um trecho que assim diz:

> [...] O perispírito é o laço que à matéria do corpo prende o Espírito, que o tira do meio ambiente, do fluido universal. Participa ao mesmo tempo da eletricidade, do fluido magnético e, até certo ponto, da matéria inerte.

Na obra *Evolução em Dois Mundos*, capítulo II, o Espírito André Luiz escreve, através de Francisco Cândido Xavier, que:

> [...] Do ponto da constituição e função em que se caracteriza na esfera imediata ao trabalho do homem, após a morte, é o corpo espiritual o veículo físico por excelência, com sua estrutura eletromagnética, algo modificado no que tange aos fenômenos genésicos e nutritivos, de acordo, com as aquisições da mente que o maneja.

Esse delicado, mas poderoso invólucro astral é composto de fluido vital – isto é, de *fluido elétrico animalizado*, ao qual também se dá o nome de *fluido magnético* (cf. *O Livro dos Espíritos*, Introdução II). Os Espíritos ainda esclarecem que o princípio vital é o que chamamos *fluido magnético* ou *fluido elétrico animalizado*, sendo a ligação existente entre o espírito e a matéria (cf. *O Livro dos Espíritos*, perg. 65). Assim sendo, eletricidade, magnetismo e fluido vital são propriedades particulares ao perispírito.

Mais uma vez citaremos o teólogo e professor da Universidade de Oxford, que, a seu turno, foi o reformador religioso inglês – John Wycliffe (1328-1384) –, e um pouco mais de cinco séculos depois, reencarnou na personalidade do egrégio León Denis (1846-1927):

[...] O fluido nervoso ou vital, de que o perispírito é a origem, exerce um papel considerável na economia orgânica. Sua existência e seu modo de ação podem explicar muitos problemas patológicos. Ao mesmo tempo agente de transmissão das sensações externas e das impressões íntimas, ele é comparável ao fio telegráfico, transmissor do pensamento, e que é percorrido por uma dupla corrente. (Léon Denis, *Depois da Morte*, Terceira Parte, cap. XXI.)

Ainda que pesem as descobertas e comprovações da existência de um corpo espiritual, a medicina continua sendo mecanicista, materialista. No entanto, em virtude de 90% das doenças se iniciarem no corpo astral, pode-se deduzir facilmente que no próximo século (o XXII) a medicina será integral, holística. Resultado? Os médicos terrenos atenderão às mazelas físicas, trabalhando ao lado de outro grupo de médicos desencarnados, que se encarregarão do corpo astral (perispírito).

Desejamos encerrar este texto fazendo uma pergunta: existe uma relação do perispírito com o esquecimento do passado? É o que demonstraremos.

Como pode o Humano Ser aproveitar da experiência adquirida em suas existências anteriores, se ele mesmo não as lembra? Em suma, cada existência para ele é como se fosse a primeira! Ora, suponhamos ainda, que todos os dias ao acordar, esquecêssemos de tudo o que fizemos no dia anterior; quando estivermos 60 anos não estaríamos mais adiantados do que aos 10 anos. Enquanto se recordando das nossas faltas, inaptidões e punições, esforçaríamos para evitá-la. Como pode um aluno no colégio aproveitar a quarta série, se não se lembra do que aprendeu na terceira série?

E mais: se já vivemos no espaço, se outras vidas precederam ao nascimento, por que de tal perdemos a recordação? Enfim, com a solução de continuidade na vida do Espírito, interrompem todas as relações e fazem dele uma nova atividade. E ainda os nossos pensamentos morrem com cada uma das nossas existências, para nascermos em outra sem estar consciente do que fomos. É uma espécie de aniquilamento, não?

Responderemos sob três víeis:

1. O filosófico: Servindo de uma comparação com o aluno, pouco importa onde, como e com que professores o indivíduo estudou as matérias, uma vez que as saiba, quando vai para a série seguinte. Esta analogia é feita, porque se os sofrimentos que teve no passado (por responsabilidade sua), tornou-se um homem doce, amável, caridoso, pouco importa quando e em qual encarnação sofreu por ser preguiçoso, malvado, etc.

Acrescentamos que sobre a questão do aniquilamento, não existe base mais segura, uma vez que esse esquecimento só se dá durante a vida corporal; uma vez ela terminada, o Espírito recobra a lembrança do seu passado; então poderá observar o caminho que se seguiu e que lhe resta ainda fazer. Vale lembrar que a vida espiritual é a vida normal do espírito; esse aniquilamento é temporário e é um benefício da Providência Divina. Se os sofrimentos da vida física já parecem tão longos, que seria se a ele se juntasse a lembrança do passado?

2. O biofísico: primeiramente, a memória das coisas que vivemos, dos atos que se cumpriram, não é condição necessária da existência. Ninguém se lembra do tempo passado no ventre materno ou mesmo no berço. Poucas pessoas conservam a memória das impressões e dos atos da primeira infância. Entretanto, essas são partes integrantes da nossa existência atual.

Em cada reencarnação, os neurônios do novo cérebro fazem a função de interruptores de luz; o sensório limita as percepções do Espírito, e, somente dessa forma, pode o ser reconstruir seu futuro. A consciência é apenas a parte emergente da consciência espiritual. Os sentidos dos encarnados constituem apenas o necessário para sua evolução na Terra. Daí as percepções visuais e auditivas serem ínfimas em relação ao número inconcebível de vibrações que nos cercam.

Como o cérebro não participa das experiências oníricas, e, com isso, os processos eletroquímicos das sinapses ficam em *standby*, as impressões que a alma sente durante o decurso da vida atual, no estado de desprendimento completo, seja pelo sono natural ou pelo sono provocado, não podem ser transmitidas à maior glândula do corpo humano. Sendo assim, deve-se compreender que as recordações de uma reencarnação passada sê-lo-iam mais dificilmente ainda. O cérebro não pode receber e armazenar senão as impressões comunicadas pela alma em estado de cativeiro na matéria, e quando em vigília.

Ora, ao amanhecer, quando acordamos, perdemos a recordação da maior parte de nossos sonhos, embora, no momento, eles nos tenham parecido outras tantas realidades. Só nos restam sensações grosseiras e confusas, que o Espírito experimenta quando recai sob a influência do seu corpo físico.

Os dias e as noites são como as nossas vidas terrestres e espirituais, e o sono parece tão inexplicável quanto a morte. O sono e a morte transportam-nos, alternadamente, para meios distintos e para condições diferentes, o que não impede à nossa identidade de manter-se e persistir através desses estados variados. Isso se dá, porque desde o momento da fecundação o perispírito se adere de tal maneira, molécula a molécula, ao corpo físico, dando-lhe forma, e assim permanece até o momento do desenlace final (a morte física). Obviamente isso é um escolho para lembranças das existências passadas, pois o Modelador e Organizador Biológico (o perispírito) encontra-se amalgamado ao corpo físico de tal forma, que, naturalmente, prejudica a emersão para o consciente dos atos passados gravados no inconsciente.

3. O psicológico: citaremos um exemplo para melhor nos fazermos entendidos. Vamos supor que um indivíduo seja condenado às galés, e enquanto está preso, arrepende-se de tudo o que fez e quer seguir uma nova vida, tornando-se um Homem de bem. O que acontece quando ele termina de cumprir sua pena? Ora, será solto e adquirirá a liberdade de ir e vir. Contudo, a sociedade o repele e ele se lança de novo nos braços do vício. Mas se todos desconhecessem os seus antecedentes, ele seria bem acolhido; e se ele mesmo esquecesse, seria honesto e andaria de cabeça erguida perante àquele que não pode olvidar (esquecer). Caso contrário, sua vergonha pesaria e faria com que se curvasse diante da vítima. É por isso que a Misericórdia Divina, exercida com a mais perfeita Justiça, faz com que em cada encarnação o Espírito esqueça suas vidas anteriores. Ademais, o Humano Ser nada perde das suas aquisições, apenas esquece o modo como qual as conquistou, e, obrigatoriamente, também não perde suas tendências que o levaram a falir contra as leis divinas.

Outrossim, se tivéssemos conhecimento lúcido das razões que as desencadearam no pretérito; se soubéssemos com clareza das ocorrências que as geraram; se recordássemos dos momentos em que se sucederam e das circunstâncias em que se deram, constituir-se-iam verdadeiros impedimentos para a pacificação, para o equilíbrio emocional, para o perdão.

Tal fenômeno produziria estados humilhantes para alguns, ou, quando menos, profundamente desagradáveis para todos os que se encontrassem neles incursos. E mais: tais humilhações, frutos de seus atos errôneos, não seriam LEMBRADOS tal como quando acessamos o hipocampo – estrutura localizada nos lobos temporais do cérebro humano, considerada a principal sede das lembranças e do aprendizado; o hipocampo é importante componente do sistema límbico, responsável pelas emoções –, mas sim VIVIDOS como fora à época em que os atos (equivocados) foram praticados. Em outras palavras, seria como se o Humano Ser estivesse VIVENCIANDO aquela ação, conforme se atesta nas terapias de regressão de memória. O cérebro não suportaria e entraria em colapso mental severo e irreversível.

Nota

1. Infelizmente, a obstinada posição da ciência moderna situa a memória no âmbito exclusivo da matéria que compõe o corpo físico do Humano Ser. Para ela, a memória é uma função bioquímica. Mal se sabe que mesmo depois do desencarne e a respectiva desintegração do corpo físico a memória não é destruída. O ser espiritual desencarnado continua a vida póstuma a lembrar-se da existência que terminou, a ter à sua disposição as informações que acumulou durante essa última vida material. Em Espíritos mais evoluídos há uma recuperação da memória integral – isto é, ele é capaz de lembrar-se não apenas dos fatos da última existência, como de várias outras que a precederam no lento fluxo dos séculos.

CORPO ETÉRICO

Ó corpo etérico! Bem te conheço.
Vives nas cercanias da Terra,
Durando pouco depois da morte física,
Quando a encarnação do Espírito encerra.

(O Autor)

Para nossa breve explanação sobre o corpo etérico, primeiramente precisamos trazer sua correlação com o perispírito e os chacras (discos giratórios). Assim sendo, por essa razão meramente didática, tivemos que colocar o tema corpo etérico após termos abordado o tema – corpo astral. Pois bem. Os referidos chacras são centros de força que adquirimos para o exercício das energias (fluidos vitais) que circulam no interior do corpo. Cabe ressaltar que os chacras são parte integrante do perispírito e, com sua função de reguladores da saúde, acompanham-nos num transformismo dinâmico pelas várias encarnações.

Os chacras são um complexo sistema de redes de intercomunicação e interação energética, e agem no corpo físico através do duplo-etérico. Esses vórtices energéticos, em número de sete principais, no corpo etérico estão relacionados com o corpo físico através dos plexos, e situam-se exatamente em cima de entrelaçamentos encadeados como redes de vasos, filetes de nervos e gânglios do sistema nervoso autônomo, na altura da cabeça, testa, garganta, coração, estômago, baço e genitália.

O corpo etérico (duplo-etérico), portanto, liga o perispírito ao corpo físico durante a encarnação física do Espírito, dissociando-se três a quatro dias após a morte carnal. É o corpo da vitalidade, distribuindo os fluidos vitais pelo organismo somático, sustentando-lhe as funções subconscientes da respiração, digestão, circulação, etc. Portanto, **é graças ao duplo-etérico que os fluidos vitais percorrem os nervos do corpo físico, permitindo-lhes que transmitam força motriz e sensibilidade às impressões externas.**

O duplo-etérico, que se perde pela morte física, ao se reconstituir para nova reencarnação, recarrega-se com informações instintivas, do atavismo ancestral e dos níveis de consciência, arquétipos e automatismos gravados ao longo da evolução, recursos esses de que se vale instantânea e automaticamente, nos momentos de enfrentamento de situações conhecidas ou desconhecidas, provendo os recursos necessários e colocando o corpo físico nas melhores condições possíveis de funcionamento e eficiência.

Isso explica a perfeição da Lei Divina, pois, considerando o perispírito um autêntico campo de antimatéria (antipartícula), ao chocar-se com o corpo físico – verdadeiros campos de matéria (partículas) –, haveria uma explosão (aniquilação) e seria impossível a interação entre os dois corpos supracitados. É aí que entra o corpo etérico, exercendo uma adaptação dos impulsos energéticos (elétricos), de modo a facilitar o trânsito dessas energias até o corpo físico. Agiria, assim, o duplo-etérico como filtro – ou seja, um verdadeiro transformador, impedindo a explosão (aniquilação) quando se encontram, a cada reencarnação, por ocasião da gravidez, o perispírito do Espírito reencarnante com o corpo físico que lhe servirá de instrumento depuratório.

O corpo etérico tem cor roxo-acinzentada, e a sua textura é fina ou grosseira, conforme for a do corpo físico. Um médium vidente, em estado alterado de consciência (em transe psíquico anímico), ao examinar os corpos inferiores do ser encarnado – o perispírito e o duplo-etérico –, vê-los-á penetrando-se reciprocamente, ao mesmo tempo em que penetram no corpo físico.

Salientamos que o corpo físico e o corpo etérico variam simultaneamente em qualidade. Quando queremos purificar o corpo denso, deliberada e conscientemente, o duplo-etérico purifica-se também, sem que ele tenha a menor consciência disso e sem que para isso desenvolva o menor esforço. Entretanto, toda ação espiritual exerce-se primeiramente no perispírito, ou seja, no invólucro do Espírito; em seguida, incide no duplo-etérico, o qual a transmite instantaneamente ao corpo físico.

A seguir, mostraremos uma observação feita pelo Espírito André Luiz em sua obra *Nos Domínios da Mediunidade*, capítulo XI, psicografada por Francisco Cândido Xavier, quando viu um médium e relatou que seu:

[...] Perispírito estava revestido com os eflúvios vitais que asseguram o equilíbrio entre a alma e o corpo de carne, conhecidos aqueles, em seu conjunto, como sendo o duplo-etérico, formado por emanações neuropsíquicas que pertencem ao campo fisiológico e que, por isso mesmo, não conseguem maior afastamento da organização terrestre, destinando-se à desintegração, tanto quanto ocorre ao instrumento carnal por ocasião da morte renovadora.

Quando sobrevém a morte física, abandonamos o corpo grosseiro e o corpo-etérico definitivamente. Ao separar-se do corpo, o duplo-etérico lhe rouba o sopro da vida (fluido vital) e o inibe, para sempre, de funcionar como um todo orgânico. E como o corpo etérico não pode passar para o plano astral (espiritual), deixamo-lo entregue ao processo de desintegração em companhia de sócio que, fielmente, o acompanhou toda a vida fisiológica. O duplo-etérico aparece, às vezes, para pessoas conhecidas e amigas imediatamente após a morte, mas nunca a grande distância do cadáver.

Por sua substância física-etérica, é relativamente fácil vê-lo; basta uma ligeira tensão do sistema nervoso para conceder à vista o grau de acuidade necessária para distingui-lo. É ainda ao duplo-etérico que se devem as aparições de espectros nos cemitérios, pois costuma pousar sobre o túmulo onde jaz o seu companheiro físico e torna-se mais visível do que os corpos astrais. Como se vê, mesmo na morte só um espaço insignificante separa esses **dois veículos inferiores da consciência**.

CORPO MENTAL

Ó corpo mental! Bem te conheço.
Alguns te chamam de mente concreta.
Que possamos saber utilizá-lo,
Sempre ajuizados de conduta reta.

(O Autor)

Na Codificação Espírita, em nenhum momento encontramos a expressão *corpo mental* ou até mesmo *mente*. Os termos mais próximos, que permitem traçar relações com o espírito individualizado são: *pensamento*, *alma* e *inteligência*. Aqui vai um exemplo: quando os Espíritos Superiores nos relatam que a **inteligência é um atributo do Espírito** (cf. *O Livro dos Espíritos*, perg. 24), estão nos dizendo que a **vontade é um atributo do Espírito**.

Quando se trata de uma individualidade pouco evoluída (ou seja, um Espírito imperfeito), o corpo mental não pode, durante a vida terrestre, funcionar separadamente como um veículo da consciência no seu próprio plano. Sendo assim, quando esse indivíduo exerce suas faculdades mentais, é necessário que elas se revistam de corpo astral e de corpo físico, para que ele adquira a consciência de sua atividade – isto é, de onde vem, para onde vai, e principalmente o que aqui está fazendo e deve fazer. Ora, não é essa a situação em que todos nós, a maioria na Humanidade, nos encontramos, salvo as exceções consideráveis?

Allan Kardec trouxe, na Codificação do Espiritismo, muitas dissertações acerca da relação entre o perispírito e o pensamento. Este é a maior expressão da mente – o material de que nos servimos para sua construção. O corpo mental é, basicamente, a energia que organiza o corpo astral e, de resto, todos os campos vibratórios que envolvem o Humano Ser, fazendo-o movimentar-se nas dimensões extrafísicas.

Vejamos a assertiva de Kardec na pergunta 455 de *O Livro dos Espíritos*:

No estado de desprendimento em que fica colocado, o Espírito do sonâmbulo entra em comunicação mais fácil com os outros Espíritos encarnados, ou não encarnados, comunicação que se estabelece pelo contato dos fluidos, que compõem os períspiritos e servem de transmissão ao pensamento, como o fio elétrico.

Na *Revista Espírita* de dezembro de 1862, assim o mestre lionês expõe:

[...] Quando o Espírito se une ao corpo, nele existe com seu perispírito, que serve de laço entre o Espírito propriamente dito e a matéria corpórea. (…) Mas esse perispírito não está confinado no corpo como dentro de uma caixa; pela sua natureza fluídica, irradia ao redor e forma, em torno do corpo, uma espécie de atmosfera, como o vapor que dele se libera. (…) Do mesmo modo que esse vapor está impregnado das qualidades do corpo, o perispírito está impregnado das qualidades, quer dizer, do pensamento do Espírito, e faz irradiar essas qualidades em torno do corpo.

E mais adiante:

[...] Por sua natureza fluídica, essencialmente móvel e elástica, se assim se pode dizer, como agente direto do Espírito, o perispírito é posto em ação e projeta raios pela vontade do Espírito. Por esses raios ele serve à transmissão do pensamento, porque, de certa forma, está animado pelo pensamento do Espírito.

Na *Revista Espírita* de junho de 1868, Allan Kardec diz que:

[...] O pensamento, criando imagens fluídicas, se reflete no envoltório espiritual como numa vidraça, ou ainda como essas imagens de objetos terrestres que se refletem nos vapores de ar.

O egrégio León Denis assevera:

[...] Os nossos atos e pensamentos pertinazes, a tensão de nossa vontade em determinado sentido, todas as volições do nosso ser mental, repercutem no perispírito e, conforme a sua natureza, inferior ou elevada, generosa ou vil, assim dilatam, purificam ou tornam grosseira a sua substância. (*No Invisível*, Primeira Parte, cap. III.)

Já o Espírito André Luiz, pela mediunidade de Francisco Cândido Xavier (1910-2002), complementando as informações fundamentais do Espiritismo, informa que o corpo mental, assinalado experimentalmente por diversos estudiosos, é o envoltório sutil da mente, não podendo defini-lo com mais amplitude de conceituação, além do que tem sido apresentado pelos pesquisadores encarnados. E mais: relata que falta no dicionário terrestre a terminologia adequada para exprimir o que chamamos de *corpo mental*. Malgrado, contribui de forma incomum, dizendo em sua obra *Evolução em Dois Mundos*, no capítulo II, que:

> Para definirmos, de alguma sorte, o corpo espiritual [astral], é preciso considerar, antes de tudo, que ele não é reflexo do corpo físico, porque, na realidade, é o corpo físico que o reflete, tanto quanto ele próprio, o corpo espiritual, retraia em si o corpo mental que lhe preside a formação.

E no livro *Libertação*, capítulo IV, André Luiz informa que:

> [...] O perispírito, para a mente, é uma cápsula mais delicada, mais suscetível de refletir-lhe a glória ou a viciação, em virtude dos tecidos rarefeitos de que se constitui. Nossa atividade mental nos marca o perispírito.

Posto isso, podemos concluir que o mundo espiritual (astral) acha-se eternamente submetido a mudanças causadas pelos impulsos do pensamento; e o corpo astral, composto daquela mesma matéria, também se apressa a responder à impressão dos pensamentos, vibrando uníssono com todas as irradiações mentais que o assaltam, quer dimanem do exterior, das mentes de outras criaturas humanas, quer brotem do íntimo da sua própria mente.

Mas não basta possuir um perispírito, pois todos nós o possuímos; o importante é ter um corpo astral perfeitamente organizado e em estado de funcionar livremente, e uma consciência que se habitue a agir DENTRO desse corpo, pois não deve de modo nenhum agir somente ATRAVÉS dele, sobre o corpo físico. A maioria da Humanidade trabalha constantemente ATRAVÉS do corpo astral; bem poucos, infelizmente, trabalham NELE, separando-se do corpo físico.

E para se agir DENTRO do corpo astral, mister se faz educar a mente – ou seja, educar os pensamentos. Se utilizarmos a energia universal que nos foi confiada, para um determinado fim contrário aos desígnios eternos (é o que, infelizmente, mais fazemos), só nos livramos de tais criações mentais quando as transformamos em outras, que possuam vibrações antagônicas. Mas para isso é preciso que nos apossemos delas novamente e consigamos dar um novo curso à orientação primitiva. O Humano Ser está eternamente ligado a tudo que cria com a própria mente. No entanto, ao invés de considerar esse fato como obstáculo ao progresso, devemos admitir, felizes, que chegou o momento de utilizar a *divina alquimia do amor*, substituindo, por atos acertados, os erros do passado, sejam estes desta existência física ou de outras.

Sem embargo, o que eleva a frequência vibratória do pensamento é o amor desinteressado (incondicional). Baixa a frequência vibratória do pensamento, tudo que for contrário ao amor – ou seja, ressentimento, mágoa, tristeza, indiferença, egoísmo, vaidade, enfim qualquer coisa que exprima separação e isolamento. Não alcançaremos nossa redenção psíquica enquanto não prestarmos acurada atenção às condições de nossa mente. Possuir uma mente educada não consiste em sobrecarregá-la de fatos, mas em lhe desenvolver os poderes. Não se desenvolve o corpo mental enchendo-o de pensamentos alheios, mas exercitando-lhe os próprios poderes.

Vamos trazer um exemplo: supondo que um grande sábio conheça tudo quanto existe no Sistema Solar. Isso não significa que todos os fatos circunscritos a esse conjunto de astros, satélites naturais e asteroides estejam sempre presentes em seu consciente, mas sim que desenvolveu de tal modo em si aspecto cognitivo, que sempre ao dirigir sua atenção para algo, conhece o objeto em que teve fixado quando o estudou e o busca, agora, em seu subconsciente. Isso é algo muito mais maravilhoso do que o acúmulo na mente de qualquer número de fatos, assim como é muito mais maravilhoso ver-se um objeto no qual se fixe a vista, do que ser cego e conhecê-lo só pela descrição feita por outrem. A evolução da mente se mede, portanto, não pelas imagens que ela contém, mas pelo desenvolvimento da natureza chamada *conhecimento* – isto é, o poder de se reproduzir nela tudo quanto se lhe apresente. Isto é tão útil no Universo, e, uma vez obtido, é nosso para empregarmos onde quer que estejamos.

O corpo astral, ao contato dos pensamentos, vibra e muda constantemente de cor; se o homem se encoleriza, são dardejados raios vermelhos; se se sente apaixonado, as irradiações tingem-se de uma cor-de-rosa suave. O perispírito do Humano Ser (encarnado ou desencarnado), cujos pensamentos são baixos e animais, é grosseiro, espesso, escuro, às vezes opaco ao ponto de se distinguir dificilmente o contorno do corpo físico; ao passo que o corpo astral do Humano Ser evoluído (encarnado ou desencarnado) é sutil, claro, luminoso e brilhante, constituindo um objeto de peregrina formosura. Nesse caso, as paixões inferiores foram dominadas e a ação selecionadora da mente acabou por purificar o perispírito. Portanto, depreende-se daqui que os pensamentos nobres purificam o corpo astral, mesmo quando não se trabalha conscientemente para esse fim.

Annie Besant, em seu livro *O Homem e seus Corpos*, página 68, diz que:

> [...] Se os pensamentos do homem são nobres e elevados, necessitam de matéria astral sutil para lhes corresponder; a manifestação desses pensamentos [os nobres] sobre o corpo astral manifesta-se, então, pela eliminação das partículas grosseiras e espessas de cada subplano e pela aquisição de elementos mais delicados.

Revisando os veículos da consciência (do espírito individualizado), até aqui expostos neste livro, salientamos que o Espírito, quando deixa o corpo físico, seja pela morte física ou por transe (mediúnico ou anímico), faz uso de seu corpo astral. Mas, enquanto FUNCIONAR nesse veículo, não ultrapassa os limites do mundo astral. Logo, a maioria dos Espíritos imperfeitos não são capazes de percorrer, LIVREMENTE, os três planos (mental, astral e físico), ultrapassando os limites a que se acham cingidos. Não significa, porém, que uma consciência pouco evoluída não possa penetrar no mundo mental, a fim de aí aprender novas verdades, adquirir novas experiências, e voltar, caso esteja encarnado, ao corpo físico; caso esteja desencarnado, voltar ao corpo astral.

Foi o que aconteceu com o Espírito André Luiz enquanto se encontrava na cidade espiritual – Nosso Lar –, e narrou um fato, contido no capítulo XXXVI do livro de mesmo nome – *Nosso Lar*. Vamos primeiramente transcrever o acontecimento, e, ato contínuo, faremos rápido comentário em torno do ocorrido. Diz André Luiz, narrando sua própria experiência:

> [...] Fui conduzido, então, por ela [sua mãe], a prodigioso bosque, onde as flores eram dotadas de singular propriedade – a de reter a luz, revelando a festa permanente do perfume e da cor. Tapetes dourados e luminosos estendiam-se, dessa maneira, sob as grandes árvores sussurrantes ao vento. Minhas impressões de felicidade e paz eram inexcedíveis. O sonho não era propriamente qual se verifica na Terra. Eu sabia, perfeitamente, que deixara o veículo inferior no apartamento das Câmaras de Retificação, em *Nosso Lar*, e tinha absoluta consciência daquela movimentação em plano diverso. Minhas noções de espaço e tempo eram exatas. A riqueza de emoções, por sua vez, afirmava-se cada vez mais intensa.

Vamos agora à reflexão do texto supracitado. Que *veículo inferior* é esse que André Luiz deixou no apartamento das Câmaras de Retificação, em Nosso Lar? Para o estudioso do Espiritismo ou para quem apenas já tenha lido nossos textos anteriores, neste livro responderá sem dificuldade que é o *perispírito* – ou seja, o *corpo astral*. Sendo assim, automaticamente surge outra pergunta: como ele pôde se encontrar em absoluta consciência de sua movimentação em plano diverso, se o seu perispírito ficou, durante o sonho, no apartamento da Câmara de Retificação, na colônia Nosso Lar? A resposta é simples e objetiva: André Luiz movimentou-se com seu *corpo mental*, deixando seu veículo inferior (perispírito ou corpo astral), que, por sua vez, retrata em si o corpo mental, que lhe preside à formação (cf. *Evolução em Dois Mundos*, primeira parte, cap. II, p. 25 e 26).

A principal vantagem do corpo mental é ele não estar sujeito, no mundo astral, às decepções e ilusões contra as quais o corpo astral só dificilmente pode se defender. Os sentidos astrais que não foram educados induzem, muitas vezes, ao erro. Já não vimos alhures que é no corpo astral (no perispírito) que residem nossas imperfeições? O corpo mental, temporariamente formado, acha-se fora do alcance dessas imperfeições instaladas no corpo astral. Vê e ouve com rigorosa nitidez; não há ilusões nem alucinações astrais que o consigam enganar.

Encerramos nossas observações sobre o corpo mental, trazendo uma triste nova narrada pelo Espírito Emmanuel, contida no livro *O Consolador*, na resposta da pergunta 47, quando ele diz que:

> [...] Os psicologistas humanos, que se encontram ainda distantes das verdades espirituais, dividem-se tão só pelas manifestações do personalismo, dentro de suas escolas; mesmo porque, analisando apenas os efeitos, não investigam as causas, perdendo-se na complicação das nomenclaturas científicas, sem uma definição séria e simples do processo mental, onde sobrevivem as profundas realidades do espírito.

E mais, caro leitor: no discurso cultural vigente, infelizmente não há diferença entre mente e cérebro. Vemos, sim, atribuírem ao cérebro poderes e faculdades que ele não possui. Por mais prodigioso que seja, o cérebro não passa de um sofisticado circuito (eletroquímico), por onde transitam as importantes faculdades que conhecemos, e não a matriz em que elas são suscitadas. Portanto, mesmo estando no século XXI, a maioria dos cientistas contemporâneos opta por uma visão mecanicista do cérebro humano. Consideram, portanto, o pensamento – consciente ou inconsciente – gerado no cérebro, sem necessidade alguma de recorrer a abstrações, como *espírito* ou *alma*.

O pensamento, porém, desconhece as glândulas que o segregam, porquanto constitui a vibração do corpo astral, dentro de sua profunda consciência. O cérebro não passa de complicado laboratório onde o Espírito, prodigioso alquimista, efetua inimagináveis associações atômicas e moleculares, necessárias às exteriorizações inteligentes.

AURA

> *Ó aura! Bem te conheço.*
> *Sua vibração não é manifestação caótica,*
> *Pois representa um organismo unificado*
> *Com muita luminosidade na alma, boa e gnóstica.*
>
> (O Autor)

A aura não é um veículo da consciência propriamente dito, mas, sim, um reflexo de como se encontra o estado psíquico do Espírito encarnado ou desencarnado. Preferimos colocar o tema *aura* depois de abordar os temas *corpo mental* e *corpo astral*, porque a mente é justamente o sustentáculo da aura, e esta pode ser definida como sendo os efeitos das radiações do corpo astral.

Entre os anos de 1890 e 1905, o pesquisador francês Hippolyte Badaruc (1850-1909) pesquisou as vibrações e os eflúvios humanos. Por volta de 1895, ele comprovou, por várias fotografias transcendentais, a existência de emanações fluídicas, tendo-as inclusive fotografado sobre o cadáver de sua esposa, vinte minutos após o seu desencarne. Assim, inventou o biômetro – aparelho que se prestava a medir a aura, subentendendo-se esta carapaça fluídico-luminosa que envolve o corpo somático e que é formada pelo fluido vital.

A câmera Kirlian (já citada neste livro) registra a aura, ou seja, o reflexo que as ondas de alta frequência causam quando incidem sobre qualquer forma de vida física, sejam plantas, animais ou minerais. No entanto, diríamos ser isso também a fotografia da alma, porquanto quaisquer modificações nos estados psicológicos do Humano Ser imediatamente se refletem na intensidade e na cor da aura, provocando, em si mesma, alterações. A atmosfera psíquica (psicosfera) é carregada de eletricidade e magnetismo. Em suma, é um efetivo campo de forças, gerado por circuitos eletromagnéticos fechados. Então, o campo de forças da própria aura, além de delimitar o mundo individual de cada Espírito, também o caracteriza, haja vista possuir peso específico, densidade própria e condições peculiares de coloração, sonoridade, velocidade eletrônica e ritmo vibratório.

Diz León Denis, na obra *No Invisível*, capítulo XV:

> [...] Os eflúvios do corpo humano são luminosos, coloridos de tonalidades diferentes – dizem os sensitivos, que os distinguem na obscuridade. Certos médiuns os veem, mesmo em plena luz, a escapar-se das mãos dos magnetizadores. Analisados ao espectroscópio, a extensão de suas ondas tem sido determinada segundo cada uma das cores.
>
> Esses eflúvios formam em torno de nós camadas concêntricas que constituem uma espécie de atmosfera fluídica. É a "aura" dos ocultistas, ou fotosfera humana, pela qual se explica o fenômeno de exteriorização da sensibilidade, estabelecida pelas numerosas experiências do Coronel De Rochas [1837-1914], do Dr. Luys [1828-1897], do Dr. Paul Joire [1856-1930], etc.

O Espírito André Luiz, no livro *Evolução em Dois Mundos*, primeira parte, capítulo XVII, diz que:

> A aura é, portanto, a nossa plataforma onipresente em toda comunicação com as rotas alheias, antecâmara do Espírito, em todas as nossas atividades de intercâmbio com a vida que nos rodeia, através da qual somos vistos e examinados pelas Inteligências Superiores, sentidos e reconhecidos pelos nossos afins, e temidos e hostilizados ou amados e auxiliados pelos irmãos que caminham em posição inferior à nossa. Isso porque exteriorizamos, de maneira invariável, o reflexo de nós mesmos, nos contatos de pensamento a pensamento, sem necessidade das palavras para as simpatias ou repulsões fundamentais.

A nossa aura mostra-nos tais como somos. Ela tem a função de nos defender, até um certo limite, das incursões dos pensamentos exteriores (de encarnados ou desencarnados), evitando, também, a influência nociva que exerceriam sobre a mente indefesa. O esgotamento vital que às vezes sentimos, especialmente quando entramos em contato com pessoas que vampirizam inconscientemente o seu próximo, também pode ser poupado através da aura.

O Espírito André Luiz, agora na obra *Mecanismos da Mediunidade*, capítulo IV, enriquece a temática informando que:

[...] O halo vital ou aura de cada criatura permanece tecido de correntes atômicas dos pensamentos que lhe são próprios ou habituais, dentro das normas que compreendem à lei dos quanta de energia e os princípios da mecânica ondulatória, que lhes imprimem frequência e cor peculiares. Essas forças, em estado de agitação pelos impulsos da vontade, estabelecem para cada pessoa uma onda mental própria.

E mais adiante, no capítulo X, diz que:

Articulando, ao redor de si mesma, as radiações das sinergias funcionais das agregações celulares do campo físico ou do psicossomático, a alma encarnada ou desencarnada está envolvida na própria aura ou túnica de forças eletromagnéticas, em cuja tessitura circulam as irradiações que lhe são peculiares.

Existe perfeita relação entre todos os fenômenos do perispírito e as manifestações do Espírito, principalmente quanto às suas emoções e pensamentos, os quais se sintonizam com as cores áuricas. Em virtude de as cores serem padrões vibratórios que, ao se modificarem em sua frequência interior, também mudam no seu aspecto exterior, todos os matizes coloridos da aura alteram-se ante a mais sutil vibração mental. A cor da aura, portanto, está relacionada com o estado evolutivo do Espírito.

Se a cor da aura for azul, o Espírito é superior (cf. *O Livro dos Médiuns*, cap. VI, perg. 29ª, alínea "a"); se a cor da aura for vermelha, o Espírito é inferior. Portanto, a razão das cores não é espiritual, mas sim física. Não é religiosa, mas sim científica. O amarelo dourado representa os efeitos da mente; o tom claro e translúcido, objetivos intelectuais elevados; já os matizes escuros ou oleosos retratam as criaturas que subvertem esse poder para fins egocêntricos. Os matizes lilases e violeta definem a humildade, a resignação e a doçura. A cor violeta, portanto, representativa da mistura entre o rosa (devoção) e o azul claro (espiritualização), distingue a aura dos Espíritos que superam a personalidade e vivem na individualidade.

Buda apresentava em sua aura os maravilhosos efeitos da cor mental, em tons dourados sobre o amarelo puro, franjado de azul-celeste, porque desenvolvera muitíssimo a sua mente em harmonia com a sua pureza espiritual. Costuma-se dizer que a aura de Francisco atingia 100 km de raio. Se a informação for verossímil, ainda sim somente a aura de Jesus, com a sua cor lirial, imaculada, e impossível de ser concebida pela mente humana, apresenta manifestações mais belas do que as que estamos descrevendo no momento.

CORPO CAUSAL

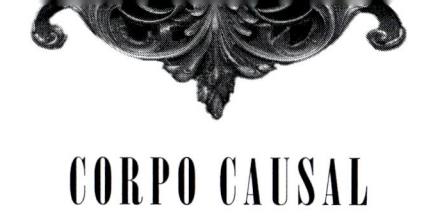

Ó corpo causal! Bem te conheço.
És o veículo superior da consciência
Capaz de nos fazer uno ao Criador
Se o amor for vivido em sua essência.

(O Autor)

Ressaltamos que o corpo causal é o *veículo superior* da consciência. É um corpo de inconcebível estruturação dinâmica em que situamos o arquivo das qualidades adquiridas nas etapas reencarnatórias da individualidade, ou seja, todas as experiências que o Espírito adquiriu, e que se concretizam sob a forma de focos energéticos, têm sua sede psíquica no corpo causal. Esses focos não seriam mais do que vórtices (turbilhões) de específico dinamismo, que estariam em vários estágios evolutivos. É a sede das ideias natas, das qualidades adquiridas; é o passado superado, inferior, mas adquirido. Nele depositam-se todos os produtos substanciais da Vida; nesse corpo reencontraremos o que temos sido e o que temos feito na Lei de Progresso que estamos fadados a seguir. É a zona espiritual onde se encontram os arquivos e as potencialidades totais do Humano Ser. Em suma, é a individualidade permanente – síntese das personalidades transitórias sucessivas, produto integral da dupla evolução terrestre e extraterrestre.

Em outras palavras, o corpo causal possui as vontades e motivações mais profundas de cada ser, pois é:

A consciência, o "eu", é o centro do ser, a própria essência da personalidade.
[...] Então se pôde ver que em nós se reflete, se repercute todo o Universo na sua dupla imensidade, de espaço e de tempo. Dizemos "de espaço", porque a alma, nas suas manifestações livres e plenas, não conhece as distâncias. Dizemos "de tempo",

porque um passado inteiro dorme nela ao lado do futuro que aí jaz no estado de embrião. (León Denis, *O Problema do Ser do Destino e da Dor*, Parte Primeira, cap. IV.)

André Luiz, no livro *Nosso Lar*, capítulo XII, traz a explicação do mentor Lísias sobre o corpo causal. Vejamo-la:

> [...] Imagine que cada um de nós, renascendo no planeta, é portador de um fato sujo, para lavar no tanque da vida humana. Essa roupa imunda é o corpo causal, tecido por nossas próprias mãos nas experiências anteriores. Compartilhando, de novo, as bênçãos da oportunidade terrestre, esquecemos, porém, o objetivo essencial, e, em vez de nos purificarmos pelo esforço da lavagem, manchamo-nos ainda mais, contraindo novos laços e encarcerando-nos a nós mesmos em verdadeira escravidão.

O corpo causal, portanto, constitui o receptáculo, o reservatório onde todos os tesouros do homem se acham acumulados para a eternidade e vai-se sempre desenvolvendo mais e mais, à medida que a natureza inferior lhe transmite coisas dignas de nele serem incorporadas. É no corpo causal que são assimilados todos os resultados duráveis da atividade humana; é **nele que se acham armazenados os germens de todas as qualidades**, a fim de serem transmitidos à próxima encarnação, já que é para o corpo causal que a consciência se retira depois de cada existência, a fim de descer novamente, ao ter que dar início a mais uma vida na carne. Explica-se, assim, o seu nome, *causal*, visto nele residirem todas as causas que afetam as encarnações futuras.

Ademais, o corpo causal é o *aspecto forma* do indivíduo. Assemelha-se a um véu tenuíssimo, de matéria infinitamente sutil, quase invisível, demarcando o ponto em que o indivíduo dá início à sua vida separada. No Espiritismo, encontramos o corpo causal como sendo uma *chama*, um *clarão*, ou uma *centelha etérea* (cf. *O Livro dos Espíritos*, perg. 88). Esse véu delicado, de matéria sutil, que vai do escuro ao brilho do rubi, conforme o Espírito é mais ou menos puro (cf. *O Livro dos Espíritos*, perg. 88[a]), é o corpo que perdura durante toda a evolução humana; é o fio que sustém e liga, entre elas, todas as vidas humanas. Constitui o receptáculo de tudo quanto está de acordo com a Lei Divina, de todos os atributos nobres e harmoniosos e, com efeito, duráveis. É nele que se nota o desenvolvimento do Humano Ser, o grau de evolução que atingiu. Cada pensamento nobre, cada sentimento sublime ascende até o corpo causal, a fim de ser assimilada na sua substância.

NOVAS DIMENSÕES

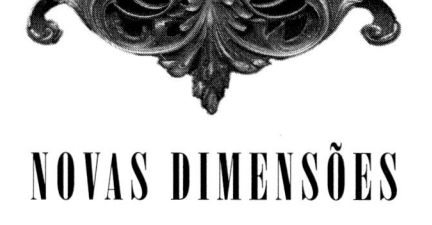

*O Eu central, à medida que queima as vestes da personalidade,
libera o ouro puro da vida, trazendo sofrimento agudo,
mas que rapidamente purga os elementos nocivos,
deixando o indivíduo psicologicamente desnudo.*

(O Autor)

O corpo causal, na verdade, mantém-se em contato com todos os demais planos da vida cósmica, embora ainda desconheçamos a natureza dos demais corpos ou energias que se responsabilizam por tal acontecimento. Mas isso não tardará muito. Tanto nosso corpo astral como o nosso corpo físico não passam de verdadeiros interruptores da visão espiritual infinita, que reduzem a influência da consciência total do Criador. Melhor dizendo: aqueles dois corpos eliminam o excesso da Onisciência, transferindo para o Humano Ser apenas o conhecimento apropriado a consolidar a sua consciência individual. O perispírito e o corpo físico, portanto, como principais órgãos de atuação da consciência humana no seio do Cosmo, funcionam como verdadeiros interceptores e eliminadores do potencial máximo da Onisciência, assemelhando-se a válvulas redutoras que graduam e transmitem só o conhecimento suficiente para a união do espírito individualizado em Deus.

Enquanto encarnado, atingir novas dimensões, trabalhando a mente, sem dividi-la, é objetivo apressado de todo indivíduo que deseja buscar a Verdade. O corpo mental, quando atua em nosso corpo astral, chegando ao aparelho somático, através do Sistema Nervoso Central, funciona como válvula de redução e dispersão, assim como o diafragma da câmera fotográfica, que permite a entrada de um pouco de luz, para que esse misto de luz e trevas, de positivo e negativo, produza contraste e relevo de imagem. Ora, se abríssemos o diafragma totalmente, entraria luz solar total, e, nesse caso, por excesso de luz, não se formaria imagem; a imagem exige diminuição de luz, luz parcial. Essa imagem é o nosso conhecimento. Dessarte, sempre haverá diminuição de luz para aumento de nosso conhecimento, ao passo que a luz total não alcançaremos jamais. A busca da Verdade, portanto, é eterna.

O prazer e a dor, ligados às emoções e paixões, conforme já narramos, pertencem ao mundo astral e são vivenciados através do corpo astral. O sofrimento que costuma acompanhar os infortúnios e desastres de toda espécie no plano físico, toma lugar no plano astral. Nós sofremos no astral enquanto estamos atravessando dificuldades no físico. Ocorre que esse sofrimento astral pode ser separado dos eventos físicos com os quais costumam estar relacionados e pode ser atravessado separadamente desses eventos.

Não olvidamos, porém, que o fogo, à medida que queima as vestes da personalidade, liberando o ouro puro da vida, traz sofrimento agudo, mas que rapidamente purga os elementos que, durante milênios, fizeram parte do Humano Ser. Viver por entre a escuridão e encontrar-se, depois de ela ter sido dissipada, ainda em seus lugares, cansados e esgotados, mas firmes em seus lugares, ah!, uma grande paz sucederá ao Espírito. Novas energias para ele fluirão, e, com isso, tornar-se-á consciente de uma visão mais profunda, de uma percepção mais firme da Verdade.

A escuridão provará ser a mão da luz, e nela o Espírito terá aprendido lições valiosíssimas para provações futuras. Mas, com demasiada frequência, a coragem se desfaz e a persistência falha; a escuridão prova ser um túmulo temporário, talvez pelo restante daquela encarnação, levando à ruína muitas almas que ainda não adquiriram suficiente força para persistirem.

A escuridão é, repetidas vezes, uma espécie de encantamento lançado ao aspirante pelas forças destrutivas que agem no mundo. A destruição é tão necessária no mundo como o é a construção. Aquilo que aparentemente retarda, na verdade fortalece. Os ocultistas [hoje, os espíritas na concepção verossímil do termo] sabem que toda força na Natureza representa o trabalho de uma Inteligência invisível, e que isto é tão verdadeiro com relação às forças destrutivas como às construtivas.

Todo Humano Ser que se encontra na busca da Verdade, por qualquer meio que seja, sabe que as inteligências destrutivas têm como objetivo enganá-lo, apreendê-lo e desconectá-lo quando fizerem suficiente progresso para além da Humanidade comum, a ponto de poder chamar-lhes a atenção e tornarem-se dignos de ataque. Esforçando-se para retardarem a evolução mais elevada e prolongarem a soberania da matéria, os Espíritos empedernidos no mal consideram seu inimigo natural todo aquele **que se distancia do caminho normal e procura viver uma vida espiritual.**

Viver uma vida espiritual significa gradualmente aprender a suportar a tristeza do mundo, com satisfação pacífica (resignação), que se aprofunda em uma sensação de grande alegria interior, até que o poder aniquilador dessa tristeza diminui e, por fim, desaparece. Permanece, apenas, **uma compaixão abundante**, de maneira que a tristeza passa a ser algo mais caro do que tudo aquilo que o mundo chama de alegria, e a escuridão não é senão um crepúsculo suave, mais tênue e doce do que o brilho do Sol ao meio-dia.

O Espírito Joanna de Ângelis, no livro *Psicologia da Gratidão*, página 179, psicografado pelo médium Divaldo Pereira Franco, diz que:

> [...] No processo de transcendência, não poucas vezes ocorre esse letargo: um desinteresse pelo convencional, pelos impositivos das tradições, uma insatisfação interior e incômoda em torno dos padrões vivenciais, para logo ter lugar um processo de histólise psicológica a fim de alcançar a histogênese emocional e libertar-se do mecanismo pesado que sempre retém o idealista na dificuldade para discernir e encontrar o sentido existencial da vida.

Homens e mulheres que passaram à consideração de Místicos e de Santos, Mestres e Gurus, Xamãs e Paranormais de variada classificação, antes de se entregarem ao chamado especial e avassalador, experimentam essas crises de identidade, as convulsões depuradoras que precedem a renovação, os conflitos da emotividade com a consequente afirmação de direcionamento do psiquismo aberto às novas dimensões do Universo, em processo de integração e unidade. Em suma: unificado dentro de si mesmo.

Encerraremos com León Denis:

> [...] Um conhecimento mais completo das potências da alma e da sua aplicação deverá modificar totalmente as nossas tendências e os nossos atos. Sabendo que todos os fatos da nossa vida se inscrevem conosco, testemunham pró ou contra nós, dirigiremos a cada um deles uma atenção mais escrupulosa. Esforçar-nos-emos desde então por desenvolver os nossos recursos latentes e por agir por nosso intermédio sobre os fluidos espalhados no espaço, de modo a depurá-los, a transformá-los para o bem de todos, a criar em torno de nós uma atmosfera límpida e pura, inacessível aos fluidos viciados. O Espírito que não age, que se deixa levar

pelas influências materiais, fica débil e incapaz de perceber as sensações delicadas da vida espiritual. Acha-se em uma inércia completa depois da morte; as perspectivas do espaço não oferecem a seus sentidos velados senão a obscuridade e o vácuo. O Espírito ativo, preocupado em exercer suas faculdades por um uso constante, adquire forças novas; sua vista abrange horizontes mais vastos, e o círculo de suas relações alarga-se gradualmente. (*Depois da Morte*, Quarta Parte, cap. XXXIII.)

E mais:

[...] Como resumir as impressões da vida radiante que se abre ao Espírito? A veste grosseira, o manto pesado que lhe constrangia os sentidos íntimos, despedaçando-se subitamente, tornam centuplicadas as suas percepções. O horizonte se lhe alarga e não tem mais limites. O infinito incomensurável, luminoso, desdobra-se às suas vistas com suas ofuscantes maravilhas, com seus milhões de sóis, focos multicores, safiras e esmeraldas, joias enormes, derramadas no azul e seguidas de seus suntuosos cortejos de esferas. Esses sóis, que aparecem aos homens como simples lampadários, o Espírito os contempla em sua real e colossal grandeza; vê-os mais poderosos que o luminar do nosso planeta; reconhece a força de atração que os prende, e distingue ainda, em longínquas profundezas, os astros maravilhosos que presidem às evoluções. Todos esses fachos gigantescos, ele os vê em movimento, gravitando, prosseguindo seu curso vagabundo, entrecruzando-se, como globos de fogo lançados no vácuo pela mão de um invisível jogador. Nós, perturbados sem cessar por vãos rumores, pelo confuso sussurro da colmeia humana, não podemos conceber a calma solene, o majestoso silêncio dos espaços, que enche a alma de um sentimento augusto, de um assombro que toca as raízes do pavor.

Seus milhões de sóis, focos multicores, safiras e esmeraldas, joias enormes, derramadas no azul e seguidas de seus suntuosos cortejos de esferas. Esses sóis, que aparecem aos homens como simples lampadários, o Espírito os contempla em sua real e colossal grandeza; vê-os mais poderosos que o luminar do nosso planeta; reconhece a força de atração que os prende, e distingue ainda, em longínquas profundezas, os astros maravilhosos que presidem às evoluções. Todos esses fachos gigantescos, ele os vê em movimento, gravitando, prosseguindo seu curso vagabundo, entrecruzando-se, como globos de fogo lançados no vácuo pela mão de um invisível jogador. Nós, perturbados sem cessar por vãos rumores, pelo confuso sussurro da colmeia humana, não podemos conceber a calma solene, o majestoso silêncio dos espaços, que enche a alma de um sentimento augusto, de um assombro que toca as raias do pavor.

Mas o Espírito puro e bom é inacessível ao temor. Esse infinito, frio e silencioso para os Espíritos inferiores, anima-se logo para ele e o faz ouvir sua voz poderosa. Livre da matéria, a alma percebe, aos poucos, as vibrações melodiosas do éter, as delicadas harmonias que descem das regiões celestes e compreende o ritmo imponente das esferas.

Qualquer que seja seu adiantamento, o Espírito que acaba de deixar a Terra não pode aspirar a viver indefinidamente dessa vida superior. Adstrito à reencarnação, essa vida não lhe é senão um tempo de repouso: uma compensação aos seus males, uma recompensa aos seus méritos. Apenas aí vai retemperar-se e fortificar-se para as lutas futuras. Porém, nas vidas que o esperam não terá mais as angústias e os cuidados da existência terrestre. O Espírito elevado é destinado a renascer em planetas mais bem dotados que o nosso. A escala grandiosa dos mundos tem inúmeros graus, dispostos para a ascensão progressiva das almas, que os devem transpor cada um por sua vez.

[...] Espírito imortal, encarnado ou livre! Se queres transpor com rapidez a escala árdua e magnífica dos mundos, alcançar as regiões etéreas, atira para longe tudo o que torna arrastados os teus passos e pode obstar-te o voo. Deixa à Terra o que à Terra pertence, e só aspira aos tesouros eternos; trabalha, ora a Deus, consola, auxilia, ama, oh! ama até ao sacrifício, cumpre o teu dever a qualquer preço, mesmo que percas a vida. Só assim semearás o germe da tua felicidade futura. (León Denis, *Depois da Morte*, Quarta Parte, cap. XXXV.)

PARTE III
SAÚDE MENTAL

O CÉREBRO

> *Interessante: durante o sono físico a maior glândula do corpo humano sequer toma parte da real experiência vivida e sentida em outro plano.*
>
> (O Autor)

O pensamento do encarnado processa-se no cérebro, ainda que pese (infelizmente) o academicismo acreditar ser ele o processador do pensamento. A memória continua sendo uma incógnita para a ciência mecanicista, pois não deixa sinais físicos nos neurônios. Assim sendo, os que desconsideram a realidade espiritual não sabem como as lembranças são armazenadas.

Diz León Denis, com propriedade:

O próprio cérebro está submetido a estas mudanças, e o nosso corpo inteiro renova-se em alguns meses.

É, portanto, inexato dizer que o cérebro produz o pensamento, pois ele não passa de um instrumento deste. Através das modificações perpétuas da carne, mantém-se a nossa personalidade, e com ela a nossa memória e a nossa vontade. Há no ser humano uma força inteligente e consciente que regula o movimento harmônico dos átomos materiais de acordo com as necessidades da existência; há um princípio que domina a matéria e lhe sobrevive. (*Depois da Morte*, Primeira Parte, cap. VII.)

Comparemos o cérebro com um piano Steinway – fabricante pioneira, fundada em 1853 por Heinrich Steinweg (1797-1871), na cidade de Nova Iorque. Pois bem: todas as teclas estão no lugar, prontas para funcionar ao toque de um dedo. Não importa se quem está tocando é um principiante ou um virtuose mundialmente famoso, como Arthur Rubinstein (1887-1982). O instrumento permanece fisicamente o mesmo. Mas a música que sairá dele será imensamente diferente. O principiante usa menos de 1% do potencial do piano, enquanto um virtuoso ultrapassa os limites do instrumento. Se o mundo musical não tivesse nenhum artista talentoso, jamais imaginaríamos as maravilhas que um Steinway pode realizar.

As células nervosas que regem o Sistema Nervoso Central chamam-se *neurônios*. Estes foram descobertos pelo médico e histologista espanhol Santiago Ramón y Cajal (1852-1934), premiado, em 1906, com o Nobel de Fisiologia.

Os neurônios diferem-se das outras células do corpo físico, já que processam informações internas do organismo com o seu ambiente externo. Existem neurônios em várias formas e tamanhos. Alguns dos menores têm corpos celulares do tamanho de quatro mícrons (milionésimos de metro), enquanto alguns neurônios maiores têm mais 100 mícrons.

A estrutura de um neurônio divide-se da seguinte forma:

Corpo celular – é a parte mais volumosa da célula nervosa, onde se localizam o núcleo e a maioria das estruturas citoplasmáticas.

Dendritos – são prolongamentos finos e geralmente ramificados, que conduzem os estímulos captados do ambiente ou de outras células EM DIREÇÃO ao corpo celular. Um neurônio contém vários dendritos.

Axônio – é também um prolongamento fino, geralmente mais longo que os dendritos, cuja função é transmitir para as outras células os impulsos nervosos PROVENIENTES do corpo celular. Um neurônio tem apenas um axônio, que pode atingir 1 metro de comprimento. O cérebro de um adulto, para que se tenha uma ideia, contém 160 mil quilômetros de axônios e incontáveis dendritos, suficientes para dar quatro voltas ao redor da Terra.

O fenômeno em que o axônio toca intimamente o dendrito de outra célula nervosa, liberando substâncias químicas, sem dar continuidade material entre ambas as células, é conhecido como *sinapse*. Nesta região, localizada entre neurônios, agem os neurotransmissores (mediadores químicos), transmitindo o impulso nervoso de um neurônio a outro, ou de um neurônio para uma célula muscular ou glandular.

Para se ter uma ideia, somente o nosso cérebro contém cerca de 100 bilhões de neurônios, que, por sua vez, forma de um trilhão a talvez um quatrilhão de sinapses. Cerca de 20 bilhões de neurônios respondem pela construção do córtex cerebral. A ciência não consegue ver os genes em funcionamento, mas pode observar os neurônios criando novos axônios e dendritos até os últimos anos de vida. A capacidade de nosso cérebro fazer novas conexões é tão incrível que um feto, prestes a nascer, forma 250 mil neurônios por minuto, gerando, com isso, milhões de novas conexões sinápticas a cada 60 segundos. Realizamos, portanto, sinapses continuamente, salvo durante o sono físico, já que nesse momento o Espírito deixa temporariamente seu veículo inferior mais pesado, e, com efeito, as sinapses são interrompidas. Em outras palavras: o Sistema Nervoso Central e a maior glândula do corpo somático – o cérebro – não participam das atividades oníricas.

O cérebro perde cerca de 85 mil neurônios corticais por dia. Ou seja, um neurônio por segundo. Mas essa perda é pouca quando comparada com cerca de 20 bilhões de neurônios de nosso córtex cerebral. Nesse ritmo, levaríamos mais de 600 anos para perder metade dos neurônios de nosso cérebro.

Crescemos ouvindo que as células cerebrais jamais são substituídas. Nas últimas décadas, porém, ficou demonstrado que não havia perda permanente. O professor e pesquisador Paul D. Coleman, da Universidade de Rochester, em NY, mostrou que o número total de células nervosas no cérebro, aos 20 anos, é praticamente o mesmo aos 70 anos.

Na verdade, o cérebro contém células-tronco que são capazes de desenvolver novas células cerebrais ao longo da vida. Quando um cérebro sofre um dano devido a um trauma provocado por um acidente de trânsito ou um derrame, por exemplo, células nervosas e suas conexões são perdidas. Mas os neurônios vizinhos intensificam seu trabalho e realizam uma espécie de *regeneração compensatória* de suas principais partes – o axônio e os dendritos. Isso recupera as conexões perdidas da complexa rede neural, de que cada célula cerebral faz parte. Portanto, graças à *neuroplasticidade* o cérebro pode remodelar-se e remapear suas conexões depois de um dano sofrido.

ESTADOS EMOCIONAIS

*O Espírito que segue os sentidos vagabundos
torna a alma tão inerte como o barco
que o vento arrasa sobre as águas.*

(Bhagavad Gita, II, 67.)

Iremos começar este texto com uma interessante observação de Sócrates (470-399 a.C.), retirada do livro *Cármides*, de Platão:

> [...] Assim como não é possível tentar a cura dos olhos sem a da cabeça, nem a da cabeça sem a do corpo, do mesmo modo não é possível tratar do corpo sem cuidar da alma, sendo essa a causa de desafiarem muitas doenças o tratamento dos médicos helenos, por desconhecerem estes o conjunto que importa ser tratado, pois não pode ir bem a parte, quando vai mal o todo. É da alma, declarou, que saem todos os males e todos os bens do corpo e do homem em geral, influindo-a sobre o corpo como a cabeça sobre os olhos. É aquela, por conseguinte, que, antes de tudo, precisamos tratar com muito carinho, se quisermos que a cabeça e todo o corpo fiquem em bom estado. As almas, meu caro, continuou, são tratadas com certas fórmulas de magia; essas fórmulas são os belos argumentos. Tais argumentos geram na alma a sofrosine ou temperança, e, uma vez presente a temperança, é muito fácil promover a saúde da cabeça e de todo o corpo. (…) Nisso, prosseguiu, consiste o erro dos homens de agora: imaginar que podem ser médicos de uma só parte, isoladamente considerada, separando da saúde a temperança. (…) Por isso, se te dispuseres, de acordo com as instruções do estrangeiro, a franquear-me tua alma, para que primeiro eu a submeta ao encantamento do Trácio, depois te aplicarei o remédio da cabeça. Caso contrário, meu caro Cármides, não sei o que possa fazer contigo.[1]

O Humano Ser perfeitamente normal e ajuizado é uma raridade no orbe terrestre (cf. *O Evangelho Segundo o Espiritismo*, capítulo V, item 20). Aliás, concordam os psicólogos que não há fronteiras nítidas entre o estado normal e mórbido quanto à mente. **Nos dias de hoje, o critério mais aceito de sanidade mental é o comportamento, por ser reflexo visível das condições interiores.**

Uma característica peculiar da natureza humana são as mudanças de sua atmosfera emocional, da qual veem o mundo externo, bem como seu próprio caráter, com suas potencialidades e fraquezas. A personalidade humana percebe que sua vida consiste numa série de estados de consciência em variação contínua. Vejamos: em uma ocasião estamos vividamente despertos, em outra estamos deprimidos, quietos; ora estamos alegres, ora mórbidos; ora efusivos e após, retraídos; ora somos sérios, depois indiferentes; em certos momentos somos devotados e então, frios; ora temos aspirações, depois nos encontramos apáticos.

Interrogamos a nós mesmos: por que ontem a meditação nos foi fácil, suave e produtiva? Por que hoje ela está difícil, irregular e seca? Por que aquela nobre ideia nos entusiasmou muito na semana passada, e hoje deixa-nos indiferente? Por que estávamos repletos de amor e devoção há alguns dias, mas nos encontramos agora vazios, olhando para o nosso ideal com olhos sem vida e sem brilho?

Os fatos são óbvios, mas as explicações nos escapam; parecemos estar à mercê do acaso e ter escapado ao âmbito da Lei Maior. É essa incerteza que traz o lamento à nossa aflição. É a dúvida de nossos estados emocionais que nos assusta, pois não podemos nos proteger contra aquilo que somos incapazes de prever. Por que então cambiamos nesses estados emocionais? Ora, eles fazem parte das lições que a vida nos traz, para que possamos distinguir entre o *Eu* e o *Ego* – isto é, entre o *ser* e o *estar*; entre a *individualidade* e a *personalidade*. Outrossim, a variação de nossos estados emocionais diz respeito às manifestações da *lei de periodicidade* ou *lei do ritmo*, que guia o Universo.

Reconhecendo a alternância de estados emocionais como **resultado de uma lei geral, manifestação especial de um princípio universal**, torna-se possível para nós utilizarmos esse conhecimento, tanto como *alerta* quanto como *incentivo*. É na felicidade que aprendemos a lembrar a tristeza, e na tristeza que aprendemos a lembrar a felicidade, até que nenhum estado emocional possa abalar o firme pedestal da alma. Desde então, alcançamos a liberdade e a paz. Esses dois estados de alma são inseparáveis. Existem por si e para si, e não são produtos de nenhum motivo ou ideal. Só pode haver paz quando vivemos pacificamente. **O Humano Ser, quando em paz está liberto, e quando liberto está em paz.**

Saber, portanto, lidar com as emoções, domando-as, eis a meta a que todos nós estamos fadados, mais cedo ou mais tarde. As emoções, quando equilibradas, levam-nos a uma saúde mental e, com isso, somos capazes de viver produtivamente, desenvolvendo as potencialidades do Espírito, diferenciando-se, por isso mesmo, da maioria na Humanidade. Nem sempre o afastamento de um padrão de conduta estabelecido pela sociedade significa *desajustamento*, porque poderá a pessoa guiar-se por princípios diferentes dos habituais, os quais, embora superiores, fazem-na parecer estranha, mal ajustada. Eis aí uma triste nova.

Nota

1. *Cármides* é um dos mais éticos diálogos platônicos, e patenteia enorme influência de Sócrates; quase se fundem às de seu discípulo. O assunto principal da obra é *temperança, autocontrole, moderação*. Cármides foi tio materno de Platão, e nesse livro aparece quando era adolescente (432 a.C.), antes de se tornar um dos 30 tiranos.

NEUROSE

Os pensamentos, pelo corpo mental,
podem perturbar a solidariedade
celular do corpo físico.

(O Autor)

Etimologicamente, a palavra *neurose* tem o seguinte significado: ação (do grego: *osis*) dos nervos. É certo que os nervos enfermam; mas seriam eles os causadores dessas distonias somáticas? Essa tal *doença do nervo* (*neurastenia*) não teria relação alguma com os desarranjos emocionais, já que representa um estado em que não há, na vida normal, correlação suficiente entre os elementos constitutivos da síntese psíquica? Pois bem: conquanto a neurose traga uma conotação predominantemente materialista, analisá-la-emos sob a óptica espiritual.

O Espírito Joanna de Ângelis, no livro *Conflitos Existenciais*, capítulo XI, dá-nos uma aula sobre o assunto, dizendo que:

> A neurastenia, anteriormente conhecida como debilidade dos nervos, passou a ser introduzida nos estudos psiquiátricos a partir das propostas do americano Dr. G. M. Beard, em 1879, facultando que, em 1894, Müller apresentasse um estudo bem elaborado, embora sintético, sobre essa síndrome perturbadora.
>
> [...] À medida que os avanços do conhecimento ampliaram o estudo dos transtornos neuróticos e psicóticos, e a bioquímica facultou serem entendidos em maior profundidade, eliminou-se a possibilidade de que substâncias específicas fossem responsáveis pela irrupção da neurastenia. Passou-se a considerar com mais propriedade a neurastenia e as organoneuroses como enfermidades de adaptação, portanto, como alterações do mecanismo normal de adaptabilidade do indivíduo. Entretanto, cuidadosas observações, como, por exemplo, as de Cannon, consta-

taram um aumento de secreção da adrenalina sobre a atividade muscular, avolumando, por consequência, a combustão do glicogênio e produzindo a diminuição do nível da glicose no sangue, afetando o sistema neurovegetativo.

Acredita-se, dessa forma, que a neurastenia resulte de uma espécie de fuga da realidade, como escusa inconsciente do paciente em relação aos fracassos pessoais, às realidades de natureza perturbadora. Ocorre, então, uma perda de interesse pelos acontecimentos e desmotivação para realizações enobrecedoras, por ausência de autoestima e de coragem para ultrapassar os limites exigíveis.

(...) Sem dúvida, o cansaço demasiado desempenha papel fundamental na eclosão do processo neurastênico, por produzir a fatigabilidade, que poderia ser transitória, não fossem a sua continuidade e permanência, tornando-se patológico esse esgotamento nervoso, decorrente da estafa, desde que o repouso não logra restabelecer o equilíbrio somático.

É nesse estágio que se apresentam a irritabilidade, o mau humor, o pessimismo, caracterizando a presença da neurastenia.

[...] Deflui das frustrações que se ocultam no inconsciente e propelem aos esforços exagerados. Noutras vezes, são a culpa decorrente da insatisfação, da necessidade de autorrealização, mas destituída de autoconfiança em relação ao seu êxito, ou da imposição exibicionista de aparecer, como também da timidez que necessita de proteção, mesmo que inconsciente.

[...] Na nosologia [classificação de doenças] da neurastenia, a ansiedade é responsável pela incompletude do paciente que trabalha com afã e, mesmo quando em repouso permanece em agitação, acreditando-se defraudador do tempo e de conduta irresponsável.

Estudos cuidadosos revelaram a ação da adrenalina secretada pelas glândulas suprarrenais como desencadeadora de distúrbios glicêmicos, que poderiam apresentar-se em síndrome neurastênica.

Incontestavelmente, porém, é o Espírito e não o corpo o responsável pelo distúrbio, em face da culpa decorrente da ociosidade e da extorsão de outras vidas em existências pretéritas, agora gerando os processos de recuperação pelo refazimento doloroso.

A instabilidade emocional em forma de labilidade impele-o ao trabalho descontrolado que o atormenta, quando deveria ser-lhe terapêutico.

As consequências da neurastenia são destrutivas, quando não tratadas com eficiência, tornando-se crônicas.

[...] Sem orientação, ou desprezando-a quando a tem, mais ansiedade acrescenta às suas ações e atividades, piorando o quadro.

Os relacionamentos fazem-se difíceis em face do mau humor do enfermo e certa dose de pessimismo e desconfiança a que se entrega.

Podem-se acrescentar processos físicos de perturbação orgânica, como extrassístoles [uma batida extra do coração, podendo ocorrer tanto nas câmaras mais altas desse órgão (átrios), como nas câmaras mais baixas (ventrículos)], debilidade de forças, sudorese fria e abundante, pulsação irregular, sempre sob a injunção da ansiedade mórbida.

O neurastênico se encontra, quase sempre, em estado de tristeza, mau humor, de irritabilidade (ausência do neurotransmissor serotonina); sente-se culpado ou inútil; perde o interesse em fazer qualquer coisa, mesmo atividades anteriormente agradáveis, e falta de interesse em ser social; tem muito pouca energia (pela deficiência do neurotransmissor norepinefrina); sente-se incapaz de se concentrar ou tomar decisões; passa por uma mudança de padrões alimentares, seja comendo bem ou comendo demais; também há mudanças nos padrões de sono, seja não conseguindo dormir ou dormindo demais; e é muito comum ter pensamentos de suicídio (nesse caso, há, sem dúvida, uma influência espiritual nociva). Catarina de Médici (1519-1589), a mãe do Rei Francês Carlos IX (1550-1574), e a grande mentora da Noite de São Bartolomeu, no dia 24 de agosto de 1572, era neurastênica.

Desde que o Espírito, enquanto encarnado, viva em desacordo com a Lei Divina, preenche defeituosamente seu papel diretor e centralizador, conduzindo o doente (da alma) a um estilo de vida desajustado, pois está sempre em conflito consigo mesmo. As tendências contraditórias se debatem dentro dele, **achando que tem de lutar antes de cooperar**. E essa briga interna às vezes extravasa, trazendo alterações variadas, apesar de serem enfermidades sem lesão, sem correlação física. Em outras palavras: a união do Espírito, por meio de seu corpo mental, com o organismo fisiológico é mal garantida, produzindo-se, então, fácil e espontaneamente, inúmeros fenômenos elementares de exteriorização, como: **raiva, transtornos depressivos (ou de bipolaridade) e ansiedade**. Todas essas reações, embora pressentidas, não são conscientizadas, levando o indivíduo a uma parafernália fisiológica que se configura em inúmeras enfermidades somáticas.

Comecemos pela **raiva**. Mesmo podendo ter origem espiritual, devido às passadas experiências reencarnatórias fracassadas (o que não é raro), a cólera é uma emoção que se exterioriza toda vez que o *ego* do Humano Ser se sente ferido, já que possui comportamento desconfiado e soberbo, quase sempre vitimando-se ou sentindo-se perseguido. Então, eis que a cólera se instala inesperadamente, desferindo golpes violentos de injúria e de agressividade.

Muito bem colocou o filósofo Sêneca (?-65), em uma carta destinada a seu irmão mais velho, Novato, que, nos dias de hoje, podemos conhecê-la na forma da obra *Como Manter a Calma*. No Livro II, capítulo XXXV, diz o preceptor do Imperador Romano Nero (37-68):

> [...] A ira enfeia os mais belos rostos, transforma as feições mais calmas em ferozes. (...) As veias saltam; o peito chacoalha com uma respiração ofegante, o pescoço se distende com o grito raivoso; então, tremem-lhe os membros, as mãos ficam inquietas, todo o corpo se agita. Qual você pensa que é o estado interno da alma dessa pessoa, se sua imagem externa é tão horrenda? (...) Se a alma pudesse ser mostrada e refletida em alguma forma material, espantaria aqueles que vissem, por ser tão escura, manchada, fervente, deformada, inchada. (...) Entretanto, na verdade, acredite, ninguém se afastou da raiva por causa de um espelho. Mas por quê? Porque quem veio ao espelho para se modificar já tinha se modificado.

A assertiva de Sêneca coincide perfeitamente com a narrativa de um Espírito Protetor, em *O Evangelho Segundo o Espiritismo*, capítulo IX, item 9. Vejamo-la:

> [...] Ah! se nesses momentos [de cólera] pudesse ele observar-se a sangue-frio, ou teria medo de si próprio, ou bem ridículo se acharia! Imagine ele por aí que impressão produzirá nos outros. Quando não fosse pelo respeito que deve a si mesmo, cumpria-lhe esforçar-se por vencer um pendor que o torna objeto de piedade.

León Denis alude que:

> [...] Acautelemo-nos da cólera, que é o despertar de todos os instintos selvagens amortecidos pelo progresso e pela civilização, ou, mesmo, uma reminiscência de nossas vidas obscuras. Em todos os homens ainda subsiste uma parte de animalidade que deve ser por nós dominada à força de energia, se não quisermos ser submetidos, assenhoreados por ela. Quando nos encolerizamos, esses instintos adormecidos despertam e o homem torna-se fera. Então, desaparece toda a dignidade, todo o raciocínio, todo o respeito a si próprio. A cólera cega-nos, faz-nos perder a consciência dos atos e, em seus furores, pode induzir-nos ao crime. (*Depois da Morte*, Quinta Parte, cap. XLVIII.)

A raiva, em verdade, é uma breve loucura – uma demência passageira. Existem indivíduos com facilidades de enraivecer-se, que alternam essa emoção com a fraqueza psíquica, tendo forte tendência para o transtorno depressivo, a incapacidade de suportar desafios e dificuldades mentais. Resultado: momentos de raiva constantes fazem com que o Humano Ser tenha suas artérias endurecidas, predispondo-se a problemas do aparelho digestivo entre outras consequências nocivas. Resultado: o colérico abrevia sua existência física, a par das altas cargas tóxicas que absorve, bem como as descargas emocionais que lhe desarticulam o Sistema Nervoso Central.

Informa o Espírito Joanna de Ângelis, no livro *Autodescobrimento*, capítulo X, que:

> A raiva é um fator de frequentes conflitos, que aparece repentinamente, provocando altas descargas de adrenalina na corrente sanguínea, alterando o equilíbrio orgânico e, sobretudo, o emocional. Ninguém deve envergonhar-se ou conflitar-se por ser vítima da raiva, fenômeno perfeitamente normal [e comum] no trânsito humano.
>
> A sensação da raiva atual tem as suas raízes em conflitos não digeridos, que foram soterrados no subconsciente desde a infância e ressurgem sempre que alguma vibração equivalente atinge o fulcro das lembranças arquivadas. Quando tal ocorre, ressumam, inconscientemente, todos os incidentes desagradáveis que estavam cobertos com a leve camada de cinza do esquecimento, no entanto vivos.
>
> A raiva instala-se com facilidade nas pessoas que perderam a autoestima e se comprazem no cuidado pela imagem que projetam e não pelo valor de si mesmas. Nesses casos, a insegurança interior faculta a irascibilidade e vitaliza a dependência do apoio alheio. Instável, porque em conflito, não racionaliza as ocorrências desagradáveis, preferindo reagir – lançamento de uma cortina de fumaça para ocultar a sua deficiência – a agir, afirmando a sua autenticidade.
>
> [...] Partindo-se do princípio pelo qual se considere o ofensor alguém que está de mal consigo mesmo ou enfermo sem dar-se conta, o conteúdo da raiva diminui e até desaparece, graças à racionalização da ofensa.
>
> [...] Quando a raiva deriva de uma doença, de um prejuízo financeiro, da traição de um amigo, da perda de um emprego por motivo irrelevante, de algo mais profundo e imaterial, a resignação não impede que se lhe dê expansão para, logo após, eliminá-la. Chorar, considerar a ocorrência injusta, descarregar a emoção do fracasso, gastar a energia em uma corrida ou num trabalho físico estafante, projetar a

imagem do ofensor, quando for o caso, em um espelho, elucidando a raiva até diluí-la, são admiráveis recursos, dentre outros, para anular os seus efeitos danosos.

E a mesma autora espiritual, agora na obra O Amor como Solução, no capítulo XVII, assevera que:

[...] [O colérico] é bilioso, temperamental, acostumado à dissimulação e aos comportamentos irregulares.
Não admite admoestação, mesmo quando está errado e sabe-o; ignora os limites estabelecidos para as atitudes que deve tomar; acredita-se credor de respeito e consideração, que está longe de merecer; sobreestima-se, credenciando as afeições que não sabe preservar...
Supondo-se vítima dos demais, aos quais desrespeita normalmente, vive armado de preconceitos e suposições injustas, que explodem, ao menor sinal de aborrecimento, deixando-se consumir pelas labaredas da revolta, quando poderia reflexionar em torno do ocorrido, dando-lhe direcionamento mais compatível.
[...] Como sempre luz a Divina Misericórdia, oportunamente chega o momento em que o amor de Nosso Pai o alcança, convocando-o ao reequilíbrio e à futura existência, na qual enfermidades da alma instalam-se no corpo de que se utilizarão, ensejando-se aceitação e coragem para alcançar a paz interior.
[...] Vários métodos existem que facilitam o controle, como: compadecer-se do outro, aquele que gera a situação provocadora; considerar que o agressor está doente; orar em favor das próprias resistências morais e das daquele que o aflige; acreditar que tudo ocorre porque é sempre útil para o seu desenvolvimento moral; pensam em Jesus acusado injustamente, permanecendo tranquilo e silencioso, embora sendo Ele o Senhor de todos nós...
Lentamente, mantendo-se esse processo simples, instala-se o hábito do silêncio ante as ofensas e de coragem para os enfrentamentos sem a presença do desequilíbrio.
[...] Vacina-te, pois, com o Evangelho de Jesus, contra a cólera moral, essa que aturde e também mata, seguindo adiante, confiando na tua destinação espiritual, que é a felicidade.

O Espírito Emmanuel, no livro *Pensamento e Vida*, capítulo XXVIII, diz:

[...] Estabelecido o conflito espiritual, quase sempre as glândulas salivares paralisam as suas secreções, e o estômago, entrando em espasmo, nega-se à produção de ácido clorídrico, provocando perturbações digestivas a se expressarem na chamada colite mucosa. Atingido esse fenômeno primário que, muita vez, abre a porta a temíveis calamidades orgânicas, os desajustamentos gastrintestinais repetidos acabam arruinando os processos da nutrição que interessam o estímulo nervoso, determinando variados sintomas, desde a mais leve irritação da membrana gástrica até a loucura de abordagem complexa.

[...] Cultivar melindres e desgostos, irritação e mágoa é o mesmo que semear espinheiros magnéticos, e adubá-los no solo emotivo de nossa existência é intoxicar, por conta própria, a tessitura da vestimenta corpórea, estragando os centros de nossa vida profunda e arrasando, consequentemente, sangue e nervos, glândulas e vísceras do corpo que a divina Providência nos concede entre os homens, com vistas ao desenvolvimento de nossas faculdades para a Vida eterna.

Sêneca, em *Como Manter a Calma*, no Livro II, agora no capítulo XXIX, também contribui com um irremediável lenitivo para a cólera, dizendo que:

> O melhor remédio para a ira é o adiamento. Peça à ira, de início, não que perdoe, mas que pare e pense: os primeiros impulsos dela são fortes, mas desaparecem se você esperar. Mas não tente eliminá-la toda de uma vez; ela será totalmente vencida se for minada por partes.

Ora, **uma pessoa inteligente resolve um problema; mas somente um sábio o previne**. Desse modo, **somos fortes diante dos males para os quais nos preparamos**. Devemos sempre considerar que algo ofensivo ou desagradável pode vir a acontecer em nossa existência física. A antecipação dos piores cenários nos concede tranquilidade para o enfrentamento das adversidades, sejam elas quais forem. E somente a partir da tranquilidade (filha dileta da fé) tornam-se possíveis ações dotadas de força e justiça.

E nessa antecipação que o grande filósofo espanhol propõe, silenciaremos e esperaremos, dando ao tempo e à paciência – os dois maiores guerreiros do Humano Ser – suas autoridades imorredouras. Em verdade, **o tempo, em si, não é sábio. Sábio é o que se pode fazer com ele**. Diz o Espírito Emmanuel, no livro *Calma*, na penúltima mensagem – *Silencia e Espera* –, que:

> Quanto possível, habitua-te a entesourar paciência, com a qual disporás de suficientes recursos para adquirir as forças espirituais de que necessitarás, talvez, para a travessia de grandes provas, sem risco de soçobro nas correntes do desespero.

Provavelmente ainda agora estarás suportando a incompreensão de pessoas queridas, em forma de prevenções e censuras indébitas; entretanto, se o assunto diz respeito unicamente ao teu brio pessoal, cala-te e espera.

Se amigos de ontem transformaram-se em adversários de tuas melhores intenções, tolera as zombarias e remoques de que te vês objeto e de nada te queixes.

Diante de criaturas que te golpeiem conscientemente a vida, impondo-te embaraços e desilusões, desculpa e esquece, renovando os próprios pensamentos na direção dos objetivos superiores que pretendas alcançar.

E ainda mesmo que agressões e ofensas te firam nos recessos da alma, sugerindo-te duros acertos de conta, à face da manifesta injustiça com que te tratem, não passes recibo nas afrontas que te sejam endereçadas e nada reclames em teu favor.

Não piores situações em que alguém te coloque, não te revoltes, nem te lastimes. Silencia e espera, porque Deus e o Tempo tudo esclarecem, restabelecendo a verdade, e, para que os irmãos enganados ou enrijecidos na ignorância se curem das ilusões e das crueldades a que se entregam, bastar-lhes-á simplesmente viver.

Narraremos, agora, sobre os **transtornos depressivos (ou de bipolaridade)**, que, por sua vez, estão relacionados, no corpo físico, às substâncias químicas liberadas durante comunicação neural, através das sinapses, chamadas de *neurotransmissores*. Os quatro mais conhecidos são:

1) A *noradrenalina* (ou *norepinefrina*): proporciona energia, interesse e disposição, situações de alerta. Tem função primordial em situações de perigo, ameaça. Suas principais ações no sistema cardiovascular estão relacionadas ao aumento do influxo celular de cálcio. A saber, vasoconstrição periférica e bradicardia (diminuição dos batimentos cardíacos). **A falta de norepinefrina pode fazer com que a pessoa se sinta vazia, até mesmo apática, com dificuldade de se concentrar; esses são os sintomas clássicos da depressão.**

2) A *serotonina* regula o humor, a ansiedade, o sono e a digestão. O **estresse e a agressividade diminuem a serotonina**, embora aumente o nível de testosterona, tanto em homens quanto em mulheres. É o neurotransmissor mais importante para a manutenção do bom humor. Quando a serotonina cai, o mesmo ocorre com a norepinefrina. Em suma: **baixa serotonina significa maior vulnerabilidade à melancolia e menor interesse pelo mundo ao redor, causando medo, insegurança e depressão.**

Sendo assim, os antidepressivos agem propiciando o aumento de serotonina (tornando-a mais disponível) no espaço entre os neurônios. São poucos os neurônios no nosso cérebro com capacidade para produzir e liberar serotonina. Bananas e tomates são alguns exemplos de alimentos ricos precursores do aminoácido *triptofano* – indispensável para sintetizar serotonina.

Crê-se que a síndrome do pânico esteja no **excesso de serotonina** sobre o Sistema Nervoso Central.[1]

3) A *dopamina* é produzida em uma parte da base do cérebro chamada *substância negra*, situada no telencéfalo.[2] A substância negra é encarregada de levar as correntes nervosas por todo o corpo. Isto é, controla a estimulação e os níveis do controle motor.

Esse neurotransmissor também tem relação com recompensas e atenção; promove atitudes de aproximação. Vamos exemplificar: quando alguém de quem gostamos diz que gostaria de almoçar conosco tal dia. Em nossa mente, essa atividade neural produz uma estimulante sensação de desejo. Quando, enfim, saímos com a pessoa, uma parte de nosso cérebro (denominada córtex cingulado, aproximadamente do tamanho de um dedo, na margem interior de cada cérebro) indica se a expectativa (diversão com nosso amigo, boa comida, etc.) foi realmente atendida. Em caso positivo, os níveis de dopamina permanecem estáveis. Contudo, se tivemos alguma decepção (o amigo estava de mau humor) o córtex cingulado envia um sinal que faz baixar a dopamina. A dopamina em queda, em experiências subjetivas, pessoais, indica uma sensação desagradável, levando-nos ao desejo incontrolável por algo que recupere seus níveis.

Experiências cuidadosas, na área científica, comprovaram, através de tomografias computadorizadas, áreas cerebrais onde se situam a felicidade e a infelicidade, fruto das emoções e dos fenômenos físicos produzidos pela dopamina, confirmando, portanto, a tese de natureza ORGÂNICA.

Salientamos que uma deficiência na produção de dopamina pode causar o mal de Parkinson (falta de dopamina).[3]

Já o excesso de dopamina causa a esquizofrenia.

4) A *acetilcolina* está ligada ao aprendizado e à memória. Esse neurotransmissor tem grande função no desempenho dos sonhos, já que sua reação é alucinógena; quanto maior a liberação de acetilcolina para o cérebro, maior será o desempenho e o desenvolvimento dos sonhos.

Pessoas que sofrem da doença de Alzheimer apresentam, tipicamente, baixos níveis de acetilcolina (ACTH) no córtex cerebral.[4]

Pois bem: quando o Humano Ser está com suas emoções bem articuladas, o neurônio libera neurotransmissores, que são capturados por outro neurônio, por meio de seus receptores. Nesse estado chamado *normal*, as substâncias químicas se fixam na célula como uma chave na fechadura. Dentro da célula nervosa, uma bomba de recaptação retira parte dos neurotransmissores da sinapse, e uma enzima específica – calmodulina (CaMKII) – metaboliza o resto das substâncias. No transtorno depressivo, neurologicamente falando, acontece uma diminuição na quantidade de neurotransmissores liberados, mas a bomba de recaptação e a enzima (CaMKII) continuam trabalhando normalmente. Então, o neurônio receptor captura menos neurotransmissores e o Sistema Nervoso Central funciona com menos *combustível*.

O antidepressivo, portanto, faz com que haja maior disponibilidade de neurotransmissores no espaço entre os neurônios, a fim de que melhor seja feita a sinapse. Para isso, o remédio pode atuar de duas formas: bloqueando a ação da bomba de recaptação ou bloqueando a ação da enzima (CaMKII), que degrada os neurotransmissores.

Então, temos ainda mais um mistério: como o ato de falar e o de tomar uma pílula produzem o mesmo resultado psicológico? Isso nem a psiquiatria nem a psicologia sabe responder. Não olvidamos o fato de que antidepressivos podem funcionar para aumentar, parcialmente, o aparecimento de novas células nervosas no hipocampo. Nada obstante, os neurolépticos não curam os distúrbios de humor; apenas os aliviam. Os antidepressivos não são tão eficazes quanto alegam seus fabricantes, e, nos casos mais comuns de depressão, a psicoterapia pode alcançar os mesmos benefícios. Nossa cultura está viciada em ver nas pílulas uma solução milagrosa, pois desconhece que a depressão tem sua raiz na alma.

Quando o indivíduo passa por oscilações extremas de humor, classifica a psicologia que ele está sofrendo um transtorno depressivo ou de bipolaridade – antigamente chamado de *doença maníaco-depressiva*. Dentre os sintomas de mania, estão: sentir-se extremamente ativo; sentir euforia (confunde-se normalmente com alegria); sentir-se agitado; falar de forma acelerada; não precisar dormir muito, ou aparentemente não precisar dormir; ter mais interesse em atividades que trazem prazer, mesmo que isso signifique atividade de consequências nefastas; ser impulsivo; sentir-se grandioso e ter uma autoestima muito grande (sinal de um orgulho exacerbado).[5]

O Espírito Joanna de Ângelis, no livro *Amor, Imbatível Amor*, capítulo IV, subtítulo *Nostalgia e Depressão*, traz uma notável contribuição sobre a depressão. Vejamos:

[...] No seu início, a depressão se apresenta como desinteresse pelas coisas e pessoas que antes tinham sentido existencial, atividades que estimulavam à luta, realizações que eram motivadoras para o sentido da vida.

À medida que se agrava, a alienação faz que o paciente se encontre em um lugar onde não está a sua realidade. Poderá deter-se em qualquer situação sem que participe da ocorrência, olhar distante e a mente sem ação, fixada na própria compaixão, na descrença da recuperação da saúde. Normalmente, porém, a grande maioria de depressivos pode conservar a rotina da vida, embora sob expressivo esforço, acreditando-se incapaz de resistir à situação vexatória, desagradável, por muito tempo.

Num estado saudável, o indivíduo sente-se bem, experimentando também dor, tristeza, nostalgia, ansiedade, já que esse oscilar da normalidade é característica dela mesma. Todavia, quando tais ocorrências produzem infelicidade, apresentando-se como verdadeiras desgraças, eis que a depressão se está fixando, tomando corpo lentamente, em forma de reação ao mundo e a todos os seus elementos.

A doença emocional, desse modo, apresenta-se em ambos os níveis da personalidade humana: corpo e mente.

Pessoas que sofrem de distimia – forma crônica de depressão, cujos sintomas podem durar um longo período (muitas vezes, dois anos ou mais) – em geral não conseguem identificar quando ou por que os sintomas começaram. Se a depressão é comum na família, podem achar que a causa é genética ou ter esquecido quando foi que perceberam que estavam tristes o tempo todo ou se sentiam sem esperança, sem razão aparente. A depressão é considerada doença de maior componente genético entre os transtornos psicológicos. Mais de 80% dos deprimidos têm alguém na família que sofre dessa psicopatologia. No entanto, na maioria dos casos, **os genes apenas predispõem a pessoa a distúrbios de humor, mas não determinam sua instalação**.

Às vezes, a pessoa que está deprimida se adaptou tão bem à doença que se surpreende quando um amigo, o médico ou o terapeuta lhe diz que ela sofre de depressão. Existem várias teorias sobre a influência genética e desequilíbrios químicos do cérebro, mas estão encobertas por uma sombra de dúvida. Uma pesquisa revelou que pacientes deprimidos não são geneticamente diferentes dos outros. Mas quando pacientes depressivos conseguem encontrar a terapia correta e falar de suas emoções, seu cérebro muda de uma maneira que lembra as mudanças produzidas pelos remédios.

Caro leitor. Os sintomas anômalos, desvios maiores ou menores da normalidade, ocorrem em quase todos os encarnados. É altamente relevante para o esforço curativo a compreensão das causas reais que, a seu turno, jazem no Espírito Imortal. **Na raiz de qualquer transtorno neurótico jaz um conflito moral.** Os processos psicopatológicos nada mais são que descargas mentais odientas penetrando nas correntes nervosas dos neurotransmissores e estimulando a eliminação de substâncias excessivas ou provocando alterações escassas. Deixamos aqui o convite à leitura da excelente obra *Reconstruindo Emoções*, da notável psiquiatra Nise da Silveira (Espírito), através da mediunidade de Iraci Campos Noronha, que combateu veementemente os eletrochoques, a insulinoterapia e a lobotomia em pacientes com transtornos psicóticos. Mas como esquecer, ainda depois da metade do século XIX, convulsões provocadas pela cânfora; choques à cabeça, com enguias elétricas; terríficos sustos, ao ser baixado, preso pelos pulsos, em horripilantes poços de serpentes, simulações de intenso pavor, gerado por pretensos incêndios, além do simulacro de quedas de lugares altos?

Quanto despautério!

Notas

1. O medo só existe em relação a alguma coisa. Temos medo da doença, da dor física; já as provamos e tememo-las. Temos medo da opinião alheia sobre nós; medo de perder o emprego; medo de não alcançar nossos objetivos; temos numerosos e diferentes temores, os quais procuramos resolver fragmentariamente. Não parecemos capazes de ultrapassar esse estado. Quando pensamos ter compreendido e dissolvido um dado temor, logo surge outro. Ao percebermos o nosso medo, tentamos enfrentá-lo, oferecemos-lhe resistência; às vezes tratamos de fugir dele, de encontrar uma solução para ele, de descobrir o que cumpre fazer ou uma maneira de recalcá-lo. Tudo fazemos e, contudo, o medo persiste, acompanhando-nos até a morte física (e depois dela também).

   Por incrível que pareça, o medo é bastante convincente, embora não seja ele real. Quando as nossas emoções se apresentam sob várias maneiras, reagimos ou com fuga ou com luta. Vejamos: se estamos em uma batalha, de frente para a boca de um canhão, nosso coração dispara e nos diz, sem nenhuma dúvida, o que devemos fazer: fugir! E isso se dá em milésimos de segundo. No entanto, quando estamos transtornados por uma ansiedade generalizada, a voz do medo não nos diz a verdade. Interessante, não?

A ansiedade usa seu poder para convencer (e quase sempre consegue), mesmo quando não há o que temer.

O corpo mental tem a função de separar o que é real do irreal. Mas infelizmente, na maioria das vezes, colocamos a voz do medo no lugar dele. Resultado: o medo excita nossa memória, e aquilo que nos dá medo lembra algo ruim do passado (consciente ou inconsciente), o que traz de volta a velha reação. **Não podemos continuar prisioneiros do passado**. Impressões de velhas feridas e traumas (dessa existência ou de outra) têm um componente psicológico assaz forte.

O medo leva-nos ao silêncio; seja por vergonha ou por culpa, não se fala dele, e, por isso, ele cresce. É o *pai* de todas as neuroses até então conhecidas: ciúme (filho doentio da insegurança emocional), da inveja (tormento do mesmo conflito de insegurança), do ódio (incapacidade de compreender e de desculpar), do despeito (ausência de critério de autovalorização), todos provenientes de imaturidade psicológica, de permanência no período de infantilidade espiritual.

O medo pode apresentar-se, quando na sua expressão patológica, como a síndrome do pânico. Em 1980, foi estabelecido como uma entidade específica, diferente de outros transtornos de ansiedade, aquele que passou a ser denominado como síndrome de pânico, ou melhor elucidando, como transtorno de pânico, em razão de suas características serem diferentes dos conhecidos distúrbios. Sobre este especial transtorno, o Espírito Joanna de Ângelis, no livro *Amor, Imbatível Amor*, capítulo X, diz:

> [...] Durante muito tempo, esse distúrbio foi designado indevidamente como ansiedade, síndrome de despersonalização, ansiedade de separação, psicastenia, hipocondria, histeria, depressão atípica, agorafobia, até ser estudado devidamente por Sigmund Freud, ao descrever uma crise típica de pânico em uma jovem nos Alpes Suíços. Anteriormente, durante a guerra franco-austríaca de 1871, o Dr. Marion Da Costa examinou pacientes que voltavam do campo de batalha apresentando terríveis comportamentos psicológicos, com crises de ansiedade, insegurança, medo, diarreia, vertigens e ataques, entre outros sintomas, e que foram denominados como coração irritável, por fim tornando-se conhecido como síndrome de Da Costa, pela valiosa contribuição que ele ofereceu ao seu estudo e terapia.
>
> [...] A síndrome de pânico pode ocorrer de um para outro momento e atinge qualquer indivíduo, particularmente entre os 10 e 40 anos de idade, alcançando, na atualidade, expressivo índice de vítimas, que oscila entre 1% e 2% da população em geral.
>
> [...] Acredita-se que a responsabilidade básica esteja no excesso de serotonina sobre o Sistema Nervoso Central, podendo ser controlada a crise mediante a aplicação de drogas específicas, tais como clonazepam, não obstante ainda seja desconhecido o efeito produzido em relação a esse neurorreceptor.
>
> [...] O distúrbio de pânico encontra-se enraizado no ser que desconsiderou as Soberanas Leis e se reencarna com predisposição fisiológica, imprimindo

nos genes a necessidade da reparação dos delitos transatos que permaneceram sem justa retificação, porque desconhecidos da justiça humana, jamais, porém, da divina e da própria consciência do infrator. Por isso mesmo, o portador de distúrbio de pânico não transfere por hereditariedade necessariamente a predisposição aos seus descendentes, podendo ele próprio não ter antecessor nos familiares com essa disfunção explícita.

Indispensável esclarecer que, embora a gravidade da crise, o distúrbio de pânico não leva o paciente à desencarnação, apesar de dar-lhe essa estranha e dolorosa sensação.

Ora, o medo em si mesmo não é negativo, salvo quando, irracionalmente, desequilibra a pessoa e, com isso, irrompe o pânico, acompanhado de sensações físicas, a saber: disritmia cardíaca, sudorese, sufocação, colapso periférico provocando algidez generalizada. É muito comum síndromes do pânico que fogem ao padrão convencional. São aquelas em que há interferência de Espíritos desencarnados, em processos lamentáveis de obsessão (cf. Parte III, textos n.os 5, 6 e 7 deste livro).

2. O telencéfalo é a região do cérebro onde se encontram o corpo estriado (é um dos núcleos de base do diencéfalo), o córtex cerebral, o corpo caloso e os ventrículos laterais. Uma observação: no diencéfalo, encontramos o tálamo, a glândula pineal (epífise), o hipotálamo e a hipófise.

3. Por razões ainda desconhecidas pela inglória medicina mecanicista, as células nervosas que produzem dopaminas começam a morrer, gerando a deficiência. Sem dopamina suficiente, a capacidade do cérebro em regular os movimentos dos músculos diminui e, finalmente, desaparece.

Se o diagnóstico for constatado no início da doença, pode-se atenuar e retardar os efeitos progressivos dessa demência que atrofia expressivamente o cérebro e assola 1% da população da Terra.

4. No mal de Alzheimer, uma das principais coisas que se deterioram é a memória de curto prazo. No cérebro, as principais projeções neurais que permitem que as informações sensoriais sejam armazenadas são, literalmente, cortadas.

Mais especificamente, existe no cérebro um pequeno saco dilatado de células nervosas chamado córtex entorrinal, que funciona como uma estação intermediária para todas as informações sensoriais que recebemos, confiando-as ao hipocampo para uma armazenagem de curto prazo. Um exemplo: imagine que você volte para casa, depois de fazer compras, e queira contar a uma amiga que viu um par de sapatos vermelhos perfeitos para ela. A imagem desses sapatos, passando pelo córtex entorrinal, é transmitida por meio de projeções neurais chamadas via perfurante.

Nos pacientes com Alzheimer, a região exata, onde a via perfurante penetra o hipocampo rotineiramente, contém uma abundância da proteína beta-amiloides (principal toxina do cérebro no mal de Alzheimer), que interrompem a transferência de informações sensoriais. Para piorar o dano, as terminações nervosas começam a encolher e se rompem na mesma região, danificando a via perfurante.

As células nervosas do córtex entorrinal, que deviam estar desenvolvendo essas terminações nervosas, logo morrem, porque dependem das proteínas que garantem sua sobrevivência, substituam as terminações nervosas que antes se conectavam com o hipocampo. Com efeito, a pessoa perde a memória de curto prazo e a capacidade de aprendizado, e a demência se instala. O resultado, como sabemos, é devastador.

Eis aí a razão fisiológica, que explica por qual motivo alguém que sofre do mal de Alzheimer não se lembrará do par de sapatos vermelhos. Como se costuma dizer: **a pessoa não sabe que tem Alzheimer, porque esquece onde pôs as chaves do carro. Ela sabe que tem Alzheimer quando esquece para que elas servem.**

5. Com riqueza, argumenta León Denis:

> [...] Ai de quem se deixou apanhar pelo orgulho! Melhor fora ter deixado arrancar do próprio peito o coração do que deixá-lo insinuar-se. Não poderá libertar-se desse tirano senão a preço de terríveis lutas, depois de dolorosas provações e de muitas existências obscuras, depois de numerosos insultos e humilhações, porque nisso somente é que está o remédio eficaz para os males que o orgulho engendra.
>
> [...] Assim, todas as distinções sociais, os títulos e as vantagens da fortuna medem-se pelo seu justo valor. Todos são iguais diante do perigo, do sofrimento e da morte. Todos os homens, desde o mais altamente colocado até o mais miserável, são construídos da mesma argila. Revestidos de andrajos ou de suntuosos hábitos, os seus corpos são animados por Espíritos da mesma origem e todos reunir-se-ão na vida futura. Aí somente o valor moral é que os distingue. O que tiver sido grande na Terra pode tornar-se um dos últimos no espaço; o mendigo, talvez aí, venha a revestir uma brilhante roupagem. Não desprezemos, pois, a ninguém. Não sejamos vaidosos com os favores e vantagens que fenecem, pois não podemos saber o que nos está reservado para o dia seguinte. (*Depois da Morte*, Quarta Parte, cap. XLV.)

O SISTEMA LÍMBICO

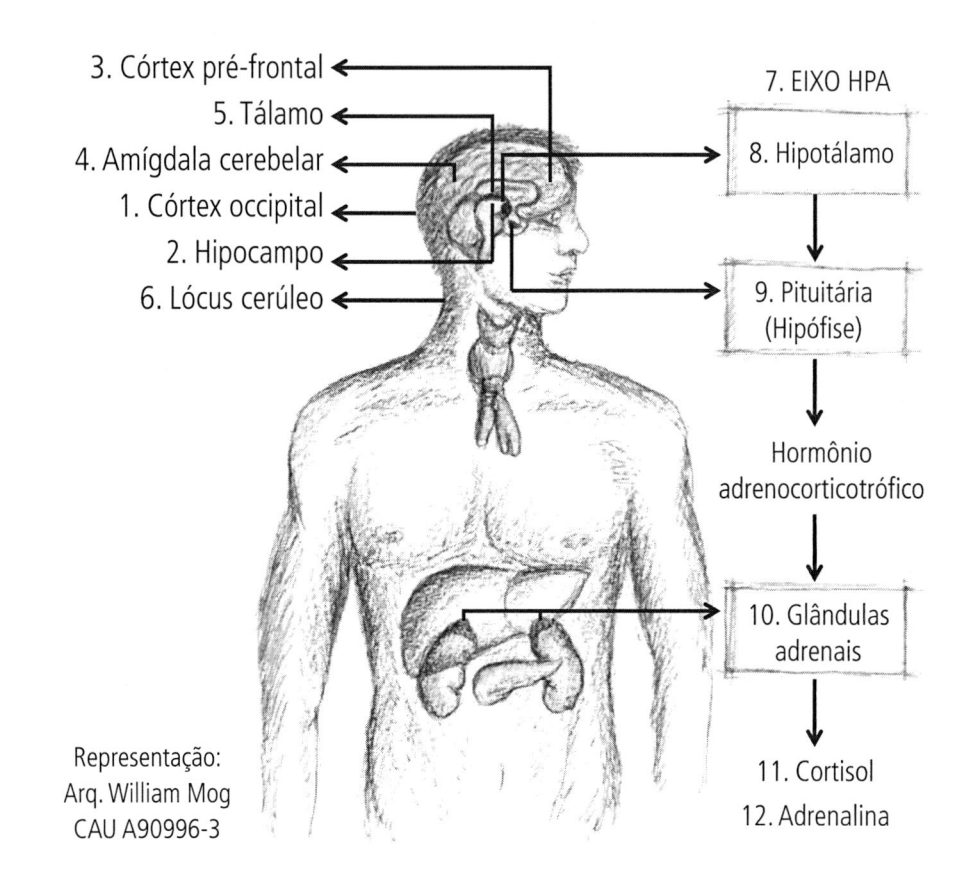

3. Córtex pré-frontal
5. Tálamo
4. Amígdala cerebelar
1. Córtex occipital
2. Hipocampo
6. Lócus cerúleo

7. EIXO HPA
8. Hipotálamo
9. Pituitária (Hipófise)
Hormônio adrenocorticotrófico
10. Glândulas adrenais
11. Cortisol
12. Adrenalina

Representação:
Arq. William Mog
CAU A90996-3

O cortisol e a adrenalina, na corrente sanguínea,
São frutos de nossas paixões não domadas.
Ó ego avassalador, que perante a Lei Divina
Patenteia-se em ações morais transviadas!

(O Autor)

Em 1937, o neurologista americano James Papez (1883-1958) publicou um trabalho que veio revolucionar os conceitos até então vigentes sobre os processos emotivos. Ele foi influenciado pelos experimentos de Walter Bradford Cannon (1871-1945) e Philip Bard (1898-1977), que demonstravam a importância dos mecanismos hipotalâmicos nas reações de raiva, e convenceu-se de que a expressão das emoções depende inteiramente da ação integrativa do hipotálamo.

Assim, Papez foi o primeiro a estabelecer as bases anatômicas para o estudo neurofisiológico das emoções. No entanto, foi o cientista norte-americano Paul MacLean (1913-2007), em 1952, quem introduziu a expressão *sistema límbico*, definindo-o, por meio de experiências, como o sistema central na mediação das emoções, colocando as hipóteses iniciais de Papez sobre uma sólida base experimental. Cabe salientar que as recentes pesquisas médicas, sob a orientação da medicina psicossomática, estão confirmando que o psiquismo altera profundamente a composição e o funcionamento dos órgãos do corpo físico.

Para melhor entender isso, narraremos, de forma anacrônica, as principais estruturas do Sistema Límbico: I) Córtex cerebral – estabelece objetivos, faz planos, comanda ações e forma emoções, em parte conduzindo e às vezes inibindo o Sistema Límbico. II) Hipocampo – é a principal sede da memória, no corpo físico, percorrendo, rapidamente, nosso arquivo de lembranças. Seu formato assemelha-se ao de um cavalo-marinho. III) Amígdala cerebelar – são grupos de neurônios que, juntos, formam uma massa esferoide em cada parte do hemisfério cerebral. Ela molda percepções, avaliações, intenções alheias e julgamentos. Tais influências são exercidas, na maior parte das vezes, sem que se tenha consciência, o que aumenta o poder delas, já que operam sem que a pessoa perceba. A amígdala cerebelar age como um tipo de alarme que responde particularmente a estímulos negativos ou dotados de carga emocional. IV) Tálamo – é um conjunto formado por três núcleos de neurônios, que têm comunicação com o córtex cerebral. V) Hipotálamo – comanda o Sistema Nervoso Periférico Autônomo e influencia o Sistema Endócrino, através da hipófise.

Posto isso, podemos abordar, de forma detalhada, como os pensamentos chegam ao corpo físico, e nele reagem. Antes, porém, não podemos obliterar que:

> [...] O invólucro fluídico do ser depura-se, ilumina-se ou obscurece-se, segundo a natureza elevada ou grosseira dos pensamentos em si refletidos. Qualquer ato, qualquer pensamento repercute e grava-se [primeiramente] no perispírito. Daí

as consequências inevitáveis para a situação da própria alma, embora esta seja sempre senhora de modificar o seu estado pela ação contínua que exerce sobre seu invólucro.

[...] Todo ato da vontade, já o dissemos, reveste uma forma, uma aparência fluídica, que se grava no invólucro perispirítico. Torna-se evidente que, se esses atos fossem inspirados por paixões materiais, sua forma seria material e grosseira. As moléculas perispirituais, impregnadas, saturadas dessas formas, dessas imagens, materializam-se a seu contato, espessam-se cada vez mais, aproximam-se, condensam-se.

[...] Efetivamente, se as paixões baixas e materiais perturbam, obscurecem o organismo fluídico, os pensamentos generosos, em um sentido oposto, as ações nobres apuram e dilatam as moléculas perispiríticas.

[...] O pensamento, refletindo-se no perispírito como imagem em espelho, permite-lhes permutarem suas ideias sem esforço, com uma rapidez vertiginosa. (León Denis, *Depois da Morte,* Quarta Parte, cap. XXXII.)

Pois bem. Neste texto, estamos certos de que alguns paradigmas serão desmoronados. E não poderia ser diferente, uma vez que se uma ideia não é absurda, disse Albert Einstein, então não há esperança para ela. Pois bem. Somos Espíritos – isto é, o princípio inteligente do Universo individualizado. Através do corpo mental, nossos pensamentos são expressos. Estes refletem-se no corpo astral, que, a seu turno, mediante o corpo etérico, chega ao corpo físico. É aqui que começa a grande epopeia, cujo Sistema Límbico exerce grande papel nas articulações das emoções. Enquanto encarnados, nossa transformação moral vai depender exclusivamente de como lidamos com nossas estruturas límbicas.

Ora, se assim o fosse, todos os que refletem como Augustinus fazia, ou tomam para si as receitas por ele indicadas, acabadas as ponderações tornar-se-iam pessoas melhores moralmente, mais ajuizadas. Mas não é isso que se dá, e iremos mostrar que, quando as emoções se desarticulam, a maioria das criaturas humanas não usa o córtex cerebral, deixando-as à conta da amígdala cerebelar. Mostraremos, então, como tudo acontece na extraordinária relação entre o Sistema Nervoso Simpático e o Sistema Endócrino. Nossa intenção é desvelar que somos os capitães de nosso corpo mental, ainda que possa pesar nosso ensaio ser considerado, para os incipientes e insipientes do Espiritismo, apócrifo.

Embora iremos narrar o funcionamento do Sistema Límbico, há, no início deste texto, um desenho ilustrativo para facilitar a compreensão do leitor, que, durante a dissertação a seguir poderá olhar concomitantemente a figura estampada e elucidativa.

Começaremos com o exemplo de uma pessoa caminhando em uma floresta. Ao avistar, de repente, algo sinuoso no chão, bem na sua frente, durante os primeiros décimos de segundo, a luz refletida por esse objeto é enviada ao córtex (lobo) occipital (que lida com as informações visuais), para ser processada uma imagem que contenha um significado (fig. 1). O córtex occipital, ato contínuo, envia representações dessa imagem, AO MESMO TEMPO, em duas direções – ao hipocampo (fig. 2), para ser avaliada como ameaça em potencial ou uma oportunidade, e ao córtex (lobo) pré-frontal (fig. 3), para análises mais sofisticadas e DEMORADAS.

Só para ter certeza, o hipocampo imediatamente compara a imagem à sua lista de perigos, do tipo: "fuja primeiro, pense depois". Rapidamente ele encontra imagens semelhantes em sua relação de perigos, gerando um envio de alerta máximo à amígdala cerebelar (fig. 4), a saber: "Cuidado"! A amígdala, então, soa o alarme, desencadeando diversas reações. Enquanto isso, o poderoso (mas relativamente LENTO) córtex pré-frontal extrai informações da memória de longo prazo para descobrir se a *tal coisa* é uma cobra ou um graveto. Passados mais alguns segundos, ele apronta para a natureza inerte do objeto – e para o fato de muitas pessoas à frente terem passado por ele sem dizer nada –, concluindo que se trata de um graveto.

O leitor conseguiu se ater na diferença de velocidade do processamento da informação, entre a amígdala cerebelar (milésimos de segundo) e o córtex pré-frontal (alguns segundos)? Pois bem: com imensa rapidez, os impulsos nervosos que carregam as informações do sinal de perigo (através da amígdala cerebelar) chegam ao tálamo (fig. 5) – estação retransmissora que, embora se assemelhe a uma agência de correio, não conhece o conteúdo da carta. O tálamo, então, envia um: "Acorda!" ao lócus cerúleo, no tronco cerebral (fig. 6) que, por sua vez, libera a estimulante norepinefrina (noradrenalina) por todo o cérebro, ajudando a pessoa a se sentir alerta e mentalmente ativa. Repetimos: isso acontece em milionésimos de segundo.

Eis, então, o *divisor de águas* de todo o processo: o Sistema Nervoso Periférico Autônomo Simpático (SNS), a seu turno, envia sinais aos principais órgãos e grupos musculares do corpo, preparando-os para lutar ou fugir. O Sistema Endócrino, através do eixo hipotálamo-pituitário-adrenal (HPA), é acionado (fig. 7). Resultado: o hipotálamo (fig. 8) alerta a glândula pituitária ou hipófise (fig. 9), que é reguladora de todo o Sistema Endócrino, e ela, sem hesitar, libera o hormônio adrenocorticotrófico no sangue. Com o aumento nos níveis sanguíneos do ACTH (hormônio adrenocorticotrófico), as glândulas adrenais ou suprarrenais, localizadas uma sobre cada rim (fig. 10), liberam os dois hormônios do estresse na corrente sanguínea – o cortisol (fig. 11) e a adrenalina (fig. 12).[1]

A adrenalina aumenta o batimento cardíaco (para que o coração movimente mais sangue) e dilata as pupilas (para que os olhos recebam mais luz). O cortisol ACELERA as reações de estresse de duas maneiras CIRCULARES: I) faz o tronco cerebral estimular mais a amígdala cerebelar, que, por sua vez, estimula, NOVAMENTE, a ativação do SNS/HPA, produzindo, com isso, mais cortisol; segundo, o cortisol inibe a atividade do hipocampo, tirando os *freios* da amígdala cerebelar e aumentando ainda mais o cortisol.

Enquanto não houver a interrupção da ativação do SNS/HPA, sempre realizada pela amígdala cerebelar, a situação de estresse permanecerá, e a secreção do cortisol continuará, e poderá elevar a 20 vezes do seu nível basilar. Pois bem: ressaltamos que a exposição contínua ao cortisol, em períodos de estresse crônico, pode levar à disfunção e à morte dos neurônios do hipocampo. Resultado? O hipocampo começará a apresentar falhas em sua capacidade de controlar a liberação dos hormônios do estresse e de realizar suas funções de rotina.

Usamos o exemplo trivial de alguém caminhando em uma floresta, que avistou algo sinuoso no chão, e em sua representação mental, por não ter a certeza do que se tratava – um graveto ou uma cobra –, desencadeou processos por todo o corpo, pelo Sistema Nervoso Simpático (SNS) e pelo eixo hipotálamo-pituitário-adrenal (HPA) do Sistema Endócrino. Entretanto, a situação se estende a muitos acontecimentos de nossa vida material. Uma fechada no trânsito, a ansiedade, o medo, um comentário maldoso de alguém a nosso respeito, um pensamento perturbador (raiva, ciúme, inveja, ódio), a aproximação de um Espírito desencarnado sofredor ou vingativo, cujas ondas mentais interferem em nossos pensamentos e em nosso corpo astral, são algumas situações que geram a dor psicológica. E esta usa as mesmas redes neurais que a dor física.

Perguntar-se-ia: como interromper a ativação do SNS/HPA, se nas situações desfavoráveis (negativas) de nossa existência a amígdala cerebelar, bem mais rápida que o córtex pré-frontal, desencadeia as diversas reações já aqui apresentadas, sem que estejamos conscientes delas, isto é, sem que a percebamos? Dir-se-ia: é simples; no momento em que o córtex occipital enviar as representações mentais, AO MESMO TEMPO, para o hipocampo e para o córtex (lobo) pré-frontal, deixemos, por força *da* (e não *de*) vontade, que este último faça seu papel de análise da situação. Mas como deixar isso acontecer se a amígdala cerebelar, por sua própria natureza, age com mais rapidez que o córtex pré-frontal?

Em outras palavras: como *esfriar a cabeça* (através do córtex pré-frontal) se no instante em que nossas emoções (guardadas conosco no corpo astral, ou perispírito) afloram, a *cabeça esquenta* (através da amígdala cerebelar) rapidamente, como que por automatismo? Se bem observarmos, o córtex pré-frontal, por ser mais lenta a sua atividade límbica, sempre aparece depois que o processo SNS/HPA já foi desencadeado, e, com efeito, nossas atitudes menos dignas já foram desveladas. Melhor dizendo: o arrependimento (fruto de raciocínio do córtex pré-frontal) vem depois que as emoções emergem, através da amígdala cerebelar.

Posto isso, a mudança dos maus hábitos não acontece no instante em que a amígdala cerebelar ativa o SNS/HPA para dar vasão às emoções. Não há raciocínio nesse momento, e sim um desajuste emocional, apresentado sob manifestações de vária ordem. Da mesma maneira, não há mudança comportamental no momento em que o córtex pré-frontal é ativado, pois sua função é refletir, analisar, etc. E esse evento só acontece depois que percebemos ter *jogado fora o bebê com a água do banho*. Aí já é tarde demais!

Perguntar-se-ia: existe alguma maneira de INTERROMPER a atividade da amígdala cerebelar quando nossas emoções afloram nas mais adversas situações de nossa existência, deixando-nos sob o comando de impulsos sem controle? Não. INTERROMPER não é o verbo correto; podemos, sim, EVITAR que a amígdala cerebelar COMECE sua espontânea atividade de ativação do SNS/HPA. E como isso se faz? Ah! Essa resposta está mais à frente.

Sem mais nada digno de menção, sigamos a leitura.

Nota

1. Diz o Espírito Joanna de Ângelis, no livro *Conflitos existenciais*, capítulo VIII, que:

    O comportamento ansioso, não poucas vezes, é estimulado por descargas contínuas de adrenalina, o hormônio secretado pelas glândulas suprarrenais, que ativam a movimentação do indivíduo, parecendo vitalizá-lo de energias, que logo diminuem de intensidade. Por essa razão, algumas vezes torna-se loquaz, ativo, alternando movimentações que o mantenham em intenso trabalho, nem sempre produtivo, por falta de coordenação e direcionamento. Noutras ocasiões, sofreia a inquietação e atormenta-se em estado de mutismo, taciturno, mas interiormente ansioso, tumultuado. Quanto mais se deixa arrastar pela insatisfação do que faz, mais deseja realizar, não se fixando na análise das operações concluídas, logo desejando outros desafios e labores que não tem capacidade para atender conforme seria de desejar. Na sua turbulência comportamental, os indivíduos tornam-se, não raras vezes, exigentes e preconceituosos, agressivos e violentos, desejosos de impor a sua vontade contra a ordem estabelecida ou aquilo que consideram como errado e carente de reparação. Os seus relacionamentos são turbulentos, porque se desejam impor, não admitindo restrições à forma de conduta, nem orientação que os invite a uma mudança de comportamento. O quadro da ansiedade varia de um para outro indivíduo, embora as características sintomatológicas sejam equivalentes. Estressando-se com facilidade, em razão da falta de autoconfiança e de harmonia interna, o paciente tende a padecer transtornos depressivos, quase sempre de natureza bipolar, com graves ressonâncias nos equipamentos neuroniais.

OBSESSÃO

Eis que vos envio como ovelhas ao meio de lobos;
portanto, sede prudentes como as serpentes
e inofensivos como as pombas.

(Mt 10:16.)

Temos que dar destaque à obsessão – doença do século, ainda pouco considerada –, pois de permeio com muitos desses conflitos humanos estão as interferências espirituais variadas, gerando alterações do comportamento e da emoção de ampliados riscos e consequências.

Assim sendo, escrevemos este texto não somente para os espíritas. Aliás, todo o livro tem a proposta de atender àqueles que buscam o conhecimento embasado nas leis naturais, sejam eles católicos, protestantes (evangélicos), budistas, hinduístas, teosofistas, muçulmanos, etc. Sem nos estendermos muito, iremos fazer um esboço superficial sobre a obsessão, e aos interessados mais percucientes, pedimos o estudo de quatro obras da Codificação Espírita – *O Livro dos Espíritos, O Livro dos Médiuns, O Evangelho Segundo o Espiritismo* e *A Gênese*. Ademais, convidamos o leitor a buscar obras complementares, que, por sua vez, trazem, em detalhes e com exemplos notáveis, o *modus operandis* do fenômeno obsessivo.[1]

Infelizmente, nos acostumamos a achar que fenômeno é tudo quanto é extraordinário, raro, surpreendente, maravilhoso, prodigioso e, pasmem, sobrenatural. Não desdenhamos que a palavra *fenômeno* tem também esse sentido, como se pode ver nos dicionários. Porém, tudo que acontece ou pode ser observado é um fenômeno. Exemplos: a chuva é um fenômeno, o pôr do sol, o calor, o frio, o crescimento das plantas, o nascimento das crianças, a morte, a vida, a dor, a alegria, e, inclusive, a obsessão, conforme iremos tratar neste texto.

Para conceituar obsessão usaremos as declarações exaradas pelo insigne Codificador do Espiritismo Allan Kardec. Vejamos:

> [...] Ação persistente que um Espírito mau exerce sobre um indivíduo. (*O Evangelho Segundo o Espiritismo*, cap. XXVIII, item 81.)
>
> [...] Ação persistente que um Espírito mau exerce sobre um indivíduo. (*A Gênese*, cap. XIV, item 45.)
>
> [...] Na obsessão há sempre um Espírito malfeitor. (*A Gênese*, cap. XIV, item 48.)

É de se notar que para haver uma obsessão, primeiramente o Espírito tem que AGIR. Se ele ficar na inação, apenas ao redor de sua suposta vítima, não se caracteriza uma obsessão. Exemplo: um médium vidente pode ver um Espírito de baixa frequência vibratória, de cor tétrica, sorumbático (carrancudo, sombrio), vulpino (astuto, traiçoeiro), ao lado (junto) de alguém. Se nada ele estiver fazendo para prejudicar a tal pessoa, não há processo obsessivo. Ademais, a ação do suposto obsessor não pode ser executada apenas uma vez, mas sim várias vezes, porque precisa ser PERSISTENTE.

Não olvidamos, porém, que a presença de um obsessor em um recinto doméstico afeta a vida dos seus moradores, mesmo que ele NÃO deseje MOLESTAR ninguém em particular. Suas vibrações, poluídas pela inferioridade dos sentimentos; seus pensamentos, contaminados pelo desamor, agem como cáusticos sobre as vibrações dos moradores, e daí os malefícios verificados, que podem causar longa série de distúrbios, desde a desavença entre os familiares, a angústia, a depressão, etc.

Quanto à palavra *malfeitor* ou *Espírito mau*, o próprio Codificador nos confirma que pode ser a criatura que cause danos, cometa crimes condenáveis, e, embora nós saibamos que foi pela ignorância da Lei Divina, já que o mal é a ausência do bem, pode acontecer que o *Espírito inferior* não tenha tido a intenção de cometê-los.

Vejamos, a seguir, as palavras do mestre lionês:

> Entre os escolhos que apresenta a prática do Espiritismo, cumpre se coloque na primeira linha a obsessão, isto é, o domínio que alguns Espíritos logram adquirir sobre certas pessoas. Nunca é praticada senão pelos Espíritos inferiores, que procuram dominar. (*O Livro dos Médiuns*, cap. XXIII, item 237.)
>
> Há Espíritos obsessores sem maldade, que alguma coisa mesmo denotam de bom, mas dominados pelo orgulho do falso saber. Têm suas ideias, seus sistemas sobre

as ciências, a economia social, a moral, a religião, a filosofia, e querem fazer que suas opiniões prevaleçam. Para esse efeito, procuram médiuns bastante crédulos para os aceitar de olhos fechados e que eles fascinam, a fim de os impedir de discernirem o verdadeiro do falso. São os mais perigosos, porque os sofismas nada lhes custam e podem tornar cridas as mais ridículas utopias. (*O Livro dos Médiuns*, cap. XXIII, item 246.)

Sem apresentarem caráter epidêmico, as obsessões individuais são muitíssimo frequentes e se apresentam sob os mais variados aspectos, que, entretanto, por um conhecimento amplo do Espiritismo, facilmente se descobrem. Podem, não raro, trazer consequências danosas à saúde, seja agravando afecções orgânicas já existentes, seja ocasionando-as. Um dia, virão a ser, incontestavelmente, arroladas entre as causas patológicas que requerem, pela sua natureza especial, especiais meios de tratamento. Revelando a causa do mal, o Espiritismo rasga nova senda à arte de curar e fornece à ciência meio de alcançar êxito onde até hoje quase sempre vê malogrados seus esforços, pela razão de não atender à primordial causa do mal. (*A Gênese*, cap. XV, item 35.)

No livro *Dramas da Obsessão*, capítulo V, psicografia de Yvonne do Amaral Pereira, através de Bezerra de Menezes (Espírito), também encontramos casos de obsessão em que o Espírito desencarnado influencia o encarnado não por vindita. Vejamos:

[...] Existem, outrossim, as paradoxais obsessões por amor. Exercem estas, algumas vezes, perseguições igualmente seculares, quando uma das duas partes interessadas perjurou, falindo nos deveres de fidelidade. Tão cruéis e execráveis se apresentam esses tipos de obsessão por amor ferido e despeitado, quanto o são os motivados pelo ódio, e então grandes dramas, dignos de estudo e comentários, se verificam nas sociedades terrena e espiritual, por meio de situações agitadas, infelizes, que somente o amor de Deus suavizará.

Por que há Espíritos inferiores que se comprazem em nos induzir ao mal? Foi o que Allan Kardec questionou aos benfeitores espirituais. A resposta foi esta:

Pelo despeito que lhes causa o não terem merecido estar entre os bons. O desejo que neles predomina é o de impedirem, quanto possam, que os Espíritos ainda inexperientes alcancem o supremo bem. Querem que os outros experimentem o que eles próprios experimentam. Isso não se dá também entre vós outros? (*O Livro dos Espíritos*, perg. 281.)

E mais à frente, o mestre lionês faz três perguntas seguindo o mesmo contexto da anterior:

Com que fim os Espíritos imperfeitos nos induzem ao mal? Para que sofrais como eles sofrem. (*O Livro dos Espíritos*, perg. 465.)

E isso lhes diminui os sofrimentos? Não; mas fazem-no por inveja, por não poderem suportar que haja seres felizes. (*O Livro dos Espíritos*, perg. 465[a].)

De que natureza é o sofrimento que procuram infligir aos outros? Os que resultam de ser de ordem inferior a criatura e de estar afastada de Deus. (*O Livro dos Espíritos*, perg. 465[b].)

Diz León Denis:

[...] O Espírito desencarnado acha-se, além da morte, tal como ele próprio se fez durante sua estada neste mundo. Nem melhor nem pior. Para domar uma paixão, corrigir uma falta, atenuar um vício é, algumas vezes, necessária mais de uma existência. Daí resulta que, na multidão dos Espíritos, os caracteres sérios e refletidos estão, como na Terra, em minoria, e os Espíritos levianos, amantes de coisas pueris e vãs, formam numerosas legiões.

[...] Sabemos, entretanto, que esse mundo oculto reage constantemente sobre o mundo corpóreo. Os mortos influenciam os vivos, os guiam e inspiram à vontade. Os Espíritos atraem-se em razão de suas afinidades. Os que despiram as vestes carnais assistem os que ainda estão com elas. Estimulam-nos no caminho do bem; porém, mais vezes ainda, nos impelem ao do mal. (*Depois da Morte*, Terceira Parte, cap. XXVI.)

Há alguns **sinais vermelhos** de alarme no caminho da experiência, indicando queda possível na obsessão. Essas advertências aparecem quando:

- entramos na faixa da impaciência;
- supomos que o nosso trabalho está sendo excessivo;
- imaginamos maldade nas atitudes dos companheiros;
- comentamos o lado menos feliz dessa ou daquela pessoa;
- passamos a ver a ingratidão dos amigos;
- acreditamos que a nossa dor é a maior; reclamamos apreço ou reconhecimento;
- julgamos que o dever é apenas dos outros.

A **causa da obsessão** decorre de vários fatores. De forma anacrônica, os mais frequentes são:

- problemas reencarnatórios;
- tendências viciosas;
- egoísmos excessivos;
- ambições desmedidas;
- futilidade;
- vaidade exagerada;
- apego ao dinheiro;
- ódio, ciúme, sentimento de vingança. Essas disposições atraem Espíritos afins que envolvem o Humano Ser, aceitando-os como companheiros invisíveis.

Os **tipos de obsessão** podem ocorrer entre:

- entre desencarnado para encarnado (o mais comum);
- entre encarnado para desencarnado;
- entre desencarnado para desencarnado;
- entre encarnado para encarnado;
- auto-obsessão: intrapsíquica (anímico), cujas consequências acarretam as psicopatias de vária ordem.

O Espiritismo nos ensina que a obsessão apresenta **três graus principais bem caracterizados:**[2]

> A obsessão simples, a fascinação e a subjugação. No primeiro, o médium [ou qualquer pessoa] tem perfeita consciência de que não obtém nada de bom e não se ilude sobre a natureza do Espírito que se obstina em se manifestar por ele e do qual tem o desejo de se desembaraçar. Esse caso não oferece nenhuma gravidade: não é senão um simples desgosto, e o médium a ele cede por deixar momentaneamente de escrever. O Espírito, cansando-se de não ser escutado, acaba por se retirar. (Allan Kardec, *O Que é o Espiritismo*, cap. II item 71.)

Na fascinação a coisa é bem mais diversa. Para chegar a tais fins é preciso que o Espírito seja extremamente ardiloso e profundamente hipócrita, porque não pode operar a mudança e fazer-se acolhido senão por meio da máscara que toma e de um falso aspecto de virtude. Os grandes termos *caridade, humildade* e *amor* a Deus lhes servem como carta de crédito; contudo, o Espírito SEMPRE deixa passar sinais de inferioridade, que só o fascinado é incapaz de perceber.

Por isso, o que o fascinador mais teme são as pessoas que veem claro. Daí o consistir a sua tática, quase sempre, de inspirar o seu intérprete de afastamento de quem quer que lhe possa abrir os olhos, **levando-o à logicidade**.

Ensina Kardec, que:

> [...] A fascinação obsessiva é muito mais grave, no sentido de que o médium se ilude completamente. O Espírito que o domina ganha sua confiança ao ponto de paralisar seu próprio julgamento na análise das comunicações e lhe faz achar sublimes as coisas mais absurdas.
>
> O caráter distintivo desse gênero de obsessão é de provocar nos médiuns [ou em quaisquer indivíduos] uma excessiva suscetibilidade; de levá-lo a não achar bom, justo e verdadeiro senão o que ele escreve, a repelir e mesmo tomar pelo lado mau todo conselho e toda observação crítica; a romper com seus amigos antes de convir que está enganado; a ter inveja de outros médiuns, cujas comunicações são julgadas melhores que as suas; a querer se impor nas reuniões espíritas, das quais se afasta quando não pode aí dominar. Chega, enfim, a sofrer uma tal dominação, que o Espírito pode compeli-lo aos meios mais ridículos e os mais comprometedores.
>
> Um dos caracteres distintivos dos maus Espíritos é de se imporem; eles dão ordens e querem ser obedecidos. Os bons não se impõem jamais; eles dão conselhos e se não são escutados, se retiram. Disso resulta que a impressão dos maus Espíritos é quase sempre penosa, fatigante, e produz uma espécie de mal-estar; frequentemente ela provoca uma agitação febril, movimentos bruscos e irregulares. A impressão dos bons Espíritos, ao contrário, é calma, doce, e proporciona um verdadeiro bem-estar. (Allan Kardec, *O Que é o Espiritismo*, cap. II item 71.)

E diz mais:

> [...] É o caso da fascinação, infinitamente mais rebelde do que a mais violenta subjugação. (Allan Kardec, *O Evangelho Segundo o Espiritismo*, cap. XXVIII, item 81.)

Muitas personalidades históricas foram fascinadas, e, com efeito, cometeram atos nefastos. Nabucodonosor II (642-562 a.C.), Rei da Caldeia (Sul da Mesopotâmia – Babilônia), entre 605 e 567 a.C., obsidiado, foi perturbado por Espíritos vingadores, e experimentou tormentos inomináveis, descendo à misérrima condição de animal.

Tibério (42 a.C.-37), Imperador Romano entre os anos 14 e 37, de mente dirigida por Espíritos impiedosos, atingiu alto índice de crueldade, pela desconfiança exacerbada, insuflada pelos adversários desencarnados.

Nero (37-68), Imperador Romano entre os anos 54 e 68, tristemente celebrizado, após uma existência de loucuras, avassalado por cruéis inimigos do além-túmulo, não poucas vezes em desdobramentos espirituais, reencontrou a mãe Agripina Menor (15-59) e a esposa Cláudia Octávia (40-62), que foram assassinadas por sua ordem, pressagiando-lhe o termo doloroso.

E a subjugação, em que ocorre o domínio completo do Espírito sobre o médium (ou qualquer indivíduo)? O Humano Ser fica com a vontade paralisada, e ainda que deseje repelir a influência do Espírito sobre si, não consegue. A criatura humana abdica inteiramente da sua vontade, ainda que não o queira.

Vejamos que o Codificador se utiliza do verbo *constranger*, referente à subjugação:

> A subjugação obsessiva, designada outrora sob o nome de possessão, é um **constrangimento físico** sempre exercido por Espíritos da pior espécie e que pode ir até a neutralização do livre-arbítrio. Ela se limita, frequentemente, a simples impressões desagradáveis, mas provoca, algumas vezes, movimentos desordenados, atos insensatos, crises, palavras incoerentes ou injuriosas, as quais aquele que dela é objeto compreende por vezes todo o ridículo, mas da qual não pode se defender-se. Esse estado difere essencialmente da loucura patológica, com a qual se confunde erradamente, porque não há nenhuma lesão orgânica; a causa sendo diferente, os meios curativos devem ser outros. Aplicando-lhe o procedimento ordinário das duchas e dos tratamentos corporais, chega-se, muitas vezes, a determinar uma verdadeira loucura, aí onde não havia senão uma causa moral. (Allan Kardec, *O Que é o Espiritismo*, cap. II, item 73.)

Em *O Livro dos Espíritos*, na pergunta 473, Kardec questiona se um Espírito pode TOMAR temporariamente o invólucro corporal de uma pessoa viva, isto é, introduzir-se num corpo animado e obrar em lugar do outro que se acha encarnado nesse corpo. Eis, abaixo, a resposta dos Benfeitores espirituais:

> O Espírito não entra em um corpo como entras numa casa. **Identifica-se com um Espírito encarnado**, cujos defeitos e qualidades sejam os mesmos que os seus, a fim de obrar conjuntamente com ele. Mas, o encarnado é sempre quem atua, conforme quer, sobre a matéria de que se acha revestido. Um Espírito não pode

substituir-se ao que está encarnado, por isso que este terá que permanecer ligado ao seu corpo até o termo fixado para sua existência material.

Em *O Livro dos Médiuns*, no capítulo XXIII, item 240, Kardec repete o verbo colocado na obra *O Que é o Espiritismo*, e diz que:

> [...] Na subjugação moral, o médium é **constrangido** a tomar atitudes absurdas, como se estivesse privado do seu próprio senso crítico. É uma espécie de fascinação. Na subjugação física, o obsessor atua sobre os órgãos materiais e provoca movimentos involuntários... obrigando a sua vítima a gestos de lamentável ridículo.

No mesmo capítulo, mas no item seguinte (241), o Codificador deixa claro que o termo *subjugação*, e não *possessão*, exprime melhor a ideia desse grau de obsessão, inclusive afirmando que não há possessão, conforme se conhece vulgarmente. Vejamos:

> Dava-se outrora o nome de possessão ao império exercido por maus Espíritos, quando a influência deles ia até à aberração das faculdades da vítima. A possessão seria, para nós, sinônimo da subjugação. Por dois motivos deixamos de adotar esse termo: primeiro, porque implica a crença de seres criados para o mal e perpetuamente votados ao mal, enquanto que não há senão seres mais ou menos imperfeitos, os quais todos podem melhorar-se; segundo, porque implica igualmente a ideia do apoderamento de um corpo por um Espírito estranho, de uma espécie de coabitação, ao passo que o que há é apenas **constrangimento**. A palavra *subjugação* exprime perfeitamente a ideia. Assim, para nós, não há possessos, no sentido vulgar do termo; há somente obsidiados, subjugados e fascinados.

Na *Revista Espírita* de dezembro de 1862, Kardec volta a utilizar o verbo *constranger* para explicar a subjugação:

> [...] É o paradoxismo da subjugação, que se chama vulgarmente possessão. Há a se anotar que, nesse estado, o indivíduo, frequentemente, tem a consciência de que o que faz é ridículo, mas é **constrangido** a fazê-lo, como se um homem, mais vigoroso do que ele, lhe fizesse mover, contra a sua vontade, seus braços, suas pernas e sua língua. Eis um exemplo curioso.

No ano seguinte, na *Revista Espírita* de maio de 1863, o Codificador volta a negar a possessão, e se utiliza do verbo *constranger* como característica principal da subjugação:

[...] Está na natureza desses Espíritos serem antipáticos à religião. [...] E exprimem esses sentimentos pela boca de suas vítimas, verdadeiros médiuns inconscientes que estão estritamente na verdade quando dizem não serem senão ecos; o paciente está reduzido a um estado passivo; está na situação de um homem abatido por um inimigo mais forte, que o **constrange** a fazer a sua vontade; o eu do Espírito estranho neutraliza momentaneamente o eu pessoal; **há subjugação obsessional, e não possessão**.

Mas o mestre lionês muda de opinião, demonstrando sua singular humildade, e a expressa na *Revista Espírita* de dezembro de 1863, assim dizendo:

Dissemos que não havia possessos no sentido vulgar da palavra, mas subjugados; retornamos sobre essa afirmação muito absoluta, porque nos está demonstrado agora que **pode ali haver possessão verdadeira**, quer dizer, substituição, parcial no entanto, de um Espírito errante ao Espírito encarnado

A partir de então, Kardec não mais distingue os vocábulos *subjugação* e *possessão*. Vejamos:

[...] Em uma palavra, é o que o Espiritismo designa sob o nome de obsessão, levada ao mais alto grau, quer dizer, de **subjugação e possessão**. As crises são os efeitos consecutivos; a causa é o ser obsessor; é, pois, sobre este ser que é preciso agir, como nas convulsões ocasionadas pelos vermes, age-se sobre os vermes. (*Revista Espírita* de agosto de 1864.)

Necessário se torna esse socorro quando a obsessão degenera em **subjugação e em possessão**, porque nesse caso o paciente não raro perde a vontade e o livre-arbítrio. (*A Gênese*, cap. XIV, item 46.)

Na possessão, em vez de agir exteriormente, o Espírito atuante se substitui, por assim dizer, ao Espírito encarnado; toma-lhe o corpo para domicílio, sem que este, no entanto, seja abandonado pelo seu dono, pois que isso só se pode dar pela morte. A possessão, conseguintemente, é sempre temporária e intermitente, porque um Espírito desencarnado não pode tomar definitivamente o lugar de um encarnado, pela razão de que a união molecular do perispírito e do corpo só se pode operar no momento da concepção. De posse momentânea do corpo do encarnado, o Espírito se serve dele como se seu próprio fosse: fala pela sua boca, vê pelos seus olhos, opera com seus braços, conforme o faria se estivesse vivo. Não é como na mediunidade falante, em que o Espírito encarnado fala transmitindo o pensamento de um desencarnado; no caso da possessão é mesmo o último que fala e obra; quem o haja conhecido em vida, reconhece-lhe a linguagem, a voz, os gestos e até a expressão da fisionomia. (*A Gênese*, cap. XIV, item 47.)

Na obsessão há sempre um Espírito malfeitor. Na possessão pode tratar-se de um Espírito bom que queira falar e que, para causar maior impressão nos ouvintes, toma do corpo de um encarnado, que voluntariamente lho empresta, como emprestaria seu fato a outro encarnado. Isso se verifica sem qualquer perturbação ou incômodo, durante o tempo em que o Espírito encarnado se acha em liberdade, como no estado de emancipação, conservando-se este último ao lado do seu substituto para ouvi-lo. (*A Gênese*, cap. XIV, item 48.)

À subjugação, quando no paroxismo, é que vulgarmente dão o nome de possessão. (*Obras Póstumas*, 1.ª parte, § VII, item 56.)

Com a informação desse penúltimo texto, pode-se concluir **que toda subjugação é uma possessão, mas nem toda possessão é uma subjugação.**

Notas

1. Sugerimos a leitura das obras dos Espíritos André Luiz, pela mediunidade de Francisco Cândido Xavier; Manoel Philomeno de Miranda, pela mediunidade de Divaldo Pereira Franco; e Bezerra de Menezes, pela psicografia de Yvonne do Amaral Pereira.
2. O termo *médium*, muito utilizado por Allan Kardec, quando aborda o tema *obsessão*, dá-se porque era um campo experimental para o Codificador. Nesse laboratório espiritual, principalmente na elaboração de *O Livro dos Médiuns*, eram justamente os médiuns que se encontravam com ele, as cobaias nessa missão inusitada de observação para que uma ciência pudesse ser solidificada. Hoje, porém, sabemos que a obsessão sempre pululou em todos os lugares, em todos os ambientes, em todas as pessoas, sem discriminação de raça, cor, nível social ou moral. O objetivo desta nota é para que o leitor saiba que manteremos, na íntegra, o termo *médium* conforme o mestre lionês utilizou, ainda que pese sabermos que tal vocábulo serve para qualquer pessoa que, não necessariamente, tenha que possuir a faculdade mediúnica.

O OBSESSOR E SUA VÍTIMA

Sede sóbrios, vigiai.
O vosso adversário, o Diabo,
anda em derredor, rugindo como leão,
e procurando a quem possa tragar.

(I Carta de Pedro 5:8.)

Allan Kardec argui em *O Evangelho Segundo o Espiritismo*, capítulo XXVIII, item 16, que:

Os maus Espíritos somente procuram os lugares onde encontrem possibilidades de dar expansão à sua perversidade. Para os afastar, não basta pedir-lhes, nem mesmo ordenar-lhes que se vão; é preciso que o homem elimine de si o que os atrai. Os Espíritos maus farejam as chagas da alma como as moscas farejam as chagas do corpo. Assim como se limpa o corpo, para evitar a bicheira, também se deve limpar de suas impurezas a alma, para evitar os maus Espíritos.

Menciona León Denis:

[...] Os obsessores atacam de preferência os homens levianos que descuram das questões morais e que em tudo procuram o prazer ou o interesse.

Laços cuja origem remonta às existências anteriores unem quase sempre os obsidiados aos seus perseguidores invisíveis. A morte não apaga as nossas faltas nem nos livra dos inimigos. Nossas iniquidades recaem, através dos séculos, sobre nós mesmos, e aqueles que as sofreram perseguem-nos, às vezes, com seu ódio e vingança, de além-túmulo. Assim o permite a justiça soberana. Tudo se resgata, tudo se expia. O que, nos casos de obsessão e de possessão, parece anormal, iníquo muitas vezes não é senão a consequência das espoliações e das infâmias praticadas no obscuro passado. (*Depois da Morte*, Terceira Parte, cap. XXVI.)

Ensina-nos o Espírito Manoel Philomeno de Miranda, na obra *Grilhões Partidos*, na *Prolusão*, item 2, que o obsessor:

> [...] Perdendo a indumentária fisiológica, mas não o uso da razão – embora normalmente deambulando na névoa da inconsciência, com os centros de discernimento superior anestesiados pelos vapores das dissipações e loucuras a que se entregou –, imanta-se por processo de sintonia psíquica ao aparente verdugo, conservando no íntimo as matrizes da culpa, que constituem verdadeiros plugues para a sincronização perfeita entre a mente de quem se crê dilapidado e a consciência dilapidadora, gerando, então, os pródromos do que mais tarde se transformará em psicopatia obsessiva, a crescer na direção infamante de subjugação irreversível...

O obsessor, na verdade, é alguém colhido na própria aflição. Ex-transeunte do veículo somático, experimentou injunções que o tornaram revel, guardando nos recessos da alma as aflições acumuladas de que não se conseguiu libertar após o desencarne. Sem dúvida, vítima de si mesmo, da própria incúria e invigilância, pois não exerceu o perdão, transferiu a responsabilidade de seu insucesso para outra pessoa que deve repousar sobre ombros pessoais, como consequência das atitudes infelizes a que cada um se fez solitário.

Somente existem obsidiados e obsessões porque há endividados espirituais, facultando a urgência da reparação das dívidas. Como ninguém se liberta da conjuntura da consciência culpada, já que onde se encontra o devedor aí se encontra a dívida, e, logo depois, o cobrador. Sendo assim, consideremos os irmãos menos avisados, que nos cobram um passado de erros (por terem sido vítimas de nossa incúria), como **presentes divinos**, porquanto são eles que nos conhecem verdadeiramente, e, com efeito, são capazes, sempre com o auxílio do nosso Espírito Protetor, de mexer com nossas estruturas psíquicas desajustadas, e que precisam ser estruturadas. Ora, somos Espíritos endividados com Lei Divina. Não esqueçamos essa máxima.

Alertou Allan Kardec que:

> Na obsessão, o Espírito atua exteriormente, com a ajuda do seu perispírito, que ele identifica com o do encarnado, ficando este afinal enlaçado por uma como teia e constrangido a proceder contra a sua vontade. (*A Gênese*, cap. XIV, item 47.)

Os nossos afetos invisíveis do pretérito procuram interferir negativamente em nossos justos anseios espirituais do presente. De todas as formas eles buscarão se insinuar em nossos caminhos, impedindo a nossa desvinculação mental com o passado. Pela afinidade natural que conosco estabeleceram em experiências pregressas, lograrão fácil acesso ao nosso psiquismo, articulando aos nossos ouvidos inaudíveis palavras de desalento. Praticamente sem tréguas, insistirão conosco da descrença, armando-nos o espírito contra os companheiros que vos têm concitado a renovação. Não raro, prepararão instrumentos para nossa queda no rol de nossas afeições mais íntimas.

É fácil diagnosticar uma obsessão. O seu tratamento é mais difícil. Faz-se necessário esclarecer o perseguidor que se encontra semilouco, e educar aquele que lhe sofre a pressão, a fim de que se rompam os vínculos que os imanam. Não olvidemos que há casos em que o obsidiado não pode agir por vontade própria; apesar disso, aos primeiros sinais de melhora, resultante do auxílio que recebe, soa-lhe o momento de realizar a sua parte, que é sempre a mais importante. **A prece sincera acalma a situação; no entanto, só a renovação íntima do obsidiado interrompe a constrição danosa.**

Aqui vão algumas dicas, a fim de habilitar a uma defesa contra as trevas espirituais que perseguem o obsidiado: doutrinar e evangelizar a língua maledicente; os olhos maliciosos; os pensamentos de sensualidade; a palavra caluniosa; os atos de egoísmo e orgulho; as atitudes de ingratidão; os impulsos de agressão e cólera; a preguiça; o mau humor; educação do pensamento; repressão aos desejos menos discretos; renovação dos hábitos diários, se estes não condissessem com a harmonia divina; projeção das ideias no sentido do bem e do sublime, à procura do Ser divino e da sua essência dentro de si mesma; leituras moralizadoras e recreativas que instruam para a vida prática; o estudo sobre a natureza, para que a criatura se sinta agradavelmente unida à Criação.

Diz o Espírito Vianna de Carvalho, no livro *Médiuns e Mediunidade*, capítulo XVI, que:

> [...] Pessoa alguma está indene a padecer de agressões obsessivas, cabendo a todos a manutenção dos hábitos salutares, da vigilância moral e a oração mediante as ações enobrecedoras, graças às quais adquirem resistências e defesas para o enfrentamento com as mentes doentias e perversas que pululam na erraticidade inferior e se opõem ao progresso do homem, portanto da humanidade. Mesmo Jesus, Médium Superior e Irretocável, viu-se a braços com obsessores, obsediados e tentações promovidas por mentes perversas do além-túmulo, para os quais a Sua foi sempre a atitude de amor, energia e caridade, encaminhados ao Pai, de Quem procedem todas as mercês e dádivas.

Sendo assim:

[...] Perante os obsidiados aplique a paciência e a compreensão, a caridade da boa palavra e do passe, o gesto de simpatia e cordialidade; todavia, a pretexto de bondade não concorde com erro a que ele se afervora, nem com a preguiça mental em que se compraz ou mesmo com a rebeldia constante em que se encarcera. Ajude-o quanto possa; no entanto, insista para que ele se ajude, contribuindo para com a ascensão do seu próprio espírito, auxiliar aquele outro ser que, ligado a ele por imposição da Justiça Divina, tem imperiosa necessidade de evoluir também. (Manoel Philomeno de Miranda, *Nos Bastidores da Obsessão*, cap. *Perante os Obsidiados*.)

Caro leitor. Quando o indivíduo procura sua renovação íntima, ajuda, naturalmente, o Espírito que o persegue. Eis aí a verdadeira caridade – anônima e silenciosa.

Diz o Espírito Joanna de Ângelis, no livro *Messe de Amor*, capítulo VI:

[...] Possivelmente não os conheces, não os vês, não os ouves, não são do teu círculo. Mas não os ignora.
Conhecê-los-ás, através da Revolução Espírita que te falou deles, os atormentados de além-túmulo, nossos irmãos desencarnados sofredores.
Medita quanto à alegria que experimentarias se, no lugar deles, encontrasses alguém que oferecesse o vaso fisiopsíquico para tua libertação, e faze, então, o que gostarias que fizessem por ti, exercitando-te, desde hoje, na prática dessa caridade difícil e algo ignorada, que os olhos do mundo não veem nem a gratidão dos amigos recompensa com o suborno do reconhecimento precipitado ou da bajulação dispensável, na certeza de que Jesus, que nos ama desde há milênios até hoje, não se cansa de alongar Sua inefável misericórdia e Seu amor até o abismo de inferioridade em que nos detemos...

O mais interessante, nessa caridade aos invisíveis, é que jamais estamos desamparados pelos benfeitores espirituais. Nas perseguições dos inimigos extrafísicos, a ação deles sempre se realiza com o conhecimento dos nossos guias amorosos e esclarecidos, já que:

As chamadas atuações do plano invisível, de qualquer natureza, não se verificam à revelia de Jesus e de seus prepostos, mentores do homem na sua jornada de experiências para o conhecimento e para a luz. As perseguições de um inimigo invisível têm um limite e não afetam o seu objeto senão na pauta de sua necessidade própria, porquanto, sob os olhos amoráveis dos vossos guias do plano superior, todos esses movimentos têm uma finalidade sagrada, como a de ensinar-vos a fortaleza moral, a tolerância, a paciência, a conformação, nos mais sagrados imperativos da fraternidade e do bem. (Emmanuel, *O Consolador*, perg. 159.)

O Espírito Bezerra de Menezes, através da mediunidade de Yvonne do Amaral Pereira, no livro *Recordações da Mediunidade*, capítulo *O Complexo Obsessão*, tece receitas infalíveis para que os médiuns (em verdade, qualquer pessoa) se livrem das investidas dos irmãos desencarnados menos felizes. Vejamos:

[...] O próprio médium [ou qualquer um], a sós consigo e suas leituras e preces, muito poderá contribuir para a conversão do Espírito endurecido, pois os seus exemplos e o amor que por ele demonstrar cativá-lo-ão, e ele se tornará um amigo e daí a aceitar os conselhos sugeridos a distância será menor. Mas para atingir tal possibilidade serão necessários ao médium, por sua vez, muitas renúncias e reformas pessoais, fé inquebrantável, assistência espiritual comprovada e segura e a possibilidade de permanecer em condições vibratórias, mentais e físicas satisfatórias, constantemente, diariamente, e não apenas nos momentos em que se sentar à mesa da comunhão com o Invisível para o desempenho do seu sagrado mandato. Pois do elevado e criterioso desempenho dos médiuns depende o êxito das reuniões espíritas em geral e das curas das obsessões em particular.

Diz o Espírito André Luiz que:

[...] Ninguém necessita, portanto, aguardar reencarnações futuras, entretecidas de dor e lágrimas, em ligações expiatórias, para diligenciar a paz com os inimigos trazidos do pretérito, porque, pelo devotamento ao próximo e pela humildade realmente praticada e sentida, é possível valorizar nossa frase e santificar nossa prece, atraindo simpatias valiosas, com intervenções providenciais, em nosso favor. É que, em nos reparando transfigurados para o melhor, os nossos adversários igualmente se desarmam para o mal, compreendendo, por fim, que só o bem será, perante Deus, o nosso caminho de liberdade e vida. (*Evolução em Dois Mundos*, cap. XV.)

O Espírito Manoel Philomeno de Miranda, na obra *Trilhas da Libertação*, capítulo *Gênio das Trevas*, traz uma colaboração quanto ao processo de cura da obsessão. Vejamos:

[...] Quando as criaturas despertarem para a compreensão dos fenômenos profundos da vida, sem castração ou fugas, sem ganchos psicológicos ou transferências, romper-se-ão as algemas da obsessão na sua variedade imensa, ensejando o encontro do ser com a sua consciência, o descobrimento de si mesmos e das finalidades da existência corporal no mapa geral da sua trajetória eterna.

O Espírito Vianna de Carvalho, no livro *Reflexões Espíritas*, no capítulo *Flagelos Obsessivos*, também se esmera em nos mostrar atitudes positivas para que a obsessão cesse. Diz ele que:

[...] A irrestrita confiança em Deus deve constituir o ponto principal da terapia libertadora. A seguir, a conduta moral esclarecida e saudável, para melhorar o padrão vibratório do paciente que se desloca das injunções do seu perseguidor. A paciência, que irrita aquele que se compraz no constrangimento e na desdita do ser perseguido; a oração e a leitura edificante que ampliam para melhor painéis da mente, arrancando a ideia obsidente e extravagante, à qual a pessoa parece ter prazer de entregar-se, em razão de as suas resistências se apresentarem fragmentadas. Ainda como recomendação terapêutica, nunca deve se esquecer no trabalho do bem.

Vale notar que os obsidiados que se libertam de seus perseguidores, nas **narrativas evangélicas** – expulsão dos Espíritos na província dos gadarenos (Mc 5:2-13); a cura do cego e do mudo não de nascença (Mt 12:22-30); quando Jesus é chamado de Belzebu e cura os demônios (Mc 3:22-27, Lc 11:14-23); a cura da filha da mulher cananeia (Mt 15:21-28) –, eram os que já aspiravam pelo encontro com o Senhor, exaustos da vivência desregrada. Estavam fundidos, pela esperança, com climas mentais depurados. Bastava, assim, que os fluidos de Jesus rompessem com os liames que o acorrentavam à espiritualidade inferior, para tomarem as rédeas do próprio destino.

Com propriedade, diz o Espírito Joanna de Ângelis que:

[...] [Jesus] não libertou, no entanto, os obsidiados sem lhes impor a necessidade de renovação e paz, por meio das quais encontrariam o lenitivo da reparação da consciência maculada pelas infrações cometidas. Nem expulsou, desapiedadamente, os cobradores inconscientes. Antes entregou-os ao Pai, a Quem sempre exortava proteção, em inigualável atitude de humildade total. (...) Enérgico ou meigo, austero ou gentil, cônscio da Sua missão, ensinou que a terapêutica mais poderosa contra obsessões e desgraças é a do amor, pela vivência da caridade, da renúncia e da autossublimação. (*Estudos Espíritas*, cap. CXLVIII.)

Malgrado, salientamos que:

[...] A maioria desses obsessores, se bem que se retirem da faixa vibratória do seu desafeto, nem por isso o abandonam definitivamente. Permanecem em observação, vigiando suas ações diárias, seus sentimentos na vida cotidiana. Se o obsidiado emenda-se dos próprios defeitos, progredindo em moral, depurando os pensamentos, aperfeiçoando o coração para a prática do bem, o obsessor, sem forças de ação, porquanto o outro se afinou com a luz, acaba por deixá-lo completamente, indo ao ponto de respeitá-lo e envergonhar-se do que fez contra ele. Se, porém, não houve reforma alguma e o obsidiado permanece no indiferentismo, ou volta a mostrar as mesmas imperfeições que o afinaram com o seu perseguidor, este tornará a segui-lo e, então, o faz com redobrada violência, quando não se acompanha de comparsas que o ajudam a exercer a maléfica influência. Segue-se daí que a observação e a prática demonstram que, em grande número de casos, o obsidiado é o principal curador de si mesmo, e que, se ele próprio não exercer a vontade soberana de corrigir as próprias tendências más, a cura tornar-se-á difícil e mesmo impossível. Além do mais, comumente, ainda, a obsessão arrasta um complexo tormentoso, difícil de ser superado: é que ela é, frequentemente, a expiação de erros e crimes praticados em existências remotas, quando vítimas ou desafetos de outras épocas vingam ofensas graves então recebidas. E como o obsidiado envolveu-se nessa faixa criminosa, sem procurar dela afastar-se, renovando-se para o amor de Deus e o progresso de si mesmo, torna-se joguete do malefício próprio e alheio e tudo então pode acontecer, até mesmo o suicídio, suprema desgraça de um obsidiado, suprema desgraça para um obsessor, cuja responsabilidade é grave perante as Leis de Deus. (Charles, *O Drama da Bretanha*, cap. VI.)

Caro leitor. Uma coisa é certa: os desencarnados que atacam se assombram da resistência dos obreiros terrenos, ante o fragor da luta que se desenvolve nos dois planos para a implantação definitiva do Consolador na Terra – que não é uma entidade, não é um profeta, não é um missionário, mas, sim, a essência mesma dos ensinos do Cristo Jesus, a virtude do Evangelho plantada no coração do Humano Ser, a produzir frutos pela exemplificação cotidiana. Não tememos, pois:

Em tudo somos atribulados, mas não angustiados; perplexos, mas não desanimados; perseguidos, mas não desamparados; abatidos, mas não destruídos; trazendo sempre por toda parte a mortificação do Senhor Jesus em nosso corpo, para que a sua gloriosa vida se manifeste igualmente em nós. (Paulo de Tarso, *II Epístola aos Coríntios*, 4:8-10.)

E mais: não somos vítimas do destino, porque:

Todas as nossas ações estão submetidas às Leis de Deus. Nenhuma há, por mais insignificante que nos pareça, que não possa ser uma violação daquelas leis. Se sofremos as consequências dessa violação, só nos devemos queixar de nós mesmos, que desse modo nos fazemos os causadores da nossa felicidade, ou da nossa infelicidade futuras. (Allan Kardec, *O Livro dos Espíritos*, nota da pergunta 964.)

Há uma mensagem notável do Espírito Amélia Rodrigues na obra *Até o Fim dos Tempos*, capítulo *As Bênçãos da União*, que aqui não desdenharemos relatar, encerrando este texto:

[...] A doutrina de amor, que o Pai me deferiu para apresentar ao mundo, é como o punhal que fere fundo o mal e extirpa-o, ou como um raio de luz que cinde a noite e se derrama em claridade inapagável, vencendo a escuridão. Chamará a atenção e encontrará adversários hábeis que estão ocultos na consciência humana, à qual deve atingir, alterando-lhe o campo do discernimento. Assim, ainda que o denso primarismo, erguerá a clava destruidora para silenciar as vossas vozes e interromper os vossos passos.

Não temais, porém. O que vier de fora servirá de combustível para o vosso labor. No entanto, haverá inimigos mais perigosos, que se levantarão contra o vosso ministério: aqueles que dormem no íntimo dos companheiros invigilantes que sintonizarão com o Mal, atraindo-o das suas furnas para o combate inglório.

[...] Orai sempre e servi com abnegação desmedidas, não vos deixando atingir por eles e por aqueles de quem se utilizem, mesmo sendo corações afetuosos a quem amais.

OBSESSÃO E LOUCURA

*Louco é aquele que não se conforma
com sua realidade presente.*

(Chico Xavier)

Para a Organização Mundial de Saúde (OMS), a loucura é o resultado da perturbação mental, isto é, dos pensamentos, com sua sede no cérebro. Portanto, sem que o cérebro sofra uma lesão, não pode haver, para a ciência, o fenômeno psíquico-patológico da loucura. No entanto, desde o século XVIII, muitos ilustres pesquisadores da personalidade humana, pela observação, já demonstraram a existência de casos de loucura sem a mínima lesão cerebral. O que dizer do psiquiatra francês Jean-Étienne Dominique Esquirol (1772-1840), que sucedeu a seu mestre, Philippe Pinel (1745-1826), em 1811, como chefe do Hospital da Universidade de Salpêtrière, em Paris? Ora, a expressão *alucinação* foi cunhada por Esquirol.

A loucura não é um caso patológico invariável em sua natureza, mas um fenômeno mórbido de duplo caráter – o material e o espiritual. No primeiro caso, a loucura é resultado da afecção cerebral; então o cérebro fica perturbado em sua função, e não pode transmitir integralmente o pensamento do Espírito. Exemplo: superabundância do líquido cefalorraquidiano, cujo estado normal é de 100 a 150 ml. São os casos de idiotia, tratados por Allan Kardec em *O Livro dos Espíritos*, perguntas 371 a 377. No segundo caso, a loucura é consequência de algo que perturba a faculdade pensante do encarnado – ou seja, perturba a transmissão do pensamento. Por se tratar de uma loucura obsessiva (por influência espiritual), a interposição fluídica do Espírito obsessor interrompe a comunicação regular entre o encarnado e seu cérebro. Posto isso, afirmamos que **toda obsessão é loucura, mas nem toda loucura é obsessão**.

Allan Kardec, em *O Que é o Espiritismo*, cap. I, diz ao visitante (seu interlocutor) que:

> [...] É preciso não confundir a loucura patológica com a obsessão. Esta não se origina de nenhuma lesão cerebral, mas da subjugação que Espíritos malfazejos exercem sobre certos indivíduos, e tem por vezes as aparências da loucura propriamente dita. Essa doença, que é muito frequente e independente de qualquer crença no Espiritismo, existiu em todos os tempos. Nesse caso, a medicação ordinária é ineficaz e mesmo nociva. O Espiritismo, fazendo conhecer esta nova causa de perturbação da saúde, dá ao mesmo tempo o único meio de triunfar sobre ela, agindo não sobre a doença, mas sobre o Espírito obsessor. Ele é o remédio e não a causa do mal.

Em *O Livro dos Médiuns*, capítulo XXIII, item 254, na sexta pergunta, o Codificador diz:

> [...] Entre os que são ditos loucos, muitos há que são apenas subjugados; precisariam de um tratamento moral, enquanto tratamentos corporais os tornariam verdadeiros loucos. Quando os médicos conhecerem bem o Espiritismo, saberão fazer essa distinção e curarão mais doentes que as duchas.

Com propriedade, fala León Denis:

> [...] Os Espíritos inferiores, incapazes de aspirações elevadas, comprazem-se em nossa atmosfera. Mesclam-se em nossa vida e, preocupados unicamente com o que cativava seu pensamento durante a existência corpórea, participam dos prazeres e trabalhos daqueles a quem se sentem unidos por analogias de caráter ou de hábitos. Algumas vezes mesmo, dominam e subjugam as pessoas fracas que não sabem resistir às suas influências. Em certos casos, seu império torna-se tal que podem impelir suas vítimas ao crime e à loucura. É nesses casos de obsessão e possessão, mais comuns do que se pensa, que encontramos a explicação de numerosos fatos relatados pela História. (*Depois da Morte*, Terceira Parte, cap. XXVI.)

O Espírito Manoel Philomeno de Miranda, na obra *Nos Bastidores da Obsessão*, capítulo IV, argui que:

> [...] Em quase todos os processos de loucura – exceção feita não somente aos casos orgânicos de ataque microbiano à massa encefálica ou traumatismo por choques de objetos contundentes – nos defrontamos com rigorosas obsessões em que o amor desequilibrado e o ódio devastador são agentes de poderosa atuação.

O mesmo autor, agora na obra *Transtornos Psiquiátricos e Obsessivos*, capítulo VI, traz uma notória explicação de como agem os Espíritos obsessores, deixando suas vítimas à mercê do enganoso diagnóstico psiquiátrico de loucura. Diz ele que os modernos neurocientistas:

> [...] Desconhecem o bombardeio mental realizado pelos adversários do encarnado, que através de ressonâncias vibratórias alteram o magnetismo dos campos extracranianos, culminando por acelerar a morte dos neurônios, perturbar a produção das monoaminas. [Estas] são substâncias bioquímicas derivadas de aminoácidos. Exemplos: dopamina, norepinefrina, serotonina, etc., responsáveis pelas delicadas estruturas das células – produzindo distúrbios interiores de raciocínio, de memória, de sentimentos e de comportamento.
>
> [...] Da mesma forma, ser-lhes-á [aos neurofisiologistas] muito difícil entender a interferência de as *mentes sem cérebro* conseguirem emitir ondas que alteram o equilíbrio do córtex cerebral, e, por extensão, modificam a rede das comunicações através das microestruturas cerebrais e suas contínuas emissões de energia eletromagnética e química, alterando o comportamento das construções cerebrais. Conhecendo o mecanismo neurofisiológico do ser humano, alguns Espíritos perversos orientam os seus tutelados em técnicas obsessivas, de forma que possam agir através dessas emissões de ondas vibratórias perturbadoras, que terminam por ser captadas pelo cérebro do encarnado, em face das matrizes morais que se encontram nos seus períspiritos, em decorrência dos atos infelizes praticados anteriormente, inscritos como culpa e necessidade de reparação. Começando o processo de sintonia, o tálamo se encarrega de transferir essas cargas energéticas aos gânglios de base [agrupamentos de neurônios nas profundidades da substância branca que formam núcleos no controle do movimento cerebral] e a todo o cérebro. Outras implicações ainda mais delicadas ocorrem, sem que alguns dos perseguidores deem-se conta de como está acontecendo.
>
> É sempre dívida moral que se encarrega de produzir sincronia entre o antigo algoz e sua vítima anterior. O mais é resultado da perseverança dos indigitados cobradores e das debilidades morais daqueles que lhe passam a sofrer assédio.
>
> Desse modo, o afastamento puro e simples do perseguidor não reabilita o perseguido, sendo necessários recursos de recomposição orgânica, de transformação moral, de interesse real pela conquista da saúde. Pois que, do contrário, afastado o adversário e permanecendo as condições propiciatórias, outros desencarnados licenciosos acercam-se, atraídos pelos fluidos mórbidos, e dão prosseguimento à parasitose, mesmo que não haja compromisso entre uns e outro.

Os obsediados, frequentemente encontrados nos manicômios, embora a psiquiatria não os reconheça como portadores de influência espiritual, estão tumultuados de recordações do passado enegrecido pelos erros cometidos. Essas recordações, o mais das vezes, são indevidamente levantadas pela pressão da vítima de ontem (o Espírito desencarnado) transformada em algoz do presente. E quando não há obsessão, **os casos de suposta loucura mais não são que estados agudos de excitação da subsconsciência, recordando existências passadas tumultuosas, ou criminosas (incluindo o suicídio), ocasionando o remorso no presente.**

Infelizmente, a obsessão pode desembocar, de modo definitivo, no estuário da conhecida patologia mental (psicose), se não houver o devido amparo, em orientação e tratamento, que atenda, em tempo, toda a desestruturação psíquica. O processo obsessivo pode, após demorado curso, dar lugar a distonia nervosa, o que facilita a instalação da loucura, em suas variadas manifestações. Bem sabemos que fornecer um quadro patológico que caracterize as obsessões é assunto difícil, porque os sintomas estão sempre sobrepostos e de impossível separação. Será sempre difícil, portanto, diagnosticar até onde existe uma doença mental e um processo obsessivo espiritual absolutamente separados uma do outro. A associação será a tônica predominante, aliada ao caso específico analisado.

SUICÍDIO? JAMAIS!

*Aquele que põe termo à sua vida material
encontra-se em obsessivo tormento.
Por que essa atitude ignominiosa
se a primeira impressão no além-túmulo é o desapontamento?*

(O Autor)

O Espírito Emmanuel, pela indiscutível mediunidade libada de Francisco Cândido Xavier, na obra *O Consolador*, pergunta 146, afirma de forma peremptória:

> Com exceção do suicídio, todos os casos de desencarnação são determinados previamente pelas forças espirituais que orientam a atividade do homem sobre a Terra.

Em outras palavras: ninguém desencarna no instante equivocado, salvo aqueles que, perturbados espiritualmente, por razões de vária ordem, permitem-se adentrar na psicosfera do Espírito obsessor, que, sem detença, estimula o nefasto ato. **Desde já, deixaremos exarado que todos os suicidas, sem exceção, passam por uma influência espiritual nociva – fruto de sua loucura.**

Diz Allan Kardec, com propriedade, em *O Livro dos Espíritos*, pergunta 944ª:

> O louco que se mata não sabe o que faz.

Perguntar-se-ia: mas qual o conceito de loucura? Para a Organização Mundial de Saúde (OMS), a loucura é o resultado da perturbação mental, isto é, dos pensamentos, com sua sede no cérebro. Portanto, sem que o cérebro sofra uma lesão, não pode haver, para a ciência, o fenômeno psíquico-patológico da loucura. No entanto, desde o século XVIII, muitos ilustres pesquisadores da personalidade humana, pela observação, já demonstraram a existência de casos de loucura sem a mínima lesão cerebral. O que dizer do psiquiatra francês Jean-Étienne Dominique Esquirol (1772-1840), que sucedeu a seu mestre, Philippe Pinel (1745-1826), em 1811, como chefe do Hospital da Universidade de Salpêtrière, em Paris? Ora, a expressão *alucinação* foi cunhada por Esquirol.[1]

A loucura não é um caso patológico invariável em sua natureza, mas um fenômeno mórbido de duplo caráter – o material e o espiritual. No primeiro caso, a loucura é resultado da afecção cerebral; então o cérebro fica perturbado em sua função, e não pode transmitir integralmente o pensamento do Espírito. Exemplo: superabundância do líquido cefalorraquidiano, cujo estado normal é de 100 a 150 ml. São os casos de idiotia, tratados por Allan Kardec em *O Livro dos Espíritos*, perguntas 371 a 377. No segundo caso, a loucura é consequência de algo que perturba a faculdade pensante do encarnado – ou seja, perturba a transmissão do pensamento. Por se tratar de uma loucura obsessiva (por influência espiritual), a interposição fluídica do Espírito obsessor interrompe a comunicação regular entre o encarnado e seu cérebro.

Allan Kardec, em *O Que é o Espiritismo*, cap. I, diz ao visitante (seu interlocutor) que:

> [...] É preciso não confundir a loucura patológica com a obsessão. Esta não se origina de nenhuma lesão cerebral, mas da subjugação que Espíritos malfazejos exercem sobre certos indivíduos, e tem por vezes as aparências da loucura propriamente dita. Essa doença, que é muito frequente e independente de qualquer crença no Espiritismo, existiu em todos os tempos. Nesse caso, a medicação ordinária é ineficaz e mesmo nociva. O Espiritismo, fazendo conhecer esta nova causa de perturbação da saúde, dá ao mesmo tempo o único meio de triunfar sobre ela, agindo não sobre a doença, mas sobre o Espírito obsessor. Ele é o remédio e não a causa do mal.

A obsessão se instala equivalendo-se a uma porta (mental) cuja fechadura existe somente no lado de dentro. Quem a abre para mentes odiosas e perturbadas, em suas vinditas, somos nós mesmos. Há razões para que isso possa acontecer? Sim: a mais das vezes é:

> [...] Efeito da ociosidade, da falta de fé e, também, da saciedade. Para aquele que usa de suas faculdades com fim útil e de acordo com suas aptidões naturais, o tra-

balho nada tem de árido e a vida se escoa mais rapidamente. (*O Livro dos Espíritos*, perg. 943.)

Afirmam os instrutores espirituais que as mais perigosas e difíceis de cura, porque ignoradas por todos, uma vez que não demonstram perturbações mentais no indivíduo atacado, são aquelas que ocultamente solapam a vontade do obsidiado através de uma sugestão contínua, ininterrupta, exercida, principalmente, durante o sono do paciente, transformando-se em hipnose maléfica. A hipnose resulta em alucinações visuais e sonoras, devido à projeção de formas-pensamentos elaboradas pelo perseguidor.

O obsessor procura conduzir o obsidiado a um estado de fixação mental – monoideísmo ou ideia fixa –, a fim de poder dominá-lo totalmente. Essa ação perniciosa é feita estando o perseguido em estado de vigília, ou durante os momentos do sono.

É por isso que os obsidiados sentem muito sono. Isso se dá não somente pela impregnação fluídica negativa em que se encontra envolvido, como também aos processos de hipnose a que é sujeito.

Manoel Philomeno de Miranda (Espírito), pela psicografia do médium Divaldo Pereira Franco, no livro *Nas Fronteiras da Loucura*, subtítulo *Obsessão Simples*, na alínea "b" – *Intercâmbio Mental* –, tece a seguinte instrução:

> [...] Tais pacientes conduzem ao leito, antes do repouso físico, as apreensões angustiantes, as ambições desenfreadas, as paixões perturbadoras, demorando-se em reflexões que as vitalizam, vivendo-as pela mente, quando não encontram meios de usufruí-las fisicamente... Ao se desdobrarem sob a ação do sono, encontram-se com os afins – encarnados ou não – com os quais se identificam, recebendo mais ampla carga de necessidades falsas, ou dando campo aos estados anelados que mais os turbam e afligem.
>
> Quando despertam, trazem a mente atribulada, tarda, sob incômodo cansaço físico e psíquico, encontrando dificuldade para fixar os compromissos e as lições edificantes da vida.

Ademais:

> [...] Quando em parcial desprendimento pelo sono, o Espírito parasita busca a sua vítima, irresponsável ou coagida, prosseguindo no nefando consórcio nessas horas que são reservadas para edificação espiritual e renovação da paisagem orgânica. Produzida a sintonia deletéria muito dificilmente aqueles que alojam os

pensamentos infelizes conseguem libertar-se. (Manoel Philomeno de Miranda, *Nos Bastidores da Obsessão*, subtítulo *Examinando a Obsessão*.)

O Espírito Emmanuel, no livro *Ceifa de Luz*, cap. XXXVII, diz:

> A supercultura consegue atualmente na Terra feitos prodigiosos, em todos os reinos da Natureza física, desde o controle das forças atômicas às realizações da Astronáutica. No entanto, entre os povos mais adiantados do Planeta, avançam duas calamidades morais do materialismo, corrompendo-lhes as forças: o suicídio e a loucura, ou, mais propriamente, a angústia e a obsessão.

Em *O Livro dos Médiuns*, capítulo XXIII, item 254, na sexta pergunta, o Codificador diz:

> [...] Entre os que são ditos loucos, muitos há que são apenas subjugados; precisariam de um tratamento moral, enquanto tratamentos corporais os tornariam verdadeiros loucos. Quando os médicos conhecerem bem o Espiritismo, saberão fazer essa distinção e curarão mais doentes que as duchas.

Os obsediados, frequentemente encontrados nos manicômios, embora a psiquiatria não os reconheça como portadores de influência espiritual, estão tumultuados de recordações do passado enegrecido pelos erros cometidos. Essas recordações, a mais das vezes, são indevidamente levantadas pela pressão da vítima de ontem (o Espírito desencarnado) transformada em algoz do presente. Não podemos deixar no ostracismo, no grave curso das obsessões, caracterizada pela perda do discernimento e das emoções – a subjugação. Esta representa o clímax do processo em que o adversário desencarnado impõe à sua vítima, na tentativa de aniquilar-lhe a existência física. Em outras palavras: a subjugação é o predomínio da vontade do desencarnado sobre aquele que se lhe torna vítima, exaurindo-lhe os fluidos vitais e destrambelhando-lhe os equipamentos da aparelhagem mental (cf. *O Que é o Espiritismo*, cap. II, item 73; *O Livro dos Espíritos*, na pergunta 473; *O Livro dos Médiuns*, no capítulo XXIII, itens 240 e 24; *Revista Espírita* de dezembro de 1862; *Revista Espírita* de maio de 1863; *Revista Espírita* de dezembro de 1863; *Revista Espírita* de agosto de 1864; *A Gênese*, cap. XIV, itens 46, 47 e 48; *Obras Póstumas*, 1.ª parte, § VII, item 56).

E quando não há obsessão, os casos de suposta loucura mais não são que estados agudos de excitação da subconsciência, recordando existências passadas tumultuosas, ou criminosas (incluindo o suicídio), ocasionando o remorso no presente. Posto isso, afirmamos que toda obsessão é loucura, mas nem toda loucura é obsessão.

Estudando *O Livro dos Espíritos*, na parte II, capítulo III, há uma temática chamada *Perturbação Espiritual*, iniciada pela pergunta 163, que, desde já, colocamos abaixo:

> A alma tem consciência de si mesma imediatamente depois de deixar o corpo? Imediatamente não é bem o termo. A alma passa algum tempo em estado de perturbação.

Depois dessa pergunta notória do mestre lionês e a não menos sábia resposta dos imortais, como fica a situação psicológica do suicida depois de pôr termo à sua existência física pelo autocídio? Ah! Cada caso é um caso. De modo geral:

> [...] A perturbação em que a morte os imerge é profunda, penosa, dolorosa. A angústia os agrilhoa e segue até à sua reencarnação ulterior. O seu gesto criminoso causa ao corpo fluídico um abalo violento e prolongado que se transmitirá ao organismo carnal pelo renascimento. A maior parte deles volta enferma à Terra. Estando no suicida, em toda a sua força, a vida, o ato brutal que a despedaça produzirá longas repercussões no seu estado vibratório e determinará afecções nervosas nas suas futuras vidas terrestres. (Leon Denis, *O Problema do Ser, do Destino e da Dor*, primeira parte, cap. X.)

Contudo, a maioria dos suicidas sofre por anos o ato ignóbil que cometeu. Vivem em cavernas absolutamente escuras, com odor fétido e nauseabundo, no qual rastejam vermes e répteis repulsivos. Um exemplo: se foi alguém que se jogou de uma ponte, de um penhasco ou de um edifício, mergulha na inconsciência, para, ato contínuo, sentir a dor lancinante, descomunal e enlouquecedora dos ossos a perfurar suas carnes.

De início, não sabe onde se encontra, ainda que pese desejar sair daquela escuridão. Ademais, ouve, a todo instante, pavoroso grito e visualiza seu próprio corpo caindo, mirando o chão, como se a cena jamais fosse findar. E quando se dá por conta que se encontra no chão, o gosto de sangue na boca do suicida, que se joga de alguma altura relevante, na intenção de tirar sua existência física, denuncia que está com ferimentos horríveis, a ponto de tocar o próprio corpo e sentir as fraturas expostas. E mais: vê seu corpo físico destroçado trazendo em si vermes insaciáveis. Resultado: grita de dor por horas a fio. A solidão sofrida é também outra característica daqueles que procuram fugir da vida material pela porta do autocídio.

Para os suicidas, as cenas narradas acima podem durar anos, pois o cordão vital – perispírito –, que liga nossos corpos físico e espiritual, pode ficar preso pela quantidade de fluido vital remanescente na matéria, só podendo sair daquelas impressões dantescas quando se esgotar por inteiro a tal energia contida em seu corpo físico.

E quando o Espírito suicida desperta, através de uma prece fervorosa, porque não aguenta mais sofrer, e vem ajudá-lo um irmão em Cristo? O que acontece? Allan Kardec, em *O Livro dos Espíritos*, na pergunta 957, questionou aos imortais. Vejamos:

> Quais, em geral, com relação ao estado do Espírito, as consequências do suicídio? Muito diversas são as consequências do suicídio. Não há penas determinadas e, em todos os casos, correspondem sempre às causas que o produziram. Há, porém, uma consequência a que o suicida não pode escapar; é o **desapontamento**.

Emmanuel também trabalha esse pensamento, na obra *O Consolador*, pergunta 154:

> Quais as primeiras impressões dos que desencarnam por suicídio? A primeira decepção que os aguarda é a realidade da vida que se não extingue com as transições da morte do corpo físico, vida essa agravada por tormentos pavorosos, em virtude de sua decisão tocada de suprema rebeldia.

E mais:

> [...] Toda religião afirma que o mal será punido, para lá do sepulcro. A Doutrina Espírita não apenas informa que todo delito exige resgate, mas também destaca que o inferno é o **remorso**, na consciência culpada, cujo sofrimento cessa com a necessária e justa reparação. (Emmanuel, *Justiça Divina*, cap. LXII.)

León Denis, no livro *Depois da Morte*, capítulo XXVIII, diz que:

> [...] É grande a missão do Espiritismo, são incalculáveis as suas consequências morais. Data somente de ontem, entretanto, que tesouros de consolação e esperança já não espalhou pelo mundo! Quantos corações contristados, frios, não aqueceu ou reconfortou! Quantos desesperados retidos sobre o declive do suicídio! O ensino desta Doutrina, sendo bem compreendido, pode acalmar as mais vivas aflições, comprimir as mais fogosas paixões, despertar a todos a força da alma e a coragem na adversidade.

E mais à frente:

[...] A situação dos suicidas tem analogia com a dos criminosos; muitas vezes, é ainda pior. O suicídio é uma covardia, um crime cujas consequências são terríveis. Segundo a expressão de um Espírito, o suicida não foge ao sofrimento senão para encontrar a tortura. Cada um de nós tem deveres, uma missão a cumprir na Terra, provas a suportar para nosso próprio bem e elevação. Procurar subtrair-se, libertar-se dos males terrestres antes do tempo marcado é violar a lei natural, e cada atentado contra essa lei traz para o culpado uma violenta reação. O suicídio não põe termo aos sofrimentos físicos nem morais. O Espírito fica ligado a esse corpo carnal que esperava destruir; experimenta, lentamente, todas as fases de sua decomposição; as sensações dolorosas multiplicam-se, em vez de diminuírem. Longe de abreviar sua prova, ele a prolonga indefinidamente; seu mal-estar, sua perturbação persistem por muito tempo depois da destruição do invólucro carnal. Deverá enfrentar novamente as provas às quais supunha poder escapar com a morte e que foram geradas pelo seu passado. Terá de suportá-las em piores condições, refazer, passo a passo, o caminho semeado de obstáculos, e para isso sofrerá uma encarnação mais penosa ainda que aquela à qual pretendeu fugir. (León Denis, *Depois da Morte,* Quarta Parte, cap. XXXVI.)

O que espera, na próxima encarnação, aquele que, nefastamente, suicidou-se? No programa da apresentadora Hebe Camargo (1929-2012), em 1985, Francisco Cândido Xavier concede uma entrevista notória sobre o suicídio e suas consequências. Destacaremos uma parte:

[...] A criança excepcional, em regra geral, é um suicida reencarnado. Reencarnado depois de um suicídio recente, porque a pessoa quando pensa que se liquida, está apenas estragando ou perdendo a roupa de que a Providência Divina permite que se sirva durante a existência, que é o corpo físico.

Então, os remanescentes do suicídio acompanham a criatura que praticou a autodestruição, para a vida do mais além. Lá, ela se demora algum tempo, amparada por amigos, que toda criatura tem afeições por toda parte; mas volta à Terra com os remanescentes que levou daqui mesmo, após o suicídio.

Se uma pessoa espatifou o crânio e o projétil atingiu o centro da fala, ela volta com a mudez; se atingiu apenas o centro da visão, volta cega; mas se atingiu determinadas regiões mais complexas do cérebro, vem em plena idiotia, e aí os centros fisiológicos não funcionam.

Se ela suicidou-se, mergulhando em águas profundas, vem com a disposição para o enfisema – o enfisema infantil ou da mocidade nos primeiros dias da vida; se ela se enforcou, vem com a paraplegia, ocasionada de uma simples queda, já que toda criança cai (do colo da cama, do colo da mãezinha). Assim sendo, quando o processo é de enforcamento, a vértebra que foi deslocada vem mais fraca e, numa simples queda, a criança é acometida pela paraplegia.

A esquizofrenia, por exemplo, diz-se é do suicídio depois do homicídio. O complexo de culpa adquire dimensões tamanhas, que o quimismo do cérebro se modifica e vem a esquizofrenia como uma doença verificável, porque através dos líquidos expelidos pelo corpo é possível detectar os princípios de esquizofrenia. Mas o esquizofrênico é o homicida que se fez suicida, porque o complexo de culpa é tão grande, e o remorso é tão terrível, que aquilo se reflete na próxima vida física da criatura durante algum tempo ou muito tempo.

Diz Sua Voz, em *A Grande Síntese*, na *Despedida*, uma mensagem de coragem, esperança e incentivo aos desafios libertadores:

[...] O destino não é malvado, mas sempre justo, mesmo se as provas são pesadas. Recordai-vos de que jamais se sofre em vão, pois a dor esculpe a alma. A lei do próprio destino obedece a equilíbrios profundos e é inútil rebelar-se. Há dores que parecem matar, mas jamais se apresentam sem esperança; nunca sereis onerados acima de vossas forças.

Deus não dá fardos pesados em ombros leves. Tudo que nos acontece somos capazes de suportar. Não nos rebelemos nem fujamos da realidade de Espíritos comprometidos, que fracassamos desastradamente, e, com efeito, contrariamos, sobremaneira, o curso das leis divinas. Na atual reencarnação estamos resgatando, sob o peso de severos compromissos e ilimitadas responsabilidades, o passado obscuro e delituoso.

Por essa razão, é mister passarmos pelos grandes terremotos morais, pelos ventos vigorosos dos infortúnios, pelos padecimentos superlativos, a fim de que nos libertemos dos erros seculares, e entremos, definitivamente, no carreiro do labor, da virtude e do sacrifício redentores.

Através do sofrimento, a quem ninguém está defeso de não passar, estaremos granjeando um tesouro, com lágrimas – a moeda dos desventurosos –, a única que tem valor nos reinos siderais, e com que se pode conquistar a própria liberdade e felicidade imorredouras.

Somos ou não somos discípulos de Jesus, que abraçamos uma Doutrina chamada Espiritismo, cujo objetivo é reviver Suas Alvíssaras? Pois bem. Se somos ou desejamos ser discípulos do Cordeiro de Deus, mister se faz semear flores perfumosas no bem e colher os dolorosos espinhos do mal, da ingratidão, da injustiça e da calúnia. É necessário minorar as penas alheias e ferir os pés nas pedras aspérrimas das intérminas estradas que nos conduzem ao Criador. Só quem já conseguiu chegar ao coração dos deserdados da sorte poderá dizer que se agasalhou ao calor dos princípios crísticos.

Sejamos otimistas, porque o otimista vê a oportunidade (de crescimento moral e espiritual) na dificuldade; e o pessimista vê a dificuldade na oportunidade. Nada justifica o suicídio. Sendo assim, pedimos encarecidamente àquele que, porventura, um dia pensou no autocídio: sofra com alegria; sussurre, por entre aleluias; seja luminoso, em plena noite; sorria, através de lágrimas; sem posses, sinta-se possuidor de virtudes; viva ultrajado, por entre hosanas; derrotado no mundo, sinta-se sempre vitorioso diante do Sempiterno; morrendo, sinta-se sempre renascendo para a vida eterna, que é o agora.

Não nos conformemos com a situação de simples hóspedes de um mundo que não nos pertence, porquanto não somos seres humanos passando por uma experiência espiritual. Somos, sim, seres espirituais passando por uma experiência humana. Para tanto, recebemos uma estrutura psicobiofísica *invejável* no intuito de que nossa experiência carnal seja a mais produtiva possível. São estas as estruturas psicossomáticas ou veículos da consciência: *corpo físico*, *corpo astral* (*perispírito*), *corpo etérico*, *corpo mental*, *aura* e *corpo causal*.

Encerraremos este texto à guisa de uma simples poesia:

> A vida material é proposta
> De crescimento moral.
> Aproveitemo-la ao máximo
> Fazendo o bem e negando o mal.
>
> O mal é ignorância da Lei Divina,
> O bem é compreensão Dela.
> Mergulhemos em nossa consciência.
> E ela dirá: a existência física é tão bela!

O suicídio é um ato de loucura,
Medo, angústia e covardia
Por que não enfrentar os desafios
Com fé, esperança e galhardia?

A dor não dura para sempre,
Podendo se tornar nossa amiga.
Basta sejamos obedientes e resignados,
Que finda a causa e a fadiga.
Nada muda com o suicídio,
Restando o desapontamento,
Sentimento assaz doído,
Fruto do arrependimento.

Em qualquer situação
Em que achemos a dor por demais,
Oremos para Jesus e digamos:
Suicídio? Jamais!

Nota

1. O Código Internacional de Doenças (CID), n.º 10, item F 44.3, que diz respeito aos *transtornos dissociativos (e de conversão)*, qualifica estado de transe e possessão como a perda transitória da identidade com manutenção de consciência do meio ambiente. Malgrado, a medicina mecanicista encontra-se incipiente no que diz respeito ao Homem Integral, pois a ciência não evolui; quem evolui é o cientista. Infelizmente, ainda há limitações da ciência do plano físico, porquanto desconhece o corpo astral (perispírito), que, por sua vez, emana os sentimentos, os desejos, as paixões e as aspirações, cuja vibração, mais ou menos elevada, depende da consciência que o habita. O perispírito encontra-se desarmonizado na maioria das criaturas humanas, e precisa ser purificado. É justamente essa desarmonia que causa as enfermidades de vária ordem.

   A ciência experimental será sempre insuficiente, ainda que pesem as vantagens que oferece e as conquistas que realiza, se não for completada pela intuição, por essa espécie de adivinhação interior que nos faz descobrir as verdades essenciais. Há uma maravilha que se avantaja a todas as do exterior. Essa maravilha somos nós mesmos; é o espelho oculto no homem e que reflete todo o Universo.

   Quando a ciência acadêmica tiver também o conhecimento da aura – substância etérea que irradia de todos os seres, formando um campo magnético ovoide que o circunda, e que pode apresentar-se sob várias nuances de cor, a depender da vibração momentânea do ser –, a Medicina estará holística, e, com efeito, as curas tornar-se-ão mais rápidas, porquanto os médicos, esclarecidos e profundos conhecedores do corpo astral, encontrarão a raiz da maioria das doenças, especialmente as nervosas e as mentais, nos milhares de ramificações que ligam esse corpo sutil (perispírito) ao grosseiro invólucro carnal.

Ora, nenhum tratamento é eficaz se o médico não é capaz de descobrir que o desequilíbrio espiritual está afetando o corpo somático e aplicar os medicamentos fluídicos (tão desconhecidos) correspondentes. Está comprovado que os corpos físicos parecem densos apenas aos olhos; mas, na verdade, são um agrupamento de células móveis que pensam sob o impulso de oscilações eletromagnéticas de 0,002 mm de comprimento de onda (l). Outrossim, as células são centros emissores, permanentemente ativos, de poderosos raios ultravioletas, através do qual ela respira, assimilando os aromas, as vibrações e as cores, que lhes são vitais. Por essa razão, quando um corpo deixa de respirar, pela morte física, e, com isso, há falência das células, ele fica à mercê dos fluidos deletérios que levam à decomposição.

Felizmente, os cientistas estão progredindo. O que dizer dos investigadores soviéticos, que já há algum tempo mergulharam fundo e sério na pesquisa dos fenômenos do espírito humano, perto do centro espacial soviético, no Cazaquistão (em Alma-Ata). Não obstante, a terminologia não é a ideal, pois está infestada de conotações materialistas. Entretanto, surpreendem as lúcidas observações de alguns biologistas, bioquímicos e biofísicos para estudar a espetacular descoberta do Casal Kirlian – Semyon Kirlian (1898-1978) e a esposa Valentina Kirlian (?-1972) –, que fizeram uma câmara de alta frequência, que, ultrapassando a barreira da matéria densa, vai mostrar a *contraparte imaterial* dos seres vivos.

Com equipamentos ópticos conjugados à Câmara Kirlian, os cientistas soviéticos tiveram, um dia, uma visão maravilhosa que até então era reservada aos médiuns videntes – o corpo espiritual de um ser vivo. Era uma espécie de constelação elementar semelhante ao plasma, compostos de elétrons ionizados e excitados de prótons.

Ressaltamos que esse *corpo de energia* não é somente de partículas, como se fosse um sistema caótico. É um organismo totalmente unificado em si mesmo. Age como uma unidade e, como tal, o corpo energético produz seu próprio campo eletromagnético que constitui a base dos campos biológicos.

Fotografias sucessivas com a Câmara Kirlian, no processo da morte física, revelam uma progressiva dispersão de pontos luminosos que se desprendem do chamado *corpo bioplásmico* e se perdem no ar, até que nenhuma luminescência reste no ser humano ou animal morto. Enquanto isso, detectores biológicos, à distância, continuam indicando campos de força pulsantes na presença do corpo falecido.

Pois bem. Encerramos esta nota explicativa, um tanto quanto extensa, com a consideração do Dr. Carneiro (Espírito), dirigida a Manoel Philomeno de Miranda (Espírito), na obra *Trilhas da Libertação*, capítulo *Ensinamentos Preciosos*, pela mediunidade de Divaldo Pereira Franco, quando argui: "Somente uma visão holística na área médica, examinando o enfermo como um ser global – espírito, perispírito e matéria – poderá ensejar-lhe uma terapia de profundidade, erradicando as causas preponderantes das enfermidades e dos transtornos de comportamento. O ser humano terá que ser estudado como um conjunto de vibrações que se apresentam sutis, semimateriais e físicas. A análise de uma parte da sua constituição, como matéria ou como Espírito apenas, será sempre incompleta."

Ora:

> [...] Uma ciência nova e restaurada, não já a ciência dos preconceitos, das práticas rotineiras, dos métodos acanhados e envelhecidos, mas uma ciência aberta a todas as pesquisas, a todas as investigações; a ciência do invisível e do Além não tardará a vir fecundar o ensino, esclarecer o destino, fortificar a consciência. A fé na sobrevivência edificar-se-á sob as mais belas formas, assentes na rocha da experiência e desafiando toda crítica. {...} É mister que a atividade humana se dirija com mais intensidade para os caminhos do espírito. Depois da humanidade física, é indispensável criar a humanidade moral; depois dos corpos, as almas! O que se conquistou em energias materiais, em forças externas, perdeu-se em conhecimentos profundos, em revelações do sentido íntimo. O homem está vitorioso do mundo visível; as aberturas praticadas no Universo físico são imensas; resta-lhe conquistar no mundo interior, conhecer sua própria natureza e o segredo de seu esplêndido porvir. (Leon Denis, *O Problema do Ser, do Destino e da Dor*, cap. XIX.)

PARTE IV

O SER REFLEXIVO

ATIVIDADE PENSANTE

*Divididas apenas para nosso entendimento,
as faculdades de pensar, sentir e querer
são inerentes ao gênero humano,
estando ele encarnado ou desencarnado.
Na prática, porém, definem a evolução espiritual do Humano Ser.*

(O Autor)

Antes de mais nada, gostaríamos de deixar claro que o sujeito (*sujet*) não pensa por ser sujeito, **mas se identifica como sujeito porque é capaz de pensar**. Eis aqui um fato: sentimo-nos constantemente obrigados a procurar conceitos e relações conceituais para os objetos e processos que nos são dados, sem a nossa participação, e que se relacionam de alguma maneira conosco. Há uma diferença fundamental entre a maneira como as partes de um processo se relacionam entre si, antes e após encontrarmos os conceitos correspondentes. A mera observação pode acompanhar a sucessão das fases de um processo, mas a relação entre elas permanecerá oculta enquanto não recorrermos ao auxílio dos conceitos. Posto isso, *observação* e *pensar* são os dois pontos de partida de toda busca cognitiva consciente do Humano Ser.

Pela própria organização psicofísica que possuímos, precisamos da observação, pois qualquer objeto só nos é acessível através dela. Vamos tomar o exemplo de um cavalo: da mesma maneira que somos incapazes de formar um conceito dele, apenas olhando-o, tampouco somos capazes de produzir um objeto correspondente pelo mero pensar. Em uma sucessão temporal, **a observação precede o pensar**. Tudo que entra no campo de nossas vivências, precisamos perceber primeiro através da observação – ou seja, o conteúdo das sensações, percepções, sentimentos, imagens oníricas e fantásticas, representações mentais, conceitos e ideias, nos são dados por meio da observação.

Obviamente a observação não pode:

[...] Demonstrar a existência de Deus por provas diretas e sensíveis. Deus não se manifesta aos sentidos. A Divindade ocultou-se em um véu misterioso, talvez para nos constranger a procurá-la, o que é o mais nobre e mais fecundo exercício da nossa faculdade de pensar, e também para nos deixar o mérito de descobri-la. Porém, existe em nós uma força, um instinto seguro que para ela nos conduz, afirmando-nos sua existência com maior autoridade do que todas as demonstrações e todas as análises. (León Denis, *Depois da Morte*, Segunda Parte, cap. IX.)

Mas continuemos nosso raciocínio inicial. Exemplo: a observação de uma árvore, como exemplo, começa tão logo este objeto aparece no horizonte de nossas vivências; mas ao pensar sobre esse objeto não conseguimos observá-lo simultaneamente. Temos que nos deslocar para um ponto fora de nossa atividade, se quisermos, paralelamente à observação da árvore, observar também o nosso pensar sobre a árvore. Isso se dá, por que *pensar sobre a árvore* e o *objeto árvore* são duas coisas que, para nós, apresentam-se de maneira separada. Faz parte da natureza peculiar do pensar, ser uma atividade voltada ao objeto observado e não à personalidade pensante.

Quando vemos um objeto e o identificamos como sendo uma rosa, dizemos sob condições normais: "Isto é uma rosa", e não: "Eu penso sobre uma rosa". Isso acontece porque nos **esquecemos do pensar enquanto pensamos**. Não é o pensar que nos interessa, mas sim o objeto que estamos observando. A razão pela qual não observamos o pensar na vida mental comum **é simplesmente porque ele tem a sua origem em nossa própria atividade** – ou seja, enquanto pensamos sobre o objeto, ocupamo-nos com ele. A nossa atividade não se dirige à nossa atenção, mas sim ao objeto com o qual está ocupada. Em outras palavras: **enquanto pensamos, não olhamos para o pensar que produzimos, mas sim para o objeto que não produzimos**.

Mas é possível observar o nosso pensar atual? Não. Apenas podemos converter, posteriormente, em objeto do pensar, as experiências obtidas durante a atividade pensante. Para observar o nosso pensar atual, mister se faria dividirmo-nos em duas personalidades – uma que pensa e outra que se vê pensando. E isso é impossível. Assim sendo, **o pensar a ser observado nunca é aquele que se encontra em atividade**. É preciso, então, analisar primeiramente o pensar de maneira neutra e sem relação com um sujeito pensante ou um objeto pensado, pois *sujeito* e *objeto* já são conceitos formados pelo pensar. Será isso factível? Não. Jamais chegaremos ao que gera o pensar abandonando o campo da atividade pensante, porquanto é por meio do pensar que nos são dados *conceitos* e *ideias*.

Vejamos. Quando alguém vê uma árvore, seu pensar é estimulado pela observação. À árvore observada, acrescenta-se, então, um complemento conceitual. O observador considera o objeto percebido e o complemento conceitual como correlatos. E quando o objeto desaparece do campo de percepção, **só permanece o conceito do objeto.**

Agora, procuraremos elucidar o conceito de *percepção*. Tudo que aborda o Humano Ser, física ou espiritualmente, e que é anterior à elaboração pensante, chama-se *percepção*. Exemplo: quando ouvimos um ruído, **procuramos primeiro o conceito para essa observação**; só esse conceito pode nos levar além do ruído. Quem não reflete, ouve o ruído e pronto. No entanto, através da reflexão sabemos que um ruído é algo decorrente – isto é, um efeito. Por consequência, somente quando acrescentamos o conceito *efeito* à percepção do ruído, sentimo-nos obrigados a ir além da observação isolada e procuramos pela *causa* do acontecimento. O conceito *efeito* me conduz ao conceito *causa* e, só então, passo a procurar na percepção o objeto causador do ruído, que, como exemplo, identificamos um pássaro. Portanto, os conceitos – *causa* e *efeito* – não podemos recebê-los da observação. Aquela desafia o pensar, e este mostra como associar determinada percepção a uma outra.

A percepção auditiva (ruído), trazida no parágrafo acima, é uma percepção empírica. Desta alega-se, por exemplo, que o olho consegue perceber, dentro da gama dos raios luminosos possíveis, as cores entre o vermelho e o violeta. Mas, além do violeta existem raios que não produzem impressão luminosa, apenas uma modificação química, e igualmente existem aquém do vermelho, como a radiação infravermelha, que não está dentro do espectro eletromagnético visível, e, com efeito, não pode ser percebida pelo olho humano, embora possa ser sentida pelo calor. Considerações como essas levam à opinião de que o horizonte da percepção humana é determinado pelo número e pelo caráter de seus sentidos e que ele se defrontaria com outra realidade caso tivesse outros sentidos. Quem se sente inclinado a esse tipo de especulação pode chegar à seguinte conclusão, com que, desde já, afirmamos não concordar: os sentidos do Humano Ser somente percebem o que é conforme à configuração de seus órgãos, e, com isso, não se tem direito nenhum de achar que aquilo que o homem percebe tenha importância para a realidade.

A experiência da essência do pensar – isto é, a elaboração ativa do mundo dos conceitos – é algo completamente diferente da experiência de um objeto dado por percepção aos *sentidos*. Quaisquer que sejam os *sentidos* que o Humano Ser ainda possa adquirir, nenhum deles fornece uma realidade se não permeamos o que ele transmite como percepção, por meio de conceitos elaborados pelo pensar. As especulações sobre possíveis outros *sentidos* e sobre um eventual outro horizonte perceptual não têm nada a ver com a questão de como o Humano Ser se situa na realidade.

Ora, qualquer percepção recebe a sua feição (a sua forma) pela organização mental do Homem que a transmite. Por outro lado, a imagem perceptual, permeada com os respectivos conceitos reconduz o indivíduo à realidade. Não são, portanto, as fantasias de quão diferente o mundo seria para outros *sentidos* de percepção, que geram no Homem a busca pelo conhecimento sobre sua relação com a realidade, mas, sim, a compreensão de que toda e qualquer percepção apenas fornece uma parte da realidade nela contida – ou seja, a parte em que ela o afasta da *própria realidade*.

Vejamos a física teórica, que aborda assuntos não mais diretamente perceptíveis, tais como: buraco-negro e supercordas. Será que esses elementos da realidade estão fora do alcance do pensar e do perceber? Não. Tudo que faz parte da física teórica, e que não pertença ao campo de hipóteses infundadas, é dado pela percepção e pelo conceito. É bem verdade que o aumento dos órgãos de percepção (ou a sua ampliação) resultaria em uma imagem perceptual diferente; mas, nesse caso, uma verdadeira compreensão teria que ser adquirida também pela interação de percepção e conceito.

MEMÓRIA E VONTADE

*Todo e qualquer pensamento
não é mais que um fenômeno de memória,
que se resume no despertar ou no reproduzir
de uma sensação anteriormente percebida.*

(Ernesto Bozzano)

Compreendamos a natureza da memória. No momento em que surge uma percepção no horizonte da observação, o Humano Ser pensa. Resultado: um conceito associa-se à percepção. Quando esta, mais tarde, desaparece do horizonte de nossa observação, eis o que sobra – **a representação mental ou memória**. Sendo assim, a memória nada mais é senão um conceito que já esteve ligado a uma percepção, e que depois conservou tal relação.

Exemplo: quando contamos alguma coisa a alguém do que aconteceu, tiramos de nossa memória não os fatos em si, já que são passados, mas as palavras que demonstram as imagens que os próprios fatos, passando pelos sentidos, deixaram impressas no perispírito – **sede da memória**.

Outro exemplo: o conceito de leão não tem a sua origem nas percepções de leões vistos em zoológico ou em uma savana na África, mas certamente a representação mental (memória, imagem) do leão é formada com base na percepção, pois se pode ensinar a alguém que jamais tenha visto um leão o conceito desse feroz felino.

A representação mental é, portanto, um conceito individualizado. Ela se situa entre a percepção e o conceito, ou seja, é o conceito com uma determinada referência à percepção. A realidade nos é revelada por meio da percepção e do conceito; **já a manifestação da realidade no sujeito é a representação mental em forma de memória.** Vejamos: quando observamos uma árvore, vemo-la com nossos conhecimentos botânicos, e, nesse caso, não estamos observando, realmente, a árvore. Estamos, sim, observando-a por meio de palavras que a indicam, por nossos conhecimentos e por nossa experiência, que, por sua vez, nos impede de olhar *realmente* para a árvore, isto é, *livre* de palavra, da imagem por esta criada, sem a tendência de julgar ou avaliar.

Sendo assim, quando observamos uma árvore, jamais a vemos, porque temos a representação mental (a memória) relativa à árvore e é essa imagem que olha a árvore. **A mente, ao observar a árvore, olha-a com a imagem que dela tem.** Vivemos *condicionados*. Nossa mente é condicionada por meio da educação, por meio do ambiente social, por meio do medo, por meio do trabalho, por meio da família, etc.

Temos a respeito de nós mesmos uma certa imagem; cada um tem a sua; e ela foi esmeradamente formada e nutrida pelo pensamento, pelas influências, pela experiência, pelo conhecimento. Quando digo: "Serei alguma coisa no futuro, amanhã" ou "Irei vencer meus conflitos", esse *amanhã* ou esse *conflito* já é conhecido, pois o pensamento projetou *o que* amanhã serei *e qual* conflito vencerei. **Portanto, todo querer, motivação e ânsia de mudança estão sempre dentro da esfera do conhecido; vivemos das lembranças da experiência de ontem**; sempre nos movemos a partir do passado. E há, porventura, segurança no passado? Não.

Durante toda nossa fugaz existência física, a mente cria milhões de pensamentos sem finalidade alguma. Ela cria seus próprios problemas, e então procura resolvê-los; mas eles jamais terão solução, pois isso não é possível na esfera limitada de sua atividade.

Helena Blavatsky, a mãe da Teosofia, em *A Voz do Silêncio*, no *Primeiro Fragmento*, diz:

[...] A mente é a grande assassina do Real [Deus, Todo, Absoluto].

Não há mal em ter qualquer pensamento, seja ele qual for. **A questão é se livrar da ansiedade que o pensamento *nocivo* provoca.** A mente é como um ímã que atrai e repele, e a natureza de suas atrações e repulsões pode ser determinada por nós mesmos. Ela é boa serva e cruel senhor. Se observarmos os pensamentos que acodem à nossa mente, veremos que são os da mesma espécie que habitualmente abrigamos.

Assim sendo, quando um mau pensamento penetrar nosso corpo mental, é melhor não lutar contra ele diretamente, porquanto isso é **dissipar energia e não conservá-la**. Se alguém luta constantemente com suas mazelas, resiste à vontade de se arrastar aos seus maus hábitos, não os deixando exteriorizar-se quando eles emergem, logra êxito por pouco tempo, porque, **por pura determinação, resistiu**. Muitas pessoas, erroneamente, gastam, em vão, os anos em *combater* pensamentos impuros – ou seja, de *resistir* à vontade de pensar de forma impura. **Ora, tudo aquilo a que se resiste, persiste, e, com isso, continua como estava** – sofrendo e acreditando que uma transformação íntima esteja ocorrendo.

Novamente recorreremos a Helena Blavatsky, ao aludir que:

[...] A mente é como um espelho; cobre-se de pó ao mesmo tempo que reflete. Precisa que as brisas leves da sabedoria de Alma limpem o pó das nossas ilusões. Procura, ó principiante, fundir a tua mente e a tua Alma. (*A Voz do Silêncio, Segundo Fragmento*.)

Perguntar-se-ia: mas como fundir nossa mente e nossa Alma? A resposta está em parar de lutar com o *ego humano*, encontrando um lugar interior que não esteja em guerra – o *Eu divino*. E o que seria capaz de me fazer lograr esse êxito? A resposta é simples: **a vontade**.

Vamos à pergunta 909, de *O Livro dos Espíritos*:

Poderia sempre o homem, **pelos seus esforços**, vencer as suas más inclinações? Sim, e, frequentemente, **fazendo esforços muito insignificantes. O que lhe falta é a vontade**. Ah, quão poucos dentre vós fazem esforços!

Primeiro questionamento: o que seriam esses "esforços muito insignificantes"? Uma luta, um esforço para alcançar o que deveríamos ser? Não, porque se há esforços a serem feitos, eles são insignificantes. E mais: se levarmos em conta o adjunto adverbial de intensidade – *muito* –, então esforço algum deve ser feito pelo Humano Ser para vencer as suas más inclinações.

Enquanto houver uma luta, um conflito, a mudança é simplesmente imposta, então não existe entendimento; por isso não há nenhuma mudança. A mente é capaz de enfrentar o problema da mudança sem fazer um esforço, apenas observando a total implicação da aquisição. Porque você não consegue enxergar totalmente o conteúdo da aquisição enquanto houver qualquer esforço para mudá-la. A mudança das más inclinações só pode ocorrer quando a mente chega nova ao problema, não com todas as lembranças de milhares de dias passados. Obviamente, você não pode ter uma mente fresca e entusiástica se sua mente estiver ocupada. E o corpo mental só deixa de estar ocupado quando ela enxerga a verdade sobre sua própria ocupação.

Segundo questionamento: como entender a expressão "o que lhe falta é a vontade"? Não pode ter ela o significado de *querer* ou *desejar* mudar suas más inclinações, porque *desejo* e *medo* estão interligados, visto que **o medo alimenta o desejo de atividades capazes de aliviá-lo; reciprocamente, o desejo cria o medo de não poder obter o que mais se quer – o bem-estar.**

E existe algo factível a fazer para que a nossa vontade, sempre escassa, surja, apresente-se, com o fito de domarmos nossas inclinações más? Sim; e a resposta está na **fé**.

Ora:

O eixo da alma é a fé. Se a alma gira em torno do eixo de uma fé robusta, a força que ela emite atrai o que é útil e repele o que é prejudicial. As forças telúricas que circulam pelo centro da Terra de norte para sul atraem a si os elementos formadores do planeta. A alma que tem a convicção de sua natureza espiritual em união com o Universo, pode manter o eixo da sua própria constituição psíquica perenemente fortalecido pelo sentimento de união com a Força Criadora da Vida, se tiver fé que a ligue a essa energia magnética protetora. Estando impregnada por ela, atrairá a si somente o que deve, repelindo tudo que não se afinize com sua constituição espiritual. (Ramatís, *Mensagens do Grande Coração*, cap. X.)[1]

Jesus disse:

Tudo é possível àquele que tem fé. (Mt 9:23.)

O Crucificado quis dizer que tudo é possível àquele que tem *fidelidade* ao *psiquismo (Eu) divino* que nele existe.

Pode-se dizer que os termos *vontade* e *fé*, sob uma análise à luz da psicologia profunda, são sinônimos, pois a fé é antes um "estado de ser" do que "algo que se tenha" ou mesmo "um ato de fazer".

Agora, substituamos a palavra *vontade* pelo vocábulo *fé*, no dizer do Espírito Emmanuel, e tudo fará mais sentido:

[...] A vontade [fé] é a gerência esclarecida e vigilante, governando todos os setores da ação mental. [...] Só a vontade [fé] é suficientemente forte para sustentar a harmonia do espírito. Ela [a vontade, a fé] não consegue impedir a reflexão mental quando se trate da conexão entre os semelhantes, porque a sintonia constitui lei inderrogável, mas pode impor o jugo da disciplina sobre os elementos que administra, de modo a mantê-los coesos na corrente do bem. (*Pensamento e Vida*, capítulo II.)

E se Emmanuel diz que a vontade (a fé) não consegue impedir a reflexão mental, pois ela é quem gerencia o *agente pensamento*, transformando-o em força motriz (cf. *Revista Espírita* de dezembro de 1864), quanto mais independentes nos tornamos de nossa mente, obrigando-a ao silêncio interior, por meio da nossa vontade (da nossa fé), melhor serva a mente se torna e mais úteis os serviços que pode prestar em sua própria esfera de ação.

Desse modo, as paixões só podem ser domadas pelo *esforço da vontade (da fé)* (cf. *A Gênese*, Cap. III, item 19), e não pela *vontade (fé) de fazer esforços*. Não há arrastamento irresistível quando se tem *a vontade (a fé) de resistir* (cf. *O Livro dos Espíritos*, perg. 845), e não de *resistir à vontade (à fé)* de arrastar-se às más inclinações.

O maior filósofo espiritualista do século XIX, León Denis (1846-1927), formidavelmente alude:

> [...] Por que meio poremos em movimento as potências internas e as orientaremos para um ideal elevado? Pela vontade! O uso persistente, tenaz, dessa **faculdade soberana** permitir-nos-á modificar a nossa natureza, vencer todos os obstáculos, dominar a matéria, a doença e a morte.
>
> [...] A vontade é **a maior de todas as potências**; é, em sua ação, comparável ao ímã. A vontade de viver, de desenvolver em nós a vida, atrai-nos novos recursos vitais; tal é o segredo da lei de evolução. A vontade pode atuar com intensidade sobre o corpo fluídico, ativar-lhe as vibrações, e, por essa forma, apropriá-lo a um modo cada vez mais elevado de sensações, prepará-lo para mais alto grau de existência.
>
> O princípio de evolução não está na matéria, está na vontade, cuja ação tanto se estende à ordem invisível das coisas como à ordem visível e material. Esta é simplesmente a consequência daquela. O princípio superior, **o motor da existência**, é a vontade. A Vontade Divina é o supremo motor da Vida Universal. (*O Problema do Ser, do Destino e da Dor*, III parte, cap. XX.)

Desse modo, mudemos o pensamento condicionado que temos sobre o conceito de *vontade*, pois em nossas mentes temos uma representação mental, uma imagem do termo *vontade*. Ora, sendo uma "faculdade soberana", a "maior de todas as potências", o "motor da existência", não pode esse substantivo feminino, à luz da filosofia perscrutante e sentida, ser sinônimo de *desejar, querer*, etc.

Quando Jesus disse: "Glória a Deus nas maiores alturas, e paz na Terra entre os homens de boa vontade" (Lc 2:14), estava se referindo aos "homens (criaturas humanas) de fé". E mais: demonstra que o adjetivo *boa* está quase beirando um pleonasmo. Ora, a vontade sendo o "princípio da evolução" não pode haver "homens *de* má vontade" ou "realizando uma atividade *com* má vontade", visto ser *vontade* e *fé* "impulsos superiores".[2]

Mas isso só responde em parte nosso grande questionamento sobre a efetiva mudança comportamental. Perguntar-se-ia: como o córtex pré-frontal, que tem a função de coordenar os pensamentos com prudência e sabedoria, sendo mais lento que a amígdala cerebelar, poderá realizar sua atribuição de colaborar com a mente, deixando-a pensar em uma coisa por vez, e o indivíduo permanecer equilibrado em suas emoções?[3]

Eis a resposta: jamais haverá mudança em nossos comportamentos moralmente infantis se a mente estiver ocupada, porque aquilo com que a mente se ocupa ela já conhece devido aos nossos pensamentos condicionados. E o que já conhecemos é resultado do passado. O Eu Divino não pode ser medido. Portanto, não existe ocupação com Ele; há só uma quietude da mente, uma vacuidade em que não há movimento – e só assim o desconhecido pode acontecer. O *novo* só pode vir quando o TEMPO FINDA.

Como assim? Só se evolui moralmente quando o tempo se apaga para o Humano Ser? Sim. Mas esse é um assunto para ser exposto mais à frente. Primeiro vamos entender o significado de *tempo*, no texto a seguir. Não se preocupe, caro leitor, porque voltaremos à temática sobre a relação entre *tempo* e *mudança interior*.

Notas

1. A palavra *fé*, em latim, significa *fides*; em grego, significa *pistis*, e tem o verbo *pisteuein* (*fidelizar*), que, por sua vez, não tem o mesmo radical do *fides*. Sendo assim, os tradutores latinos do texto grego empregam o verbo *credere* na Bíblia, que em português significa *crer*.
2. Sobre o tema *vontade*, favor ler *A Filosofia da História, sob a Visão Espiritual* (Editora AGE, 2019), Parte V (*O Fantasma Materialista*), no texto sobre Arthur Schopenhauer, de nossa autoria.
3. Este tema foi bem contextualizado na parte III, texto n.º 4 – *Sistema Límbico*.

O TEMPO

Tudo que sobe converge.

(Teilhard de Chardin.)

Desde o surgimento do *Homo Sapiens*, cuja primeira evidência, na África, foi há 200.000 anos, começa sua experiência direta com o tempo. Mas não será desse ponto que iniciaremos nossa digressão. Nosso resumido estudo sobre a natureza do tempo será panorâmico, conquanto não deixemos de abordá-lo sob a óptica filosófica e científica.[1]

Parmênides (530-460 a.C.)

Pois bem. Comecemos com a escola filosófica dos Eleáticos (com sede em Elea, cidade do sul da Itália), chefiada por Parmênides, que fez da razão o critério da verdade.

O Poema de Parmênides – *Da Natureza* –, é uma das obras mais importantes não somente da filosofia grega, mas de toda cultura ocidental. Sua importância, deriva da influência implícita ou explicitamente demonstrada, que, por sua vez, exerce sobra a totalidade dos pensadores gregos posteriores ao eleata, uma vez que ele aborda a questão do "saber" e a converte no tema central de sua investigação – os princípios reguladores da atividade que se chama "pensar".

A Cosmologia é a disciplina que se dedica ao estudo do cosmo[2] – ou seja, da origem do Universo e da ordem que o caracteriza. A inovação de Parmênides está no modo como a reflexão vai separar essas duas questões uma da outra. Aceitando a ordem como um fato, desinteressa-se de sua origem para se concentrar no próprio saber.

Em outras palavras: ao invés de perguntar qual a origem do cosmo e de responder: "é a água", como Tales de Mileto (625-558 a.C.) fez, ou "o ar", como

Anaxímenes de Mileto (588-524 a.C.), Diógenes de Apolônio (585-480 a.C.) e Anaxágoras (500-428 a.C.) fizeram, Parmênides escolhe se concentrar na natureza própria do *saber*, que demonstra ser inseparável do *ser*. E é assim que a Ontologia (ciência do ser) está em detrimento da Cosmologia (ciência do cosmo), conquanto salientamos que a abordagem de uma e outra é totalmente diferente, e não pode ser confundida, porquanto a Cosmologia começa pela pergunta: "Por que a ordem e não a desordem?" – questionamento este assaz venerável, que os gregos receberam do Oriente, e que ainda versa sobre a atual Astronomia.

A Ontologia, porém, não nasce do espanto, nem começa explicitamente como pergunta. Ao contrário: o pensador, dando as costas à interrogação sobre a origem do cosmo, ultrapassa o estado de admiração e mergulha na senda da reflexão. Parmênides, então, afirma que "a ordem é". Nesse sentido, "é" é uma resposta. Aliás, A RESPOSTA. Posto isso, o pai da Ontologia do Ocidente nem admite a pergunta: "Por que o ser?" ou "Por que "é"?

Em *Da Natureza*, percebe-se claramente que aquilo que não pode ser alcançado pelo entendimento é irreal, falso, ou seja, é o "não-ser". E como não podemos conhecer "o" que não é, tal pensamento não conduz a nada pela própria negatividade de sua existência e a impossibilidade de ser pensado pela via da razão. Resta, então, o outro, a saber: "que é". Portanto, *ser* e *pensar* são o mesmo.

Ademais, o Poema não apresenta nenhuma referência direta ao tempo. Entretanto, ao se conceber o ser (*ente*), "que é", **está fora do tempo por existir para além do movimento e da mutabilidade**; não tem princípio nem fim, está livre da gênese e da destruição, pois o "*ente* é ingênito, é também incorruptível, pois é integro e inquebrantável, em verdade ilimitado; também não era outrora, nem será, porque é agora todo do mesmo [homogêneo], uno, contínuo" (*Da Natureza*, Frag. 8).

Em suma: Parmênides considerava o tempo como uma fantasia produzida pelos sentidos, que, segundo ele, eram enganosos, já que preconizava o ser (*ente*) como criatura incriada, sem o início e o fim, sem um *passado* e um *futuro*, sendo, com efeito, um *presente eterno*. Era um *idealista*.

Platão (427-347 a.C.)

O discípulo de Sócrates (470-399 a.C.) asseverou que o Universo é essencialmente espiritual e obediente a um plano. Ele refutava as doutrinas sofísticas do *relativismo* e do *ceticismo*. Construiu uma base segura para a ética. Conseguiu esse feito desenvolvendo a célebre doutrina das *Ideias*, cuja relatividade e as mudanças constantes são características do mundo das coisas físicas, do mundo que percebemos pelos sentidos. Negava, porém, que esse mundo constituísse todo o Universo. Ao revés, ele afirmava haver um reino mais alto e espiritual, composto de formas eternas ou *Ideias* que só a mente pode conceber. Não são, porém, meras abstrações criadas pelos Homens, mas sim entes espirituais. As *coisas* que percebemos por meio de nossos sentidos, dizia ele, são apenas cópias imperfeitas das realidades supremas – as *Ideias*.

Sobre o tempo, diz Platão, um *idealista* nato:

> Ora, quando o pai que o engendrou se deu conta de que tinha gerado uma representação dos deuses eternos, animada e dotada de movimento, rejubilou; por estar tão satisfeito, pensou como torná-la ainda mais semelhante ao arquétipo. Como acontece que este é um ser eterno, tentou, na medida do possível, tornar o mundo também eterno. Mas acontecia que a natureza daquele ser era eterna, e não era possível ajustá-la por completo ao ser gerado. Então, pensou em construir uma imagem móvel da eternidade, e, quando ordenou o céu, construiu, a partir da eternidade que permanece uma unidade, uma imagem eterna que avança de acordo com o número; é aquilo a que chamamos tempo. De fato, os dias, as noites, os meses e os anos não existiam antes de o céu ter sido gerado, pois ele preparou a geração daqueles ao mesmo tempo que este era constituído. Todos eles são partes do tempo, e "o que era" e "o que será" são modalidades devenientes [tornar-se, vir-a-ser, transformar-se] do tempo que aplicamos de forma incorreta ao ser eterno por via da nossa ignorância. Dizemos que "é", que "foi" e que "será", mas "é" é a única palavra que lhe é própria de acordo com a verdade, ao passo que "era" e "será" são adequadas para referir aquilo que devém ao longo do tempo – pois ambos são movimentos. No entanto, aquilo que é sempre imutável e imóvel não é passível de se tornar mais velho nem mais novo pelo passar do tempo nem se tornar de todo (nem no que é agora nem no que será no futuro), bem como em nada daquilo que o devir atribui às coisas que os sentidos trazem, já que elas são modalidades devenientes do tempo que imita a eternidade e circulam de acordo com o número.
>
> [...] Assim, o tempo foi, pois, gerado ao mesmo tempo que o céu, para que, engendrados simultaneamente sejam dissolvidos – se é que alguma vez a dissolução surja nalgum deles. Foram gerados também de acordo com o arquétipo da natureza eterna, para que lhe fossem o mais semelhantes possível; é que o arquétipo é

ser para toda a eternidade, enquanto a representação foi, é e será continuamente e para todo o sempre deveniente. (*Diálogos. Timeu.*)

Em suma: Platão concebe o tempo como imagem móvel da Eternidade.

Aristóteles (384-322 a.C.)

O "estagirita", um eminente *realista*, enxergava o tempo como uma realidade derivada, dependente e ligada, de modo estreito, com os objetos e os eventos que passam. Em suma: **o tempo não é senão a medida do movimento ("antes" e "depois"), e deixaria de existir se, porventura, não se produzisse nenhuma mudança.** Perguntar-se-ia: mas quem conta, quem numera o tempo? Para Aristóteles é a alma quem o mensura, sem a qual ele não existiria. Desse modo, o tempo é um "ente imperfeito", já que não existe por si mesmo. Depende do movimento dos corpos, porquanto é radicado em todas as coisas. Não obstante, simultaneamente, depende do intelecto capaz de contar e ordenar o movimento, onde "reside" de modo formal.[3]

Salientamos, porém, que Aristóteles não desenvolveu o mecanismo de percepção do tempo (em nível psicológico), quando, por exemplo, o assunto é *memória*. Lembre-se, caro leitor, que nós já começamos tal temática no texto anterior a este – *Memória e vontade* –, e continuaremos a tratativa no texto a seguir – *E agora?*

Plotino (205-270)

O filósofo egípcio nasceu em Licópolis. Foi muito discreto durante toda sua existência, e tudo que se sabe sobre Plotino, somente a partir dos seus 28 anos de idade quando foi para Alexandria a fim de estudar filosofia, é através de seu discípulo e biógrafo Porfírio (233-305) que o conhecemos.

Cabe Ressaltar que Alexandria era a cidade egípcia para a qual confluíam as principais correntes do helenismo, do judaísmo, do cristianismo, das tradições locais e orientais (persas e indianas), pois ali residiam os professores mais renomados da época.

Porfírio relata que depois de Plotino ouvir vários desses professores e ter se decepcionado, um amigo o levou à presença do platônico Amônio Sacas (175-242), cuja exposição agradou imediatamente de tal modo, que ele teria assim dito: "Eis o homem que eu procurava". Desde então, frequentou assiduamente as aulas de Amônio até a morte deste, perfazendo 11 anos de discipulado. Salientamos que Amônio Sacas não deixou nada escrito, e seus discípulos, dentre eles Orígenes (185-254), comprometeram-se a não divulgar abertamente os ensinamentos que dele receberam, a fim de não os profanar.

Aos 39 anos de idade, Plotino quis um contato direto com a sabedoria persa e hindu, pelas quais nutria grande admiração, e juntou-se ao exército do Imperador Romano Marco Antônio Gordiano III (225-244), o piedoso, que partia em direção ao Oriente para combater os avanços do Rei da Pérsia Sapor I (?-270), na Mesopotâmia. Nada se sabe, porém, de sua experiência por aquelas *bandas*.

Com o assassinato de Gordiano III, Plotino refugiou-se em Antioquia e depois, em 245, dirigiu-se a Roma, onde estabeleceu-se definitivamente até o seu desencarne. Na Cidade Eterna começou a lecionar, fundando uma escola de filosofia, que diferente de Platão, podiam frequentar homens e mulheres. Já salientamos em nossa obra *A Filosofia da História, sob a Visão Espiritual*, que Plotino caiu nas graças do Imperador Públio Licínio Inácio **Galiano** (218-268) e de sua esposa Júlia Cornélia Salonina (?-268).

O interessante é que Plotino somente começou a escrever aos 49 anos de idade, após 20 anos de estudo e ensino de filosofia. Porfírio conta que seu mestre não relia nem revisava seus escritos, que não tinha nenhuma preocupação com a ortografia, mas apenas com o sentido do que escrevia.

O resultado dos escritos de Plotino encontra-se em 54 tratados que foram agrupados e editados, por Porfírio, em seis capítulos, compostos de nove tratados cada um deles, e intitulados *Enéada*, pois nove, em grego, é *ennéa*.

Na obra *A Filosofia da História, sob a Visão Espiritual* (Editora AGE, 2019), quando falamos sobre Plotino referimos a temática *intuição*, pois esse grande homem viveu a experiência mística da ascensão ao Uno, tendo-o contemplado e retornado ao corpo. O relato dessa experiência se encontra no início do Tratado sobre a Descida das Almas nos Corpos e no fim do Tratado Sobre o Bem e o Uno.

Sobre o tempo, diz Plotino, também um *idealista*:

> O tempo é consequência da marcha inacabada do espírito que anima o mundo – astronômico, animal, humano. A nossa experiência de seres incompletos, como a de todas as coisas do mundo visível, do curso de nossa existência humana, da vida e de todos os seres vivos, dos astros no céu, como por tentar – em vão – suprir esta carência, resume-se na experiência do tempo. (*Enéada*, III.)

Embora Plotino tenha trazido a ideia de "alma do mundo", ela não era capaz de explicar as propriedades do tempo, como a *uniformidade* e a *continuidade*. No olhar do neoplatônico, a mensurabilidade do tempo constituía somente uma propriedade acidental. Com isso, ele não deu muita importância de examinar os seus condicionamentos.

Aurelius Augustinus (354-430)

O filósofo africano, sobre o tempo, **acentua, sobremaneira, suas propriedades qualitativas, desconsiderando devidamente as quantitativas e métricas**. Agostinho voltou-se para o conceito de "alma do homem" como fonte última e o padrão do tempo.

Diz o Bispo de Hipona:

> Não houve, pois, tempo algum em que nada fizesses, pois fizeste o próprio tempo. E nenhum tempo pode ser coeterno contigo, pois és imutável; se, o tempo também o fosse, não seria tempo. Que é pois o tempo? Quem poderia explicá-lo de maneira breve e fácil? Quem pode concebê-lo, mesmo no pensamento, com bastante clareza para exprimir a ideia com palavras? E no entanto, haverá noção mais familiar e mais conhecida usada em nossas conversações? Quando falamos dele, certamente compreendemos o que dizemos; o mesmo acontece quando ouvimos alguém falar do tempo. Que é, pois, o tempo? Se ninguém me pergunta, eu sei; mas se quiser explicar a quem indaga, já não sei. Contudo, afirmo com certeza e sei que, se nada passasse, não haveria tempo passado; que se não houvesse os acontecimentos, não haveria tempo futuro; e que se nada existisse agora, não haveria tempo presente. Como então podem existir esses dois tempos, o passado e o futuro, se o passado já não existe e se o futuro ainda não chegou? Quanto ao presente, se continuasse sempre presente e não passasse ao pretérito, não seria tempo, mas eternidade. Portanto, se o presente, para ser tempo, deve tornar-se passado, como podemos afirmar que existe, se sua razão de ser é aquela pela qual deixará de existir? Por isso, o que nos permite afirmar que o tempo existe é a sua tendência para não existir. (Agostinho, *Confissões*, cap. XIV.)

Em verdade, o passado e o futuro, onde quer que eles estejam, não são nem futuro nem passado, mas presente. É tão fidedigno isso que somente no presente pode existir o futuro; caso contrário ele não existiria ainda; e somente no presente pode existir o passado; caso contrário, já não existiria mais. Dessarte, em qualquer parte que esteja, o passado e o futuro não podem existir senão no presente.

E mais adiante, Agostinho argui:

> Não é exato falar de três tempos – passado, presente e futuro. Seria talvez mais justo dizer que os tempos são três, isto é, o presente dos fatos passados, o presente dos fatos presentes, o presente dos fatos futuros. E esses três tempos **estão na mente** e não os vejo em outro lugar. O presente do passado é a memória. O presente do presente é a visão. O presente do futuro é a espera. Se me é permitido falar assim, direi que vejo e admito três tempos, e três tempos existem. Diga-se mesmo que há três tempos: passado, presente e futuro, conforme a expressão abusiva em uso. (Agostinho, *Confissões*, cap. XX.)

Perceba, caro leitor, que para o filósofo/cristão **o tempo é medido na alma (no Espírito), deixando uma impressão das coisas e dos eventos enquanto acontecem. É a alma que tem capacidade de se distender em direção ao futuro, pela antecipação, e ao passado, pela memória**.

Diz o filho de Mônica (331-387):

> [...] Logo, eu não meço as sílabas, que não existem mais, mas algo que permanece gravado em minha memória.
>
> É em ti, meu espírito, que meço o tempo. Não me objetes nada, pois é assim. Não te perturbes com as ondas desordenadas de tuas emoções. É em ti, digo, que meço o tempo. A impressão que em ti gravam as coisas em sua passagem, perduram ainda depois que os fatos passam. O que eu meço é esta impressão presente, e não as vibrações que a produziram e se foram. É ela que meço quando meço o tempo. Portanto, ou essa impressão é o tempo, ou eu não meço o tempo. (Agostinho, *Confissões*, capítulo XXVII.)

Aurelius Augustinus **foi o primeiro a contemplar, exaustivamente, o tempo sob uma perspectiva psicológica e qualitativa, identificando-o com a própria vida da alma, que se estende para o passado ou para o futuro**. Em outras palavras: o tempo começa e termina junto com a estrutura do mundo físico. Malgrado, a duração não se restringe somente às mudanças concretas e palpáveis, já que é possível estendê-las também no Espírito, através da mente, extrapolando a realidade empírica (dos sentidos físicos) e dos movimentos. **As faculdades íntimas do Espírito (a atividade interior da consciência) contribuem com a formação da ideia de tempo. Somente a vida psí-**

quica é capaz de tanto. Eis aí nossa admiração e concordância com o Convertido de Milão.[4]

O tempo, para Agostinho, é um vestígio da Eternidade.[5]

Isaac Newton (1643-1727)

Newton, em sua obra *Princípios Matemáticos de Filosofia Natural* (*Principia*), de 1687, em que formulou a *Lei da Inércia*, o *Princípio Fundamental da Dinâmica* e a *Lei da Ação e Reação*, bem como a *Teoria da Gravitação*, concebia o tempo de duas maneiras: *absoluto* e *relativo*.[6]

O tempo e espaço absolutos, para ele, são **realidades independentes da existência das coisas externas**. Ou seja, mesmo que o Universo deixasse de existir, eles, sempre homogêneos e uniformes em sua concepção, constituiriam um vazio proscênio, do qual não fazem parte, naquele enredo teatral, o show da Física que ali se desenvolve. Em outras palavras: o tempo e o espaço absolutos, sendo imperceptível para os sentidos, permanece similar a si próprio e imóvel.

Newton concebia o tempo como avanço de algum tipo de relógio universal que tiquetaqueava sem parar; uma batida de coração cósmica; uma referência diante da qual todos os outros relógios poderiam ser acertados. Em suma: o tempo seria o mesmo para todos – absoluto, regular e universal. O mesmo pêndulo oscilaria na mesma proporção hoje e amanhã, no Brasil ou no Japão, para você (o leitor) e para nós (os redatores desta obra). Para a física newtoniana, era possível sincronizar todos os relógios de modo que pulsassem uniformemente em qualquer ponto do Universo. Um segundo na Terra, teria a mesma duração de um segundo em Marte e Júpiter.

À semelhança do tempo, o espaço também seria absoluto. Réguas métricas na Terra teriam o mesmo comprimento de réguas métricas em Marte e Júpiter, e não mudariam de comprimento em nenhum lugar no Universo. Segundos e metros, portanto, para Newton, seriam os mesmos, não importa por onde viajemos no espaço. Assim, o astrólogo e filósofo inglês baseou suas ideias na noção do senso comum de espaço e tempo absolutos. Para ele, **espaço e tempo formavam um referencial absoluto, em relação ao qual podemos julgar o movimento de todos os objetos.**

Uma olhadela nesse conceito do *pai* da Física Moderna, pode levar a crer que a ideia de tempo e espaço absolutos seja uma concepção ateísta. Entretanto, não o é. Vejamos sua carta ao crítico e teólogo inglês Richard Bentley (2662-1742), datada de 10 de dezembro de 1692:

> Quando escrevi meu tratado sobre nosso sistema, tinha em vista os princípios que pudessem fazer com que os homens considerassem a crença de uma Divindade; e nada pode alegrar-me mais do que encontrá-lo útil para esse fim.

Ademais, o próprio Newton escreveu, em 1713, com 71 anos de idade, em seu famoso *Escólio Geral*, publicado no final da segunda edição de *Os Princípios Matemáticos da Filosofia Natural*:

> [...] Ele [Deus] é eterno e infinito, onipotente e onisciente. Isto é, sua duração alcança de eternidade a eternidade, sua presença de infinito a infinito, governa todas as coisas e conhece todas as coisas que são ou que podem ser feitas. Ele não é eternidade e infinidade, mas é eterno e infinito. Não é duração ou espaço, mas dura e está presente. Ele dura para sempre e está presente em todo lugar, e, ao existir sempre e em todo lugar, constitui a duração e o espaço.

Já o tempo e espaço relativos, para o matemático britânico sempre *aparente* e *vulgar*, é certa medida sensível e externa de duração por meio do movimento, como são a hora, o dia, o mês, o ano. E não poderia ser diferente, pois perguntar-se-ia: pode haver qualquer outro movimento senão o relativo, de forma que para percebê-lo devem ser concebidos pelo menos dois corpos? A resposta é "não".[7]

A vantagem da ideia de Newton sobre o tempo e espaço relativos é que ficamos livres daquele dilema perigoso, a saber: de pensar ou que o tempo e o espaço é Deus, ou então que tem alguma coisa além de Deus que é eterna, que não foi criada, que é infinita, indivisível, imutável. Posto isso, outro questionamento surge: o gênio inglês pode ser considerado um *idealista* ou *realista*? Ah! Certo que suas ideias obedecem a um *realismo extremo*. Do contrário, o seu tempo absoluto seria eterno. Mas ele afirmava, como já vimos acima, que eterno é somente Deus.

Immanuel Kant (1724-1804)

O filósofo alemão, também já narrado na obra *A Filosofia da História, sob a Visão Espiritual* (Editora AGE, 2019), de nossa autoria, aceitou a ciência newtoniana como verossímil, ainda que pese REJEITAR seu *realismo*, especialmente ao tempo e espaço absolutos.[8]

Agora vejamos o que Kant argui sobre o tempo e o espaço, em sua obra *Crítica da Razão Pura*:[9]

> O tempo é uma representação necessária que serve de base a todas as intuições. Não se pode suprimir o tempo nos fenômenos em geral, ainda que se possa separar, muito bem, estes daquele. O tempo, pois, é dado "a priori". Só nele é possível toda realidade dos fenômenos. Estes podem todos desaparecer; mas o tempo mesmo, como condição geral de sua possibilidade, não pode ser suprimido. (Immanuel Kant, *Crítica da Razão Pura*, 2ª Seção, subtítulo: *Da Estética Transcendental do Tempo*, item 4, § 2º.)

> O espaço é uma representação necessária, "a priori", que serve de fundamento a todas as intuições externas. É impossível conceber que não exista espaço, ainda que se possa pensar que nele não exista nenhum objeto. Ele é considerado como a condição da possibilidade dos fenômenos, e não como uma representação deles dependente; e é uma representação "a priori", que é o fundamento dos fenômenos externos. (Immanuel Kant, *Crítica da Razão Pura*, 1ª Seção, subtítulo: *Da Estética Transcendental do Espaço*, item 2, § 2º.)

Georg Wilhelm Friedrich Hegel (1770-1831)

O filósofo alemão, em seu *idealismo* contagiante, também trouxe sua contribuição. Ao rejeitar a tradicional derivação ontológica do Universo, mediante uma "causalidade eficiente", o filósofo de Stuttgart explica o "processo criador" de todas as coisas como uma simples atualização do Absoluto em seu dinamismo, que se expressa e exterioriza evolutivamente na Natureza sob o véu da "dispersão" múltipla e individualizada.[10]

Quase toda uma existência em solidão, mas sem se sentir sozinho, seja em Berna (Suíça) ou em Frankfurt (Alemanha), Hegel teve uma visão mística profunda (não confundir com misticismo), que lhe deu uma percepção da unidade divina do Cosmo, onde toda divisão finita era vista como ilusória; tudo era interdependente e a realidade última era o Todo. Em outras palavras: viu o Universo como Uno (Causa), manifestado como Verso (Efeitos).

Deus (Absoluto), para ele, não produz energia e vida, mas é a energia e a vida, em diferentes estágios. Seu pensamento, de forma sintética, assim se resume: **a Natureza, uma "degradação" ou um modo de ser inferior do devir do espírito, é a exteriorização da ideia (princípio inteligível da realidade)**

no espaço e no tempo. E o que seria "espírito", no conceito de Hegel? É o "retorno da ideia para si mesma".

Entendamo-lo mais um pouco. Em *A Fenomenologia do Espírito*, capítulo II, ele escreveu que:

> [...] A vida de Deus e o conhecimento divino bem que podem exprimir-se como um jogo de amor consigo mesmo; mas é uma ideia que baixa ao nível da edificação e até da insipidez quando lhe falta o sério, a dor, a paciência e o trabalho do negativo. De certo, a vida de Deus é, em si, tranquila igualdade e unidade consigo mesma; não lida seriamente com o "ser-outro" e a alienação, nem tampouco com o superar dessa alienação. Mas esse "em si divino" é a universalidade abstrata, que não leva em conta sua natureza de ser para si, e, portanto, o movimento da forma em geral.
>
> Sua natureza consiste justo nisso: em ser algo efetivo, em ser sujeito ou "vir-a-ser" de si mesmo acreditar que o conhecimento pode se contentar com o "em-si" ou a essência, e dispensar a forma como se o princípio absoluto da intuição absoluta pudesse tomar supérfluos a atualização progressiva da essência e o desenvolvimento da forma. Justamente por ser a forma tão essencial à essência quanto esta é essencial a si mesma, não se pode apreender e exprimir a essência como essência apenas, isto é, como substância imediata ou pura auto intuição do divino. Deve exprimir-se igualmente como forma e em toda a riqueza da forma desenvolvida, pois só assim a essência é captada e expressa como algo efetivo. O verdadeiro é o todo. Mas o todo é somente a essência que se implementa através de seu desenvolvimento.
>
> Sobre o absoluto, deve-se dizer que é essencialmente resultado; que só no fim é o que é na verdade. Sua natureza consiste justo nisso: em ser algo efetivo, em ser sujeito ou "vir-a-ser" de si mesmo. Embora pareça contraditório conceber o absoluto essencialmente como resultado, um pouco de reflexão basta para dissipar esse semblante de contradição.
>
> [...] As palavras "divino", "absoluto", "eterno", etc., não exprimem o que nelas se contém; de fato, tais palavras só exprimem a intuição como algo imediato. A passagem que é mais que uma palavra dessas contém um "tornar-se outro" que deve ser retomado, e é uma mediação; mesmo que seja apenas passagem a outra proposição. Mas o que horroriza é essa mediação: como se fazer uso dela fosse abandonar o conhecimento absoluto a não ser para dizer que a mediação não é nada de absoluto e que não tem lugar no absoluto.

Na verdade, esse horror se origina da ignorância a respeito da natureza da mediação e do próprio conhecimento absoluto. Com efeito, a mediação não é outra coisa senão a igualdade consigo mesmo se movente, ou a reflexão sobre si mesmo, o momento do Eu para si essente [essencial], a negatividade pura ou reduzida à sua pura abstração, o simples "vir-a-ser". O Eu, ou o "vir-a-ser" em geral esse mediatizar, justamente por causa de sua simplicidade, é a imediatez que vem a ser, e o imediato mesmo.

"Perceber" e "pensar", para Hegel, são as próprias leis do Humano Ser. Melhor dizendo: "pensar" e "ser", para o filósofo de Stuttgart, são essencialmente idênticos, e apenas gradualmente diversos. São formas substanciais que criam e produzem o seu conteúdo de dentro de si mesmas. **Deus não será maior se o respeitas, mas tu serás maior se o servires.**

"Sentir" Deus, entretanto, é outra coisa. É um estado de alma diretamente proporcional à capacidade da criatura humana estar acima da matéria, à sua "capacidade subjetiva" (expressão hegeliana). "Sentir" Deus, portanto, é uma **experiência direta e imediata**. Muita gente fala *de* Deus. Pouquíssimas falam *com* Deus. A maioria, portanto, dos Homens religiosos apenas crê em Deus. Ora, o objeto da nossa crença nunca pode ser objeto de um verdadeiro amor. Ninguém pode amar uma doutrina, um dogma, um artigo de fé.

Acreditamos que o solitário filósofo alemão "sentia" Deus, e, em sua inquietude íntima, tentou trazê-lO à concepção humana, tão pueril e superficial. Mas suas palavras, por mais eloquentes e diretas que fossem, não traduziam a Realidade Objetiva, que sempre se apresenta no Humano Ser como faculdade subjetiva.

E não poderia ser diferente, porquanto a criatura humana é vítima da sua espiritualidade. Isso se dá, porque toda conquista no terreno espiritual sofre sua própria insuficiência, uma vez que a distância que medeia entre qualquer finito e o Infinito (que chamamos Deus) é sempre igual ao Infinito, e os que já percorreram grande parte do caminho rumo à perfeição, e adquiriram grande clarividência das coisas de Deus, percebem mais apuradamente esta verdade do que outros. No entanto, esse sofrimento é uma doce amargura, uma "bem-aventurada fome e sede de justiça" (cf. Mt 5:6).

Henri Bergson (1859-1941)

No último quartel do século XIX, com suas notáveis obras: *Ensaio Sobre os Dados Imediatos da Consciência* (1889), *Matéria e Memória* (1896) e *Evolução*

Criadora (1907), o filósofo idealista e diplomata francês foi laureado, em 1927, com o Prêmio Nobel de Literatura, porquanto combateu a visão mecanicista de que o **tempo homogêneo é aquele no qual vivemos, aquele que está nos relógios, que o divide em parcelas iguais, ao qual é uma grandeza mensurável**, (algo superficial, pontuado e atômico). Outrossim, defende que o **tempo heterogêneo não são os ponteiros correndo no quadrante do relógio, e reversível, que volta atrás e se repete sem fim, mas sim algo contínuo (como todo vivente) e irreversível, durável, processando-se no interior do Humano Ser, em nossa consciência**, pois os fatos dela não são exteriores uns aos outros. Ao revés, penetram-se enquanto se sucedem e no mais simples entre eles pode se refletir a "alma inteira". Em suma: a consciência é o traço de união entre o que foi e o que será, uma ponte entre o passado e o futuro.

Ele viu a necessidade de deixar de lado as concepções de espaço no intuito de entender o espírito. Para tanto, ele toma como fundamento a noção do tempo. Contudo, é necessário fazer uma distinção entre o tempo da ciência fenomênica (mecânico) – medido pelo relógio, divisível em intervalos no espaço, que se desenvolve em uma sucessão de eventos (segundos, minutos e horas) e que são sempre idênticos quanto à natureza –, e o tempo da consciência, que não exige ser visto, mas vivido, internamente como um movimento absoluto do ser, que não pode ser medido pois muda a todo instante de escala, arrastando tudo em seu permanente fluxo.

Vejamos sua magnífica consideração:

A duração totalmente pura é a forma assumida pela sucessão de nossos estados de consciência quando nosso *eu* se deixa viver, quando ele se abstém de estabelecer uma separação entre o estado presente e os estados anteriores. Para tanto, não é preciso que ele se absorva por completo na sensação ou na ideia que passa, pois nesse caso, ao contrário, deixaria de durar. Também não é preciso esquecer os estados anteriores. Basta que, ao se lembrar desses estados, o *eu* não os justaponha ao estado atual como um ponto a outro ponto, e sim os organize com ele, como ocorre quando lembramos, fundidas, por assim dizer, em conjunto, as notas de uma melodia. Não poderíamos dizer que, se essas notas se sucedem, as percebemos, no entanto, umas dentro das outras, e que seu conjunto é comparável a um ser vivo cujas partes, ainda que distintas, se penetram justamente por sua solidariedade? A prova disso é que, se rompermos a métrica insistindo mais do que se deveria numa nota da melodia, não será seu comprimento exagerado, enquanto comprimento, que nos advertirá de nosso erro, e sim a mudança qualitativa assim trazida ao conjunto da frase musical. Podemos, portanto, conceber a sucessão sem a distinção, como uma penetração mútua, uma solidariedade, uma organização íntima dos elementos, cada um dos quais, representativo do todo, dele só se distingue e dele só se isola por meio de um pensamento capaz de abstrair.

[...] Para colocar essa argumentação sob uma forma mais rigorosa, imaginemos uma linha reta, indefinida, sobre a qual há um ponto material "A" que se desloca. Se esse ponto tomasse consciência de si mesmo, ele se sentiria mudar, uma vez que ele se move. Ele perceberia uma sucessão. Mas essa sucessão assumiria para ele a forma de uma reta? Sem dúvida, sim, se pudesse se elevar acima da reta que percorre e perceber simultaneamente vários pontos justapostos. Mas, por isso mesmo, ele formaria a ideia de espaço, e seria no espaço que veria se desenvolverem as mudanças que sofre, não na duração pura. Aqui apontamos o erro daqueles que consideram a pura duração como análoga ao espaço, mas de natureza mais simples. Eles se comprazem em justapor estados psicológicos, formar com eles uma cadeia ou uma linha, e não imaginam fazer intervir nessa operação a ideia de espaço propriamente dita, a ideia de espaço em sua totalidade, porque o espaço é um meio com três dimensões. Mas quem não vê que, para perceber uma reta sob a forma de uma reta, é preciso se colocar fora dela, dar-se conta do vazio que a circunda e, consequentemente, pensar um espaço com três dimensões? Se nosso ponto consciente A ainda não tem a ideia de espaço – é exatamente nessa hipótese que devemos nos colocar –, a sucessão de estados pelos quais passa não poderia assumir para ele a forma de uma reta, mas suas sensações se uniriam dinamicamente umas às outras, organizando-se entre si, como fazem as notas sucessivas de uma melodia pela qual nos deixamos embalar. **Em resumo, a pura duração poderia não ser nada mais do que uma sucessão de mudanças qualitativas que se fundem, que se penetram, sem contornos precisos, sem qualquer tendência para se exteriorizar umas em relação às outras, sem qualquer parentesco com o número – seria a pura heterogeneidade.** Mas por ora não insistiremos mais nesse ponto. Basta termos mostrado que, desde o instante em que atribuímos a menor homogeneidade à duração, introduzimos sub-repticiamente o espaço. (Henri Bergson, *Ensaio Sobre os Dados Imediatos da Consciência*, cap. II.)

Posto isso, o tempo concreto é a duração vivida, irreversível e heterogênea, criadora e nova a cada instante; multiplicidade dos estados da consciência absolutamente diversa da multiplicidade numérica; não uma nuvem de fases idênticas, que se repetem, mas um processo em contínuo enriquecimento. Em outras palavras: **o tempo não é um colar de pérolas, todas iguais e externas umas às outras, mas um novelo de fio que cresce conservando-se a si mesmo, com efeito, na vida da consciência**.

E ainda no capítulo II, em *Ensaio Sobre os Dados Imediatos da Consciência*, lê-se:

> [...] Quando sigo com os olhos, no mostrador de um relógio, o movimento do ponteiro que corresponde às oscilações do pêndulo, **não meço a duração, como costumamos acreditar; limito-me a contar simultaneidades**, o que é bem diferente. Fora de mim, no espaço, há apenas uma única posição do ponteiro e do pêndulo, uma vez que nada resta das posições passadas. Em mim, segue-se um processo de organização ou de penetração mútua de fatos de consciência, que constitui a verdadeira duração. Suprimamos por um instante o *eu* que pensa essas oscilações ditas sucessivas e haverá apenas uma oscilação do pêndulo, uma só posição do ponteiro, consequentemente, nenhuma duração. Suprimamos, por outro lado, o pêndulo e suas oscilações; só haverá a duração heterogênea do *eu*, sem momentos exteriores uns aos outros, sem qualquer relação com o número. É assim que, em nosso *eu*, há sucessão sem exterioridade recíproca. Fora do *eu*, exterioridade recíproca sem sucessão – exterioridade recíproca porque a oscilação presente é radicalmente distinta da oscilação anterior que não existe mais, mas ausência de sucessão porque a sucessão só existe para um espectador consciente que se lembra do passado e justapõe as duas oscilações ou seus símbolos num espaço auxiliar. – Ora, entre essa sucessão sem exterioridade e essa exterioridade sem sucessão se produz um tipo de troca, muito análoga àquela que os físicos chamam de um fenômeno de endosmose. Como cada uma das fases sucessivas de nossa vida consciente – as oscilações do pêndulo as decompõem, por assim dizer, em partes exteriores umas às outras. Daí vem a ideia errada de uma duração interna homogênea, análoga ao espaço, cujos momentos idênticos se seguiriam sem se penetrar. Mas, de outro lado, as oscilações pendulares – que só são distintas porque uma desapareceu quando a outra apareceu – se beneficiam de algum modo da influência que elas exerceram sobre nossa vida consciente. Graças à lembrança que nossa consciência organizou de seu conjunto, conservam-se, e, então, se alinham. [...] Há um espaço real, sem duração, mas no qual os fenômenos aparecem e desaparecem simultaneamente aos nossos estados de consciência. Há uma duração real, com momentos heterogêneos que se penetram. Cada um desses momentos

pode, no entanto, se aproximar de um estado do mundo exterior que lhe é contemporâneo e se separar dos outros momentos pelo próprio efeito de tal aproximação. Da comparação dessas duas realidades nasce uma representação simbólica da duração, tirada do espaço. A duração assume, assim, a forma ilusória de um meio homogêneo, e o traço de união entre esses dois termos, espaço e duração, é a simultaneidade que poderíamos definir como a interseção do tempo com o espaço. (Henri Bergson.)

Bergson elucida que mesmo as leis metafísicas não conseguiram ir ao encontro com a natureza da realidade espiritual. Isso se deve a confusões que nosso raciocínio mal formulado criou, dado o fato de o intelecto, por ter se desenvolvido a partir da experiência sensível, estar voltado para realidade pragmática, para as coisas da matéria sensíveis. O que esconde a verdadeira natureza da duração real "fora" de nós são os sentidos, nos quais a distância entre as qualidades captadas e os movimentos não é tão grande como se supõe habitualmente. Para o filósofo francês, **os movimentos reais constituem a própria qualidade, que vibra, por assim dizer, interiormente e cadencia sua existência.**

Ora:

> [...] Não podemos conceber, por exemplo, que a irredutibilidade de duas cores percebidas se deva sobretudo à estreita duração em que se contraem trilhões de vibrações que elas executam em um de nossos instantes? Se pudéssemos estirar essa duração, isto é, vive-la num ritmo mais lento, não veríamos, à medida que esse ritmo diminuísse, as cores empalidecerem e se alongarem em impressões sucessivas, certamente ainda coloridas, mas cada vez mais próximas de se confundirem com estímulos puros? (Henri Bergson, *Matéria e Memória*, p. 167.)

Pela primeira vez na Filosofia da História, é Bergson que tenta explicar a relação do "físico" e do "psíquico", em termo de duração. Ou seja, o ritmo de nossa duração e o ritmo de um processo físico.

Leiamos o exemplo trazido por ele:

> No espaço de um segundo, a luz vermelha – aquela que tem o maior comprimento de onda e cujas vibrações são, portanto, as menos frequentes –, realiza 400 trilhões de vibrações sucessivas. Deseja-se fazer uma ideia desse número? Será preciso afastar as vibrações umas das outras o suficiente para que nossa consciência possa contá-las ou pelo menos registrar explicitamente sua sucessão, e se verá quantos dias, meses ou anos ocuparia tal sucessão. Ora, o menor intervalo de tempo vazio

de que temos consciência é igual, segundo [Franz Serafin] Exner [1849-1926], a dois milésimos de segundo; ainda assim é duvidoso que possamos perceber um após outro, vários intervalos tão curtos. Admitamos, no entanto, que sejamos capazes disso indefinidamente. Imaginemos, em uma palavra, uma consciência que assistisse ao desfile de 400 trilhões de vibrações, todas instantâneas, e apenas separadas umas das outras pelos dois milésimos de segundo necessários para distingui-las. Um cálculo muito simples mostra que serão necessários mais de 25 mil anos para concluir a operação. Assim, essa sensação da luz vermelha experimentada por nós durante um segundo correspondente, em si, a uma sucessão de fenômenos que, desenrolados em nossa duração com a maior economia de tempo possível, ocupariam 250 séculos de nossa história. Isto é concebível? (Henri Bergson, *Matéria e Memória*, pp. 169/170.)

E conclui mais a frente:

[...] Perceber consiste, portanto, em suma, em condensar períodos enormes de uma existência infinitamente diluída em alguns momentos mais diferenciados de uma vida mais intensa e em resumir assim uma história muito longa. Perceber significa imobilizar. (Henri Bergson, *Matéria e Memória*, pp. 169/170.)

Para Bergson, a consciência separa o tempo, demarcando o presente daquela faixa que já passou, e a que damos o nome de pretérito, e dividindo-a da parte que está por vir, e que classificamos como o futuro. Assevera o filósofo francês que caso fosse suprimida nossa consciência, o tempo não desapareceria, nem o mundo das qualidades sensitivas. Somente cessaria o nosso ritmo de duração, que era uma condição de nossa ação sobre as coisas.

Em seu livro *Evolução Criadora*, Bergson encerra sua teoria do tempo de forma NOTÁVEL, tecendo considerações sob os pontos de vista *biológico* e *cósmico*.

Sobre a vida, diz o diplomata francês:

[...] O poder genético do óvulo fecundado enfraquece à medida que se reparte pela massa crescente dos tecidos do embrião; mas, enquanto se dilui assim, concentra novamente algo de si próprio num certo ponto especial, em células das quais nascerão os óvulos ou os espermatozoides. Poderia assim dizer-se que, se o plasma germinativo não é contínuo, existe pelo menos continuidade de energia genética, energia consumida apenas alguns instantes, precisamente durante o tempo de dar o impulso à vida embrionária, refazendo-se o mais depressa possível em novos elementos sexuais em que, mais uma vez, esperará sua hora. Considerada desse ponto de vista, a vida manifesta-se como uma corrente que vai de germe a germe por intermédio de um organismo desenvolvido. Tudo acontece como se o próprio organismo não passasse de uma excrescência, um botão produzido pelo germe antigo no seu esforço para continuar num novo germe. O essencial é a continuidade de progresso que permanece indefinidamente, progresso invisível sobre o qual cada organismo visível cavalga durante o breve intervalo de tempo que lhe é dado viver.

[...] Indiquemos, desde já, o princípio de nossa demonstração. Dizíamos que a vida, desde suas origens, é a continuação de um só e mesmo *elã* [vital] que se dividiu entre linhas de evolução divergentes. Algo cresceu, algo se desenvolveu por uma série de adições que foram, todas elas, criações. (Henri Bergson, *Evolução Criadora*, cap. I.)

Mais a frente, aduz:

Não contestamos de forma nenhuma que a adaptação ao meio seja a condição necessária da evolução. É por demais evidente que uma espécie desaparece quando não se amolda às condições de existência que se lhe oferecem. Mas uma coisa é reconhecer que as circunstâncias exteriores são forças com as quais a evolução não pode deixar de contar, e outra coisa é afirmar que sejam elas as causam determinantes da evolução. Esta última tese é a do mecanicismo, e exclui totalmente a hipótese de um impulso [*elã*] originário, quero dizer, de um ímpeto interior que impulsionaria a vida, através de formas cada vez mais complexas, para destinos cada vez mais elevados. (Henri Bergson, *Evolução Criadora*, cap. II.)

O *elã vital* (impulso criador) pode ser definido como o entusiasmo da duração, seu momento de maior contração e potência. Não é mais encontrado do lado de fora, distendido, como força física; ele foi internalizado, adquiriu consistência e se movimenta por sua própria capacidade.

Em outras palavras, o *elã vital* é:

[...] um único impulso, inverso do movimento da matéria, e, em si mesmo, indivisível. Todos os seres vivos estão ligados, e todos cedem ao mesmo formidável impulso. (Henri Bergson, *Evolução Criadora*, cap. III.)

O impulso criador tem a capacidade interna de diferenciar-se, tomar as rédeas da situação. Mergulhar no mundo determinista e inserir nele o máximo possível de indeterminação! Entregar-se ao mundo finalista, mas para inserir nele o máximo possível de outros caminhos. Fonte pulsante de geração contínua. Inconsciente produtivo. O jogo se inverte, a vida passa a ser uma maneira de agir sobre a matéria bruta. Seu movimento é de diferenciação de si mesmo, movendo-se pelo espaço.

> Mas esta consciência [*elã vital*, impulso vital, impulso interior, princípio vital, conforme Introdução de *O Livro dos Espíritos*, item II e perg. 62 da mesma obra], que é uma exigência de criação, só se manifesta a si mesma ali onde a criação é possível. Quando a vida está condenada ao automatismo, adormece; desperta logo que renasce a possibilidade de uma escolha. É por isso que, nos organismos desprovidos de sistema nervoso, varia em função do poder de locomoção e de deformação de que dispõe o organismo. E, nos animais de sistema nervoso, é proporcional à complicação da encruzilhada em que se encontram as vias chamadas sensoriais e as vias motoras, isto é, do cérebro. (Henri Bergson, *Evolução Criadora*, cap. III.)

Bergson apreendeu a unidade do tempo real ou metafísico, e, com isso, teve condições para se **fundamentar a teoria da existência do princípio espiritual (*elã vital*) e de sua imanência na criação**, que percorre os diversos estágios evolutivos através da matéria densa, ordenando-a e dirigindo-a numa capacidade crescente de orientá-la, condensando-a em torno de si. Os vocábulos *elã vital*, *mônada* ou *alma das coisas*, *princípio inteligente do Universo*, o Atman (ou Atma), que em Sânscrito significa *alma ou sopro vital*. Na teosofia representa a *mônada*, o 7º princípio na constituição setenária do Homem, o mais elevado princípio do ser humano. Em suma: é a partícula de luz que se destaca do Centro da Vida e atravessa as diversas escalas evolutivas em busca de sua reintegração ao Todo. São as almas dos homens que já passaram pelas escalas primárias de evolução, no processo de aquisição da consciência lúcida, reflexiva, de cooperadores da Obra Divina.[11]

Caro leitor. O diplomata francês tornou-se um dos nomes mais contestados e, subsequentemente, esquecidos no mundo da filosofia. Para a história, porém, fica uma filosofia que, mais do que se situar num dualismo fixo e determinado, se deixou levar pela construção evolutiva, sem esquecer o papel do consciente. Psicologia e filosofia imbuíram-se de uma identidade, e, sem esquecer a boleia da ciência, se modelou e se firmou num pensamento *sui generis*. Concordamos plenamente com as ideias de Henri Bergson, sem tirar uma "vírgula". E, a quem possa interessar, o filósofo espiritualista León Denis (1846-1927), a quem muito admiramos, coaduna, por completo, com o bergsonismo (cf. a obra *O Mundo Invisível e a Guerra*).

Observemos a visão cósmica desse gênio lido por poucos:

[...] Não se pode raciocinar sobre as partes como se raciocina sobre o todo. O filósofo deve ir mais além do que o sábio. A inteligência extrai os fatos desse todo que é a realidade. No lugar de afirmar que as relações entre os fatos formaram as leis do pensamento, posso bem imaginar que a forma do pensamento é que determinou a configuração dos fatos percebidos e, consequentemente, suas relações entre si.

[...] A filosofia não é somente a volta do espírito para si mesmo, a coincidência da consciência humana com o princípio vivo de onde ela emana, um contato com o esforço criador; ela é o aprofundamento da transformação em geral, o verdadeiro evolucionismo, e, por consequência, o verdadeiro prolongamento da Ciência, com a condição de que se compreenda por esta última palavra um conjunto de verdades constatadas ou demonstradas, e não certa escolástica nova que apareceu, durante a segunda metade do século XIX, em torno da física de Galileu, assim como a antiga escolástica o havia feito em torno de Aristóteles. (Henri Bergson, *Evolução Criadora*, cap. IV.)

Albert Einstein (1879-1955)

Esse homem foi realmente um gênio, no sentido verdadeiro do termo, pois jamais perdeu sua simplicidade. Certa feita, um jornalista pediu a Albert Einstein que explicasse sua fórmula de sucesso ($E=m.c^2$). O grande pensador refletiu por um segundo e depois respondeu:

– Se "a" é sucesso, eu diria que a fórmula é $A = X + Y + Z$; sendo "x" *trabalho* e "y" *diversão*.
– E o que é "z"? – perguntou o jornalista.
– É ficar de bico calado. – respondeu ele.

Na fase de ilustre e velho homem da física, vivendo em Princeton, nos Estados Unidos da América, um menino gostava de acompanhá-lo em suas caminhadas até o Instituto de Estudos Avançados. Um dia, enquanto andavam, Einstein riu de repente. Quando a mãe do menino perguntou sobre o que haviam conversado, o filho respondeu:

Perguntei a Einstein se ele tinha ido ao banheiro hoje.

A mãe ficou horrorizada, mas então Einstein respondeu:

Fico feliz quando alguém me faz uma pergunta que consigo responder.

O legado de Einstein foi tão imenso, que depois de sua morte física, seu cérebro sumiu. Melhor dizendo: ficou sumido durante 50 anos, até que os herdeiros do médico legista Thomas Stoltz Harvey (1912-2007), que havia desaparecido com o cérebro do notável físico pouco depois de sua morte, devolveram-no ao *National Museum of Health and Medicine*, em 2010. Talvez Thomas Harvey tenha preservado o cérebro de Einstein com a vaga noção de que algum dia pudesse revelar o segredo da genialidade. Talvez tenha pensado, como muitos outros, que houvesse uma parte peculiar daquele cérebro que abrigasse sua enorme inteligência. Quanto despautério!

Durante anos, o Dr. Harvey prometeu publicar o que descobrisse sobre o cérebro de Einstein. Mas ele não era especialista em cérebro, e passou a dar desculpas. O cérebro de Einstein passou décadas guardado em dois potes grandes de conserva cheios de formol, dentro de uma embalagem de sidra escondida embaixo de uma caixa térmica. Ele chamou um técnico para cortar o cérebro em 240 partes e, em raras ocasiões, escrevia para alguns cientistas que queriam estudá-lo.

Certa feita, alguns pedaços do cérebro de Einstein foram enviados dentro de um vidro de maionese para um cientista em Berkeley, na Califórnia. Quarenta anos depois, Harvey atravessou o país, de carro, levando o cérebro de Einstein num *tupperware* (vasilha de plástico que faz muito sucesso até hoje), com a intenção de devolvê-lo à neta de Einstein – Evelyn (1941-2011). Ela se negou a aceitar. Após o desencarne do Dr. Harvey, em 2007, a coleção de *slides* e de pedaços do cérebro de Einstein foram doados para estudos científicos, por decisão dos herdeiros do cientista.

O intuito de o cérebro de Einstein ter sido guardado (escondido), era entender o que é a genialidade – ou seja, como se pode medir inteligência e qual a relação dela com sucesso na vida. Mas a genialidade não é função dos genes ou uma questão de esforço e realização pessoal. É claro que para os materialistas essas questões jamais serão respondidas com êxito. Para os espiritualistas, porém, a questão é de fácil entendimento; para os espíritas, mais ainda.

Ora:

A inteligência (vontade) é um atributo do Espírito. (Allan Kardec, *O Livro dos Espíritos*, perg. 24.)

No dia 05 de junho de 1905, com apenas 26 anos de idade, Einstein entrega à revista científica *Annalen der Physik* um artigo que seria publicado em setembro, no volume 17, com o título de *Sobre a Eletrodinâmica dos Corpos em Movimento*. Eram 31 páginas manuscritas que alterariam a história do mundo, provocando mudanças em toda a concepção que o Humano Ser tinha do Universo. Tratava-se da Teoria da Relatividade Restrita (Especial). Para se ter uma ideia, exemplares daquele famoso volume alcançaram 15 mil dólares em um leilão, no ano de 1994.

A Teoria da Relatividade Restrita está baseada em um estudo do matemático francês Henri Poincaré (1854-1912), e o físico alemão não escondeu isso em nenhum momento de sua existência. Sua sabedoria, expressada no sentimento de humildade e um humanismo incomum, era patente.[12]

Observemos as palavras, já em domínio público na internet, do próprio Einstein:

> Um milhão de vezes por dia eu procuro lembrar-me que minha vida está baseada no trabalho de outros homens, e que eu devo esforçar-me para ser capaz de dar na mesma medida que recebi e ainda estou recebendo. (Apud. Site: *O Pensador*.)

O gênio de Ulm (cidade da Alemanha) foi o protagonista mais prestigioso das duas revoluções científicas que marcaram não só a física, mas também a cosmologia contemporânea. Ademais, sua obra científica permanece organicamente ligada com as intuições e convicções próprias que repercutem na filosofia e na metafísica de hoje.

O espaço, aqui no texto genuíno, seria por demais enfadonho para tratarmos com vagar sobre as Teorias da Relatividade de Einstein. Não obstante, deixaremos registradas, em nota explicativa, para o leitor mais percuciente, se lhe interessar, as duas Teorias da Relatividade: a Restrita[13] e a Geral.[14]

Teilhard de Chardin (1881-1955)

Nesse nosso quadro sinótico sobre o tempo, abordaremos, por último, as ideias do formidável desse padre jesuíta, teólogo, filósofo e paleontólogo francês. Na tentativa de explicar o nascimento do Universo, **sua visão unificada do mundo e da vida** (*Weltanschauung*), adere à Teoria do Big Bang.[15]

O impulso da evolução, para Chardin, é como o enrolamento (uma interiorização) que ascende e converge, criando o espaço – cenário material no qual a energia primitiva estabelece um raio de ação e o amplia progressivamente no sentido tangencial, ou seja, mecânico e externo, superficial e periférico, granular e extensivo.

Diz o padre jesuíta:

[...] Acharíamos natural que se atribuísse aos corpúsculos cósmicos um raio de acção individual tão limitado com as suas próprias dimensões. Ora torna-se evidente, pelo contrário, que cada um deles só é definível em função da sua influência sobre tudo o que está à sua volta. Qualquer que seja o espaço no qual o suponhamos colocado, cada elemento cósmico preenche inteiramente este mesmo volume com a sua irradiação. Por mais estreitamente circunscrito, pois, que seja o "âmago" de um átomo, o seu domínio é coextensivo, pelo menos virtualmente, ao de qualquer outro átomo. (Teilhard de Chardin, *O Fenômeno Humano*, cap. I, item 1.)

E mais a frente, assevera:

[...] Cada um [átomo] tem por volume o próprio volume do Universo. O átomo deixa de ser o mundo microscópico e fechado que porventura imaginávamos. É o centro infinitesimal do próprio Mundo. (Teilhard de Chardin, *O Fenômeno Humano*, Parte I, cap. I, item 2.)

Para Chardin, o centro potencial do Universo é o átomo cujo raio de ação se estende até aos limites do espaço sideral. No Universo "povoado", segundo Chardin, não somente pelos astros, mas também pelos átomos e pelas partículas nucleares, aparece outra coordenada que tangencia e cadencia o caminho da Cosmogênese – o tempo, sempre inseparável do espaço. O paleontólogo francês dedica mais atenção ao tempo em nível biológico, não matematizado, mas orgânico, num todo único e convergente, um todo solidário, um *continuum* unido que é o Estofo do Universo.[16]

No início, a *duração* de Chardin chega à "centreidade fragmentária", no nível da matéria inanimada (inorgânica) cujos elementos são ainda *incompletamente fechados* sobre si mesmos (átomos e moléculas), privados de um "Dentro", demonstrando apenas a disposição (vontade) para construir as entidades organizadas. Depois, a *duração* atinge a "centreidade filética" cujos componentes já são privilegiados por uma força auto-organizadora (um princípio inteligente do Universo), ou seja:

[...] A propriedade manifesta que possui a Matéria viva de formar um sistema no seio do qual os termos se sucedem experimentalmente segundo valores constantemente crescentes de centro-complexidade. (Teilhard de Chardin, *O Fenômeno Humano*, Parte II, capítulo II, item 1.)[17]

Sugerimos a leitura da notável obra *O Fenômeno Humano*, de Teilhard de Chardin, no intuito de melhor compreender a "flecha do tempo" na **Cosmogênese** (já resumida na explicação do Big Bang), o humilde e sábio geólogo francês aborda "flecha do tempo" na **Biogênese**, que se faz presente no metabolismo de todos os seres viventes, desde o nascimento até a morte, através da "complexificação interiorizante", durante as longas épocas, entre a Pré-Cambriana (4,5 bilhões a 0,7 bilhões de anos) e a Cenozoica (há 65,5 milhões de anos), como as únicas testemunhas na "História da Vida", constatando-se a subida progressiva do *psiquismo*, (impulso criador que impele a todos os Reinos da Natureza movimentarem-se em fidelidade às leis divinas), seja no deslocamento de uma organela, dentro de uma célula vegetal à procura da luz, bem como na forma avançada dos instintos no mundo animal, passando pelos peixes, anfíbios, répteis e mamíferos.

Diz Teilhard, em *O Fenômeno Humano*, Parte II, capítulo III, item 2:

> [...] Para exprimir, em toda a sua verdade, a História Natural do Mundo, seria, pois, necessário poder segui-la por dentro: não já como uma sucessão articulada de tipos estruturais que se substituem uns aos outros, mas como uma ascensão de seiva interior que desabrocha numa floresta de instintos consolidados. No mais fundo de si mesmo, o mundo vivo é constituído por consciência revestida de carne e osso. **Da Biosfera à Espécie, tudo é, pois, simplesmente uma imensa ramificação de psiquismo que se busca através das formas.** Eis onde nos leva, seguido até ao fim, o fio de Ariadne.[18]

Mais a frente, ele faz a seguinte menção:

> [...] Aqui o instinto já não se encontra, como na Aranha ou na Abelha, estreitamente canalizado e paralisado numa única função. Individualmente e socialmente, permanece flexível. Interessa-se, borboleteia, goza. Na realidade, uma forma inteiramente diferente de instinto, o qual não conhece as balizas impostas ao instrumento pelos limites que atingiu a sua precisão. Ao contrário do Insecto, o Mamífero já não é o elemento estreitamente escravo do filo sobre que apareceu... Em volta dele, uma "aura" de liberdade, um halo de personalidade começam a flutuar. E deste lado, por conseguinte, desenham-se possibilidades – interminadas e intermináveis para a frente. Mas quem, afinal de contas, se irá lançar para esses horizontes prometidos? (*O Fenômeno Humano*, Parte II, capítulo III, item 3.)

É a partir daí que, segundo Teilhard de Chardin, os primatas entram em cena. Desse modo, o livro supracitado também contextualiza a "flecha do tempo" na **Antropogênese**, que acompanha o processo de geração e formação do *Homo Sapiens* na Terra – ou seja, do horizonte ainda sombrio do Paleolítico Superior (50.000 a 10.000 a.C.), sobe a claridade como um aurora que anuncia a ascendência da *consciência reflexiva* (pelo ramos dos primatas), sua passagem do instinto ao raciocínio, finalmente liberados da servidão dos determinismos físicos da Cosmogênese e dos determinismos orgânicos da Biogênese:

> [...] Do ponto de vista experimental, que é nosso, a Reflexão, como a própria palavra o indica, é o poder adquirido por uma consciência de se dobrar sobre si mesma e de tomar posse de si mesma como de um objecto dotado da sua própria consistência e do seu próprio valor: já não só conhecer – mas conhecer-se a si próprio; já não só saber – mas saber que se sabe. Com esta individualização de si próprio no fundo de si próprio, o elemento vivo, até aí espalhado e dividido sobre um círculo difuso de percepções e de atividades, acha-se constituído, pela primeira vez, em centro punctiforme onde todas as representações e experiências se enlaçam e se consolidam num conjunto consciente da sua organização. (Teilhard de Chardin, O Fenômeno Humano, Parte III, capítulo I, item 1.)

E um pouco mais adiante, afirma:

> [...] No Quaternário superior, é já incontestavelmente o Homem atual, em toda a força da expressão, que se nos depara: o Homem ainda não adulto, mas chegado já à "idade da razão". A partir desse momento, em relação a nós, o seu cérebro está acabado – tão acabado que, desde essa época, nenhuma variação mensurável parece ter provocado o menor aperfeiçoamento no instrumento orgânico do nosso pensamento. (Teilhard de Chardin, *O Fenômeno Humano*, Parte III, capítulo II, item 3.)

O paleontólogo francês encerra a "flecha do tempo" na **Noogênese**, isto é, o Humano Ser singular e espiritual, dotado de liberdade e amor, buscando a socialização, através da fraternidade (sempre solidária), que não é um fenômeno isolado, mas exarado na história do Universo, quando, no passado, juntava os fragmentos da matéria num todo coeso, e que hoje, como um fato, como um imperativo categórico, porquanto somos todos envolvidos pelo magnetismo divino, arrasta a Humanidade para um estado cada vez mais coerente e integrado, em que o amor cantará na arquitetura das linhas, na sinfonia das forças, nas correspondências dos conceitos, demonstrando que ele sempre esteve presente no dinamismo cósmico.

Bastante emocionado nesse instante que escrevemos, encerraremos este texto com mais um parágrafo desse Espírito singular, que, na lei das vidas sucessivas, foi jesuíta por duas vezes:[19]

> O ser reflexivo, precisamente em virtude da sua inflexão sobre si mesmo, torna-se de repente susceptível de se desenvolver numa esfera nova. Na realidade, é outro mundo que nasce. Abstração, lógica, opções e invenções ponderadas, matemáticas, arte, percepção calculada do espaço e da duração, ansiedades e sonhos do amor... Todas essas atividades da **vida interior** nada mais são que a efervescência do centro recém-formado que explode sobre si mesmo. (Teilhard de Chardin, *O Fenômeno Humano*, Parte III, capítulo I, item 1.)

A partir de então:

> Quanto mais um Homem deseja e age nobremente, mais ele se torna ávido de objetos maiores e sublimes a perseguir. Só a família, só o país, só o lado remunerador de sua ação muito cedo não lhe são mais suficientes. Ele precisará de organizações gerais a criar, de vias novas a abrir, de causas a sustentar, de verdades a descobrir, de um ideal a nutrir e a defender. Assim, pouco a pouco, o operário da Terra não se pertence mais a si próprio. Pouco a pouco, o grande sopro do Universo, insinuado nele pela fissura de uma ação humilde, mas fiel, o dilatou, o ergueu, o arrebatou. (Teilhard de Chardin, *O Meio Divino*, Parte I, item 6.)

E de forma *sui generis*, encerramos reunindo parte dos escritos teológicos de Teilhard de Chardin, refletindo a sua tentativa, continuada ao longo da sua obra, de conciliar a doutrina cristã com a teoria da evolução:

> O amor é a mais universal, a mais formidável e a mais misteriosa das energias cósmicas. [...] É verdadeiramente possível a Humanidade continuar a viver e a crescer sem se interrogar francamente sobre o que ela deixa perder de verdade e de força em seu incrível poder de amar? (Teilhard de Chardin, *Comment je crois (Como eu acredito)*, Paris: Éditions du Seuil, 1969.)

Notas

1. Há duas correntes, quando o assunto é *tempo*, que gostaríamos de deixar esclarecido ao leitor no intuito de organizar seu raciocínio. Vejamo-las. I) Os *idealistas*, que prio-

rizavam a eternidade do tempo, sendo ele apenas uma aparência. II) Os *realistas*, por sua vez, defendem que o tempo contém, em si, uma realidade independente dos nossos sentidos e da nossa inteligência, constituindo "algo" que não é menos real que a nossa própria vida.

2. A palavra *cosmo*, do grego: *kosmos*, significa "o mundo e a ordem que lhe confere sentido". Foi utilizada, pela primeira vez, por Heráclito (540-470 a.C.). Ele advogava a ideia de que o substrato do cosmos é essencialmente dinâmico, ativo, vibrante ou radiante, processual. É dele a famosa frase: *panta rhei* (tudo flui). A esse sábio se atribui o famoso aforismo segundo o qual "Não se pode atravessar o mesmo rio duas vezes". O filósofo de Éfeso chegou à famosa concepção do *Logos*, como sendo a alma do Universo. O vocábulo *Logos* quer dizer *Razão* (*Ratio*, em latim) considerada no seu estado mais perfeito e universal, como a Razão Cósmica, o Espírito Universal, do qual tudo vem e para o qual tudo tende. Em outras palavras: Heráclito é o primeiro grande expoente da ideia de que a verdadeira natureza do nosso mundo é a mudança – uma escola de pensamento que chega ao seu apogeu na ciência contemporânea, segundo a qual os mundos atômico, biológico e cósmico estão constantemente fluindo.

3. Tomás de Aquino (1225-1274), o *pai* da Escolástica, assimilaria, mais tarde, quase integralmente, o pensamento de Aristóteles sobre o tempo, alicerçado nas ciências naturais.

4. Ao leitor interessado em conhecer a vida desse formidável Espírito, de forma rápida e precisa, poderá ler a obra *O Convertido de Milão* (Editora AGE, 2024), de nossa autoria.

5. Um pouco fora do contexto sobre a temática *tempo*, mas digno de menção, pedimos vênia ao leitor para fazer uma diferença crucial entre o pensamento de Agostinho e o de Plotino. Na doutrina do filósofo egípcio existe somente as relações de *geração* e de *emanação*, sem que prejudique, de forma alguma, a noção judaico-cristã de *criação*. Resultado: em nenhum momento o livro *Enéada*, do sábio de Licópolis, traz a ideia ontológica que, no Cristianismo, separa radicalmente a criatura do Criador.

Na filosofia de Plotino, o Uno é a Realidade permanente superior, é o fundamento e o princípio absoluto da qual as outras duas procedem, por ato de criação livre, a saber: a Inteligência; e desta, a Alma. Há, em primeiro lugar, a "Alma Universal" (linha imaginária) que é a pura substância do mundo inteligível, que engendra (esboça, deriva) a "Alma do Universo", governando-o, e as almas particulares (mundo sensível) que animam os corpos. Existe uma hierarquia entre as almas singulares.

Por esta hierarquia, poder-se-ia pensar que existem três tipos de almas separadas umas das outras; mas, na verdade, a alma é múltipla e una ao mesmo tempo – isto é, a "Alma do Universo" e as "almas particulares" são distintas pelo grau de contemplação, mas sem estarem separadas da "Alma Universal", e formam, nesse sentido, uma única alma. No todo, as muitas almas já existem em ato cada uma, e não apenas em potência, uma vez que a "Alma Universal" (única) não impede que milhares existam nela, nem sejam escolhos a Ela. Do mesmo modo, a "Alma Universal" é capaz de trazer todas as almas em si, e, com efeito, sua natureza é infinita. Perceba, caro leitor, que nessa ordem de gerações, tudo é divino.

As almas particulares se diferenciam pelo maior ou menor grau de contemplação, ou seja, quanto mais afastadas estão do Uno, mais elas são inferiores. A alma, então, unida à Inteligência, deve desempenhar um papel fundamental: se unir com o Uno, porquanto ela é o canal de comunicação, como afirma Plotino, entre a formosura corpórea e o exemplar ideal. É citando a alma que ele nos convida a contemplar a verdadeira Beleza. Vejamos:

> Agora, abandonando a sensação em seu plano inferior, devemos ascender à contemplação dessas belezas mais elevadas que escapam ao âmbito da percepção sensitiva: as que a alma intui e expressa sem órgão algum. (Plotino, *Enéada* I. 6,4.)

Obviamente, para tal desiderato, **a interiorização se faz necessária**, no sentido de procurarmos o princípio que se encontra antes de tudo e do qual brotam todas as coisas. Uma purificação que se obtém através do desprezo das coisas materiais que nos iludem facilmente. Diz o filósofo egípcio:

> A Alma purificada vem a tornar-se como uma forma, uma razão; toda incorpórea e intelectiva, e pertence inteira ao divino, onde está a fonte da beleza, e de onde vêm todas as coisas do mesmo gênero (da alma) ... Reduzida à inteligência, é a alma muito mais bela. E a inteligência, e aquilo que vem, é para a alma uma beleza própria e não estranha, porque então ela é só alma. (*Enéada* l. 6, 6.)

Desse modo, na doutrina de Plotino há uma desigualdade crescente, desde o começo ao longo de toda a linha de gerações. Em Agostinho, porém, existe uma igualdade constante, enquanto houver geração, seguida de uma ruptura abrupta quando o fato da desigualdade obriga a colocar a noção de *criação*.

E não poderia ser diferente, pois a Igreja ortodoxa ensinava que o Espírito Santo procede só do Pai, enquanto a Igreja Romana, em que Agostinho foi batizado e, com isso, estava vinculado, afirmava que o Espírito Santo procede do Pai, sim, mas também do Filho. Em verdade, a Igreja Romana reforçava a tese de Atanásio (296-373) – teólogo de Alexandria –, que afirmava ser Jesus também Deus. A Igreja Romana, portanto, criou o dogma da Trindade – Deus dividido em três pessoas distintas, sendo, entretanto, uma só.

Mas se o Espírito Santo é Deus, ou, como dizem, a Terceira Pessoa da Santíssima Trindade, como Ele (Deus) ou esse Espírito Santo poderia estar subordinado a Jesus, já que o Crucificado é enviado de Deus? Não é o enviado menor do que o que envia? E mais: esse Espírito Santo não pode mesmo ser Deus, como ensina a maioria dos teólogos, pois esse Deus não falará por si mesmo, mas dirá o que tiver ouvido de Jesus. Ou seja, Deus teria aprendido com Jesus, para ensinar às pessoas a mensagem de Jesus. Quão ilógico é tudo isso! Favor, conferir a obra *O Crucificado* (Editora AGE, 2021), Parte VI, de nossa autoria.

É incontestável que o filósofo/cristão africano tenha tido a ideia clara do que devia lhe permitir diferenciar claramente sua doutrina da de Plotino, embora o filho de Mônica tenha lido as *Enéada*, mas com a visão de um cristão. Posto isso, podemos afirmar que

Agostinho entendeu a noção cristã de *criação* no sentido de *emanação* plotiniana, tanto que o fato de o Humano Ser ter sido criado não o situa abaixo e fora da ordem divina, pois a luz que o ilumina permanece divina mesmo ao tornar-se da alma. Ele mesmo afirma:

> Tarde te amei, Beleza tão antiga e tão nova, tarde te amei! Eis que estavas dentro de mim, e eu lá fora, a te procurar! (*Confissões*, cap. XXVII, Livro X.)

Terminamos esta nota explicativa dizendo assim: se a alma plotiniana, como também considerava Buda, conta apenas consigo mesma para descobrir em si a luz, é porque a possui. A alma agostiniana somente pode contar com Deus para receber Dele a luz que ela mesma não poderia possuir. Mas de que Deus o filósofo/cristão africano fala? O Deus transcendente, de natureza e grau iguais ao Deus imanente? Acreditamos que sim, porquanto a iluminação, a redenção, o nirvana, a felicidade, a individuação, a beatitude, a plenitude só podem ser encontradas quando a criatura humana se afastar da periferia dos sentidos e do intelecto, e abismar-se na imensa unidade do centro – isto é, o Homem tem que mergulhar profundamente no seu próprio ser e descobrir sua alma, que é o próprio Deus enquanto consciente nele.

Ademais:

> Santo Agostinho acreditava que Platão parece estar ressuscitado em Plotino, sem receio de entrar em choque com os dogmas da Igreja. (Vianna de Carvalho, *À Luz do Espiritismo*, subtítulo: *Espiritismo e Razão – Reencarnação*.)

Sendo assim, não vemos diferença DE ESSÊNCIA na doutrina de Agostinho e na de Plotino, como enxergou o filósofo e historiador Étienne Gilson (1884-1978), um dos principais neoescolásticos europeus e um dos maiores especialistas em Tomás de Aquino do século XX. Esse notável pesquisador da filosofia medieval foi professor em Harvard (Cambridge, EUA) e na Sorbonne (Paris) e membro do Collège de France. Foi imortal da Academia Francesa e tem nosso mais sincero respeito e honra de ter nos presenteado com a oportunidade de ler sua notória obra *Introdução ao Estudo de Santo Agostinho* (2ª edição, 2010).

6. Isaac Newton, que não conheceu seu pai, porquanto sua mãe, Hannah Ayscough (1623-1679), enviuvara em plena lua-de-mel. Dois anos depois, ao contrair segundas núpcias, seu padrasto, o reverendo Barnabas Smith (1582-1653), não quis saber do garoto, que, a seu turno, foi enviado à avó. A mãe enviuvou pela segunda vez, ficando com três herdeiros do segundo casamento – duas meninas e um menino. Esse garoto chamava-se Benjamin Smith (?-†), que, mais tarde, após a morte de seu genial irmão, em 1727, aos 85 anos de idade, escreveria a dedicatória do livro *As Profecias do Apocalipse e o Livro de Daniel – As Raízes do Código da Bíblia*, de autoria do próprio Newton, a Peter Lord King (1669-1734), seu grande amigo.

Ainda jovem, desapontando as esperanças de sua mãe de o fazer agricultor naquela mesma fazenda onde nascera (aldeia de Woolsthorpe), foi mandado novamente à escola. Cursou o Trinity College, de Cambridge, cujas aulas foram interrompidas pela peste negra, que, desde séculos, assolava toda Europa, e, com efeito, retornou à Inglaterra. Admite-se que nesse período em que o obrigaram a tentar a agricultura, ele fez suas primeiras observações sobre a velocidade e a força do vento, e sobre a luz. Outrossim, ateve-se em falar sobre a gravidade universal, embora não tivesse conhecimentos matemáticos que lhe permitissem traduzir uma ideia abstrata (via intuitiva) para a expressão algébrica. Acredita-se, também, que foi dali (de Woolsthorpe), na propriedade rural da família, que ocorreu o evento da maçã caindo do pé, e, então, ele tirou conclusões (intuições captadas) acerca do peso, da massa e de suas relações com a gravidade. Segundo seus principais e fidedignos biógrafos, Isaac teve um namoro infeliz com sua prima. Desde então, tornou-se um jovem sem mocidade, e uma vida celibatária (estava pronto para tanto, obviamente). O que é bem verdade é que Newton estudou, de forma profunda, Teologia, deixando a obra supracitada que não tem valia senão para os que pretendem apegar-se cada vez mais às coisas espirituais.

Antes de concluir a Universidade, sua genialidade na matemática, na física e na astronomia estava patente. Antes dos 25 anos de idade, já havia feito coisas notáveis: I) a decomposição da branca luz do infinito, assinalando o grau de refração de cada um dos raios em ela se decompõe; II) possibilitou o emprego dos raios ultravioleta, por meio de um jogo adequado de prismas; III) Concebeu as leis da força centrífuga; IV) considerando que a imperfeição do telescópio inventado por Galileu (1564-1642) não se devia à imperfeição das lentes, pois estas não alteravam a natureza da luz, mas ao fenômeno de refração, inventou o telescópio de reflexão; V) descobriu o movimento de precessão dos equinócios; VI) inventou o Cálculo Diferencial ao mesmo tempo que o matemático alemão Gottfried Wilhelm Leibniz (1646-1716), embora não se conhecessem. E não poderia ser diferente, porquanto as Revelações do Alto não ficam assentadas em um só homem; VII) concebeu a gravitação universal, aos 23 anos, conquanto não tivesse tido ainda a possibilidade prática de apresentar a sua expressão matemática. Ele terminou o curso superior aos 26 anos de idade. No ano seguinte foi nomeado para a Cadeira Lucasiana de Matemáticas, em Cambridge/Inglaterra. E olha que interessante: um dos requisitos, à época, para ocupar tal posto, é que o professor não poderia ter atividades na Igreja Católica Apostólica Romana.

Foi somente quando completou 45 anos de idade que todas as suas descobertas e invenções foram publicadas. O responsável por isso foi Edmund Halley (1656-1742) – o astrônomo e matemático britânico, célebre por ser o descobridor do cometa Halley, em 1696, que leva o seu nome. Por fim, Sir Isaac Newton deixou suas atividades de matemático, de físico e de astrônomo para realizar o seu destino, que é o destino de todos: aperfeiçoar-se espiritualmente. Estudou a Bíblia como poucos, fazendo da religião um estudo voluntário, e, em todas as suas pesquisas e ações, mostrou o mesmo inflexível apego à Verdade e à Virtude.

7. Nos relógios antigos contava-se o número de oscilações completas de um pêndulo. Nos relógios digitais de pulso, contam-se as oscilações produzidas por um cristal de quartzo, que produz uma leve vibração quando sujeito a um estímulo elétrico. Hoje, na Terra, o tempo oficial está diretamente relacionado à medida que o átomo de césio oscila.

Quando um átomo de césio é bombardeado com energia, ele vibra ou oscila, emitindo pulso de luz com mais de 9 bilhões 192 milhões 631 mil e 770 vezes por segundo. Todas as vezes que chegamos a esse número, um segundo se passou.

8. Afirma o filósofo de Königsberg:

> [...] Aqueles que sustentam a realidade absoluta do espaço e do tempo, quer os tomem como subsistentes por si mesmos, quer como inerentes nos objetos, acham-se em contradição com os princípios da experiência. Se se decidem pelo primeiro e tomam espaço e tempo como subsistentes por si mesmos (partido comumente seguido pelos físicomatemáticos), têm que admitir necessariamente duas quimeras (espaço e tempo), eternas e infinitas, que só existem (sem que seja algo real) para compreender em seu seio tudo quanto é real. (Immanuel Kant, *Crítica da Razão Pura*, 2ª Seção, subtítulo: *Da Estética Transcendental do Tempo*, item 7.)

E mais adiante, diz:

> [...] Mas isso não se dá com o nosso princípio de idealidade de todas as nossas intuições sensíveis; concedendo-se, pelo contrário, uma realidade objetiva a essas formas da representação, tudo inevitavelmente se converte em pura aparência. Ao considerar tempo e espaço como qualidades que devem encontrar-se nas coisas em si para sua possibilidade, reflita-se nos absurdos a que chegam, admitindo duas coisas infinitas sem ser substâncias, nem algo realmente inerente nelas, mas que devem ser algo existente para condição necessária de existência para todos os objetos, e que subsistiriam ainda mesmo que cessassem de existir todas as coisas. (Immanuel Kant, *Crítica da Razão Pura*, subtítulo: *Observações Gerais sobre a Estética Transcendental*, § III.)

Conquanto Kant esteja corretíssimo em suas observações sobre a IDEIA ABSURDA de tempo e espaço absolutos, acreditamos já ter justificado, no texto genuíno, qual era a verdadeira intenção de Isaac Newton quando abordou esse assunto.

9. Os empiristas consideravam que a *razão pura* é o intelecto analítico, que serve de matéria prima fornecida pelos sentidos, para arquitetar o mundo científico. Por *razão pura*, baseada nos dados empíricos dos sentidos, o Humano Ser adquire noção do mundo externo, fenomenal, concreto, individual, finito, relativo. Resultado: **todo conhecimento deve corresponder à experiência**. Kant, porém, de forma brilhante, inverteu a afirmação, declarando que **toda experiência deve corresponder ao conhecimento**. Desse modo, fez uma crítica da tal *razão pura* dos empiristas, designando uma razão *a priori* – ou seja, alguma coisa que se pode saber anteriormente à experiência.

O tempo e espaço, para ele, provêm da "nossa sensibilidade", ou, melhor dizendo, do "nosso senso interno". Segundo Kant, que construiu uma ponte entre o racionalismo e o empirismo, o tempo e o espaço são formas puras *a priori* do sujeito, da intuição sensível de nossos estados interiores; é a forma do sentido externo, mediante a qual unificamos e ordenamos os fenômenos caóticos que nos são dados *a posteriori* pela experiência.

10. Cabe relembrar que Hegel foi inspirado por Baruch Spinoza (1632-1677) – o maior filósofo, para nós, depois do advento de Jesus, o Cristo. O espiritualizado holandês via Deus (a Realidade Substancial) na essência oculta de todas as manifestações aparentes que nos tocam os sentidos materiais. Deus *sive* natura (Deus, isto é Natureza), disse ele.

11. O *Elã Vital* de Bergson corresponde à *percepção* do filósofo Gottfried Wilhelm Leibniz (1646-1716), e não à palavra *Mônada*, também citada pelo polímata alemão. Vejamos a sutil diferença na frase de sua obra *Monadologia*, capítulo II:

    > Assim, é importante fazer a distinção entre *percepção*, que é o estado interno de uma *Mônada* [substância simples] que representa as coisas externas, e *apercepção*, que é a consciência ou o conhecimento reflexivo daquele estado interno.

12. Jules Henri Poincaré, matemático francês, nascido em Nancy, em 1854. Descobriu as funções fuchsianas, ou seja, funções transcendentes que permanecem invariáveis em certas transformações. Interessou-se pela resolução do problema fundamental dos três corpos (é o problema do movimento de uma massa de teste que se move livremente na presença de um campo gravitacional de duas massas fixas no espaço). Desencarnou em 1912.

13. A Teoria da Relatividade Restrita (Especial) **trocou os conceitos independentes de espaço e tempo, da teoria de Newton, pela ideia de espaço-tempo como uma entidade geométrica**. O espaço-tempo, na Relatividade Restrita, tem uma variedade de quatro dimensões – três espaciais e uma temporal (esta, é a quarta dimensão). Einstein demonstrou que nossa noção familiar de tempo, até então, estava equivocada.

    No final do século XIX, as deficiências da mecânica newtoniana tornavam-se cada vez mais difíceis de explicar. Einstein, entretanto, conseguiu atingir o cerne do problema, compreendendo que as forças de Newton e os campos de James Clerk Maxwell (1831-1879) eram incompatíveis. Um dos dois pilares da ciência precisaria ruir. Vejamos: no mundo newtoniano, avançando com rapidez suficiente, é possível alcançar qualquer coisa. Um carro veloz, portanto, pode alcançar um trem. Trazendo o exemplo para nós, se pisarmos fundo no acelerador, nosso carro vai correr emparelhado com o trem. Podemos espiar o interior dele, que agora parece estar em repouso. Se olharmos para dentro do vagão, podemos ver os assentos e as pessoas, que estão agindo como se o trem não estivesse se movendo. Veremos os passageiros lendo jornal e tomando café como se estivessem sentados em casa, na *sala de estar*. De forma semelhante, imaginemos um carro de polícia perseguindo um motorista infrator. Quando o carro da polícia consegue emparelhar com o do infrator, o policial acena para o ocupante, mandando-o parar junto ao meio-fio. Para o policial, o motorista do carro parece em repouso, embora tanto o policial quanto o infrator estejam a mais de 150 km/h.

    Einstein, sabendo que a luz consistia em ondas (Teoria de Maxwell), no ano de 1895, com apenas 16 anos de idade, imaginou viajar lado a lado com um feixe de luz.

Resultado? Pensou que o feixe de luz iria se parecer com uma série de ondas estacionárias, congeladas no tempo. Melhor dizendo: o feixe de luz pareceria imóvel (em repouso). Embora de sua mente brilhante viesse essa ideia, isso não fazia o menor sentido. Ninguém jamais havia visto uma onda congelada. Até então, não havia descrição de nada parecido na literatura científica. Perseguir um feixe de luz, com a velocidade da luz num vácuo (300.000 km/s), dever-se-ia observar este feixe de luz, congelado (em repouso). Estudando com afinco, na Politécnica de Zurique (Suíça), aprendeu que a luz obedece às equações encontradas por James Clerk Maxwell, não admitindo, com efeito, ondas estacionárias (congeladas no tempo).

Dessarte, Einstein mostrou que um feixe de luz viaja na mesma velocidade (300.000 km/s), por mais que se tente alcançá-lo. Em outras palavras: ele concluiu que os raios de luz se deslocavam à mesma velocidade, por mais rápido que alguém se movesse – ou seja, jamais se conseguiria alcançar um feixe de luz, porque ele sempre se afastava à mesma velocidade. No exemplo de nosso carro tentando emparelhar com o trem (feixe de luz), significava que nunca conseguiríamos alcançá-lo, por mais que acelerássemos nosso carro, porquanto o trem iria sempre parecer estar viajando à nossa frente, na mesma velocidade. Esta descoberta, tentando entendê-la como possível, fez Einstein analisar cuidadosamente as equações de Maxwell, no período em que se encontrava trabalhando na capital da Suíça – Berna –, em um Escritório de Patentes.

Foi então que em 1905, Einstein disse que a velocidade da luz é a mesma, em todos os sistemas de referência, movendo-se com velocidades constantes. Este princípio, aparentemente tão ingênuo, foi o feito mais espetacular, até aquele momento, revelado à Humanidade. Para entendê-lo com mais minúcias, retornemos à analogia do carro que tenta alcançar o trem. Digamos que um pedestre, na calçada, verifique com um cronômetro que nosso carro está viajando a 149 km/h, e o trem a 150 km/h. Naturalmente, de nosso ponto de vista dentro do carro, vemos o trem se mover à nossa frente, a 1 km/h. Isso se dá, porque velocidades podem ser somadas e subtraídas, exatamente como números comuns. Vamos, agora, substituir o trem por um feixe de luz, mas mantendo (apenas como exemplo) a velocidade da luz em exatamente 150 km/h. O cronômetro do pedestre continua indicando que nosso carro viaja a 149 km/h, perseguindo de perto o feixe de luz (trem), que viaja (hipoteticamente, é claro) a 150 km/h.

Resultado? Estaríamos, para o pedestre, aproximando-nos do feixe de luz (trem). Contudo, segundo a Teoria da Relatividade Especial, nós, no carro, vemos o feixe de luz (trem) viajando à nossa frente, como seria de esperar, mas correndo a 150 km/h, e como se estivéssemos em repouso. Sem acreditar em nossos próprios olhos, pisamos no acelerador até que o pedestre registre que nosso carro está correndo a 149,99999 km/h. Pensaríamos estar prestes a alcançar o feixe de luz. No entanto, quando olhamos pela janela, vemos que o feixe de luz continua correndo à nossa frente, a uma velocidade de 150 Km/h. Duas conclusões se tiram: I) não importa quanto aceleremos o motor de nosso carro, o pedestre nos dirá que podemos nos aproximar, mas nunca exceder os 150 Km/h, pois esta velocidade parece ser a limite do carro. II) por mais que nos aproximemos de uma velocidade de 150 km/h, continuaremos a ver o feixe de luz correndo à nossa frente (afastando-se de nós), a 150 km/h, e como se estivéssemos em repouso. Diríamos que jamais nos aproximamos do trem (feixe de luz), por mais que o pedestre nos diga que quase alcançamo-lo. Perguntar-se-ia: como podem, tanto as pessoas no carro, que corre, como o pedestre, medirem a mesma velocidade para o feixe de luz? Como era possível duas pessoas verem o mesmo evento de maneiras tão diferentes? Se a velocidade da luz era realmente uma constante da natureza, como uma testemunha (o pedestre) poderia afirmar que o nosso carro estava quase alcançando o raio luminoso (trem), enquanto nós juraríamos que não chegamos nem perto da luz (do trem)?

Só existe uma maneira de resolver esse paradoxo. Somos conduzidos à espantosa conclusão que abalou Einstein, em todo seu ser, no momento em que ele a concebeu. A única solução para esse enigma **é que o tempo se desacelera, para nós no carro. Melhor explicando: se o pedestre pegar um telescópio e mirar nosso carro, verá todos lá dentro nos movendo de maneira excepcionalmente lenta. No entanto, nós dentro do carro nunca percebemos que o tempo está se desacelerando, porque nossos cérebros também se desaceleraram e tudo parece normal para nós.** Além disso, o pedestre percebe que o carro ficou achatado na direção do movimento. O carro está encolhido como uma sanfona. No entanto, nunca sentimos esse efeito, porque nossos corpos também encolheram. Caro leitor. Somente com essa observação (imagem) de perseguição da luz, Einstein iria reorganizar a física clássica, desfazendo a teoria newtoniana, assim como um fio solto pode desfazer um vestido de linho ou seda.

A Teoria da Relatividade Restrita, portanto, veio mostrar que o tempo é flexível, elástico e pessoal. Vamos tentar simplificar como tudo realmente aconteceu com Einstein, naquele dia do mês de maio, do ano de 1905. Pois bem: ele estava em um bonde, na cidade de Berna (capital da Suíça), olhando para a famosa torre do relógio que se destacava na cidade. Naquele momento, imaginou o que aconteceria se o bonde se afastasse da torre do relógio, à velocidade da luz. Logo percebeu que o relógio pareceria parado, já que a luz não conseguiria alcançar o bonde, mas seu próprio relógio no bonde continuaria funcionando normalmente. Heureca! A chave de todo o problema lhe veio de repente. A resposta era simples e elegante: o tempo pode avançar em velocidades diferentes através do Universo, de acordo com a velocidade em que nos movemos – ou seja, um relógio que se move em relação a você (leitor) bate mais lentamente do que um relógio colocado ao seu lado. Se você (leitor) estiver em um metrô em movimento, e nós (os redatores deste livro) estivermos em pé na plataforma da estação, olhando para o seu relógio quando você passa em alta velocidade, perceberíamos o seu relógio funcionando mais lentamente que o nosso. Isso pode parecer impossível, mas Einstein provou que não o era.

O físico alemão descreveu de modo preciso como qualquer observador percebia genuinamente o atraso na passagem do tempo, olhando para um relógio em movimento. Esse fenômeno é conhecido como *dilatação do tempo*. Por que jamais notamos esse efeito? Porque a magnitude da dilatação do tempo depende da velocidade do relógio ou objeto em questão, comparada à velocidade da luz. No exemplo que Einstein patenteou, para provar a Teoria da Relatividade Especial (Restrita), a dilatação do tempo é significativa, porque o metrô referido acima se desloca a 80% da velocidade da luz, ou seja, 240.000 km/s. Entretanto, se o vagão do metrô (aonde você, o leitor, encontrava-se) estivesse viajando a uma velocidade mais razoável de 360 km/h, então a nossa percepção, do seu relógio, seria quase igual à percepção do nosso relógio, pois com a baixa velocidade que nos movemos na Terra, o impacto do movimento no tempo é tão pequeno, que não sentimos. Posto isso, é impossível para a criatura humana detectar os efeitos da dilatação do tempo, no dia a dia.

Salientamos que no exemplo do metrô (bonde), todos os efeitos peculiares são observados por alguém que está fora do trem, ou seja, na plataforma (no exemplo supracitado, nós, os escritores desta obra). Contudo, no que concerne a você (o leitor) – que está dentro do metrô – tudo está perfeitamente normal, porque nem o seu relógio nem os outros objetos no vagão estão se movendo. Então, movimento relativo zero, dilatação do tempo zero. Não devemos nos surpreender que não haja dilatação do tempo, porque se você (leitor) notasse qualquer mudança ao seu redor, como resultado do movimento do vagão, **isso contrariaria o princípio da relatividade de Galileu que, por sua vez, diz que todo movimento é relativo, ou seja, é impossível saber se estamos em movimento sem recorrer a uma estrutura de referência externa**. Entretanto, se você (leitor) olhasse para nós (redatores), que estávamos na plataforma, enquanto você passava zunindo, a você pareceria que nós e o ambiente ao nosso redor estavam sofrendo uma dilatação temporal, porque você estaria se movendo em relação a mim. Isto é, o nosso relógio estaria para você, que se encontrava no trem, funcionando mais lentamente.

Centenas de exposições populares sobre a Teoria de Einstein foram escritas, enfatizando diferentes aspectos de seu trabalho. No entanto, poucas exposições captam a essência subjacente à Teoria da Relatividade Especial, **que é a de que o tempo é a quarta dimensão (temporal), e que as leis da natureza são simplificadas e unificadas em dimensões mais elevadas**. Todo objeto tem comprimento, largura e profundidade. Como temos a liberdade de girar um objeto 90º, podemos transformar seu comprimento em largura, e sua largura em profundidade. Com uma simples rotação, podemos intercambiar quaisquer das três dimensões espaciais. Ora, se o tempo é a quarta dimensão (temporal), então é possível fazer *rotações* que convertam espaço em tempo, e vice-versa. Essas *rotações* quadridimensionais são precisamente as distorções do espaço e tempo, exigidas pela Teoria da Relatividade Especial.

Em outras palavras: espaço e tempo se misturaram de uma maneira essencial, governada pela Relatividade. O significado do tempo, como a quarta dimensão (temporal), é que espaço e tempo podem se transformar um no outro por rotação, de uma maneira matematicamente precisa. Depois da Teoria da Relatividade Restrita, devem ser tratados como dois aspectos da mesma quantidade – espaço-tempo. Bem já vimos que o tempo pode bater em ritmos diferentes, dependendo da velocidade com que alguém se move. A velocidade com que os ponteiros de um relógio avançam, depende da velocidade com que o relógio está se movendo no espaço.

Experimentos elaborados conduzidos com relógios atômicos, postos em órbita ao redor da Terra, confirmaram que os ponteiros de um relógio na Terra e os de um relógio lançado no espaço cósmico, dentro de um foguete, avançam em ritmos diferentes. Por exemplo: um amigo da escola (do ensino secundário), que partiu em um foguete há vinte anos, viajando em velocidades próximas à da luz, para nós a viagem do foguete durou vinte anos. Para esse colega, contudo, por causa do retardamento do tempo no foguete em alta velocidade, seu envelhecimento, desde o dia que embarcou, foi de apenas alguns minutos. E mais: a impressão dele é de que mal acabou de entrar no foguete, e de ter viajado em alta velocidade pelo espaço cósmico durante alguns minutos, e depois ter desembarcado na Terra, em tempo de comemorar sua vigésima reunião da escola secundária, após uma breve e agradável viagem, ainda parecendo um jovem em meio de amigos com cabelos grisalhos e rugas faciais. Essa teoria é conhecida como "Paradoxo dos Gêmeos".

Até então, a discussão em torno da unificação das leis da natureza havia sido bastante abstrata, e assim teria permanecido se Einstein não tivesse dado o passo decisivo seguinte, a saber: ele compreendeu que se espaço e tempo pudessem ser unificados numa única entidade, chamada de espaço-tempo, talvez a matéria e a energia também pudessem ser unidas numa relação dialética. Se réguas métricas e relógios se distorcem com o aumento da velocidade, tudo que se pode medir com réguas métricas e relógios também deve mudar. De fato, matéria e energia podiam se transformar uma na outra. Ou seja, Einstein conseguiu mostrar que a massa de um objeto (um carro, por exemplo) aumentava com o aumento de sua velocidade. Mas de onde vem esse excesso de massa? Einstein concluiu que vem da energia do movimento, pois de algum modo ela estava sendo transformada, aumentando a massa do objeto. Assim, matéria e energia são intercambiáveis.

A conclusão de Einstein teve consequências conflituosas, porque duas das grandes descobertas da física do século XIX eram a *conservação da massa* e a *conservação da energia* – isto é, a massa total e a energia total de um sistema fechado, tomado separadamente, não mudam. Exemplo: se um carro em alta velocidade bater em um muro de alvenaria, sua energia não desaparece, mas é convertida na energia sonora da colisão, na energia cinética dos fragmentos de tijolo que saltam, em energia térmica, e assim por diante. A energia total (e a massa total) antes e depois da batida são as mesmas. No entanto, Einstein dizia (o que ninguém jamais disse) que a energia do carro podia ser convertida em massa. A matéria não desaparece subitamente, nem a energia surge do nada. A matéria só desaparece para liberar enormes quantidades de energia, ou vice-versa.

O gênio de aparência exótica, com seus cabelos despenteados e seu habitual cachimbo, conseguiu calcular, precisamente, quanta energia do carro podia ser convertida em massa, e em algumas linhas mostrou que a energia é igual a massa multiplicada pela velocidade da luz ao quadrado ($E = m.c^2$) – **a mais célebre equação de todos os tempos**. Como a velocidade da luz ao quadrado (c^2) é um número fantasticamente grande, mesmo uma quantidade minúscula de matéria poderia liberar uma quantidade enorme de energia. A matéria, em certo sentido, pode ser vista como um depósito quase inesgotável de energia. Algumas colheradas de matéria, por exemplo, possuem a energia de várias bombas de hidrogênio. Assim sendo, **matéria é energia condensada**.

No ano de 1857, os responsáveis pela Revelação Espírita já haviam dado uma pincelada no assunto, quando disseram que os mundos se formam pela condensação da matéria disseminada no Espaço (cf. *O Livro dos Espíritos*, questão 39).

Deixaremos exarado aqui algumas considerações tecidas por homens de ciência e de bem, retratando-se cada qual, com sua linguagem, sobre a relação entre matéria e energia:

> [...] O significado da palavra condensação só pode ser compreendido se reduzirmos a energia à sua expressão mais simples (isto também vale para a Substância): o movimento. Condensação de energia é expressão demasiadamente sensória. É melhor dizer concentração de energia, pois isso significa aceleração de movimento, de velocidade. (Sua Voz, *A Grande Síntese*.)

> [...] A matéria [seu estado] deixará de existir desde que suas partículas [elétrons] percam o seu movimento. Em suma, a rigidez da matéria é uma função do movimento dos elétrons. A inércia, é a resistência de causa desconhecida que os corpos opõem ao movimento ou mudança de movimento. Ela é suscetível de medida que se define pelo termo *massa*. Esta é, pois, a medida da inércia da matéria, seu coeficiente de resistência ao movimento. (Gustave Le Bom, *O Livro dos Fluidos*.)

> [...] O átomo, intangível, invisível, dificilmente concebível para o nosso espírito afeito a julgamentos superficiais, constitui a única matéria verdadeira, e o que chamamos matéria é apenas um efeito produzido em nossos sentidos pelos movimentos dos átomos, isto é, uma possibilidade incessante de sensações. (Camille Flammarion, *Urânia*, p. 191.)

> [...] O miniuniverso de átomos é um universo de números, porque do átomo ou de seus componentes quase não se vê a face, mas apenas os parâmetros numéricos, mesmo com o poderoso *STMicroscope*. (Eurípedes Barsanulfo, *O Livro dos Fluidos*.)

> [...] A matéria é um modo do movimento. Toda matéria voltará a passar pelo estado etéreo de onde veio. (Willian Crookes, *Fatos Espíritas*.)

> [...] O repouso que parece caracterizar um fluido (líquido e gases) em equilíbrio não passa de uma ilusão, devida à imperfeição de nossos sentidos e corresponde de fato a um certo regime permanente de violenta agitação. (Jean Baptiste Perrin, Prêmio Nobel de Física em 1926.)

> [...] A matéria, ela própria, não é o que julgais. Ela não tem absolutamente nada de sólida; vosso corpo mesmo, um pedaço de ferro e granito não têm mais solidez do que o ar que respirais. Tudo isso é composto de átomos, que não se tocam sequer e se acham em perpétuo movimento. (Camille Flammarion, *Narrações do Infinito*.)

> [...] Um jato de água, se velocíssimo, oferece à penetração de outro corpo a mesma resistência de um sólido. Quando a massa de um gás, como o ar, se multiplica pela velocidade, adquire a propriedade da massa de um sólido. A pista sólida que sustenta o aeroplano – que é a sua velocidade em relação com o ar que, por sua vez, se lançado qual tufão, derruba casas. [...] É inútil correrdes atrás de vossos sentidos, na ilusão tátil da solidez, que julgais fundamen-

tal, porque é a primeira e fundamental sensação da vida terrestre. A solidez nada mais é que a soma de movimentos velocíssimos. [...] A matéria é pura energia. Na sua íntima estrutura atômica, é um edifício de forças. Matéria, no sentido de corpo sólido, compacto, impenetrável, não existe. Não se trata senão de resistências, de reações; o que chamais de solidez é tão-só a sensação que ininterruptamente vos dá aquela força que se opõe ao impulso e ao tato. É a velocidade que enche as imensas extensões de espaços vazios em que as unidades mínimas se movem. É a velocidade que forma a massa, a estabilidade, a coesão da matéria. (Sua Voz, *A Grande Síntese*, p. 140).

[...] Harmoniosos concertos vêm encantar-nos os ouvidos. O som não existe, não passa de uma impressão dos nossos sentidos, produzida por vibrações do ar, de uma certa amplitude e de uma certa velocidade, vibrações silenciosas por si mesmas. Sem o nervo auditivo e sem o cérebro, não haveria sons. Na realidade não há senão movimento. (Camille Flammarion, *Urânia*, p. 63.)

[...] Eis aqui uma forte trave de ferro, dessas que geralmente se empregam nas construções. Está colocada no vácuo, a dez metros de altura, sobre duas paredes, nas quais se apoiam as respectivas extremidades. É sólida, com certeza. No centro dela foi posto um peso de mil, 2 mil, 10 mil quilogramas, e esse peso enorme ela nem mesmo fez imperceptível flexão. No entanto, essa trave é composta de moléculas que não se tocam, que estão em vibração perpétua, que se afastam umas das outras sob a influência do calor e se aproximam sob a do frio. Digam-me, por favor, que é que constitui a solidez dessa barra de ferro? Seus átomos materiais? Certamente não, pois eles não se tocam. Essa solidez reside na atração molecular, isto é, em uma força imaterial. Falando, de modo absoluto, o sólido não existe. Tomemos nas mãos uma pesada bala de ferro. Essa bala é composta de moléculas que não se tocam também. A continuidade da superfície dessa bala parece ter e a sua aparente solidez são puras ilusões. Para o Espírito que analisasse a sua íntima estrutura seria um turbilhão de mosquitos, lembrando os que redemoinham na atmosfera dos dias de verão. Aqueçamos essa bala que nos parece sólida: ela se derreterá; aqueçamo-la mais: ela se evaporará sem por isso mudar de natureza: líquido ou gás, será sempre ferro. (Camille Flammarion, *Urânia*, p. 64.)

[...] O átomo é um vórtice; vórtices são o elétron e o núcleo; vórtices são os centros e os satélites contidos no núcleo, e assim ao infinito. Quando imaginais uma partícula mínima, animada de velocidade, nunca tendes aí um corpo, no sentido comum, qual o figurais, é sempre um vórtice imaterial de velocidade. E a decomposição dos vórtices, em que rodopiam unidades vertiginosas, menores, prolonga-se ao infinito. Assim, na substância não existe matéria, no sentido em que a compreendeis; apenas há movimento. (Willian Crookes, *Fatos Espíritas*.)

> [...] O Universo, as coisas e as criaturas, tudo quanto vemos é formado de átomos invisíveis e imponderáveis. O Universo é um dinamismo. Deus é a alma universal. (Camille Flammarion, *Urânia*, p. 66.)
>
> [...] O Espírito que pudesse fazer abstração do Tempo e do Espaço veria a Terra, os planetas, o Sol, as estrelas chovendo de um céu sem limites, em todas as direções imagináveis, quais gotas levadas pelos turbilhões de gigantesca tempestade, e atraídas, não por uma base, mas pela atração de cada uma e de todas; cada uma dessas gotas cósmicas, cada um desses mundos, cada um desses sóis é levado por uma velocidade tão rápida, que o voo das balas de artilharia é apenas um repouso comparado. (Camille Flammarion, *Urânia*, p. 171.)
>
> [...] Os mundos, e assim os átomos, repousam no invisível, na força imaterial; tudo se move excitado pela atração e parecendo à procura desse ponto fixo, que se esquiva à medida que o buscamos, e que não existe, pois que no Infinito o centro está em toda a parte e em parte nenhuma. [...] Pensar que a matéria não existe, que tudo é dinâmico, seria menos audacioso do que pretender afirmar a existência de um Universo exclusivamente material. (Camille Flammarion, *Urânia*, p. 173.)

Albert Einstein foi guiado por uma intuição de que dimensões mais elevadas têm um propósito – unificar os princípios da Natureza. Malgrado, o gênio alemão percebeu que havia grandes brechas em sua Teoria da Relatividade Restrita. Ora, o que dizer das acelerações e da gravidade, que são ignoradas na Teoria da Relatividade Especial? Veremos a seguir.

14. Em 1907, sentado em sua cadeira no Escritório de Patentes, em Berna (Suíça), onde já havia captado várias intuições e escrito textos bastante inspirados pelos Benfeitores Espirituais, Einstein fez seu primeiro grande avanço para a criação da Teoria da Relatividade Geral. Ele o classificou como "o dia mais feliz de sua vida". Em síntese, percebeu que havia pelo menos dois furos gritantes na Teoria da Relatividade que, até então, em suas reflexões, ainda não era *restrita*.

Primeiro: a Teoria da Relatividade, até o momento, baseava-se inteiramente em movimentos inerciais. Na natureza, contudo, nada é inercial; tudo está em um estado de aceleração constante. E isso deixou Einstein intrigado. Não poderia ser diferente: estamos falando de um Espírito *capacitado* e *escolhido* por Jesus. Em verdade, Deus não escolhe os capacitados; mas capacita os escolhidos. E sua intriga levou-o à seguinte questão: **como sua Teoria da Relatividade não conseguia explicar, sequer, a aceleração mais comum encontrada no orbe terrestre?**

Segundo: a Teoria da Relatividade **nada dizia sobre a gravidade; ou seja, sobre como as coisas caem**. E isto era constrangedor para Einstein, porque a gravidade está em toda parte. Assim, as deficiências da Teoria da Relatividade eram óbvias. Ora, como a velocidade da luz era a velocidade máxima do Universo, a Teoria da Relatividade previa que seriam necessários oito minutos para qualquer distúrbio no Sol atingir a Terra. Em verdade, a luz da nossa *estrela mãe* demora oito minutos para chegar a nossa tez, em um dia ensolarado na ilha paradisíaca que o leitor possa imaginar estar. Isso, todavia, **contradizia a teoria da gravidade de Newton que, por sua vez, afirmava que os efeitos gravitacionais eram instantâneos.** Não olvidemos que a velocidade da gravidade newtoniana era infinita, já que a velocidade da luz, à época de Newton, ainda não tinha sido calculada, e muito menos descoberta. Portanto, não aparecia em nenhuma das equações do astrônomo inglês. Einstein, então, precisava reformular totalmente as equações de Newton, a fim de incorporar a velocidade da luz. **Em suma: ele percebeu a imensidão do problema de *generalizar* sua Teoria da Relatividade, para incluir nela acelerações e gravidade.** Foi a partir daí que começou a se distinguir a Teoria da Relatividade, em Restrita e Geral.

Mais uma vez, a chave para a momentosa descoberta de Einstein foi fazer perguntas que só crianças fazem. Quando sobem num elevador, as crianças às vezes perguntam, nervosas: "Que acontece se o cabo se partir?" A resposta é que você fica sem peso e flutua dentro do elevador, como se no espaço cósmico, porque tanto você quanto o elevador estão caindo na mesma taxa. Mesmo que você e o elevador estejam acelerando no campo gravitacional da Terra, a aceleração é a mesma para ambos, e por isso **parece que você está sem peso no elevador** (pelo menos até que ele atinja a base do poço, e provavelmente você desencarne). Einstein compreendeu que uma pessoa que flutua no elevador poderia pensar que alguém desligou misteriosamente a gravidade. Ele recordaria mais tarde: "Eu estava sentado numa cadeira no escritório de patentes de Berna quando, de repente, um pensamento me ocorreu: uma pessoa em queda livre não sentirá seu próprio peso. Fiquei surpreso. Esse pensamento simples impressionou-me profundamente. Impeliu-me para uma teoria da gravitação."

Invertendo a situação, constatou que uma pessoa num foguete em aceleração sentiria uma força empurrando-a contra seu assento, como se houvesse uma atração gravitacional se exercendo sobre ela. A conclusão que ele chegou foi que uma pessoa acelerando num foguete, em alta velocidade, pode pensar que essas forças eram causadas pela gravidade. Mas esse era um conceito antigo que Galileu e Newton já o conheciam – o **Princípio da Equivalência**. Em uma história possivelmente apócrifa, o italiano teria soltado uma pedra pequena e uma bala de canhão bem grande da Torre Inclinada de sua cidade natal – Pisa. Ele foi o primeiro a mostrar que todos os objetos na Terra aceleram exatamente à mesma razão sob a gravidade (9,75 m/s^2). Isaac Newton também sabia desse fato, quando percebeu que os planetas e a lua estavam, na verdade, em um estado de queda livre em suas órbitas ao redor do Sol ou da Terra. Todo astronauta que já tenha sido lançado ao espaço, também percebe que **a gravidade pode ser cancelada pela aceleração**. Exemplo: dentro de uma nave espacial, tudo, inclusive o chão, os instrumentos e os astronautas, **caem à mesma velocidade**. Desse modo, ao olhar à sua volta, os astronautas veem tudo flutuando. **Os pés dos astronautas oscilam acima do chão, dando a ilusão de que a gravidade sumiu.** Contudo, **o chão está caindo junto com os seus corpos**. Esse é o Princípio da Equivalência.

Einstein explorou o Princípio da Equivalência para resolver o seguinte problema: um feixe de luz é ou não afetado pela gravidade? Se acendermos uma lanterna dentro de um foguete em aceleração, o feixe de luz vai se curvar para baixo em direção ao piso, porque o foguete acelerou debaixo do feixe de luz durante o tempo que este leva para se mover pelo compartimento. Dessa maneira, Einstein sustentou a ideia de que um campo gravitacional vai curvar também a rota da luz. Ele sabia que, segundo um princípio fundamental da física, um feixe de luz tomará o caminho que exija a menor quantidade de tempo, entre dois pontos. Habitualmente, o caminho que demanda menos tempo entre dois pontos, é uma linha reta. Por essa razão, os feixes de luz são retos. Mesmo quando a luz se curva, ao penetrar no vidro, pelo fenômeno da *refração*, ela obedece ao mesmo princípio da menor quantidade de tempo entre dois pontos. Isto se dá, porque a luz se desacelera no vidro, e o caminho que demanda o menor tempo, através de uma combinação de ar e vidro, é agora uma linha curva.

No entanto, se a luz toma o caminho que demanda menor tempo entre dois pontos, e feixes de luz se curvam sob a influência da gravidade, então a distância mais curta entre dois pontos é uma linha curva. Einstein ficou chocado com essa conclusão: **se fosse possível observar a luz se propagando numa linha curva, isso significaria que o próprio espaço é curvo**. No entanto, foi somente e 1911 que ele começou a publicar os frutos de seus pensamentos. Um deles resumia-se na seguinte pergunta: o Sol era suficiente para curvar a luz de estrelas distantes? Ele pensava que os planetas, em suas trajetórias, através do espaço-tempo, **pareciam ser arqueados por um campo gravitacional, porque o espaço-tempo é curvo**. Em outras palavras: **a curvatura do espaço-tempo produz uma força que interpretamos como gravidade**. Mas como fundamentar sua intuição (e que intuição!) com um argumento matemático detalhado e lógico? Ora, se a teoria da gravidade de Newton fora suficiente para a física dos dois séculos anteriores – XVIII e XIX –, por que os físicos deveriam abandoná-la subitamente em troca de sua nova teoria?

Em outras palavras: se teoria da gravidade de Newton podia resolver com sucesso o comportamento de tudo (de maçãs a planetas, de balas de canhão a gotas de chuva), para que, então, servia a teoria de Einstein? O físico alemão, porém, acreditava estar fornecendo à física uma teoria melhor da gravidade, mais precisa e mais próxima da realidade. Einstein suspeitava que a teoria da gravidade de newtoniana poderia falhar em determinadas circunstâncias, enquanto sua própria teoria seria bem mais sucedida em todas as situações. Para Einstein, a teoria do físico inglês daria resultados incorretos ao prever fenômenos em situações em que a força da gravidade seria extremamente forte. Portanto, para provar que estava certo, Einstein tinha apenas que encontrar um desses cenários extremos e testar ambas – a sua teoria e a de Newton. A teoria que melhor imitasse a realidade, de modo mais preciso, venceria a competição e seria a verdadeira teoria da gravidade.

Newton imaginara uma *força* que atrai todos os corpos, um em direção a outro, e a denominou *força da gravidade* ou *força gravitacional*. Como essa força conseguia atrair coisas que estão longe uma da outra, sem que houvesse nada no meio, não havia como saber e o grande cientista inglês evitara arriscar hipóteses. Newton também havia imaginado que os corpos se movem no espaço e que este é um grande recipiente vazio. Uma imensa estante, na qual os objetos deslizam em linha reta, até que uma força os leva a fazer uma curva. No entanto, de que é feito esse espaço – recipiente do mundo –, inventado por Newton, isso tampouco havia como saber. Mas dois físicos britânicos – Faraday (1791-1867) e Maxwell – tinham acrescentado um ingrediente ao frio mundo de Newton – o campo eletromagnético.

O campo magnético é uma entidade real difundida por toda parte, que transporta as ondas de rádio, preenche o espaço, pode vibrar e ondular como a superfície de um lago, e "leva consigo" a força elétrica. Einstein era fascinado, desde jovem, pelo campo eletromagnético, que fazia girarem os rotores das centrais elétricas construídas por seu pai, e logo compreendeu que a gravidade, como a eletricidade, certamente é transportada por um campo – ou seja, devia existir um *campo gravitacional*, semelhante ao *campo eletromagnético*. Desde então, o grande gênio alemão procura compreender em que consistia esse *campo gravitacional*, e quais equações poderiam descrevê-lo. Eis que ele capta a seguinte intuição: **o tal *campo gravitacional* não seria difundido no espaço; ele seria o próprio espaço**. Aí está a ideia por detrás da Teoria da Relatividade. Portanto, o *espaço* de Newton, no qual as coisas se movem, e o *campo gravitacional*, que transporta a força da gravidade, são a mesma coisa.

Heureca! O espaço já não é algo diferente de matéria; é um dos componentes *materiais* do mundo. Melhor dizendo: **o espaço é uma entidade que ondula, que se flexiona, curva-se, retorce-se**. Dessa maneira, não estamos contidos em uma invisível estante rígida, mas estamos, sim, imersos num gigante molusco flexível. **O Sol dobra o espaço ao seu redor, e a Terra não gira em torno dele, porque é puxada por uma misteriosa força, mas porque está correndo em linha num espaço que se inclina**. Exemplo: assemelha-se a uma bolinha rolando em um funil. Não existem misteriosas forças geradas pelo centro do funil; é a natureza curva das paredes que faz a bolinha rolar. **Os planetas giram em torno do Sol, e as coisas caem porque o espaço se curva**.

Façamos uma analogia: imaginemos uma pedra pesada colocada sobre uma cama. Claro que a pedra afundará na cama. Agora joguemos uma bola de gude sobre a cama. **Ela não se moverá em linha reta, mas numa linha curva ao redor da pedra**. Há duas maneiras de analisar esse efeito. De longe, um newtoniano poderia dizer que existe uma *força misteriosa* que emana da pedra até a bola de gude, forçando-a a mudar sua trajetória. Essa tal *força*, embora invisível, exerce uma atração sobre a bola de gude. Um relativista, porém, pode ver um quadro totalmente diferente: não existe nenhuma *força* que atrai a bola de gude; existe apenas a depressão na cama, que determina o movimento da bola de gude. Conforme a bola de gude se move, a superfície da cama *impele-a* até atingir um movimento circular.

Agora, vamos substituir a pedra pelo Sol, a bola de gude pela Terra e a cama por espaço e tempo. Newton diria que uma *força* invisível chamada gravidade atrai a Terra ao redor do Sol. Einstein responderia que não existe atração gravitacional. **A Terra é defletida (desviada) ao redor do Sol, porque a curvatura do próprio espaço está impelindo a Terra** – ou seja, a gravidade não atrai, mas o espaço impele. Segundo Einstein, portanto, não há atração gravitacional. A Terra deforma o *continuum* de espaço-tempo ao redor de nossos corpos, de modo que o próprio espaço nos empurra para o chão. É a presença de matéria que deforma o espaço à sua volta, dando a ilusão de que existe uma força gravitacional atraindo os objetos vizinhos. Essa curvatura é invisível.

Ademais, se o espaço é curvo, quem se movesse nesse palco pensaria que forças misteriosas estariam agindo sobre seu corpo, desviando-o numa ou noutra direção. Comparando o espaço-tempo a um tecido que pode esticar e curvar, Einstein foi forçado a estudar **a matemática das superfícies curvas**. E foi na geometria do matemático alemão Georg Bernhard Riemann (1826-1866), que Einstein, enfim, encontrou a matemática poderosa o bastante para descrever a curvatura do espaço-tempo. A geometria diferencial ou a matemática das superfícies curvas, subitamente, transformou-se, desde então, na linguagem do próprio Universo. Em 1912, ciente que a matemática de Riemann era linguagem correta para a gravitação, e guiado pela lei da covariância – ou seja, as equações conservam a mesma forma após uma mudança de coordenadas – Einstein restringiu, de modo rigoroso, os elementos possíveis para formular, essencialmente, uma teoria da gravidade diferente da newtoniana.

A influência de Riemann foi tamanha na vida de Einstein que, embora em 1912 ele tenha descoberto o princípio físico correto, carecia de um formalismo matemático rigoroso e poderoso o suficiente para expressá-lo. Faltava-lhe uma versão dos campos de Faraday para a gravidade. Como tudo na Natureza é perfeito, Riemann tinha o aparato matemático (desde 1854), mas não o princípio físico norteador. Einstein, em contraposição, descobriu o princípio físico, mas faltava-lhe o aparato matemático. Como Einstein formulou esse princípio físico sem ter conhecimento de Riemann, não possuía a linguagem matemática e habilidade necessárias para expressar seu princípio.

Na maioria das biografias, a Teoria da Relatividade Geral aparece como plenamente desenvolvida em 1915, como se, em um passe de mágica, ele encontrasse tudo pronto, mastigado. No entanto, somente nas últimas décadas alguns dos *cadernos perdidos de Einstein* foram analisados, e, com efeito, viu-se que ele passou três longos e frustrantes anos, de 1912 a 1915, na busca desesperada de um formalismo matemático poderoso o bastante para expressar o princípio.

O seu esforço intelectual o levaria à beira do colapso nervoso. O seu estado mental e o nível de sua frustração são revelados nos breves comentários que ele fez, em cartas, para seu colega, o matemático húngaro Marcel Grossmann (1878-1936): "Você precisa me ajudar ou eu vou ficar maluco! Nunca na minha vida me atormentei tanto quanto agora, e me imbuí de um grande respeito pela matemática, cujas partes mais sutis eu antes encarara como mero luxo! Comparada com esse problema, a Teoria da Relatividade original é brincadeira de criança." Felizmente, ao vasculhar sua biblioteca em busca de pistas para os problemas de Einstein, Grossmann topou (nada é por acaso!) com a obra de Riemann. Mostrou a Einstein o trabalho de Riemann e seu *tensor métrico*, que havia sido ignorado pelos físicos durante sessenta anos. Einstein, mais tarde, se lembraria de que Grossmann "passou a literatura em revista e logo descobriu que o problema matemático já havia sido resolvido por Riemann.", pois suas equações eram suficientemente poderosas para descrever a mais complicada torção do espaço-tempo em qualquer dimensão. No entanto, faltavam a Riemann o quadro físico (que matéria-energia determina a curvatura do espaço-tempo) e, sem dúvida, a aguçada intuição de Einstein.

Foi então que em 1915, Einstein sugeriu que a presença do Sol empena o trajeto da luz desde as estrelas distantes, e, finalmente, conseguiu afirmar sua Teoria da Relatividade Geral – isto é, o espaço se curva, onde existe matéria. **Para Einstein, a gravidade era uma ilusão causada pelo encurvamento do espaço. Ele previu que a luz das estrelas, ao se mover em torno do Sol, seria curvada, e por isso as posições relativas das estrelas deveriam aparecer distorcidas na presença do Sol.**

A Teoria da Relatividade Restrita e Geral, hoje em dia, é confirmada quase sob todos os aspectos e faz parte da trama do Universo; mesmo assim, ainda há fenômenos infinitamente pequenos aos quais ela não pode ser aplicada, por enquanto, porquanto não consegue chegar à desejada aliança entre uma teoria que unificasse sua teoria da gravidade com a teoria da luz de Maxwell – a famosa Teoria do Campo Unificado.

Esse assunto, já estudado e escrito, será levado a público no livro intitulado: *O Homem Cósmico*, que, por sua vez, tem previsão de lançamento para 2026, pela Editora AGE.

15. Antes de entender o mecanismo do Big Bang, precisamos contextualizar quem o anunciou. Pois bem. O clérigo astrofísico belga Georges Lemaître (1894-1966) reinventaria, de modo independente, o modelo do Universo em expansão. Foi aluno, no Observatório de Cambridge, do astrofísico Arthur Eddington (1882-1944).

O pensamento de Lemaître assim se resume: se o Universo está se expandindo, ontem ele deve ter sido menor do que é hoje. E, da mesma maneira, no passado ele deve ter sido menor ainda. E, logicamente, se recuarmos bastante no tempo, então todo o espaço deve ter estado compactado em uma minúscula região. Lemaître estava pronto para fazer o relógio andar para trás até alcançar o início aparente do Universo. A grande descoberta do eminente padre era que a Relatividade Geral enredava **um momento de criação e evolução cósmica**. Mas como ele iria se respaldar ou explicar seu modelo do Universo?

Extrapolando para trás no tempo, o cosmólogo belga visualizou todas as estrelas espremidas em um Universo supercompacto, que ele chamou ***átomo primordial***. Com isso, imaginou o momento da criação como um instante em que este único átomo, que englobava tudo, subitamente sofreu um *decaimento radioativo*, gerando toda a matéria do Universo. Lemaître especulou que os raios cósmicos observados hoje em dia poderiam ser remanescentes do decaimento original, e que a maior parte da matéria ejetada se teria condensado com o tempo para formar as estrelas e os planetas atuais. Ademais, **a energia liberada nessa mãe de todos os decaimentos radioativos, teria impulsionado a expansão, que era a base do seu modelo do Universo.**

Salientamos o cientista austríaco Victor Hess (1883-1964), em 1912, já tinha subido até uma altitude de quase seis quilômetros num balão, e detectara indícios de partículas altamente energéticas vindas do espaço cósmico. Lemaître, portanto, já estava familiarizado com o processo de decaimento radioativo, no qual átomos grandes, como os de urânio, quebram-se em átomos menores, emitindo partículas, radiação e energia. Sem saber que o matemático russo Aleksandr Friedmann (1888-1925) estava no mesmo caminho que o seu (como acontece na maioria das descobertas), Lemaître especulou que um processo semelhante, embora em escala muito maior, poderia ter dado origem ao Universo.

O sacerdote cosmólogo, encontrando-se com Einstein em Bruxelas/Bélgica, na Conferência Solvay de 1927, onde se encontravam os maiores físicos do mundo, explicou sua visão de um Universo criado e em expansão. O físico alemão respondeu que já tinha ouvido a ideia de Friedmann, apresentando ao belga o trabalho do falecido colega russo pela primeira vez. Ressaltamos que Lemaître não conheceu Friedmann. Por fim, Einstein repeliu a ideia de Lemaître e, com essa atitude, tivera duas oportunidades (com Friedmann e com Lemaître) de aceitar, ou pelo menos considerar o cenário do então desconhecido Big Bang e da expansão do Universo.

Os dois modelos – de Friedmann e de Lemaître – eram matematicamente coerentes e cientificamente válidos; ambos tinham emergido da fórmula da Teoria da Relatividade Geral e não entravam em conflito com nenhuma lei física conhecida. Malgrado, as duas teorias sofriam de uma completa falta de qualquer dado experimental ou observacional para apoiá-las. E era a ausência dessa evidência que permitia à comunidade científica, guiada pelo preconceito, favorecer o modelo estático e eterno do Universo, que Einstein defendia.

O Big Bang significa a ocorrência de uma explosão de energia pura, dando início, em menos de um bilionésimo de segundo depois da explosão (10^{-43} segundos), ao tempo, ao espaço, à matéria e à energia, que se enredaram uns nos outros em um novelo totalmente estranho, encerrado numa esfera ínfima de 10^{-33} metros, dentro da qual a densidade e o calor atingiram as fronteiras extremas de 100 bilhões de graus centígrados (10^{32}). O Universo continha, em si, quatro interações básicas, a saber: Força Gravitacional, Força Eletromagnética, Força Nuclear Forte e Força Nuclear Fraca

Nessa fase do Universo, as quatro forças da Natureza permaneceram entrelaçadas e confundidas num só força cósmica (a *superforça*). Um instante após a criação, o adolescente Universo diminui à medida que se expandia e subitamente entrou em uma fase, no mínimo, extraordinária: ele "infla" à guisa de um balão, passando, com efeito, de um tamanho menor que um átomo a uma dimensão maior que uma galáxia. Resultado: forma-se um "falso vácuo", povoado pelas partículas virtuais que aparecem e desaparecem, enquanto a densidade de energia mantém-se constante e homogênea.

Ato contínuo, a *superforça* unificada do Universo começa a desdobrar-se em quatro correntes de intensidade variável, já citadas acima, as quais irão presidir ao crescimento da "textura cósmica", da seguinte maneira: a **Força Gravitacional** organiza os movimentos, em grande escala, das estrelas e das galáxias; a **Força Nuclear Forte** assegura as ligações com os *quarks* (partículas fundamentais hipotéticas, formando seis tipos de partículas diferentes entre si, as quais jamais foram observadas como elementos isolados), mantendo juntos os prótons e os nêutrons no seio dos núcleos atômicos, através de uma partícula mensageira (o *glúon*), do inglês: glue (cola); a **Força Nuclear Fraca**, muito frouxa, transmitida pela partícula subatômica elementar (o *bóson*), rege certos fenômenos de radioatividade; afeta todas as partículas materiais em declínio relativamente lento, como os elétrons e neutrinos; **Força Eletromagnética**, onipresente na física das partículas, transportada pela partícula quântica de luz (o *fóton*), garante a coesão dos átomos.

A consequência da desintegração da *superforça*, criou a matéria – em verdade, uma "sopa" turbulenta de partículas e antipartículas subatômicas movimentando-se aleatoriamente.

Nesse momento, o Universo, entre 10^{-5} e 1 segundo de idade, viu-se diante de um fato: uma grande batalha entre a matéria – isto é, subpartículas com carga positiva (*bóson X*) – e sua arquirrival – a antimatéria, com carga negativa (*antibóson X*). Desse modo, para cada bilhão de antimatéria havia o mesmo bilhão, mais um, de matéria. Nesse confronto, as partículas maciças de *bóson X* e as antipartículas de *antibóson X*, decaíram em partículas e antipartículas mais leves: *quarks* e *léptons*, garantindo uma pequena vantagem de matéria criada em relação a antimatéria aniquilada.

Resultado: aos três minutos de existência do Universo, a uma temperatura equivalente a 550 milhões de graus Celsius, bastante fria desde seu nascimento, perdeu seu movimento aleatório, permitindo a formação do núcleo atômico, que, com um elétron girando ao seu redor, fez surgir o hidrogênio – o elemento mais abundante do Universo (77%), juntamente com o hélio (23%). São chamados de "cinzas do Big Bang".

Sua Voz, em *A Grande Síntese*, no capítulo XIV, coloca-nos, de forma embevecedora, o surgimento da matéria:

> [...] De todas as partes do universo as correntes trazem sempre nova energia; o movimento torna-se sempre mais intenso, o vértice fecha-se em si mesmo, o turbilhão fica sendo um verdadeiro núcleo de atração dinâmica. Quando ele não pode sustentar no seu âmbito todo o ímpeto da energia acumulada, aparece um momento de máxima saturação dinâmica, um momento crítico em que a velocidade fica sendo massa, estabiliza-se nos infinitos sistemas planetários íntimos, de que nascera o núcleo, depois o átomo, a molécula, o cristal, o mineral, os amontoados solares, planetários e siderais. Da tempestade imensa nasceu a matéria. Deus criou.

Após decorrer os três minutos da Grande Explosão, emergem do oceano de calor as imensas nuvens de poeira e de gás, compostas de átomos de hidrogênio, as quais permanecem incandescentes e em processo de resfriamento durante, aproximadamente, 2 bilhões a 3 bilhões de anos.

Lentamente, porém, essas nuvens perpassadas de radiações começam a condensar-se pela atração da gravidade e a formar os gigantescos enxames e superenxames de galáxias que são respectivamente as autênticas "ilhas e arquipélagos" do Universo, onde nascem e morrem as estrelas, povoando o espaço e enchendo-o de luz.

Em verdade, não houve uma explosão propriamente dita (Bang). O Universo começou com uma singularidade infinitesimalmente pequena. E não houve explosão no sentido convencional, já que foi a expansão do próprio espaço que afastou as estrelas umas das outras.

O Big Bang não foi uma explosão NO espaço, e sim DO espaço. Da mesma maneira, o Big Bang não foi uma explosão NO tempo, e sim DO tempo. Ambos, o espaço e o tempo, foram criados no momento do Big Bang. Mas por que o Universo foi criado? Para a cosmologia, é o maior mistério que se conhece, embora tragamos uma tese bem especificada sobre tal questionamento, em nosso futuro livro *O Homem Cósmico*, Parte IV, de nossa autoria.

O Big Bang não é somente a teoria cosmológica mais dominante para explicar o desenvolvimento inicial do Universo, mas também para constatar sua harmonia na criação, e, com efeito, a existência de um poder pensante e atuante por detrás dessa coerência cósmica. É a *Força Fundamental*, na intuição genial de Teilhard de Chardin. Para se ter uma ideia, se apenas observarmos a temperatura do Universo, a relação entre a Força Gravitacional, a Força eletromagnética, e a Forças de Coesão Nuclear (Forte e Fraca), ficaremos deslumbrados com a autossustentação de seu conjunto.

No capítulo XXIX, de *A Grande Síntese*, Sua Voz traz explicações racionais e lógicas do porquê de vermos a matéria sempre compactada por elementos já pré-existentes. Dá-nos, enfim, a demonstração do verdadeiro significado das unidades coletivas – tão responsáveis pelos enigmas ainda não decifrados pela ciência humana. Mostra-nos, em suma, que o Universo físico é um organismo, regido por sua constante – movimento –, tendo como causa um princípio – espírito (α). Leiamos sua concisa, profunda e *sui generis* explanação:

> [...] Todos os seres tendem a reagrupar-se, à proporção que evoluem, em unidades coletivas, em colônias, em sistemas sempre mais abrangentes. Isso vos explica por que a matéria se apresenta a vós na realidade das formas e não em suas unidades primordiais, mas amalgamada e comprimida em agregados compactos, organizada em unidades coletivas de indivíduos moleculares. É a trajetória da espiral menor que se funde na espiral maior. Da molécula aos universos, a mesma tendência a reorganizar-se num sistema maior, a encontrar um equilíbrio mais completo em organismos mais amplos. Por isso, não encontrais moléculas isoladas, mas cristais, verdadeiros organismos moleculares, e amontoados geológicos; não encontrais células, mas tecidos: órgãos e corpos, que são sociedades de sociedades. Sempre sociedades moleculares, celulares, sociais, com subdivisões de trabalho e especialização de atitudes e de funções.
> [...] Por isso, também não encontrais planetas isolados, mas sistemas planetários; não estrelas, mas sistemas estelares; não universos, mas sistemas de universos. Em vosso universo, essa força que cimenta e mantém unidos e compactos os organismos, vós a chamais coesão no nível γ, atração no nível β, amor no nível α. Um Princípio Único que se manifesta diferentemente nos diversos níveis e que assume diversas formas, adaptadas à substância em que se revela. Encontrais essa força unificante manifestada na concentricidade de todas as volutas da espiral. Tudo se entrelaça em redor de um centro, o núcleo, o Eu do fenômeno, em cujo derredor gira a órbita de seu crescimento.
> [...] Vós não sois somente membros de vossa família, de vossa nação, de vossa humanidade, mas sois cidadãos deste grande universo. São apenas os limites de vossa consciência atual que não permitem que vos sintais uma roda da imen-

sa engrenagem, uma célula eterna, indestrutível, que com seu trabalho, concorre para o funcionamento do grande organismo. Esta é a extraordinária realização que vos prepara a evolução às superiores formas de consciência. Quando lá tiverdes chegado, olhareis com pena e desprezo vossas atuais fadigas ferozes.

16. Estofo do Universo, para Chardin, é o ser concreto de que é constituído o Cosmo e que não se confunde com a matéria física, porquanto apresenta tanto um "dentro" (Consciência) como um "fora" (Matéria). É o Espírito/Matéria, que forma a trama *una*, o tecido indivisível do Universo evolutivo. O Espírito não se apresenta em estado puro, mas por um processo ou progresso de espiritualização. Isto é, o Espírito passa por uma transformação evolutiva no decurso da qual a Matéria, complexificando-se, organiza-se, interioriza-se, espiritualiza-se até a autorreflexão (Ser Hominal), com consciência de si mesma.

Ora, mas isso já estava exarado em *O Livro dos Espíritos*. Vejamos:

> O espírito independe da matéria, ou é apenas uma propriedade desta, como as cores o são da luz e o som o é do ar? São distintos uma do outro; mas a união do espírito e da matéria é necessária para intelectualizar a matéria. (*O Livro dos Espíritos*, Parte I, capítulo II, perg. 25.)

Em consonância com a Revelação Espírita, o geólogo francês alude que:

> A concentração de uma consciência, digamos assim, varia na razão inversa da simplicidade do composto material que ela forra. Melhor ainda: uma consciência é tanto mais perfeita quanto mais rico e mais bem organizado é o edifício material que ela forra. (Teilhard de Chardin, *O Fenômeno Humano*, Parte I, capítulo II, item 2.)

17. A *duração* (consciência), de Bergson mergulha na matéria para pensá-la. Já a *duração* (consciência) de Teilhard busca-se através das formas.

18. Defendemos a ideia de que mesmo nas mais primitivas manifestações da vida, **a vontade** já está presente, em estado germinal, trazendo em si um projeto. É uma energia (princípio) inteligente, e está ligada à Consciência Cósmica, da qual provém.

Diz Teilhard de Chardin, corroborando conosco:

> Se um estado prodigiosamente rudimentar, sem dúvida, mas já nascente, não existisse, até mesmo na molécula, alguma propensão interna [vontade] a se unir, seria fisicamente impossível que o amor aparecesse em um nível mais elevado, em nós, no estado hominizado. (*Sobre o Amor*, cap. VII.)

Vejamos: o psiquismo (a consciência) pode ser testemunhado no Reino Mineral, quando as reações dos gases Metano (CH_4), Amônia (NH_3), Hidrogênio (H_2) e vapor de água (que já existiam há 4,5 bilhões de anos), fizeram surgir as moléculas (relativamente grandes) precursoras da vida (há 4 bilhões de anos). Também se encontra no Reino Vegetal, nas sementes de trigo encontradas no túmulo de um faraó, sepultado há 3000 mil anos, onde lá dormiam. Depois de achadas, plantaram-nas. Faltava-lhes o meio próprio para germinar. Alguns dias depois de plantadas, brotaram viçosas, como se estivessem dias de colhidas. Provou-se que um grão de trigo germina milhares de anos depois de colhido, embora a Ciência (mecanicista) ignore porque conserva o grão essa vitalidade, essa consciência, esse psiquismo, esse princípio espiritual desvelando-se como essência divina.

19. Já relatamos no Exórdio desse livro que Teilhard de Chardin é o mesmo Espírito que assumiu a personalidade de Inácio de Loyola (1491-1556), fundador da Companhia de Jesus – movimento jesuítico que levou os ensinamentos do Crucificado ao continentes americano e asiático.

E AGORA?

> *Nunca se tem medo do desconhecido;*
> *tem-se medo do conhecido chegar ao fim.*
>
> (Krishnamurti)

E agora? Como entender a relação entre *tempo* e *mudança interior*? Prometemos voltar ao assunto no final do texto *Memória e Vontade*, lembra?

Pois bem. Uma existência que tem significado, que a riqueza dos valores verdadeiros da alma não pode pertencer ao tempo, ou seja, não pode se servir dele como MEIO de atingir, de conhecer e de apreender o amor – sentimento eminentemente atemporal.

Perguntar-se-ia: mas é possível ficar-se livre do tempo? Depende de que tempo estais falando. Não nos referimos, neste texto, àquele observado na clepsidra de outrora ou nos relógios atuais, que, por sua vez, podem nos dizer que horas são, mas não respondem sobre o que é o tempo. Exemplo: quando soltam fogos de artifício, a 0h do dia 1.º de janeiro de um ano novo na América do Sul, na Oceania já festejaram, 14 horas antes, a mesma data comemorativa.

Posto isso, estamos nos referindo ao tempo psicológico – aquele em que somos escravos, **e sempre está no plano consciente de nossa atividade pensante**. No livro *O Caibalion*, atribuído a Hermes Trismegisto, o Princípio do Ritmo diz:

> Tudo tem fluxo e refluxo; tudo tem suas marés; tudo sobe e desce; tudo se manifesta por oscilações compensadas; a medida do movimento à direita é a medida do movimento à esquerda; o ritmo é a compensação.

A bem dizer, sempre há um avanço e um recuo, uma elevação e um mergulho. Isso se encontra presente nas relações de todo o Universo: na matéria (energia), nas estrelas, nos planetas, nos reinos mineral, vegetal, animal e hominal. Essa lei está manifesta na criação e na destruição dos mundos, no surgimento e na queda das nações, na vida de todas as coisas, e, sem embargo, nos estados mentais do Humano Ser.

Os indivíduos que já atingiram qualquer grau de autodomínio não ficam à mercê das oscilações mentais de seus humores e emoções desregulados. Pelo contrário: a vontade faz com que o pêndulo mental oscile de volta através do plano inconsciente. Dentro do imutável Princípio do Ritmo, essa é a **Lei de Neutralização**, tão conhecida e utilizada pelos hermetistas.

Na prática, amigo leitor, nossas mentes são o produto de muitos dias passados, e o presente é apenas a passagem do passado para o futuro. Percebeis que o pensamento é resultado do tempo? Que ele é produto de muitos dias passados e não há pensamento sem memória? Pois é: **a memória, portanto, é tempo**.

O estado da nossa mente é um pêndulo de *oscilações compensadas* entre o passado e o futuro; é o *fluxo [de ontem] e refluxo [de amanhã]*, pois *ritmo é compensação*. Melhor dizendo: a nossa mente está tão sobrecarregada com inúmeras experiências e memórias, tão desfigurada e ferida, **que não consegue enxergar nada com um olhar novo**, pois está sempre interpretando o que vê em termos das suas próprias memórias, conclusões, fórmulas, sempre fanfarreando.

Quer ver? Quando vemos uma flor, uma face, o céu ou o mar, será que olhamos realmente para eles? Utilizemos apenas o exemplo da flor. Quando a vemos, o que acontece? Imediatamente lhe damos um nome, ficamos interessados na espécie à qual ela pertence ou dizemos: "Que cores lindas ela têm. Eu gostaria de plantá-la no meu jardim; gostaria de dá-la a alguém ou colocá-la na minha lapela". Em outras palavras: no momento em que olhamos para uma flor, nossa mente começa a tagarelar sobre ela; **por essa razão nunca percebemos a flor, porquanto nossa mente nubla a atenção real**. Só há percepção quando nossa mente está em silêncio, quando não há nenhum tipo de garrulice. Se podemos olhar para a estrela da noite sobre o mar sem um movimento da mente, então nós realmente percebemos sua extraordinária beleza; e quando você percebe a beleza, experiencia o estado do amor. Certamente, beleza e amor são a mesma coisa. Sem amor não há beleza, e sem beleza não há amor.

O *ontem*, para nós, é marcado pela memória. O tempo psicológico sempre age no plano consciente de nossa atividade mental. Desse modo, **sem a base do pensar, o tempo psicológico não tem existência, pois ele é a memória; é a lembrança de ontem em conjunção com hoje, formando o amanhã**. Não teríamos pensamentos (a mente em reflexão) se não tivéssemos memória, e a resposta da memória a determinada experiência põe em ação o processo do pensamento.

A experiência de ontem, reagindo ao presente, está criando o futuro; é, portanto, processo do pensar – isto é, um caminho percorrido pela nossa já velha representação mental ou imagem. O pensamento é a resposta da memória, e a memória é sempre resultado do experimentar. Portanto, o pensamento é a reação de uma mente condicionada pela experiência.

Condicionar o pensamento, **dentro da estrutura do tempo, que é memória, não revela o Eu divino**. O tesouro da alma está dentro de nós. E ainda que tentemos fugir do campo para a cidade ou da rua para a nossa casa, a nossa consciência vai sempre conosco. Da nossa casa só podemos evadir para o nosso coração. Entretanto, para onde fugiremos de nós mesmos, se "onde estiver o vosso tesouro, aí estará também o vosso coração"? (Mt 6:21.)

E o nosso tesouro, as ações sentidas no coração, não vem de ontem, não é resultado do tempo, **e está sempre no presente**, porque é atemporal. Ocupamo-nos se a árvore de nossa vida tem galhos apodrecidos. Não percamos tempo com isso; cuidemos bem da raiz e não teremos de andar pelo galhos.

Infelizmente, passamos os dias acreditando que as disposições para hoje foram tomadas ontem, e o amanhã será conforme o determinado hoje; é o que sempre estamos fazendo, porque **não vivemos o AGORA, que é ETERNO**.[1]

Na experiência do êxtase, na alegria criadora (como o nascimento de um filho), em um ato de bondade vindo do fundo da alma, não há tempo (psicológico), pois a Lei da Neutralização está em ação. Resultado: só existe **o presente imediato**. Mas a mente, sempre condicionada, depois que volta desse *experimentar*, lembra-se dele e deseja continuar acumulando-se mais e mais a si mesma.

Uma mente tranquila não está em busca de nenhum tipo de experiência. Se ela não está buscando, está completamente tranquila, sem nenhum movimento do passado, portanto isenta do conhecido.

O atemporal manifesta-se quando estamos experimentando algo que amamos, e, com efeito, a memória inexiste. Uma flor que tem perfume não está preocupada com quem vai ou não se inebriar com sua fragrância. E observem que algo lindo: a árvore do sândalo perfuma o machado que o corta. Isso é símbolo do amor. Ele não é uma memória; não é algo da mente ou do intelecto. E, pasmem: um Humano Ser ligado à sua família não sente amor. **O amor implica uma grande liberdade, não tem a ver com o que você gosta**, pois a criatura humana inquieta de problemas transcendentes não encontra pouso e querência no remanso da família e na tepidez do tálamo nupcial. É esta a feliz infelicidade. O amor surge apenas quando a mente está muito quieta, livre, desinteressada, não autocentrada – isto é, o pensamento chegou ao fim em sua própria raiz. Por isso, se quisermos conhecer uma pessoa não observemos o que ela faz, mas o que ela ama.

Deixar de usar o intelecto como fonte de orientação, e passar a utilizar-se dele somente como meio complementar de evolução é encher-se da Graça Divina, que nos preencherá com Seu infinito amor, até mesmo porque esse sol interior está além do tempo psicológico, e a questão *como* e *quando* não surge.

Diz, com propriedade, o Espírito Joanna de Ângelis, no livro *Amor, Imbatível Amor*, capítulo XIII:

O amor não tem passado, não se inquieta pelo futuro. É sempre hoje e agora.

A compaixão ou piedade, filhas diletas do amor, não pertencem à mente. O corpo mental não tem consciência de si quando é compassivo, amoroso. Paz e fraternidade são sentimentos vividos integralmente HOJE, depois de se ter compreendido toda a estrutura, a natureza e o significado do passado. **Nessa percepção, o tempo cessará**, porque não há experimentador separado da coisa experimentada; não existe observador nem coisa observada; há somente *um estado pleno de alma*, em que o tempo não existe, porquanto ele só se apresenta depois que a experiência se torna memória.[2]

Focar a atenção **no agora** é de suma importância, porque essa é a única forma de impedir que a mente viaje e busque, no passado ou no futuro, por meio dos pensamentos, informações que acabam distorcidas pela visão influenciada dos condicionamentos que o Humano Ser possui, e que não reflete especificamente a verdade do momento presente.

Enfim, temos de morrer para a memória, para as ofensas, para todas as imagens que formamos com o pensamento, pois elas são frutos do ego humano, que, por sua vez, ignora a presença do Cristo em nós, enquanto os desejos estão devastando o coração. É preciso deixar a mente silente, ou seja, uma mente tranquila não está em busca de nenhum tipo de experiência. Sem nenhum movimento do passado, portanto isenta do conhecido. A mente não está contaminada pela sociedade; não está mais sujeita a nenhuma influência, à pressão de nenhum desejo. Ela está completamente só, e, estando só, intocada, ela é inocente. Por isso há uma possibilidade de aquilo que é atemporal, eterno, passar a existir.[3]

O enriquecimento interior é uma questão de intensidade, de verticalidade, de centralidade. Quando o Humano Ser ultrapassa as periferias do seu *ego hostilizador*, isto é, da sua personalidade, está ele fora do tempo e espaço. Nada *foi* nem *será*; tudo *é*. Passado e futuro se fundem no presente. O *ego ilusório* fala em tempo e espaço; o *Eu verdadeiro* só conhece o eterno, o imutável, o *agora* e *aqui*.

O Espírito Emmanuel, no livro *Vinha de Luz*, capítulo XXIV, em poucas palavras consegue traduzir o que estamos tentando explicar, só que de maneira mais direta, mesmo que suas frases não consigam ser entendidas com uma simples olhadela. Ele anuncia, sem meias-palavras, que o progresso moral da criatura humana é imediato, sem os escapismos de uma suposta graduação moral. Vejamos:

> Não podemos esperar, por enquanto, que o Evangelho de Jesus obtenha vitória imediata no espírito dos povos. A influência dele é manifesta no mundo, em todas as coletividades; entretanto, referindo-nos às massas humanas, somos compelidos a verificar que toda transformação é vagarosa e difícil. Não acontece o mesmo, porém, na esfera particular do discípulo. Cada espírito possui o seu reino de sentimentos e raciocínios, ações e reações, possibilidades e tendências, pensamentos e criações. Nesse plano, o ensino evangélico pode exteriorizar-se em obras imediatas. Bastará que o aprendiz se afeiçoe ao Mestre [Jesus].

De maneira semelhante, diz Leon Denis, em sua magnífica obra *O Problema do Ser, do Destino e da Dor*, capítulo XXV:

> São necessários à sabedoria e à ciência longos esforços, lenta e penosa ascensão para conduzir-nos às altas regiões do pensamento. **O amor e o sacrifício lá chegam de um só pulo, com um único bater de asas.** Na sua impulsão conquistam a paciência, a coragem, a benevolência, todas as virtudes fortes e suaves.

Desse modo, afirmamos: o maior *regalo* de Deus é o HOJE. O único dia para ser feliz, para fazer a diferença, para consertar os erros, para amar incondicionalmente, para perdoar e pedir perdão é HOJE. Tudo que temos é o HOJE. Não percamos o *presente* precioso tentando desvendar o *passado* longínquo ou reviver o recente, muito menos adivinhar o *futuro*. Tudo depende do nosso AGORA. O HOJE vivido plenamente, licitamente, não deixa nostalgia e nos torna desapegados.

Vivamos *no* mundo, e não *para* o mundo, pois Jesus asseverou ao homem néscio, tão apegado aos bens terrenos (e isso inclui às pessoas), que naquela mesma noite em que ele pretendia aumentar os seus celeiros o *anjo da morte* o chamaria (cf. Lc 12:20). Se tivéssemos apenas uma hora para viver, o que faríamos? Não organizaríamos o que é necessário externamente, nossos negócios, nosso testamento, etc.? Não chamaríamos nossa família e reuniríamos os amigos para lhes pedir perdão por qualquer dano que nós possamos ter causado a eles? Não morreríamos completamente para as coisas da mente, para os desejos e para o mundo? Se isso pode ser feito durante uma hora, então também pode ser feito todos os dias e anos que nos restam até o instante da morte física – única fatalidade existente (cf. *O Livro dos Espíritos*, perg. 859).

Disse Jesus:

> Não vos inquieteis, pois, pelo dia de amanhã, porque o dia de amanhã cuidará de si mesmo. Basta a cada dia o seu mal. (Mt 6:34.)

O filósofo Aneu Sêneca (4 a.C.-65), em sua obra *Sobre a Brevidade da Vida*, no capítulo I, diz:

> [...] À exceção de muitos poucos, encontramos a morte quando ainda estamos nos preparando para viver. [...] A vida é longa o suficiente e foi dada em medida suficientemente generosa para permitir a realização das maiores coisas, se a totalidade dela estiver bem investida.

E no capítulo II, assevera:

> [...] A parte da vida que realmente vivemos é pequena. Pois todo o resto da existência não é a vida, mas apenas o tempo.

Onde não existe um sereno autodomínio, indiferença aos assuntos profanos, tranquila devoção ao trabalho para os outros, não existe uma verossímil mudança interior, não há vida verdadeiramente espiritual.

O autoconhecimento (a mudança interior) NÃO é um ato consumado, mas sim atitude permanente do Humano Ser, que não termina nem sequer com o derradeiro suspiro; não se trata **de um caminho, de uma meta final a ser alcançada, de uma chegada, e sim de uma jornada rumo ao Infinito.** Mas como todo Finito em demanda do Infinito está sempre a uma distância infinita, é evidente que o Espírito estará em perpétua evolução progressiva, pois ele sabe que **só a plenitude do MOMENTO PRESENTE, do AGORA pode ver-**

dadeiramente nutrir, fortificar, purificar e santificar a alma. O passado não existe mais e o futuro (que já existe) só Deus conhece.[4]

Mesmo até aqui, entendendo o significado de que *memória é tempo*, na prática a pergunta ainda persiste: como sentir o eixo da alma (vontade, fé) irresistivelmente atraído ao Pensamento Divino se a amígdala cerebelar age mais rapidamente, ativando o SNS/HPA, e, por consequência, libera os hormônios do estresse (cortisol e adrenalina) para a corrente sanguínea, fazendo com que o Humano Ser não raciocine no momento desafiador, desequilibrando-se emocionalmente, e jamais saindo desse círculo vicioso?[5]

Pedimos disciplina ao leitor para que continue a sequência dos quatro últimos textos desta Parte IV, e, somente ao final, leia o Epílogo deste livro para encontrar a derradeira e tão esperada resposta a esse grande enigma.

Notas

1. Em 1945, foi descoberto *O Evangelho de Tomé*, na localidade de Nag Hammadi, no alto Egito, escrito em língua copta. É um dos maiores acontecimentos científico-religiosos dos tempos modernos. Nessa obra, o apóstolo de Jesus reproduz palavras do Mestre que, desde então, já traziam concepções atuais formidáveis. Vejamos sua notável frase:

    > O Eterno não é a soma total dos tempos. O Infinito não é a soma total do espaço. O Eterno é a negação de qualquer parcela de tempo. O Infinito é a negação de qualquer partícula de espaço.

    Galileu Galilei (Espírito), em *A Gênese*, capítulo VI, item 13, diz:

    > O tempo não é mais que uma medida relativa da sucessão das coisas transitórias, ao passo que a eternidade é essencialmente una, imóvel e permanente, insuscetível de qualquer medida do ponto de vista de duração, compreenderemos que para ela não há começo nem fim.

2. Vamos contextualizar o significado do *observador* e da *coisa observada*. Exemplo: normalmente nossa mente observa a solidão e a evita, procurando fugir dela sempre com ações em que, necessariamente, por carência (vazio existencial) precisemos estar em contato com pessoas que nos deem atenção. Entretanto, se não fugirmos dela, não haverá uma divisão, uma separação, um observador observando a solidão. Resultado: existirá apenas um estado de solidão – isto é, nossa própria mente se sentindo vazia, solitária, sem que exista um observador que saiba que há solidão. Desse modo, o observador e a coisa observada (no caso, a solidão) são as mesmas coisas. Estaremos conscientes de que estamos solitários. Mas, permanecendo com isso, estando totalmente em contato com a solidão, não fugindo dela, não existe uma diferença entre o observador

e a coisa observada. Há, sim, a própria mente solitária, vazia. E o interessante é que o corpo mental não chega a observar a si mesmo vazio, embora esteja. E qualquer esforço que faça, qualquer movimento para se distanciar desse vazio é simplesmente uma fuga, uma dependência, sendo o que ela é, completamente vazia, solitária. E se a mente estiver nesse estado, há a liberdade de toda dependência, de toda ligação.

Outro exemplo: se estamos em contato com nosso cônjuge, nossos filhos, com as belezas da Via-Láctea, etc., no momento em que a atividade pensante interfere, perdemos o contato, pois o pensamento nasce da memória (da imagem), e é dela que olhamos. Nesse caso, haverá uma separação entre o observador e o observado. E, infelizmente, é essa separação que nos faz (os observadores) querer mais experiência, mais sensações, o que nos deixa eternamente em busca de algo. Enquanto houver um observador, aquele que busca experiência, a entidade que avalia, julga e condena, não haverá contato imediato com *o que existe*.

Ora, quando sentimos dor há uma percepção direta: não observamos a dor; apenas sentimo-la. Como não existe observador, há ação imediata. Sem a ideia, resta a ação. Portanto, **a dor somos nós**, pois ela funciona como único meio seguro para estabelecer um diálogo com a LEI, em nossa atual condição de Espíritos impuros que somos (cf. perg. 102, 131, 288, 292 e 584 de *O Livro dos Espíritos*), fazendo compreender que essa verdadeira joia é suficientemente reluzente para brilharmos diante do Cosmos – isto é, da Ordem Universal. Enquanto isso não for compreendido, realizado, explorado e profundamente sentido, **que o observador é o observado**, a dor, embora ilusória, mas crível como real para os de vidas vazias, sem sentido existencial, transformar-se-á, sem embargo, em conflitos de vária ordem. Somente quando o pensador e o pensamento são um só, há o silêncio em que não existe a construção de imagens ou a espera de experiência adicional. Nesse silêncio não há o experimentador, e somente dessa maneira logra-se êxito em uma revolução psicológica criativa. Nessa total quietude da mente não há espectador, e por isso não há nenhum experimentador; não existe nenhuma entidade que esteja reunindo experiência, que é a atividade de uma mente autocentrada.

3. Se temos um problema pensamos sobre ele, argumentamos com ele, nos ocupamos com ele; utilizamos todos os meios dentro dos limites do nosso pensamento para entendê-lo. E finalmente dizemos: "Não posso fazer mais nada". Não há ninguém para nos ajudar a entender, nenhum guru, nenhum livro. Somos deixados com o problema, e não tem como sair dele. Tendo investigado o desafio em toda a extensão de nossa capacidade, deixamo-lo de lado. Nossa mente não está mais se ocupando, não está mais se atormentando pelo problema, não está mais dizendo: "Eu preciso encontrar uma resposta". Resultado: ela se aquieta. E nessa quietude encontramos a resposta. Mas o que significa isso? Ora, a mente exerceu plenamente sua capacidade de pensar, e chegou ao limite de todo o pensamento sem ter encontrado uma resposta; por isso, ela se torna quieta, não por meio do desgaste, da fadiga, ou dizendo: "Vou ficar quieto e assim encontrarei a resposta". Não. Já tendo feito tudo o que era possível para encontrar uma resposta, a mente se torna espontaneamente quieta. Há uma consciência sem escolha,

sem nenhuma exigência, sem ansiedade; e nesse estado da mente existe a percepção. Só essa percepção resolverá todos os nossos problemas.

4. Pensamos como Hermínio Miranda, em sua obra *A Memória e o Tempo*, p. 18, quando afirma a existência do futuro, e, em seguida, tece o seguinte comentário:

> Somos levados a admitir que, conjugada com a teologia, a metafísica diria que sim. Isso pode ser explicado da seguinte maneira: é evidente que vivemos num Universo perfeitamente ordenado, criado e mantido por uma inteligência prodigiosa, inconcebível para nós, enquanto viajamos rumo ao futuro, aprisionados numa gaiola temporal/espacial. Aquilo a que chamamos *futuro*, no entanto, não pode conter surpresas e imprevistos para Deus, suprema inteligência criadora. Seria um caos. E se Deus conhece tal realidade – e não há como fugir disso –, *ela já existe*.

Que verdade insofismável, pois, do contrário, onde estaria a Onisciência Divina?

Em *O Livro dos Espíritos*, pergunta 866, os Espíritos afirmam a existência do futuro. Vejamos:

> Pode o futuro ser revelado ao homem? Em princípio, o futuro lhe é oculto e só em casos raros e excepcionais permite Deus que seja revelado.

Na mesma obra supracitada, a pergunta 871 assim está exarada:

> Pois que Deus tudo sabe, não ignora se um homem sucumbirá ou não em determinada prova. Assim sendo, qual a necessidade dessa prova, uma vez que nada acrescentará ao que Deus já sabe a respeito desse homem? Isso equivale a perguntar por que não criou Deus o homem perfeito e acabado; por que passa o homem pela infância, antes de chegar à condição de adulto. A prova não tem por fim dar a Deus esclarecimentos sobre o homem, pois que Deus sabe perfeitamente o que ele vale, mas dar ao homem toda a responsabilidade de sua ação, uma vez que tem a liberdade de fazer ou não fazer. Dotado da faculdade de escolher entre o bem e o mal, a prova tem por efeito pô-lo em luta com as tentações do mal e conferir-lhe todo o mérito da resistência. Ora, conquanto saiba de antemão se ele se sairá bem ou não, Deus não o pode, em sua justiça, punir, nem recompensar, por um ato ainda não praticado.

Leon Denis, em seu livro *O Problema do Ser, do Destino e da Dor*, capítulo XXII, afirma:

> Como conciliar nosso livre-arbítrio com a presciência divina? Perante o conhecimento antecipado que Deus tem de todas as coisas, pode-se verdadeiramente afirmar a liberdade humana? Questão complexa e árdua na aparência que fez correr rios de tinta e cuja solução é, contudo, das mais simples. Mas, o homem não gosta das coisas simples; prefere o obscuro, o complicado, e não aceita a verdade senão depois de ter esgotado todas as formas do erro.

Deus, cuja ciência infinita abrange todas as coisas, conhece a natureza de cada homem e as impulsões, as tendências, de acordo com as quais poderá determinar-se. Nós mesmos, conhecendo o caráter de uma pessoa, poderíamos facilmente prever o sentido em que, numa dada circunstância, ela decidirá, quer segundo o interesse, quer segundo o dever. Uma resolução não pode nascer de nada. Está forçosamente ligada a uma série de causas e efeitos anteriores de que deriva e que a explicam. Deus, conhecendo cada alma em suas menores particularidades, pode, pois, rigorosamente, deduzir, com certeza, do conhecimento que tem dessa alma e das condições em que ela é chamada a agir, as determinações que, livremente, ela tomará.

Notemos que não é a previsão de nossos atos que os provoca. **Se Deus não pudesse prever nossas resoluções**, não deixariam elas, por isso, de seguir seu livre curso.

É assim que a liberdade humana e a previdência divina conciliam-se e combinam, quando se considera o problema à luz da razão.

O círculo dentro do qual se exerce a vontade do homem, é, de mais a mais, excessivamente restrito e não pode, em caso algum, impedir a ação divina, cujos efeitos se desenrolam na imensidade sem limites. O fraco inseto, perdido num canto do jardim, não pode, desarranjando os poucos átomos ao seu alcance, lançar a perturbação na harmonia do conjunto e pôr obstáculos à obra do divino Jardineiro.

A questão do livre-arbítrio tem uma importância capital e graves consequências para toda a ordem social, por sua ação e repercussão na educação, na moralidade, na justiça, na legislação, etc. Determinou duas correntes opostas de opinião – os que negam o livre-arbítrio e os que o admitem com restrição.

Os argumentos dos fatalistas e deterministas resumem-se assim: O homem está submetido aos impulsos de sua natureza, que o dominam e obrigam a querer, a determinar-se num sentido, de preferência a outro; logo, não é livre.

Agostinho trata sobre a Presciência Divina com maestria. Seu diálogo com Evódio (o único interlocutor), na obra *Livre-Arbítrio*, é notável. Vejamos sua consideração no Livro III, primeira parte, capítulo III:

Agostinho: – Ora, o que eu disse foi: quando chegares a ser feliz, tu não o serás contra a tua vontade, mas sim querendo-o livremente. Pois se Deus prevê tua felicidade futura, e nada te pode acontecer senão o que ele previu, visto que, caso contrário, não haveria presciência. Todavia, não estamos obrigados a admitir a opinião, totalmente absurda e muito afastada da verdade, que tu poderás ser feliz sem o querer.

[...] Considera, agora, eu te rogo, com quanta cegueira dizem: "Se Deus previu minha vontade futura – visto que nada pode acontecer senão o que ele previu – é necessário que eu queira o que ele previu. Ora, se isso fosse necessário, não seria mais voluntariamente que eu quis – forçoso é reconhecê-lo –, mas por necessidade". Ó insólita loucura! Pois como não pode acontecer nada senão o que foi previsto por Deus – a vontade da qual ele previu a existência futura é vontade livre.

Desprezo, igualmente, outra afirmação monstruosa como a que acabo de atribuir àquele mesmo opositor que diz: "É necessário que eu queira de determinado modo". Pois, por aí, pelo fato de essa pessoa supor a necessidade de querer de certo modo, ela tenta eliminar a mesma vontade livre. Já é inevitável querer dessa maneira, de onde tirará ela o seu querer, visto que não haverá mais o ato livre da vontade?

[...] Eis por que, sem negar que Deus prevê todos os acontecimentos futuros, entretanto nós queremos livremente aquilo que queremos. Porque, se o objeto da Presciência Divina é a nossa vontade, é essa mesma vontade assim prevista que se realizará. Haverá, pois, um ato de vontade livre, já que Deus vê esse ato livre com antecedência. E por outro lado, não seria ato de nossa vontade, se ele não devesse estar em nosso poder. Portanto, Deus também previu esse poder. Logo, essa presciência não me tira o poder. Poder que me acontecerá tanto mais seguramente, quanto mais a presciência Daquele que não pode se enganar previu que me pertenceria.

No mesmo Livro III, primeira parte, mas agora no capítulo IV, Evódio assim pergunta:

> Evódio: – Porque, enfim, Deus é justo. É preciso reconhecê-lo. E ele prevê tudo. Mas quisera saber em virtude de que justiça ele castiga os pecados que não podem deixar de acontecer. Ora, como o que ele previu não pode deixar de acontecer necessariamente, como não se há de atribuir ao Criador o que em suas criaturas inevitavelmente acontece?

A resposta de Agostinho resume-se na seguinte frase: "Prever não é forçar". Vejamos, na íntegra, a continuação desse apreciável diálogo:

> Agostinho: – Conforme teu parecer, de onde vem a oposição a nosso livre-arbítrio em face da presciência de Deus? Da presciência ou do caráter divino dessa presciência?
> Evódio: – Sobretudo por ser presciência de Deus.
> Agostinho: – Então, se fosse tu a prever, com alguma certeza, que alguém haveria de pecar, não seria necessariamente que ele haveria de pecar?
> Evódio: – Ao contrário, seria necessário que ele viesse a pecar. De outra maneira, minha previsão não seria uma presciência, por não se referir a fatos verídicos.
> Agostinho: – Nesse caso, se as coisas previstas acontecem necessariamente, não é porque a presciência de Deus, mas somente porque há uma presciência. Porque, se a coisa prevista não fosse certa, haveria presciência.

Evódio: – De acordo, mas aonde tudo isso nos levará?

Agostinho: – Se não me engano, não se segue da tua previsão que tu forçarias a pecar aquele de quem previste que haveria de pecar; nem a tua presciência mesma o forçaria a pecar. Ainda que, sem dúvida, ele houvesse de pecar, pois de outra forma não terias tido a presciência desse acontecimento futuro. Assim também, não há contradição a que saibas, por tua presciência, o que outro realizará por sua própria vontade. Assim Deus, sem forçar ninguém a pecar, prevê, contudo, os que hão de pecar por própria vontade.

Por que, pois, como justo juiz, não puniria ele os atos que sua presciência não forçou a cometer? Porque, assim como tu, ao lembrares os acontecimentos passados, não os força a se realizarem, assim Deus, ao prever os acontecimentos futuros, não os força. E assim, como tens lembrança de certas coisas que fizeste, todavia não fizeste todas as coisas de que te lembras, do mesmo modo Deus prevê tudo de que ele mesmo é o autor, sem, contudo, ser o autor de tudo o que prevê. Mas dos atos maus, de que não é o autor, ele é o justo punidor.

Compreende, dessarte, com que justiça Deus pune os pecados: pois ainda que os sabendo futuros, ele não é quem os faz. Porque se não tivesse de castigar os pecadores porque prevê os seus pecados, ele não teria tampouco de recompensar os que procedem bem, visto que não deixa de prever tampouco as suas boas ações.

Reconheçamos, pois, pertencer à sua presciência o fato de nada ignorar dos acontecimentos futuros. E também, visto o pecado ser cometido voluntariamente, ser próprio de sua justiça julgá-lo, e não deixar que seja cometido impunemente, já que a sua presciência não os forçou a serem cometidos.

Mais à frente, ainda dentro desta parte IV do livro, no texto *Liberdade da vontade*, iremos contextualizar a relação entre livre-arbítrio e a Providência Divina.

5. Esse assunto, repetimos, já foi narrado e explicado na parte III, texto n.º 4 – *Sistema Límbico*.

NÍVEIS DA CONSCIÊNCIA

Em sua origem, o homem só tem instintos.
Quando mais avançado e corrompido, só tem sensações.
Quando instruído e depurado, tem sentimentos.

(LÁZARO)

No título deste texto é usado a contratura *da* (*de* + *a*) propositadamente. De forma semelhante fizemos na epífrase da Parte II – *Veículos da Consciência*. Por que não Níveis *de* Consciência? Porque estamos, aqui, abordando o psiquismo (o Princípio Inteligente do Universo, a consciência, o ser) que estagia em todos os Reinos da Natureza, regendo assim todas as formas da vida, mantendo-as aderidas. Repetiremos: as formas de vida nada mais são do que **vestes exteriores de um íntimo psiquismo**, e é nelas que ele se revela e se exprime, ascendendo rumo às formas mais complexas *da* consciência. Sendo assim, o vocábulo *consciência* é qualquer forma de psiquismo, desde a mais diluída e elementar (o tactismo dos unicelulares, por exemplo) até a mais concentrada e complexa (a humana).

Neste texto, especificamente, trataremos da consciência já estagiando no Reino Hominal, quando se tornam Espíritos (com a letra *e* maiúscula), ou seja, as individualidades dos seres extracorpóreos e não mais somente o elemento (o princípio) inteligente do Universo (cf. Perg. 23 de *O Livro dos Espíritos*).

Pietro Ubaldi, em sua obra *Ascese Mística*, no capítulo XX, assim diz:

[...] A consciência humana divide-se em duas partes: o consciente e o inconsciente. O primeiro é a consciência conhecida, normal, racional, prática que todos conhecem. O segundo se compõe de duas zonas: o subconsciente, que pertence ao passado, e o superconsciente, que pertence ao futuro. O subconsciente contém e resume todo o passado e o leva ao limiar da consciência; o superconsciente contém em embrião todo o futuro, que está à espera de desenvolvimento.

Malgrado, esses planos de existência – subconsciente (inconsciente inferior), consciente e superconsciente (inconsciente superior) – não funcionam como três compartimentos estanques, já que o Humano Ser pode oscilar de um para outro nível conforme o seu amadurecimento moral (espiritual), independentemente de não possuir conhecimento de todas as três posições, **até mesmo porque nem tudo o que constitui a nossa personalidade está contido na parte consciente da criatura humana**. Sendo assim, subconsciente, consciente e superconsciente são três formas de existência do Espírito, observado em três de suas dimensões diferentes, graças às suas conquistas evolutivas.

O Espírito Calderaro, mentor espiritual de André Luiz, no livro *No Mundo Maior*, capítulo III, tece este interessante comentário sobre nossa Casa Mental:

[...] No sistema nervoso, temos o cérebro inicial, repositório dos movimentos instintivos e sede das atividades subconscientes; figuremo-lo como sendo o porão da individualidade, onde arquivamos todas as experiências e registramos os menores fatos da vida. Na região do córtex motor, zona intermediária entre os lobos frontais e os nervos, temos o cérebro desenvolvido, consubstanciando as energias motoras de que se serve a nossa mente para as manifestações imprescindíveis no atual momento evolutivo do nosso modo de ser. Nos planos dos lobos frontais, silenciosos ainda para a investigação científica do mundo, jazem materiais de ordem sublime, que conquistaremos gradualmente, no esforço de ascensão, representando a parte mais nobre de nosso organismo divino em evolução.

E mais adiante, diz:

[...] Não podemos dizer que possuímos três cérebros simultaneamente. Temos apenas um, que, porém, se divide em três regiões distintas. Tomemo-lo como se fosse um castelo de três andares: no primeiro situamos a residência de nossos impulsos automáticos, simbolizando o sumário vivo dos serviços realizados; no segundo localizamos o domicílio das conquistas atuais, onde se erguem e se consolidam as qualidades nobres que estamos edificando; no terceiro temos a casa das noções superiores, indicando as eminências que nos cumpre atingir. Num deles moram o hábito e o automatismo; no outro residem o esforço e a vontade; e no último demoram o ideal e a meta superior a ser alcançada. Distribuímos, desse modo, nos três andares, o subconsciente, o consciente e o superconsciente. Como vemos, possuímos, em nós mesmos, o passado, o presente e o futuro.

Vamos, agora, narrar separadamente os três níveis da personalidade humana, isto é, analisar em qual posição o indivíduo pode viver funcionando em um ou em outro desses três níveis. As qualidades que possui demonstram à qual desses três graus de evolução o Humano Ser pertence.

Pois bem. O subconsciente (inconsciente inferior) representa um estado vibratório de comprimento de ondas longas e, com isso, de baixa frequência. **O princípio funcional que o caracteriza é o instinto**. Não construiu o intelecto para pensar, controlar-se, dirigindo-se com conhecimento. Segue, portanto, cegamente os impulsos dos sentidos, ainda não sabendo raciocinar, vivendo impressionado e sugestionado. Sua ética não funciona por autonomia de juízo, mas imitando, repetindo o que fazem os outros, uma vez que, para ele, o que faz a maioria representa a verdade. Nessa fase, **o Humano Ser primitivo não conhece nem deseja conhecer**. Mantém-se, portanto, na ignorância e no erro. Os problemas dos quais toma conhecimento são mínimos – os da fome e do sexo. E quando satisfaz esses dois desejos, não procura outra coisa, porque atingiu o seu objetivo principal: viver.

"Em sua origem, o homem só tem instintos" (Lázaro, *O Evangelho Segundo o Espiritismo*, cap. XI, item 8), ou seja: "Em sua origem, a vida do Espírito é apenas instintiva. Ele mal tem consciência de si mesmo e de seus atos. A inteligência só pouco a pouco se desenvolve" (*O Livro dos Espíritos*, perg. 189). Sua vida é, portanto, simples, dirigida por poucos impulsos fundamentais. Quando saciados os anseios do estômago e do sexo, fica satisfeito, porquanto cumpriu todas as funções que a vida lhe pede – assegurar a conservação individual e a da espécie. Seus impulsos fundamentais são trabalhar, engordar, gozar, reproduzir, mas sem sair de tal tipo de experiências.

Vamos ao consciente. Aqui, já representa um estado vibratório de comprimento de ondas médias e, portanto, de média frequência. **O princípio funcional que o caracteriza é o raciocínio**. Desse modo, construiu seu intelecto, sabendo pensar, orientando-se com a sua inteligência, domando os impulsos cegos do subconsciente (os instintos) e as emoções. Representa o nível do Humano Ser culto, moderno, dos países civilizados, pois seu nexo lógico o leva ao valor dos conceitos, que, por meio de provas e demonstrações, pode ser levado a uma compreensão e convicção. Malgrado, aqui também no indivíduo continua vigorando o método da imitação, agindo sem saber o porquê, não em cega repetição (fruto do subconsciente), mas em obediência às regras ditadas por mentes superiores, que com elas (as regras) ensinam à criatura humana os princípios de um sábio comportamento. Em outras palavras: há um guia representado pelas soluções, por meio das éticas teoricamente aceitas, que figura uma sabedoria descida dos planos superiores. A personalidade humana aceita as normas da ética, não as repetindo cegamente, mas com autonomia de juízo.

"Quando mais avançado e corrompido, só tem sensações" (Lázaro, *O Evangelho Segundo o Espiritismo*, cap. XI, item 8). Ou seja, no nível consciente o desenvolvimento da vida se tornou mais complexo, com maior amplitude de escolha e, por conseguinte, de correlativos efeitos. O Humano Ser, aqui, conquistou novas ideias, concebe e consegue resolver maiores problemas, não tão somente a fome e o sexo, mas também o do poder, da organização social, do domínio sobre as forças da natureza, da riqueza, da glória, etc. Embora a inteligência seja seu instrumento de trabalho, ela fica fechada dentro de limites além dos quais a mente da maioria não sabe e pouco procura saber, ficando com a solução dos problemas supracitados, sem olhar para outros mais longínquos. Ele precisa calcular uma vantagem para si, além de procurar a aprovação do mundo, que para essa forma mental de evolução é assaz importante. Em suma, as finalidades desse biótipo estão todas neste mundo. **Sua razão vive a serviço dos instintos.**

No consciente pode haver sinceridade, mas o *ego virtuoso* sobressair-se-á. Perguntar-se-ia: qual o significado de *ego virtuoso*? Expliquemos. Ora, essa forma mental, que vive somente com sensações (já que corrompido se encontra), só conhece duas atitudes em face da ofensa: ou vingança ou perdão. O Humano Ser, nesse nível, acha mesmo que o grau supremo de espiritualidade que se possa atingir seja o de perdoar generosamente as ofensas recebidas. **Não negamos que perdoar a ofensa seja melhor do que vingar-se; mas negamos que quem perdoa tenha superado o plano do *ego* – local este em que também se encontra a vingança. Portanto, ludibriador.**

No momento em que se perdoa conscientemente, a mente fortalece seu próprio centro em sua própria mágoa. Portanto, o corpo mental que conscientemente diz perdoar, em verdade não perdoa, pois a mente (o *ego*) não conhece a desculpa íntima, já que o amor não é resultado de esforço consciente.

A experiência do *Eu divino*, do superconsciente (que abordaremos a seguir), nada sabe de vingança nem de perdão, porque nunca foi atingido por ofensa alguma; é totalmente imune de ofensa, assim como a luz é imune de qualquer impureza ou contaminação. Enquanto o Humano Ser ainda se move no plano horizontal do *ego virtuoso*, é ele alérgico e vulnerável em face de ofensas e injustiças, e só pode assumir uma das duas alternativas: ou vingar-se ou perdoar o ofensor.

Ora, o *ego virtuoso* é como a água, sempre nivelada horizontalmente; toda água, quando deitada num recipiente impuro, torna-se impura. Embora perdoar seja melhor que vingar-se, é uma ilusão que o *ego virtuoso* seja puro e incontaminável; o simples fato de o Humano Ser perdoar o ofensor é prova de que ele se sentiu ofendido; se não se sentisse ofendido, não teria nada que perdoar. E sentir-se ofendido é ser contaminado pelo ambiente do *ego ofensor*. **Todo o perdão prova contaminação.**

Quando o ser, porém, transcende a horizontalidade aquática do *ego* humano (nível consciente) e entra na verticalidade da luz do *Eu divino* (nível superconsciente), este ser está para além de vingança e perdão. Não existe luz impura, pois pode ela entrar nas maiores impurezas e sairá sempre pura como entrou. "Vós sois a luz do mundo" (Mt 5:14). Quem não é ofendido ou ofendível (sujeito a sofrer ofensas) desligou-se totalmente do plano horizontal do *ego virtuoso* e *vicioso* (das sensações), e entrou na nova dimensão vertical do *Eu superior* (superconsciente), que não sofre ofensas, pois é inofendível.

Por fim, iremos abordar o superconsciente (inconsciente superior). Este nível representa um estado vibratório de comprimento de onda curta e, com isso, de alta frequência. **O princípio funcional que o caracteriza é a intuição** (tema a ser tratado em nosso último texto deste livro). Nesse nível, pode-se entender, pelo caminho curto da compreensão imediata, o pensamento que rege o funcionamento de muitos fenômenos, sobretudo os que são menos atingíveis com o método da observação e da experimentação da ciência. O superconsciente, no terreno dos princípios abstratos e sintéticos, chega a contato com as causas e logo atinge diretamente, por intuição, o conteúdo que constitui a Lei que tudo rege. Nesse caso, o Humano Ser pode chegar, por si mesmo, ao conhecimento; a sua disciplina é espontânea, iluminada e convincente. A sua ética está acima das humanas, **porque a possui na consciência.** Em outras palavras: quanto mais penetrarmos no nível do inconsciente, mais despertaremos a nossa Força Superior, isto é, o *Eu crístico*. Resultado: estaremos conscientes também no inconsciente.

"Quando instruído e depurado, tem sentimentos" (Lázaro, *O Evangelho Segundo o Espiritismo*, cap. XI, item 8). Isto é, o indivíduo nesse nível não apenas sua mente dirige, racionalmente, os impulsos dos instintos do seu subconsciente, como também a ilumina com o conhecimento, orientando-a pelo caminho de uma conduta correta. Resultado: ele é feliz, não no estado de ignorância que satisfaz o primitivo, mas por se encontrar em um estado psíquico de sabedoria íntima cujo "sentimento é o amor, não o amor no sentido vulgar do termo, mas esse sol interior que condensa e reúne em seu ardente foco todas as aspirações e todas as revelações sobre-humanas". (Lázaro, *O Evangelho Segundo o Espiritismo*, cap. XI, item 8.)

Quando o Humano Ser chega a responder as suas perguntas, e por isso viver esclarecido, resolvendo os problemas existenciais com conhecimento, e, com efeito, conduzindo-se retamente, então ele chegou ao nível superior – o do superconsciente. Dirigido por horizontes mais vastos, nascem novos impulsos, que movimentam o ser para novos caminhos, levando além dos precedentes. Ele não vive somente para si, mas vive conscientemente em função do Universo, do qual se torna cidadão.

Progredindo no conhecimento do *espírito das coisas* e não somente nas *coisas do espírito*, o evoluído desse nível (superconsciente) não é vítima das ilusões deste mundo que devemos fazer "todos os esforços para a ele não voltarmos, após a presente estada, e para merecer ir repousar em mundo melhor, em um desses mundos privilegiados, onde não nos lembraremos da nossa passagem por aqui, senão como de um exílio temporário" (*O Livro dos Espíritos*, perg. 872). Ele descobriu uma nova forma de existência, uma vez que "a lei de amor substitui[u] a personalidade pela fusão dos seres; (...) pois [ele] não conhece a miséria da alma, nem a do corpo. Tem ligeiros os pés e vive como que transportado, fora de si mesmo" (Lázaro, *O Evangelho Segundo o Espiritismo*, cap. XI, item 8).

Pietro Ubaldi, no livro *Ascese Mística*, capítulo XIX, traz uma síntese notável sobre as três fases evolutivas aqui narradas em nosso texto (*Níveis de Consciência*), e pedimos vênia ao leitor para expô-la:

> O consciente é a zona de trabalho (com a experiência da vida) e de despertar do ser para entrar em vibração no consciente universal. A evolução não é, assim, um avanço cego, mas um despertar vibratório, segundo esquemas preexistentes, por conseguinte preestabelecidos, no consciente universal. O subconsciente é a consonância, a sintonização já adquirida com esse consciente e estabilizada nos automatismos (instintos, ideias inatas, etc.). Ele abre o campo já explorado pelo ser na experiência realizada na vida; e tanto é sua propriedade, como expressa suas qualidades. Ele coincide com o pensamento de Deus, mas nos mais baixos planos

de sua expressão, sendo, pois, guiado pelo consciente, que já começa a vibrar nos planos mais elevados. O superconsciente é o pensamento de Deus, ainda latente e adormecido no ser, que ainda não se pôs a vibrar em zonas evolutivas mais elevadas. Ele está, pois, para o ser ainda em estado de não consciência.

[...] Assim, pois, vemos que as posições de subconsciente, consciente e superconsciente são relativas ao grau de evolução de cada ser. Para o homem racional, o subconsciente representa apenas o pensamento sensitivo do animal e vegetativo da planta. Para o animal, é subconsciente este último, enquanto para a planta é subconsciente o pensamento molecular, isto é, o que preside a construção e o funcionamento dos elementos químicos componentes; para estes o subconsciente é o pensamento atômico, isto é, o dos diferentes edifícios eletrônicos componentes. E em direção oposta, poderemos dizer que, assim como para o homem racional o superconsciente é o pensamento intuitivo sintético do super-homem, também para o animal o superconsciente é o pensamento racional humano, para a planta é o pensamento sensitivo do animal, para molécula da química inorgânica é o pensamento celular vegetativo da planta e para o átomo é o pensamento molecular da química. Assim se pode compreender o sentido que está no fundo das palavras de [Antonin-Gilbert] Sertillanges [o filósofo e teólogo francês, 1863-1948]: "Na natureza tudo tende a subir. A apoteose da matéria está no vegetar, a do vegetal, no sentir, a do animal, no pensar."

Como se vê, o ser, da mesma forma que o homem, move-se em um ilimitado oceano de pensamento, em que o seu próprio avança mais ou menos e se expande, conforme o estado de consonância que ele, evolvendo, consegue atingir. O *Eu* tem de se haver sempre com esse consciente universal, que é o Deus imanente, no qual ele está imerso, como em uma atmosfera de pensamento que ele respira com o seu pensamento e com o qual se comunica por um contato que constitui a vida. Para o homem, o Deus imanente é uma zona ilimitada, situada além da sua consciência, e qualquer processo evolutivo, até a fulguração do gênio, constitui uma aproximação Dele por progressiva consonância. Estamos circundados pelo mistério. Mas a evolução consiste justamente na expansão de nosso consciente individual no infinito consciente cósmico. Poderemos imaginar o primeiro como uma pequena circunferência que, partindo do mesmo centro, se dilata no seio da infinita circunferência do consciente universal. Podemos também representar a Substância pensante do Deus imanente, constitutivo do Todo, inflamar-se de estados vibratórios mais ou menos intensos e complexos em vários pontos, que formam, desse modo, os centros pensantes que constituem o consciente dos vários *eus* individualizados. O fenômeno inspirativo não passaria, então, de um índice que nos revela haver o ser executado, através de um despertar vibratório, mais um lanço evolutivo, uma dilatação de consciência, expressão de uma catarse biológica.

O que espera o homem a despertar no superconsciente é o Deus imanente, o consciente cósmico. Ali já está escrita a resposta a todos os porquês, feitas estão todas as descobertas, evidentes são todos os mistérios. Segue-se daí que o problema do conhecimento é sobretudo uma questão de maturação biológica. E principalmente esta, e não as elucubrações racionais, que inflama o lampejo ao gênio, porque, sendo evolução, leva o homem a vibrar harmonicamente mais próximo do pensamento de Deus. Então, entrando num plano de vida mais alto, nasce uma nova sensibilização espiritual: o que antes era um superconcebível torna-se, espontaneamente, inteligível e se revela. Quando não é o indivíduo isolado que avança (o gênio), mas um grupo ou mesmo a massa humana, então o fenômeno inspirativo se generaliza, segundo a potência de cada um, surgindo a era das conquistas do pensamento, os grandes séculos construtivos, as descobertas em cadeia, como hoje. Tudo explode assim, em um surto evolutivo em todas as partes do mundo, quase contemporaneamente, acreditando cada célula da humanidade haver feito uma descoberta com seu engenho. Todavia, não se trata senão de uma geral maturação biológica. Esta é a razão pela qual somente hoje se fizeram descobertas antes julgadas impossíveis e inconcebíveis pelo homem. E logo chegarão novas orientações sobre aquilo que atualmente é tomado por superconcebível. No fundo, trata-se tão somente de sensibilizações progressivas, de que nascem mais elevadas consonâncias ou sintonizações com o pensamento de Deus.

Afirma o Espírito Emmanuel, na obra *Vinha de Luz*, capítulo XXII:

Naturalmente que o Pai ama a todos os filhos; no entanto, os que procuram compreendê-lo perceberão, mais de perto, o amor divino. Máxima identificação com o Senhor representa máxima capacidade sentimental. Chegado a essa posição, penetra o espírito em outras zonas de serviço e aprendizado.

Na sua obra *Comment je Crois* (*Como eu acredito*), Teilhard de Chardin alude:

[...] E gostaria, por outro lado, que, olhando mais de perto e mais profundamente, percebêssemos finalmente, para tirar as últimas conclusões, deste fato essencial de que a *Noogênese* (a que se resume essencialmente à Antropogênese) é um fenómeno convergente, isto é, orientado, por natureza, para alguma terminação e consumo de origem interna. [...] Então, deve-se reconhecer que a probabilidade aumenta rapidamente no horizonte de um ponto crítico de maturação onde o homem, completamente refletido, não só individualmente, mas coletivamente, sobre si mesmo, terá alcançado, ao longo do eixo das complexidades, e isto no seu máximo impacto espiritual, o limite do mundo. E é então que, se quisermos dar sentido e continuidade à experiência, parece inevitável considerar nesta direção, para encerrar o fenômeno, o surgimento final do pensamento terrestre no que chamei de Ponto Ômega. (Edição de 1934.)

[...] O ser *personalizado* que nos constitui humanos é o estado mais elevado em que somos capazes de compreender a estrutura do mundo. Levada ao seu consumo, essa substância ainda deve possuir, em grau supremo, a nossa mais preciosa perfeição. Portanto, só pode ser *superconsciente*, isto é, *superpessoal*. (Edição de 1969.)

Encerramos esta narrativa salientando que a consciência representa apenas aquela zona da personalidade em que ocorre o esforço de nossa construção íntima e, com efeito, de nossa posterior evolução espiritual. Em outras palavras: **a consciência limita-se unicamente à zona de trabalho. O consciente compreende somente a fase ativa, única que sentimos e conhecemos, porque é a fase em que vivemos e trabalhamos a evolução** (cf. *A Grande Síntese*, cap. LXV). Tudo o que foi aprendido fica armazenado no subconsciente (zona dos instintos), que representa a base de conhecimento sobre o qual se constrói o novo. Assim sendo, o que para um representa o superconsciente ainda a atingir no futuro, para outro pode constituir o subconsciente instintivo, porque já assimilado no seu passado caminho evolutivo.[1]

Diz o filósofo espiritualista León Denis:

[...] O homem mundano chora e lamenta-se à beira dos túmulos, essas portas abertas sobre o infinito. Se estivesse familiarizado com as Leis divinas, era sobre os berços que ele deveria gemer. O vagido do recém-nascido não será um lamento do Espírito, diante das tristes perspectivas da vida?

[...] Por isso, o Espírito esclarecido dá preferência a uma existência laboriosa, a uma vida de luta e abnegação. Sabe que, graças a ela, seu avançamento será rápido. A Terra é o verdadeiro purgatório. É preciso renascer e sofrer para despojar-se dos últimos vestígios da animalidade, para apagar as faltas e os crimes do passado. Daí as enfermidades cruéis, as longas e dolorosas moléstias, o idiotismo, a perda da razão.

O abuso das altas faculdades, o orgulho e o egoísmo expiam-se pelo renascimento em organismos incompletos, em corpos disformes e sofredores. O Espírito aceita essa imolação passageira, porque, a seus olhos, ela é o preço da reabilitação, o único meio de adquirir a modéstia, a humildade; concordam em privar-se momentaneamente dos talentos, dos conhecimentos que fizeram sua glória, e desce a um corpo impotente, dotado de órgãos defeituosos, para tornar-se um objeto de compaixão e de zombaria. Respeitemos os idiotas, os enfermos, os loucos. Que a dor seja sagrada para nós!

[...] Assim, tudo se apaga, tudo se resgata. Os pensamentos, os desejos criminosos têm sua repercussão na vida fluídica, mas as faltas consumadas na carne precisam ser expiadas da carne. Todas as nossas existências são correlatas; o bem e o mal refletem-se através dos tempos. Se embusteiros e perversos parecem muitas vezes terminar suas vidas na abundância e na paz, fiquemos certos de que a hora da justiça soará e que recairão sobre eles os sofrimentos de que foram a causa. Resigna-te, pois, ó homem, e suporta com coragem as provas inevitáveis, porém fecundas, que suprimem nódoas e preparam-te um futuro melhor. Imita o lavrador, que sempre caminha para a frente, curvado sob um sol ardente ou crestado pela geada, e cujos suores regam o solo, o solo que, como o teu coração, é sulcado pela charrua destorroadora, mas do qual brotará o trigo dourado que fará a tua felicidade. (*Depois da Morte*, Quarta Parte, cap. XLI.)

Nota

1. Os instrutores espirituais explicaram a Allan Kardec que "o instinto é uma espécie de inteligência. É uma inteligência sem raciocínio" (*O Livro dos Espíritos*, perg. 73). E mais: "Muitas vezes se confundem", sendo, entretanto, possível "distinguir os atos que decorrem do instinto dos que são da inteligência" (*O Livro dos Espíritos*, perg. 74). Disseram, ainda, os benfeitores espirituais que as faculdades instintivas não se reduzem à medida que avultam as de natureza intelectual, pois "o instinto existe sempre e quase sempre nos guia e algumas vezes com mais segurança do que a razão. Nunca se transvia" (*O Livro dos Espíritos*, perg. 75). "O instinto é um guia seguro, que não se engana jamais. A inteligência, só porque é livre, está, por vezes, sujeita ao erro" (*A Gênese*, cap. III, item 12).

COMO FUNCIONA A EVOLUÇÃO?

Nós nos assemelhamos mais às cigarras, que muito cantam, que às abelhas e formigas, que muito trabalham.

(O Autor)

A evolução intelecto-moral do Humano Ser é dividida em três *momentos*, *períodos* ou *fases*, a saber: I) ignorância (fase inicial do erro); II) experimentação (fase curativa da dor); III) conhecimento (fase resolutiva da cura).

Se nosso objetivo é alcançar a perfeição, temos o *conhecimento* (de nós mesmos) como o ponto de chegada. Dessa forma, o ponto de partida do processo de experimentação é a *ignorância* e o *erro*. Na primeira fase – ignorância – o indivíduo vive nas trevas, por não ter conhecimento; assim sendo, age por tentativas, e isso o conduz ao erro. Não foi à toa (nem poderia) que os benfeitores responsáveis pela Codificação do Espiritismo, na pergunta 189, de *O Livro dos Espíritos*, disseram que:

> Em sua origem, a vida do Espírito é apenas instintiva. Ele mal tem consciência de si mesmo e de seus atos. A inteligência só pouco a pouco se desenvolve.

O Espírito Joanna de Ângelis, em sua obra *Amor, Imbatível Amor*, no texto intitulado *A Excelência do Amor*, assevera que a criatura humana:

> [...] Preservando numa fase a herança das anteriores. Então o mecanismo de fixação das novas conquistas e superação das anteriores torna-se um desafio que lhe cumpre vencer.
> [...] Porque o trânsito no instinto animal foi de demorada aprendizagem. Na experiência humana ainda predominam aqueles fatores afligentes que a lógica, o pensamento lúcido e a razão se empenham por substituir.

[...] A herança animal, no entanto, que acostumou o indivíduo a tomar, a impor-se, predominar, quando mais forte, se transformou em conflito psicológico, quando no convívio social inteligente as circunstâncias não facultaram esse procedimento primitivo.

Portanto, participantes em várias circunstâncias da vida, da fase ignorância – erro –, estamos privados de maior consciência e conhecimento; não sabemos auto dirigir-nos com inteligência, arrastando-nos, com efeito, pelos instintos. Perguntar-se-ia: como poderemos, então, corrigir os nossos erros, se não temos capacidade de nos dirigirmos em consciência e conhecimento? A resposta está na DOR. Essa amiga, ignorada como tal, é necessária e indispensável a todos nós – Espíritos imperfeitos (impuros) –, pois ela torna-se o único meio seguro para estabelecer um diálogo – ou seja, é o modo pelo qual a LEI se mostra e faz compreender as verdades eternas intrínsecas no Humano Ser. Enquanto a *gloriosa dor* não chegar, "não pode sofrer os maus" (Ap 2:2). A Verdade é um país sem caminhos; é o fruto doloroso adquirido pelas experiências individuais. Por isso não se dá; adquire-se ao preço de atrozes sofrimentos e de supremas renúncias. Só a experiência ilumina.

Diz Leon Denis, com propriedade, em seu livro *O Problema do Ser, do Destino e da Dor*, capítulo XXVI:

[...] Fundamentalmente considerada, a dor é uma lei de equilíbrio e educação. Sem dúvida, as falhas do passado recaem sobre nós com todo o seu peso e determinam as condições de nosso destino. O sofrimento não é, muitas vezes, mais do que a repercussão das violações da ordem eterna cometidas; mas, sendo partilha de todos, deve ser considerado como necessidade de ordem geral, como agente de desenvolvimento, condições do progresso. Todos os seres têm de, por sua vez, passar por ele. Sua ação é benfazeja para quem sabe compreendê-lo, mas somente podem compreendê-lo aqueles que lhe sentiram os poderosos efeitos. É principalmente a esses, a todos aqueles que sofrem, têm sofrido ou são dignos de sofrer que dirijo estas páginas.

[...] Por mais admirável que possa parecer à primeira vista, a dor é apenas um meio de que usa o Poder infinito para nos chamar a si e, ao mesmo tempo, tornar-nos mais rapidamente acessíveis à felicidade espiritual, única duradoura. É, pois, realmente pelo amor que nos tem que Deus envia o sofrimento. Fere-nos, corrige-nos como a mãe corrige o filho para educá-lo e melhorá-lo; trabalha incessantemente para tornar dóceis, para purificar e embelezar nossas almas, porque elas não podem ser verdadeiras, completamente felizes, senão na medida correspondente às suas perfeições.

[...] A dor será necessária enquanto o homem não tiver posto o seu pensamento e os seus atos de acordo com as Leis eternas.

[...] Não é, pois, por vingança que a Lei nos pune, mas porque é bom e proveitoso sofrer, pois que o sofrimento nos liberta, dando satisfação à consciência, cujo veredito ela executa.

Em outro livro, diz o notável filósofo espiritualista do século XIX:

Somos livres, é verdade, livres para acelerar ou para afrouxar a nossa marcha, livres para mergulhar em gozos grosseiros, para nos retardarmos durante vidas inteiras nas regiões inferiores; mas, cedo ou tarde, acorda o sentimento do dever, vem a dor sacudir-nos a apatia, e, forçosamente, prosseguiremos a jornada. (León Denis, *Depois da Morte*, Primeira Parte, cap. XII.)

E mais adiante, diz:

[...] Tal o destino do maior número neste mundo. Debaixo de um céu algumas vezes sulcado de raios, é preciso seguir o caminho árduo, com os pés dilacerados pelas pedras e pelos espinhos. Um espírito de vestes lutuosas guia os nossos passos; é a dor santa que devemos abençoar, porque só ela sacode e desprende-nos o ser das futilidades com que este gosta de paramentar-se, torna-o apto a sentir o que é verdadeiramente nobre e belo. (León Denis, *Depois da Morte*, Primeira Parte, cap. XIII.)

Dessa maneira, a cada erro a LEI reage com uma dor proporcional, que cumpre a sua função corretiva, atingindo o fim principal que é ensinar, e, por conseguinte, eliminar o erro, com a conservação dos resultados tão ruins que faz parar a vontade de repeti-lo. Ora, não gostamos de repetir o erro, porque não queremos sentir dor. Portanto, o fato de associarmos repetidamente a dor com a ideia do erro termina por fixar na nossa mente essa repugnância. Ora, eliminada a causa, desaparece o efeito.

Se tivéssemos conhecimento (de nós mesmos), não teríamos necessidade, para conquistá-lo, de passarmos pelas três fases da evolução – ignorância, experimentação e conhecimento. Pouparíamos a ignorância (erro), que, por sua vez, é a lógica e fatal premissa da experiência (dor). O conhecimento (esclarecimento íntimo) é inalienável tesouro dos discípulos sinceros do Cristo. Muitos

Espíritos não seguiram o caminho das três fases evolutivas supracitadas para chegar à redenção psíquica, porque seguiram reto, obedecendo à LEI, sem revolta, evitando entrar na primeira fase (erro), e, com isso, esquivaram-se das premissas do ciclo, que os obrigariam a seguir o desenvolvimento até o fim.

Foi isso que o Espírito Emmanuel quis dizer, na obra *O Consolador*, pergunta 243, quando afirmou que:

> [...] Todas as entidades espirituais encarnadas no orbe terrestre são Espíritos que se resgatam ou aprendem nas experiências humanas, após as quedas do passado, com exceção de Jesus Cristo, fundamento de toda a verdade neste mundo, cuja evolução se verificou em linha reta para Deus, e em cujas mãos angélicas repousa o governo espiritual do planeta, desde os seus primórdios.

Tais Espíritos – e Jesus é o exemplo que temos – que seguiram o caminho reto souberam fazer sozinho a caminhada, porquanto não agiram por tentativas, já que conheciam e tomaram, desde sua origem (no Reino Hominal), o caminho justo, razão pela qual não iniciaram e não lançaram a trajetória em direção errada. Resultado? Não tiveram que sofrer, como nós, a ação corretiva do endireitamento. Por essa razão, a primeira fase – ignorância e erro – é necessária, pois inicia o ciclo da reconquista do conhecimento. Movidos pelo egoísmo e orgulho, ignorantes dos resultados, ainda somos levados a tentar o desconhecido, o que automaticamente nos expõe às reações da LEI.

Aqui surge uma pergunta: o egoísmo e o orgulho são corolários da ignorância? Sim; são frutos dela. Todos os Espíritos não passam pela fieira do mal para chegar ao bem, mas sim pela fieira da ignorância (cf. *O Livro dos Espíritos*, perg. 120). Então, aquelas duas chagas da Humanidade não são AQUISIÇÕES que o Espírito obteve, ao longo de sua caminhada evolutiva, e hoje precisa LIBERTAR-SE delas? Justamente isso: não são AQUISIÇÕES. E o que o Espírito precisa fazer é DOMINÁ-LAS. Mas como DOMINAR algo que ainda se IGNORA, e, com isso, cometem-se ERROS?

Vejamos. Somos livres dentro da LEI; ela permite agirmos e, não tendo ainda provocado as reações, por não haver cumprido toda a sua ação, ela permanece à espera. Podemos obter um momentâneo sucesso, falseando o nosso julgamento, já que, ao contrário, estamos aprendendo sua primeira lição, ou seja, **a vitória do erro**. Nesse erro nos afirmamos, crendo termos vencido, enquanto, na realidade, perdemos. A verdadeira lição, a do endireitamento, virá depois. Essa é a nossa história, a maioria, que fizemos fortuna como príncipes da ignorância!

O triunfo obtido na primeira fase evolutiva – ignorância – ensinou-nos que é vantajoso o caminho do erro. Essa suposta vitória estava assimilada em nosso subconsciente, refletida em instintos que nos levaram ao egoísmo e ao orgulho – frutos da ignorância. Mas como a segunda fase da evolução – experimentação e dor – é assinalada pelas consequências da primeira fase – ignorância e erro –, **a dor vem como choque fatal entre a trajetória errada e a trajetória da LEI**. E o choque será tanto mais forte quanto mais potente for a força negativa. Contudo, não é a LEI que reage às ignorantes ações individuais, mas sim o indivíduo, lançando-se em direção oposta, que vai contra ELA. Em outras palavras: a criatura humana é quem *bate a cabeça* contra o muro imóvel da inviolável resistência da LEI.

A dor, portanto:

> É fenômeno natural do fenômeno da Vida [Lei], e não apenas posição retificadora. (Vianna de Carvalho, *Novos Rumos*, cap. II.)

E como a segunda fase – experimentação e dor – é determinista, pois é a LEI que comanda, curando o mal e reconstruindo a ordem onde foi violada, não se pode fugir dela (da dor), começando naquela mesma existência. A LEI, sendo um conceito ou um princípio imaterial, não se manifesta em nosso plano senão através das forças e formas que a exprimem. Melhor dizendo: a LEI, quando exige do violador compensações para restabelecer a ordem, usa como executor do débito e da Justiça Divina **um outro indivíduo mais atrasado**, razão por que o devedor se apresenta como uma ocasião para satisfazer os próprios instintos. Para quem a suporta, essa oportunidade é uma prova; e quem a usa para prejudicar o outro, é uma tentação e um erro em que se caiu.

Dessarte, a quem se encontra na primeira fase – ignorância e erro – é utilizado para dar uma lição corretiva a quem se encontra na segunda fase – experimentação e dor –, que é a da reparação, da expiação. O mesmo ato cumpre, em duas direções, funções diversas nas mãos de quem o faz. Assim todos trabalham para o mesmo fim em diversas fases do mesmo ciclo. Todavia, os Espíritos advertiram, em *O Livro dos Espíritos*, na pergunta 470, que:

> [...] A nenhum Espírito é dada a missão de praticar o mal. Aquele que o faz, fá-lo por conta própria, sujeitando-se, portanto, às consequências. Pode Deus permitir-lhe que assim proceda, para vos experimentar; nunca, porém, lhe determina tal procedimento. Compete-vos, pois, repeli-lo.

E mais adiante, na questão 779, lê-se:

A força para progredir, haure-a o homem em si mesmo, ou o progresso é apenas fruto de um ensinamento?
O homem se desenvolve por si mesmo, naturalmente, mas nem todos progridem simultaneamente e do mesmo modo. Dá-se então que os mais adiantados auxiliam o progresso dos outros, por meio do contato social.

Ademais, em *O Evangelho Segundo o Espiritismo*, capítulo XI, item 14, encontramos a mensagem da irmã de Luís XVI (1754-1793), Maria Isabel de França (1764-1794), que na cidade de Havre, no ano de 1862, disse:

[...] Permita Deus que entre vós se achem grandes criminosos, para que vos sirvam de ensinamento. Em breve, quando os homens se encontrarem submetidos às verdadeiras leis de Deus, já não haverá necessidade desses ensinos: todos os Espíritos impuros e revoltados serão relegados para mundos inferiores, de acordo com as suas inclinações.

E no capítulo XII, item 5, Kardec argui que:

[...] Com um mau proceder, o homem irrita o seu inimigo, que então se constitui instrumento de que a justiça de Deus serve para punir aquele que não perdoou. Os inimigos do mundo invisível manifestam sua malevolência pelas obsessões e subjugações, e que representam um gênero de provações, as quais, como as outras, concorrem para o adiantamento do ser, que, por isso, as deve receber com resignação e como consequência da natureza inferior do globo terrestre. Se não houvesse homens maus na Terra, não haveria Espíritos maus ao seu derredor.

Leon Denis, em *O Problema do Ser, do Destino e da Dor*, capítulo IX, narra com propriedade que:

[...] na necessidade de se elevar a si mesmo, atrai a si, para fazê-los chegar ao estado espiritual, todos os seres humanos que povoam os mundos onde viveram. Quer fazer por eles o que por ele fizeram os seus irmãos mais velhos, os grandes Espíritos que o guiaram na sua marcha.

Annie Besant, em *A Doutrina do Coração*, Prefácio, diz:

Aqui [enquanto encarnados] está o nosso inimigo, aqui é o nosso campo de batalha. Identificando isso, o aspirante deveria saudar todos os acontecimentos de sua vida diária que aparam as arestas da personalidade e deveria ser agradecido a todas as *pessoas desagradáveis* que reprimem e irritam sua sensibilidade e que perturbam seu amor-próprio. São seus melhores amigos, seus auxiliares mais úteis, e jamais deveriam ser considerados senão com gratidão pelos serviços que prestaram no aniquilamento do nosso inimigo mais poderoso.

O Espírito Emmanuel, no livro *Ceifa de Luz*, capítulo II, pela psicografia do médium Francisco Cândido Xavier (1910-2002), de forma ímpar, escreve:

[...] Decerto que o mal contará com os empreiteiros que a Lei do Senhor julgará no momento oportuno; entretanto, em nossa feição de criaturas igualmente imperfeitas, suscetíveis de acolher-lhe a influência, vale perdoar sem condição e sem preço, para que o poder de semelhantes intérpretes da sombra se reduza até a integral extinção.

O mesmo Emmanuel, agora no livro *Vinha de Luz*, capítulo XLI, diz:

Geralmente, somos devedores de altos benefícios a quantos nos perseguem e caluniam; constituem os instrumentos que nos trabalham a individualidade, compelindo-nos a renovações de elevado alcance que raramente compreendemos nos instantes mais graves da experiência [carnal]. São eles [os que nos consideram inimigos] que nos indicam as fraquezas, as deficiências e as necessidades a serem atendidas na tarefa que estamos executando. [...] São médicos corajosos que nos facultam corretivo. [Infelizmente], é difícil para muita gente, na Terra, a aceitação de semelhante verdade; todavia, chega sempre um instante em que entendemos o apelo do Cristo em sua magna expressão.

Posto isso, os da primeira fase – ignorância e erro – preparam, sem querer, a escola para os da segunda fase – experimentação e dor. Mas deverão receber, por sua vez, a mesma escola quando atingirem a segunda fase, por parte dos novos que na primeira fase iniciam o ciclo. Aparentemente os dois tipos são inimigos, porque um inflige dano e o outro o recebe, **mas na realidade eles fraternalmente colaboram para o bem comum**, porque os da primeira fase experimentam pelo erro, enquanto os da segunda fase seguem o caminho da redenção. Na sabedoria da LEI, os inimigos vivem abraçados ajudando-se mutuamente no trabalho da evolução.

Isso se dá porque, quando se trata de evolução moral, o imperativo é categórico e não condicional. Não se pode pensar assim: "Olha, se você deseja ser perfeito, faça isto ou aquilo". Deve-se pensar assim: "Você será perfeito, e a Lei da Vida é assim". Isso se dá porque a Natureza ordena com severidade: "Tu deves". A vontade humana, acreditando ter capacidade de escolher (naquilo que chama livre-arbítrio), responde: "Não farei". Sendo assim, duas palavras surgem no silêncio: "Então sofre". É dessa maneira que a Natureza (a Sabedoria Divina ou o Poder Divino) ensina a inviolabilidade, da Lei. O ser humano, infelizmente, luta para seguir sua própria vontade indisciplinada, ou seja, lança-se contra a parede de ferro que não pode sequer mover, e a dor ensina-lhe que a Lei é inviolável e imutável, e precisa ser obedecida, ou o desobediente perecerá na *inglória luta*.

Na realidade, o Espírito sofre em si mesmo o efeito censurável que movimentou quando contrariou, violentou ou desprezou o ritmo disciplinado e criativo, em que as leis menores e derivadas da Lei única governam a Vida em todos os planos e campos de sua manifestação. Ora, ninguém foge da perfeita entrosagem funcional da ação e reação equivalentes, como lei que regula o efeito à causa em qualquer condição de vida ou latitude do Universo.

Quanta propriedade na consideração do grande pensador, filósofo e físico teórico do século XX Albert Einstein, que alguém, felizmente, anotou:

A Vida [a Lei] é como jogar uma bola na parede. Se for jogada uma bola azul, ela voltará azul; se for jogada uma bola verde, ela voltará verde; se a bola for jogada fraca, ela voltará fraca; se a bola for jogada com força, ela voltará com força. Por isso, nunca jogue uma bola na Vida [na Lei] de forma que você não esteja pronto a recebê-la. A Vida [a Lei] não dá nem empresta; não se comove nem se apieda. Tudo quanto ela faz é retribuir e transferir aquilo que nós lhe oferecemos.

Desse modo, a Lei é conquistada pela obediência (cf. *O Evangelho Segundo o Espiritismo*, cap. IX, item 8); o Divino é encontrado em uma unidade de Justiça e de Amor. **E a fraternidade é uma lei (de amor e serviço ao próximo), e não apenas uma aspiração.** Quando compreenderemos a grande fraternidade que liga as almas? Quando sentiremos que somos todos envolvidas pelo magnetismo divino, pelo grande sopro de amor que enche os espaços dos Universos?

Ora, somos irmãos e irmãs em nossos corpos, pela interação das moléculas físicas. Somos irmãos e irmãs em nossas mentes, através da interação de imagens (representações) mentais, que é resultado de nossos pensamentos condicionados, com as quais cada um de nós está constantemente afetando outras pessoas. E, acima de tudo, somos irmãos e irmãs em Deus, animados pelo espírito, e tendemos para o mesmo fim (cf. *O Livro dos Espíritos*, perg. 54). Logo, em todos os planos da vida, a fraternidade existe como um fato, como um imperativo categórico.

Ademais:

[...] No dia em que a alma, libertando-se das formas animais e chegando ao estado humano, conquistar a sua autonomia, a sua responsabilidade moral, e compreender o dever, nem por isso atinge o seu fim ou termina a sua evolução. Longe de acabar, agora é que começa a sua obra real; novas tarefas chamam-na. As lutas do passado nada são ao lado das que o futuro lhe reserva. Os seus renascimentos em corpos carnais suceder-se-ão. De cada vez, ela continuará, com órgãos rejuvenescidos, a obra do aperfeiçoamento interrompida pela morte, a fim de prosseguir e mais avançar. Eterna viajora, a alma deve subir, assim, de esfera em esfera, para o bem, para a razão infinita, alcançar novos níveis, aprimorar-se sem cessar em ciência, em critério, em virtude.

[...] Calculando o tempo que foi preciso à Humanidade, desde a sua aparição no globo, para chegar ao estado da civilização, compreenderemos que, para realizar os seus destinos, para subir de claridades em claridades até ao absoluto, até ao divino, a alma necessita de períodos sem limites, de vidas sempre novas, sempre renascentes. (León Denis, *Depois da Morte*, Primeira Parte, cap. XI.)

LIBERDADE DA VONTADE[1]

> *Guardemo-nos da ilusão da dualidade:*
> *o Absoluto e o relativo não formam dois domínios distintos,*
> *que se sintetizam em seguida numa unidade superior.*
> *Essa ideia é apenas um erro intelectual, assim como muitas outras.*
> *Não há senão uma realidade – o Absoluto, Deus, fora do qual nada existe.*
> *Desse modo, Ele não é a antítese do relativo,*
> *pois o relativo está eternamente contido no Absoluto.*
>
> (O Autor)

A ideia da liberdade do querer humano encontrou muitos fervorosos adeptos, como também persistentes adversários. Com igual frequência, a liberdade é declarada como o bem mais precioso da Humanidade e igualmente como a pior das ilusões. Como explicar ser possível compatibilizar a liberdade humana com os processos na natureza, da qual o Humano Ser é uma parte apenas? Estamos lidando, neste texto, com uma das mais importantes questões da vida, da religião, da filosofia, da ciência e da práxis humana.

Pois bem. A ideia da livre vontade foi combatida pelo eminente filósofo holandês Baruch Spinoza (1632-1677); ninguém houvera feito até então. Leiamos um trecho de sua Carta LVIII, de outubro de 1674 (apud. *A Filosofia da Liberdade*), a seu amigo e admirador Georg Hermann Schüler (1651-1679), cujos escritos de Spinoza lhe foram passados depois de seu desencarne:

> [...] Chamo de *livre*, pois, a coisa que existe e age apenas segundo uma causa ordenadora situada dentro dela, e de *determinada* chamo a que é obrigada a existir e atuar de maneira precisa e fixa por uma causa fora de si. Assim, por exemplo, Deus é livre, ainda que sua existência obedeça a uma ordem, pois deve sua existência somente à causa ordenadora situada em sua própria natureza.

Do mesmo modo, Deus conhece e compreende a si mesmo e todas as demais coisas por liberdade, visto que caracteriza justamente a ordem de sua natureza conhecer e compreender tudo. Vós vedes, portanto, que para mim a liberdade não é uma escolha arbitrária e sem ordem, mas sim a capacidade de ter a causa ordenadora em si mesmo.

Mas desçamos às coisas criadas, que, sem exceção, são determinadas por causas externas a existir e atuar de maneira precisa e fixa. Para poder compreender isso com mais nitidez, vamos imaginar uma coisa bem simples: uma pedra, por exemplo, que recebe de uma causa externa um impulso, continua, mesmo após o impacto, em movimento. O movimento da pedra é, pois, determinado e não livre, porque tem a sua origem no impacto externo. O que vale para a pedra vale para todas as demais coisas criadas, qualquer que seja a sua complexidade e utilidade, ou seja, todas as coisas são determinadas por uma causa externa a existir de maneira fixa e precisa.

Ora, imaginai, eu vos peço, que a pedra, ao mover-se, desenvolva consciência e passe a achar que esteja esforçando-se a prosseguir no movimento. Essa pedra, ciente de seu esforço e por isso não indiferente em relação ao seu movimento, acreditará que seja livre e esteja se movimentando apenas porque quer. Esta é justamente aquela liberdade humana que todos asseguram possuir, que apenas surge porque os homens são conscientes de seus desejos, mas nada sabem das verdadeiras causas pelas quais são movidos.

Spinoza quis dizer que com a mesma necessidade que a pedra rola após ter recebido um impulso externo, também o Humano Ser tem de executar uma ação, quando impelido por uma causa qualquer. Em outras palavras: somente por estar consciente *de ser, de si* e *de seu ato*, **o indivíduo julga-se ser o livre autor de sua ação, sem se dar conta, porém, de que está sendo impelido por uma causa (LEI) à qual deve obedecer sem escolha.**

Aurelius Augustinus (354-430) dizia que existe uma *ordem* em toda a realidade criada e mantida por Deus. Ela está pressuposta na verdadeira moralidade, e respeitá-la é a única forma de levar efetivamente o Humano Ser à felicidade. Em outras palavras: a moral requer a aceitação, pelo Homem, dessa *ordem*; ignorá-la ou ir contra ela é uma atitude orgulhosa, cegante, obstinada, pois a felicidade humana tem na eternidade do ser de Deus o seu fundamento ontológico inamovível. Em suma: ou a felicidade será eterna ou não será felicidade. Uma vez que Deus ordena que assim seja, como poderíeis desejar que fosse de outro modo? Podem sua sabedoria e bondade enganar-se? O Bispo de Hipona repete esse princípio em suas obras *Trindade* e *Cidade de Deus*. Daí entende-se o porquê de Agostinho não acreditar em livre-arbítrio senão como "um bem em si mesmo" (*Livre-Arbítrio*, Livro II).[2]

Deus está em nós assim como estamos Nele. Isso é monismo. Paulo de Tarso já havia se expressado sobre isso quando esteve em Atenas: "Nele vivemos, e nos movemos, e existimos" (At 17:28). Entretanto, nós o ignoramos, pensando e agindo como se nosso *eu* pudesse subsistir por si mesmo e construir sua felicidade seguindo, com suas próprias forças, os planos elaborados por sua vontade própria. Assemelhamo-nos à mensagem evangélica do filho pródigo (Lc 15:11-32), que, decidido a viver sua vida, não para de recorrer às generosidades do pai, embora negando qualquer dependência dele e abolindo todo sentimento de gratidão a ele.

O influente filósofo chinês (taoista), do século IV, Chuang Tsé (ou Tzu), no clássico livro antigo com o seu nome, diz:

> [...] Vosso destino, vossa atividade fazem parte integrante do fluxo dos seres, sob a ação do Céu e da terra. [...] Avançais na vida sem saber como assimilais, enquanto a ação poderosa mais incognoscível do Céu e da terra vos move em tudo, e ainda assim pretendeis apropriar-vos de algo? (Chuang Tsé, cap. XXII, *Apud*: Tao Te King.)

Pois é. Erroneamente atribuímos a nossa pessoa uma importância maior do que realmente tem: ela não passa de um ponto matemático no tempo e no espaço, mas esse ponto ganha, aos nossos olhos, um valor sem parâmetros com a realidade – erro de observação que falseia nossos julgamentos e nos desvia do curso de nosso verdadeiro destino.

Ensina-nos León Denis:

> [...] A liberdade do ser se exerce, portanto, dentro de um círculo limitado: de um lado, pelas exigências da lei natural, que não pode sofrer alteração alguma e mesmo nenhum desarranjo na ordem do mundo; de outro, por seu próprio passado, cujas consequências lhe refluem através dos tempos, até à completa reparação. Em caso algum o exercício da liberdade humana pode obstar à execução dos planos divinos; do contrário, a ordem das coisas seria a cada instante perturbada. Acima de nossas percepções limitadas e variáveis, a ordem imutável do Universo prossegue e mantém-se. Quase sempre julgamos um mal aquilo que para nós é o

verdadeiro bem. Se a ordem natural das coisas tivesse de amoldar-se aos nossos desejos, que horríveis alterações daí não resultariam? (*Depois da Morte*, Quarta Parte, cap. XL.)

Vejamos o que Sua Voz, em *A Grande Síntese*, capítulo VII, diz:

> [...] Em oposição à vontade da Lei, tendes a vontade de vosso livre-arbítrio, mas é vontade menor, marginalizada, circunscrita por aquela vontade maior; podeis agitar-vos a vosso bel-prazer, como dentro de um recinto, não além dele.

O Humano Ser, sim, possui livre-arbítrio; do contrário seria uma máquina (cf. *O Livro dos Espíritos*, perg. 843). A despeito disso, suas ações são limitadas, circunscritas ao determinismo divino. O Espírito Emmanuel, na obra *O Consolador*, pergunta 132, informa que:

> [...] Determinismo e livre-arbítrio coexistem na vida, entrosando-se na estrada dos destinos, para a elevação e redenção dos homens. O primeiro é absoluto nas mais baixas camadas evolutivas e no segundo ampliam-se os valores da educação e da experiência. [...] Cumpre-nos reconhecer que o próprio homem, à medida que se torna responsável, organiza o determinismo da sua existência, agravando-o ou amenizando-lhe os rigores, até poder elevar-se definitivamente aos planos superiores do Universo.

E na pergunta 135, da mesma obra supracitada, assim se lê:

> Se o determinismo divino é o do bem, quem criou o mal? O determinismo divino constitui-se de uma só lei, que é a do amor para a comunidade universal. Todavia, confiando em si mesmo, mais do que em Deus, o homem transforma a sua fragilidade em foco de ações contrárias a essa mesma lei, efetuando, desse modo, uma intervenção indébita na harmonia divina. Eis o mal. Urge recompor os elos sagrados dessa harmonia sublime. Eis o resgate. Vede, pois, que o mal, essencialmente considerado, não pode existir para Deus, em virtude de representar um desvio do homem, sendo zero na Sabedoria e na Providência Divinas.

Há de se reconhecer, todavia, que o livre-arbítrio que cada ser possui depende do nível de evolução intelecto-moral por ele atingido. Da expansão de sua consciência depende o grau de sua liberdade, ou seja, de libertação do determinismo da Lei Divina, com que esta dirige os cegos imperfeitos.

Pietro Ubaldi, em *O Sistema*, capítulo XVI, assim vai advertir:

[...] Não se pode deixar livre a escolha de dirigir-se a quem caminha nas trevas, mas apenas a quem tenha bastante garantia de conhecimento para não cair e arruinar-se. Por isso, a liberdade chega à proporção que se desenvolvem paralelamente o conhecimento e a inteligência.

Sua Voz, agora no capítulo XXIX de *A Grande Síntese*, de forma notável afirma que:

[...] O livre-arbítrio não é um fato constante e absoluto como em vossas filosofias, em insolúvel conflito com o determinismo das leis da vida; mas é um fato progressivo e relativo aos diversos níveis que cada um atingiu. Por isso, apesar de vossa liberdade, o traçado da evolução permanece inviolável. Essa liberdade é, como vós, relativa, e vossas ações só podem afetar o que se refere a vós mesmos.

E não menos feliz, o Espírito Manoel Philomeno de Miranda, no livro *Trilhas da Libertação*, no capítulo referente ao *Caso de Raulinda*, traz a explicação que o Dr. Carneiro Campos tece sobre o livre-arbítrio. Vejamos:

[...] As leis da Vida funcionam por automatismos naturais para todos os seres. A princípio, a liberdade do indivíduo leva-o a agir como lhe apraz, inclusive mediante violência contra si próprio e o seu próximo, qual vem ocorrendo com o amigo. É a utilização errada do livre-arbítrio. Porque o mau uso dessa opção complica o destino do imprevidente, este tomba no determinismo inevitável, que o elege para a evolução, conclamando-o, com amor ou por meio do sofrimento, ao despertar da consciência. Desse modo, não nos estamos utilizando de qualquer recurso de violência, mas de uma terapia enérgica, objetivando a sua felicidade...

E quanto a nós, caro leitor? Ah! Confiemos na Vontade Divina e não na nossa, ignorante do ontem e do hoje. Somente somos livres no campo das motivações, onde dominamos e superamos tudo. Mas não somos livres no campo das realizações, porque aí nosso caminho sempre se cruza com o determinismo divino, inviolável, que cada ato sofre e não pode vergar; mas se o coadjuva, pode guiá-lo a seus fins.

Nós só estamos verdadeiramente preparados para a liberdade no dia em que as leis universais, que nos são externas, tornem-se internas e conscientes pelo próprio fato de nossa evolução espiritual. No dia em que penetrarmos a Lei e fizermos dela a norma de nossas ações, teremos atingido o ponto moral em que o Humano Ser possui, domina e governa a si mesmo.

Folgamos em trazer as considerações do Espírito Josepho, na obra *O Alvorecer da Espiritualidade*, páginas 151 e 152, em que diz:

> [...] Se o livre-arbítrio não nos limita o campo dos nossos atos, a Justiça Superior [determinismo divino] força-nos a sofrer as consequências e limitações de todas as nossas ações. [...] Livres dirigimos os nossos destinos, mas como condutores de máquinas; porque Deus é quem constrói e os confia às nossas mãos para provarmos a capacidade de ação. Temos que saber dirigi-los com prudência se não quisermos cair em abismos. Se não quisermos carregar, amanhã, os cadáveres dos nossos erros.

Portanto, ao trilharmos a estrada de nossa existência física, tomemos as devidas precauções a fim de evitarmos enganos. Se errarmos, a Lei Divina determinará que tomemos consciência do engano cometido. Não se trata de punição, e sim que saibamos de sua existência que a violamos. O determinismo divino só se faz presente quando sentimos seu peso sobre nós. Esse é o aspecto da justiça chamada *divina*, pois é disciplina remetendo cada coisa a seu lugar, restabelecendo a ordem no caos, e exprime a vontade do Sempiterno, que é vontade de cura e reconstrução.

Ora, a Lei Divina não nos pede para ser compreendida, mas impõe que seja obedecida, pois:

> A doutrina de Jesus ensina, em todos os seus pontos, a obediência [à Lei Divina] e a resignação [diante do que Ela nos impõe], duas virtudes companheiras da doçura e muito ativas, se bem os homens erradamente as confundam com a negação do sentimento e da vontade. A obediência é o consentimento da razão; a resignação é o consentimento do coração, forças ativas ambas, porquanto carregam o fardo das provações que a revolta insensata deixa cair. (Lázaro, *O Evangelho Segundo o Espiritismo*, cap. IX, item 8.)

Todas as vezes que nossa mente afirma algo a favor de uma parte em detrimento do Todo, degradamos a nós mesmos e provocamos desordem e desequilíbrio na hierarquia do nosso ser. Toda faculdade humana deve enquadrar-se harmoniosamente no panorama do Todo. Nada se deve extirpar, matar, suprimir, eliminar. Tudo se deve treinar, disciplinar, canalizar, integrar, pôr a serviço da totalidade da perfeição do Homem Integral. Deixemos, portanto, a espada luminosa do Arcanjo da Justiça, a Têmis divina, falar através de nós.

Notas

1. Relembramos que a temática *livre-arbítrio* já foi exarada na obra *A Filosofia da História, sob a Visão Espiritual* (Editora AGE, 2019), na parte III, no subtítulo *Tomas Hobbes*.

2. No diálogo de Agostinho com Evódio, na obra *Livre-Arbítrio*, este último se considera convicto de que Deus existe e que todos os bens procedem Dele (onde a vontade livre é considerada como um desses bens). Ainda que o Humano Ser possa usar mal da liberdade, a sua vontade livre deve ser considerada como um bem, porque é concedida por Deus, é um bem (um dom) de Deus, e que é preciso condenar aqueles que abusam desse bem.

    Por isso, no livro II, Agostinho vai dizer que o mal se origina da deficiência do livre-arbítrio, pois o afastamento da vontade de Deus é ocasionado pelo pecado. A solução ao problema da origem do mal, em Santo Agostinho, tem como base a ideia platônica de *deficiência*, ou seja, **o mal é originado por uma deficiência da vontade livre**.

    Já no livro III, Agostinho irá desenvolver uma argumentação com finalidades a defender a sua tese exposta anteriormente, isto é: o livre-arbítrio é um bem, ainda que sujeito ao pecado. Em todos os capítulos serão tratados temas que ligam a inclinação culpável da alma para os bens transitórios, em detrimento aos bens imutáveis. Esse movimento tido como culpável, afasta-se da vontade de Deus. Em outras palavras: essa parte do livro aborda questões relativas às fraquezas do uso do livre-arbítrio.

INTUIÇÃO

*A mente avança até onde pode chegar,
mas depois passa a uma dimensão superior sem saber como lá chegou.
Todas as grandes descobertas realizaram esse salto.*

(ALBERT EINSTEIN)

Allan Kardec, em *O Livro dos Médiuns*, segunda parte, capítulo VIII, nota da 3.ª pergunta do item 128, assim diz:

> [...] A experiência ensina que nem sempre se deve dar significação literal a certas expressões que usam os Espíritos. Interpretando-as de acordo com as nossas ideias, expomo-nos a grandes equívocos. Daí a necessidade de aprofundar o sentido de suas palavras, todas as vezes que apresentem a menor ambiguidade. É essa uma recomendação que os próprios Espíritos constantemente fazem. Sem a explicação que provocamos, o termo *aparência*, que de contínuo se reproduz nos casos análogos, poderia prestar-se a uma interpretação falsa.

Posto isso, iremos contextualizar a pergunta 459, de *O Livro dos Espíritos*:

> Influem os Espíritos em nossos pensamentos e em nossos atos? Muito mais do que imaginais. Influem a tal ponto, que, de ordinário, são eles que vos dirigem.

Sobre o verbo *influenciar*, encontramos no dicionário de Aurélio Buarque de Holanda Ferreira (1910-1989) o seguinte conceito:

> O prefixo *in* (do latim) significa *negação, privação*. Já o verbo intransitivo *fluir* (do latim – *fluere*) significa *correr em estado fluido; correr em abundância; ir no sentido de; dirigir-se; manar*. E se ainda observarmos o adjetivo de dois gêneros *fluem* (do latim – *fluente*), teríamos a interpretação de *algo que corre com facilidade; corrente; fluido*. E no sentido figurado: *natural, abundante, fácil, espontâneo*.

Agora, substituindo a pergunta 459, de acordo com os conceitos extraídos do *Dicionário Aurélio*, assim ela ficará:

Privam a espontaneidade (ir no sentido de) os Espíritos em nossos pensamentos e em nossos atos?

Não parece, dessa forma, ter o verbo *influenciar* uma conotação diferente do que a maioria dos que leram ou estudaram *O Livro dos Espíritos* o concebe? Não se afigura o verbo transitivo *influenciar* estar ligado **a algo negativo**, ao invés de se relacionar como ação perfeitamente *normal*, e assaz *comum*, dos Espíritos (desencarnados) em nossos pensamentos, como assim a maioria pensa?

Pois é; defendemos a ideia de que qualquer influência dos Espíritos em nossos pensamentos (o que de fato constantemente acontece) é perniciosa, e, com efeito, *atrapalha* o processo evolutivo – moral e espiritual – do Humano Ser. Já a intuição é síntese. Ela toca a verdade, atingindo os princípios universais diretivos das Leis Divinas. Pela intuição, o Humano Ser tem a informação da essência do fenômeno sem os detalhes da organização das frases, conforme acontece com a análise. A ideia, na intuição, é sempre simbólica. Portanto, somos defensores de que a informação captada pela intuição é sempre positiva, voltada ao Bem Maior.[1]

Não negamos, com isso, que as grandes descobertas científicas não constituam, também, obra da inteligência. **A abertura psíquica para a intuição não significa excluir a contribuição da razão.** A intuição e a razão podem e devem caminhar juntas, mesmo porque representam manifestações diferentes do mesmo princípio inteligente do Universo individualizado – o Espírito (cf. perg. 76 de *O Livro dos Espíritos*). A prova disso está nos cientistas de gênio: eles possuem, além do poder de observar e compreender, outra qualidade – a intuição. Com ela, eles apreendem o que permanece oculto aos outros, percebem relações entre os fenômenos aparentemente insulados, advinham a existência do tesouro ignorado.

Allan Kardec se expressou sobre o que acabamos de escrever no parágrafo acima, e vamos encontrar tal pensamento em *O Livro dos Médiuns*, capítulo XV, item 183:

Os homens de gênio, de todas as espécies, artistas, sábios, literatos, são sem dúvida Espíritos adiantados, capazes de compreender por si mesmos e de conceber grandes coisas. Ora, precisamente porque os julgam capazes é que os Espíritos, quando querem executar certos trabalhos, lhes sugerem as ideias necessárias, e assim é que eles, as mais das vezes, são médiuns sem o saberem. Têm, no entanto, vaga intuição de uma assistência estranha, visto que todo aquele que apela para a inspiração mais não faz do que uma evocação. Se não esperasse ser atendido, por que exclamaria, tão frequentemente: meu bom gênio, vem em meu auxílio?

De modo semelhante, o Espírito Emmanuel, no livro *Caminho, Verdade e Vida*, no capítulo CLVI, assim diz:

[...] A faculdade intuitiva é instituição universal. Através de seus recursos, recebe o homem terrestre as vibrações da vida mais alta, em contribuições religiosas, filosóficas, artísticas e científicas, ampliando conquistas sentimentais e culturais, colaboração essa que se verifica sempre, não pela vontade da criatura, mas pela concessão de Deus.

Ademais:

[...] A doutrina esotérica era um laço de união entre o filósofo e o padre. Eis o que explica a sua harmonia em comum e a ação medíocre que o sacerdócio teve na civilização helênica. Essa doutrina ensinava os homens a dominarem as suas paixões, e desenvolvia neles a vontade e a intuição. Por um exercício progressivo, os adeptos de grau superior conseguiam penetrar todos os segredos da Natureza, dirigir à vontade as forças em ação no mundo, produzir fenômenos de aparição sobrenatural, mas que, entretanto, eram simplesmente a manifestação natural das leis desconhecidas pelo vulgo. (León Denis, *Depois da Morte*, cap. IV.)

Dentre vários exemplos, tomamos o de Apolônio de Tiana (15-100). Ele via o presente e o futuro como num claro espelho. Predizia as pragas e epidemias, não pela faculdade mediúnica. **Até mesmo porque os médiuns de premunição veem o futuro, os homens vulgares o presente, e os sábios o que vai suceder.** A austeridade de sua vida produzia tal agudeza em seus sentidos, que equivalia a uma nova faculdade (a intuitiva), mediante a qual ele podia levar a efeito ações assinaladas. Enfim, Apolônio sabia – sem raciocínio e sem análise – o que lhe importava saber.

Caro leitor: a intuição é a função mediante a qual **surgem percepções por via inconsciente**. É um estado do *Eu*, e não um processo do *ego mental*. Quando o homem está em verdadeira consciência espiritual, não pensa nada, ele está com 100% de consciência espiritual e 0% de representação mental e então entra num verdadeiro estado de Graça Divina, de plenitude.

Na intuição, um conteúdo qualquer se apresenta como um todo completo (volumétrico). O conhecimento intuitivo possui tal caráter de segurança e de certeza, que induziu Baruch Spinoza – para nós, o maior filósofo de todos os tempos, juntamente com Sócrates – a considerar a ciência intuitiva como a mais alta forma de conhecimento. Infelizmente, ainda possuímos uma vida mental quase sempre parasitária, de vez que ocultamos a onda de pensamento que nos é própria, para refletir e agir com os preconceitos consagrados ou com a pragmática dos costumes preestabelecidos, que não passam de cristalizações mentais no tempo – que é memória.

Portanto:

[...] Aprendamos a repreender com doçura e, quando for necessário, aprendamos a discutir sem excitação, a julgar todas as coisas com benevolência e moderação. Prefiramos os colóquios úteis, as questões sérias, elevadas; fujamos às dissertações frívolas e bem assim de tudo o que apaixona e exalta. (León Denis, *Depois da Morte*, Quinta Parte, cap. XLVIII.)

Do contrário, o Humano Ser continuará na letargia que o mantém cativo ao fundo de uma pequena concavidade de tempo e espaço, até que a intuição, ou, antes, uma espécie de *sabedoria imanente* (vontade, fé), que, sem esforço, nos fará partilhar de tudo o que sabe o Universo.

O salto entre o intelecto e a intuição representa uma ponte muito frágil e movediça, comparável àquelas construídas sobre cordas entre altíssimos pontos da montanha da evolução. O indivíduo que atravessa deve ser corajoso suficientemente para olhar os abismos sem perder o valor e sem desequilibrar-se no frágil ponto de apoio que lhe serve de passagem entre os dois mundos em que precisa aprender a exercer suas atividades.

Com precisão disse Einstein:

Não há nenhum caminho que do mundo dos fatos [do intelecto] conduza ao mundo dos valores [da intuição], porque os valores vêm de outra região. (*Apud* Huberto Rohden, *Einstein e o Enigma do Universo*.)

Quando se trata de explorar o campo espiritual, em nível ontológico, onde as compensações não são imediatamente valorizadas, a maior parte dos aprendizes recua, julgando temerário deixar o *certo pelo duvidoso*.

Só os que se decidem a pôr em jogo toda a *segurança* já alcançada passam a empenhar nessa busca todo o acervo adquirido. Reconhecem o valor do que conquistaram pela vontade – esse impulso criador –, como alguém que já *explorou* todo o terreno que se encontra em um dos lados do abismo e resolve utilizar os recursos frágeis da ponte, em que a intuição está simbolizada, sobre o abismo profundo da incerteza, por ter reconhecido que as certezas possíveis no espaço representado pelo *lado de cá* da matéria em que permanecem são incapazes de fornecer-lhe as respostas desejadas.

Essa coragem, fruto dos desencorajamentos que as repetidas decepções na matéria lhe proporcionaram na busca da paz integral, termina por enraizar-se sob a forma de um jogo final, onde se empenha na situação do *tudo ou nada*, o rasgo definitivo da decisão para a exploração valorosa dos redutos ignorados, onde a Realidade última (Divindade) possa um dia ser encontrada. Ora, se o mergulhador só pensasse em crocodilos, nunca veríamos pérolas em suas mãos.

O Humano Ser que se empenha na aventura de cruzar a ponte e depois corajosamente se lança a escalar os mais altos picos da terra desconhecida, ao ser observado por terceiros é considerado um temerário ou louco por arriscar assim sua segurança.

A esses pusilânimes que pretendem permanecer na zona de conforto, no amolamento de caráter, e não são poucos, cabe uma assertiva de Sua Voz, no livro *A Grande Síntese*, capítulo XLI:

> Não digais: felizes os que podem viver sem saber e sem perguntar. Dizei antes: felizes aqueles cujo espírito jamais se sacia de conhecimento e de bem, que lutam e sofrem por uma conquista cada vez mais alta. Lamentai os satisfeitos da vida, os inertes, os apagados; o tempo deles é apenas ritmo de vida física e transcorre sem criações. Eles recusam o esforço dessas elevadas compreensões que vos ofereço e não existe luz no amanhã para o espírito que adormece.

Já numa visão mais educada, o Humano Ser desperto reconhece cada vez mais sua penúria moral. Resultado: deixa de se analisar somente com o intelecto e seus recursos de reflexão para se permitir conhecer-se numa condição de ser vivente, atuante e real, independent das limitações impostas pela conceituação geral ou mesmo pelas formas pessoais e particulares que imprimiu até então aos padrões absorvidos das vivências gerais que a sociedade impõe. Desse modo, começa a *ouvir e ver* em nova dimensão, atendendo ao apelo do Crucificado, cheio de alegria, como Ele mesmo propôs:

> Felizes sois vós, quando vos injuriarem e perseguirem e caluniosamente disserem de vós todo o mal, por minha causa; alegrai-vos e exultai, porque grande é vossa

recompensa nos céus. Pois do mesmo modo também perseguiram os profetas que antes de vós existiram. (Mt 5:11-16.)

Prezado leitor: observe que interessante: desde o filósofo, biólogo e antropólogo inglês Herbert Spencer (1820-1903) ficou aceito que a inteligência (entenda-se intelectualidade) é a principal faculdade, o mais seguro meio para se conseguir o conhecimento e abranger o domínio da vida e da evolução. Mas veio o filósofo e diplomata francês Henri Bergson (1859-1941), provando que a inteligência, por si só, é impotente para abranger a vida e a evolução, porque a *parte* não pode abranger o *todo*, nem o *fato* reabsorver sua *causa*. Então, o que fez ele? No lugar da inteligência coloca a intuição, que, ao invés de conectar os conceitos à experiência, dispensa a análise inteligente da teoria, oferecendo outra via para o conhecimento. Seu pensamento está fundamentado na afirmação da possibilidade de o Real ser compreendido pelo homem por meio da intuição da duração.

Outrossim, na *Crítica da Razão Pura*, o grande filósofo de Königsberg – Immanuel Kant (1724-1804) – demonstrou que a razão humana, isto é, a razão superficial de que falamos, por si mesma nada podia perceber, nada provar do que respeita às realidades do mundo transcendental, às origens da vida, ao espírito, à alma, a Deus. Dessa argumentação infere-se, lógica e necessariamente, a consequência de que existe em nós um princípio, uma razão mais profunda que, por meio da revelação interior, nos inicia nas verdades e leis do mundo espiritual – a intuição.

O estudo da obra de Bergson nos mostra, em certos pontos, semelhanças notáveis com a Doutrina Espírita. A vida da criatura, afirma ele, é o resultado de uma evolução anterior ao nascimento. Existe um encadeamento, uma continuidade na transformação, no progresso, e, ao mesmo tempo, existe uma conservação do passado no presente. Ele admite, como nós, que esse passado está gravado na consciência profunda e marca a evolução paralela do ser orgânico e do ser consciente.

Diz o diplomata francês:

[...] Que somos nós, que é o nosso caráter senão a condensação da história que temos vivido desde nosso nascimento, e mesmo antes dele, pois que já trazemos conosco disposições pré-natais?

[...] A vida é o prosseguimento da evolução pré-natal e a prova disso é que muitas vezes fica impossível afirmar se estamos tratando com um organismo que envelhece ou com um embrião que continua a progredir.

> [...] O progresso é constante e prossegue indefinidamente: o progresso invisível, sobre o qual o ser visível se sobrepõe no espaço de tempo que percorrerá na Terra. Quanto mais mantemos a atenção nesta continuidade de vida, tanto mais veremos a evolução orgânica aproximar-se da evolução consciente, em que o passado atua sobre o presente, para dele fazer brotar uma nova forma, que é a resultante das anteriores. (*Evolução Criadora*, cap. I.)

Sobre a dicotomia inteligência/intuição, a mãe da Teosofia, Helena Blavatsky, diz em *A Voz do Silêncio, Primeiro Fragmento*, que:

> [...] Antes que a Alma (*Eu* ou *Manas*) possa compreender e recordar, ela deve primeiro unir-se ao Falador Silencioso, como a forma que é dada ao barro se uniu primeiro ao espírito do escultor.

Pois é. No dia em que a ciência admitir, oficialmente, a existência do Espírito e sua sobrevivência após a morte física, aproximar-se-á dessas faces misteriosas da alma humana, com as quais esta se limita com a presciência divina e pelas quais se revelam sua íntima essência e sua imensa evolução.

Com o desenvolvimento dessas faculdades, podemos entrever o aparecimento de uma raça de Homens (*Homos angelicus*) que nos superará em poder, tanto quanto o *Homo sapiens sapiens* superou o primata. Então a criatura humana se apresentará com toda a sua grandeza; veremos que ela possui profundos mananciais de vida, onde sempre pode retemperar-se, e que possui picos iluminados pela luz da eterna verdade.

Temos a convicção de que a intuição será a próxima etapa evolutiva da inteligência, dado que os processos indutivo e dedutivo – explicados em nosso livro *A Filosofia da História, sob a Visão Espiritual* (Editora AGE, 2019) – já esgotaram suas possibilidades cognitivas. O nosso estado consciente será apenas a ponta emergente de um vasto *iceberg* submerso no oceano cósmico da Divindade. Em suma, intuição será a penetração do consciente na esfera do superconsciente. É como já vive o Homem Cósmico, conquanto enclausurado no ergástulo terreno.

Vejamos a notável exposição do Espírito Ramatis, sobre a intuição, contida no livro *Mensagem do Astral*, capítulo XVII:

> [...] A Voz Silenciosa só é ouvida depois que a mente se liberta de qualquer condicionamento psicológico, religioso, doutrinário, acadêmico ou científico do mundo exterior. A mente deve estar limpa de todas as fórmulas familiares, agradáveis ou desagradáveis, do mundo transitório.; há que assemelhar-se à chapa virgem,

da fotografia, para que novas impressões não se confundam ou se deformem no fundo das velhas ideias estratificadas.

Os estudantes orientais entregam-se ao êxtase sem premeditação, e procuram ouvir a Voz sem Som do Espírito Cósmico que está em todos nós. Eles não opõem barreiras humanas construídas, compiladas ou repetidas por sábios, cientistas, filósofos ou instrutores, que são outros homens criados por Deus e não podem saber mais do que a própria Voz de Deus soando no interior da alma. E nessa captação da Fonte Pura de todo o conhecimento, sem objeção e sem desconfiança, sem premeditações ou apartes flui-lhes, então, a melhor solução das coisas da Vida.

E, como não podem explicar aquilo que sentem no *samadhi*, ou no êxtase, quando o *Eu Sou* está acima do pensamento humano, limitam-se a sorrir, tolerantes, quando os ocidentalistas lhes fazem indagações obscuras ou intoxicadas pelo excessivo intelectualismo das milenárias repetições dos homens. Não podendo transmitir a experiência que também teria que ser vivida pelos seus opositores acadêmicos, científicos ou filosóficos, o recurso é aguardarem o despertamento dos outros.

Deixaremos claro, desde já, que Allan Kardec não abordou, em toda Codificação Espírita, o tema *intuição* propriamente dito. Trouxe sim, em *O Livro dos Médiuns*, no capítulo XV, itens 180 a 183, com extraordinária acuidade, a temática *inspiração*, fazendo dela uma variante do que intitulou *mediunidade intuitiva*. Quando usou, também em *O Livro dos Médiuns*, o termo *intuição*, de forma solta, trouxe a conotação de *vaga ideia*, *vaga lembrança*. E ao se utilizar do vocábulo *intuição*, como modo de comunicação, preferiu chamá-la de *voz da consciência* (cf. *Revista Espírita* de março de 1869).

Cabe-nos, portanto, entender a diferença entre inspiração e intuição. A intuição, se comparada à inspiração, diferencia-se no tocante às informações estarem relacionadas, quase sempre, às questões de atualidade e pode aplicar-se ao que esteja fora das capacidades intelectuais do ser; isto é, completamente estranho. A inspiração, por sua vez, se estende num campo mais amplo e, a seu turno, vem em auxílio das capacidades e das preocupações do Espírito encarnado. Na inspiração, o Humano Ser, sem sair do seu estado normal, ou seja, sem estar em transe anímico ou mediúnico – pode ter relâmpagos de uma lucidez intelectual que lhe dá, momentaneamente, desabitual facilidade de concepção e de exprimir-se. Nesses momentos, as ideias abundam, sob impulso involuntário e quase febril. Isso se dá porque uma inteligência superior nos vem ajudar e que nos desembaraçamos de um fardo. As inspirações são ideias surgindo internamente, embora sendo mensagem de emissão externa.

Na intuição, PODEM as informações estar fora da capacidade intelectiva, enquanto na inspiração as informações NÃO ESTÃO. Na intuição, há relação com questões sociais da vida atual – revelações de vária ordem. A inspiração, contudo, vem em auxílio da capacidade e de preocupações do encarnado – de seu cotidiano. Por fim, na intuição o Humano Ser entra em estado alterado de consciência (em transe), ainda que seja por milésimos de segundos. Na inspiração, porém, jamais há transe. Assim sendo, toda inspiração é uma intuição; todavia, nem toda intuição é uma inspiração.[2]

Posto isso, perguntar-se-ia: como fazer para desenvolver a intuição? Esta pergunta foi feita ao Espírito Emmanuel, e ele responde da seguinte maneira, na obra O Consolador, na questão 122:

> [...] O campo do estudo perseverante, com o esforço sincero e a meditação sadia, é o grande veículo de amplitude da intuição, em todos os seus aspectos.

Caro leitor: quem assimila o conhecimento não se contenta com o que lhe ensina a teoria: lança-se à aplicação do que já sabe, buscando entesourar o que somente a prática é capaz de transmitir. Os que estudam uma doutrina voltada ao bem, com interesse, procurando vivenciá-la, desenvolvem a capacidade de intuir, penetrando o espírito da letra e alcançando níveis superiores no que tange a interpretação da Verdade. Estudai e bebereis diretamente na fonte a água que vos saciará toda a sede.

Pietro Ubaldi, em sua obra As Noúres, capítulo II, disserta com propriedade, trazendo a diferença entre mediunidade e intuição, dizendo que esta:

> Não é mediunidade física, de efeitos materiais, que lança mão de centros humanos e subumanos, de caráter barôntico. Não é mediunidade intelectual inconsciente, em que o médium funciona como simples instrumento e cuja consciência se afasta no momento da recepção. É, porém, mediunidade intelectual consciente no plano superior em que trabalha e para o qual se desloca, na plenitude de suas forças. É, portanto, mediunidade do tipo mais elevado e chego quase a duvidar que em tais níveis possa ainda subsistir toda a estrutura da concepção espírita comum, e se a tudo isso se possa chamar mediunidade, porquanto ela coincide e se confunde com o fenômeno da inspiração artística, do êxtase místico, da concepção heroica, da abstração filosófica e científica, fenômenos todos

que possuem um fundo comum e que se reduzem, não obstante as diferenças particulares, ao mesmo fenômeno de visão da verdade no absoluto divino. Nesses momentos, que são chamados, justamente, de inspiração – diz Allan Kardec no seu *Livro dos Médiuns* – as ideias abundam, se seguem e se encandeiam por si mesmas, sob um impulso involuntário e quase febril; parece-nos que uma inteligência superior vem ajudar-nos e que nosso espírito se haja desembaraçado de um fardo.

Chegamos ao fim deste texto certos de que a mediunidade ainda representa a alvorada de novas percepções para o Humano Ser do futuro, quando, pelo avanço da mentalidade do mundo, veremos se alargar a janela acanhada dos nossos sentidos, e a intuição será, **de forma generalizada,** o modo pelo qual haverá o diálogo entre as duas dimensões – física e extrafísica –, atingindo níveis elevados de interação com a Mente Cósmica. A mediunidade, que ainda se faz presente em nosso orbe – e cabe ao Espiritismo o áspero trabalho de demonstrar seu valor probatório – é para os cegos do espírito. Apenas para nos estimular o zelo e as virtudes é que Deus permite que os Espíritos se manifestem entre os encarnados. No entanto, se cada um de nós quisesse, bastaria a nossa própria vontade e a ajuda de Deus.

Ora:

[...] As manifestações espíritas unicamente se produzem para os de olhos fechados e corações indóceis. (São Vicente de Paulo, *O Evangelho Segundo o Espiritismo*, capítulo XIII, item 12).

E pasmem:

[...] Pela vontade podemos governar a matéria e desprender-nos de seus laços para vivermos numa esfera mais livre, a esfera da vida superconsciente [intuitiva]. Para isso é mister uma coisa, espiritualizar-nos, voltar à vida do Espírito por uma concentração perfeita de nossas forças interiores. Então, achamo-nos face a face com uma ordem de coisas que nem o instinto, nem a experiência, nem mesmo a razão pode perceber.

A alma, em sua expansão, pode quebrar a parede de carne que a encerra e comunicar-se por seus próprios sentidos com os mundos superiores e divinos. É o que têm podido fazer os videntes e os verdadeiros santos, os grandes místicos de todos os tempos e de todas as religiões. (Leon Denis, *O Problema do Ser, do Destino e da Dor*, cap. XXI.)

Saboreemos, portanto, a deliciosa volúpia do saber intuitivo. Necessário se faz nos libertar, pela intuição, da estreiteza da vida cotidiana, a cujas limitadas dimensões tendemos a nos moldar. Para o Humano Ser obter as concepções claras da Vida, somente elevando a alma acima das operações ordinárias do pensamento, em que infelizmente ainda se encontram os preconceitos filosóficos, as ideias errôneas, a vaidade científica, as ilusões a respeito do que o cerca. É mister se libertar, através da intuição, da estreiteza da vida cotidiana, a cujas limitadas dimensões tendemos a nos moldar. Hóspedes temporários na Terra, não passemos por ela assemelhando-nos a um analfabeto do espírito ou a um aluno de escola primária, em face da verdadeira sapiência – a intuição.

Com sabedoria, diz o filósofo espiritualista Huberto Rohden (1893-1981):

> Falar é bom; calar é melhor; pensar é necessário; intuir é o suficiente. Falar afugenta o pensamento; pensar afugenta a intuição.

Amigo leitor: somente aqueles que se habituam ao silêncio ausculstativo verificam que o Universo todo é um deserto povoado, uma vacuidade sonora. Certa vez, perguntaram a Heráclito de Éfeso o que ele aprendeu em decênios de filosofia. Ele respondeu: "Aprendi a falar comigo mesmo". Os que vivem como o efésio, e Einstein foi um exemplo, quando estão no convívio com outras pessoas, se ficam dois minutos em silêncio, já lhe perguntam se está zangado. Se ficam cinco minutos em silêncio, questionam-no se está doente. Eis aqui uma verdade: quem não mergulhou no silêncio-plenitude, só pode falar vacuidades; talvez brilhantes vacuidades, como bolhas de sabão.

Permita-nos, caro leitor, um derradeiro apelo à nossa ínfima condição moral, uma última exortação:

> Os sonhos dos poetas, as visões dos místicos, as criações do gênio, as comprovações e demonstrações da Ciência, as realizações mais perfeitas da Arte são apenas ecos muito débeis e percepções pequeninas que os homens, com melhores dotes, captam como em um relâmpago quando a matéria, dominada por poucos instantes, permite que a alma possa entrever alguns pálidos reflexos do mundo divino. (León Denis, *Espiritismo na Arte*, frase de abertura da obra.)

Nota

1. Salientamos que fizemos uma sintaxe da palavra *influenciar*. O resultado disso trouxe-nos uma concepção racional cujo próprio verbo fala por si mesmo. E isso não

desmerece de forma alguma as frases lidas nas obras da Revelação Espírita (*O Livro dos Espíritos*) e da Codificação Espírita (*O Livro dos Médiuns, O Evangelho Segundo o Espiritismo, O Céu e o Inferno* e *A Gênese*), primeiro porque Allan Kardec, em toda sua literatura, não utilizou o substantivo feminino intuição como uma espécie de sabedoria interior.

Malgrado, quando o mestre lionês desejava falar do verbo *influenciar*, em *O Livro dos Espíritos*, a maioria das vezes diz respeito à **influência da matéria**. E quando o assunto era sobre a intervenção de algum Espírito desencarnado sob um encarnado, utilizou-se do verbo *influenciar* seguido **de um adjetivo (bom ou mau)**. Vejamos alguns poucos exemplos:

> [...] As comunicações dos Espíritos com os homens são ocultas ou ostensivas. As ocultas se verificam pela **influência boa ou má** que exercem sobre nós, à nossa revelia. (*O Livro dos Espíritos,* Introdução, VI.)
>
> [...] Desde que **sobre ti atuam influências más**, é que as atrais, desejando o mal; porquanto os Espíritos inferiores correm a te auxiliar no mal, logo que desejes praticá-lo. (*O Livro dos Espíritos*, perg. 456.)

Já em *O Livro dos Médiuns*, Kardec referia-se, muitas vezes, à palavra *influenciar* quando desejava mostrar quão decisivo era o médium nos fenômenos de efeitos físicos e inteligentes. Observemos:

> [...] No curso desta obra, teremos ocasião de mostrar a parte que se deve **atribuir à influência das ideias do médium**. Todavia, tão numerosos e evidentes são os fatos em que a inteligência estranha se revela por meio de sinais incontestáveis, que não pode haver dúvida a respeito. O erro da maior parte dos sistemas, que surgiram nos primeiros tempos do Espiritismo, está em haverem deduzido, de fatos insulados, conclusões gerais. (*O Livro dos Médiuns*, cap. IV, item 45.)
>
> IX. Será com os seus próprios membros, de certo modo solidificados, que os Espíritos levantam a mesa? Esta resposta ainda não te levará até onde desejas. Quando, sob as vossas mãos, uma mesa se move, o Espírito haure no fluido universal o que é necessário para lhe dar uma vida factícia. Assim preparada a mesa, **o Espírito a atrai e move sob a influência do fluido que de si mesmo desprende, por efeito da sua vontade.** (Allan Kardec, *O Livro dos Médiuns*, Das Manifestações Físicas, cap. IV, item 74.)

Em *O Evangelho Segundo o Espiritismo,* por ser uma obra de conteúdo eminentemente moral, o verbo influenciar irá aparecer, quase sempre, relacionado ao caráter de tal influência. Vejamos:

> [...] Deus, em nosso anjo guardião, nos deu um guia principal e superior e, nos Espíritos protetores e familiares, guias secundários. Fora erro, porém, acreditarmos que forçosamente, temos um mau gênio ao nosso lado, para con-

trabalançar **as boas influências que sobre nós se exerçam.** (Allan Kardec, *O Evangelho Segundo o Espiritismo, Coletânea de Preces Espíritas,* II, item 11.)

Encerramos esta nota explicativa, acreditando que foi até por demais desnecessária, informando que se todos nós, os encarnados (aproximadamente 8 bilhões de criaturas humanas), e de desencarnados (em torno de 32 bilhões de Espíritos), obviamente que a maioria das duas dimensões (física e extrafísica) ainda são compostas de Espíritos imperfeitos. Até mesmo porque:

> [...] Figure-se a Terra como um subúrbio, um hospital, uma penitenciária, um sítio malsão, e ela é simultaneamente tudo isso, e compreender-se-á por que as aflições sobrelevam aos gozos, porquanto não se mandam para o hospital os que se acham com saúde, nem para as casas de correção os que nenhum mal praticaram; nem os hospitais e as casas de correção se podem ter por lugares de deleite. (Allan Kardec, *O Evangelho Segundo o Espiritismo,* cap. III, item 6.)

E mais:

> [...] Os Espíritos em expiação, se nos podemos exprimir dessa forma, são exóticos na Terra; já viveram noutros mundos, donde foram excluídos em consequência da sua obstinação no mal e por se haverem constituído, em tais mundos, causa de perturbação para os bons. Tiveram de ser degredados, por algum tempo, para o meio de Espíritos mais atrasados, com a missão de fazer que estes últimos avançassem, pois que levam consigo inteligências desenvolvidas e o gérmen dos conhecimentos que adquiriram. Daí vem que os Espíritos em punição se encontram no seio das raças mais inteligentes.
> [...] A Terra, conseguintemente, oferece um dos tipos de mundos expiatórios, cuja variedade é infinita, mas revelando todos, como caráter comum, o servirem de lugar de exílio para Espíritos rebeldes à Lei de Deus. (Santo Agostinho, *O Evangelho Segundo o Espiritismo,* cap. III, itens 14 e 15.)

Ora, como não estaríamos, na maioria de nossos dias, mergulhados em ondas eletromagnéticas (que constituem os pensamentos de encarnados e desencarnados) imperfeitas, nocivas e perversas? É uma questão de raciocínio lógico. Por isso, em *O Livro dos Espíritos,* na questão 459, dizem que os Espíritos influem em nossos pensamentos e em nossos atos muito mais do que imaginamos, e, de ordinário, são eles que nos dirigem. Posto isso, deveríamos dizer: – Infelizmente, porquanto não podem ser por caminhos que não sejam tortuosos.

2. Comumente, entende-se por inspiração uma voz que venha de fora do Humano Ser, através dos ouvidos corpóreos, porque o homem profano só admite um Deus externo, transcendente, e nada sabe de um Deus interno, imanente. Os que vivem o Bem, sabem que "o espírito de Deus habita no ser", que a alma humana é o próprio espírito divino em forma individualizada. Enquanto esse espírito divino está adormecido no indivíduo, não há inspiração; mas se despertar para as verdades eternas, em grande

silêncio interior, haverá inspiração divina. Nunca Deus falou a uma criatura humana através dos sentidos materiais; quando se revela, é através da alma, que é Deus no Homem. Naturalmente, o ser habituado a haurir os seus conhecimentos através dos objetos externos, julga ter ouvido Deus de fora; a força do hábito o leva a objetivar a sua experiência subjetiva. Geralmente, objetiva Deus em forma de luz ou de som, mesclando os ingredientes dos sentidos e do intelecto com as suas experiências espirituais, e a puríssima inspiração de Deus sai misturada com impuros aditamentos humanos. Somente no caso de a alma humana ter adquirido a experiência sofrida da abnegação e do devotamento, o homem contará com recipientes puros para *sentir Deus*. Ora, aqui vale o brocardo filosófico: "O recebido está no recipiente segundo o modo do recipiente".

Os que aceitam a Bíblia *de capa a capa* como puríssima inspiração de Deus, na forma em que possuímos esse livro, não é crível compreender como Deus tenha dado, antigamente, revelações tão imperfeitas, a saber: apedrejamento das adúlteras (cf. Jo 8:1-11), mas não dos adúlteros; matança de crianças inocentes (cf. Ester 3:13; Salmo 137:9). Os que sabem que toda a inspiração e revelação é um processo endógeno, ou seja, de dentro para fora, é o UNO do Universo, a alma invisível do Todo, que entra em ação, ao passo que os seres bons e caridosos são canais do VERSO, e funcionam apenas como simples veículos e transmissores.

Não nos esqueçamos de que a nota-chave do Universo é variedade, assim como a unidade é a nota do não manifesto, do Incondicionado – do UNO que não conhece outro além de si mesmo.

EPÍLOGO

Encerraremos este livro relembrando os pelagianos – seita criada por um monge galês (britânico), que vivia em Roma, chamado Morgan (?-†). Por ter vindo dos pélagos do norte, passou a ter alcunha de Pelágio. Nessa mesma época, vivia Aurelius Augustinus (354-430), que tinha o ponto de vista segundo o qual a bondade não é possível sem a intervenção da Graça Divina. Morgan se deu conta de que muitas pessoas estavam usando essa doutrina como desculpa para suas lassidões morais, mantendo-se no amolamento de caráter, na *zona de conforto espiritual*, por assim dizer. Ora, não fazia sentido esforçar-se para ser bom se isso dependia da intervenção da Graça Divina, pensava Pelágio.

No âmbito da Teologia, a concessão da Graça consiste no dom sobrenatural concedido por Deus como meio de salvação, em decorrência da Divina Misericórdia do Pai. Isso constitui uma dádiva arbitrária, que viola as leis do equilíbrio universal, pois seriam beneficiados uns e outros não. Ademais, óbvio que seria uma flagrante injustiça por parte do Sempiterno. Deus é amor. E o amor, fonte inexaurível, por ser oriundo Dele, não beneficia fulano olvidando sicrano.

Agostinho e Pelágio foram dois exímios pensadores do século V. Em verdade, os dois defendiam a mesma verdade, mas cada um encarava a natureza humana unilateralmente e, com isso, não encontravam denominador comum para sua filosofia e teologia. Os dois conseguiram elucidar o quanto possível os argumentos de sua tese – fosse ela a alorredenção de Agostinho, fosse ela a autorredenção de Pelágio.

Mas Jesus, o Cristo, já havia se pronunciado a respeito da intervenção Divina em Suas preconizações. Lee-se no Novo Testamento algumas passagens que traremos a seguir:

> Eu não posso de mim mesmo fazer coisa alguma. Como ouço, assim julgo; e o meu juízo é justo, porque não busco a minha vontade, mas a vontade do Pai que me enviou. (Jo 5:30.)

Pois Eu desci do céu, não para fazer a minha própria vontade, mas a vontade daquele que me enviou. (Jo 6:38.)

Não sabereis que Eu sou e que nada faço por mim mesmo, mas falo como me ensinou o Pai. E quem me enviou está comigo. Não me deixou sozinho, porque faço sempre o que lhe agrada. (Jo 8:28-29.)

Não crês tu que eu estou no Pai, e que o Pai está em mim? As palavras que eu vos digo não as digo de mim mesmo, mas o Pai, que está em mim, é quem faz as obras. (Jo 14:10.)

Será que o Crucificado não tinha vontade própria? Não tinha poder sobre suas palavras? Não era responsável pelos seus atos? Claro que não deve ser esse o pensamento a respeito de Jesus, o Cristo.

Suas inolvidáveis frases queriam dizer que os pensamentos, elevados pelas ações do amor e da fé (que são inseparáveis na prática), não mais pertencem àqueles que amam, e passam a ser uma vibração do Infinito, radiação cósmica, inspiração divina. Dessa forma, os servos da vontade do Senhor tornam-se simples CANAL passivo e não mais FONTE ativa de seus pensamentos, ou seja, de seu *ego periférico*.

Todo erro consiste em nós nos acharmos FONTES ao invés de CANAIS. Só Deus é FONTE. O Universo é uma gigantesca emissora de Vida e Pensamento.

O pensador não CAUSA a Graça Divina. Todos nós a captamos do Infinito (via intuição), na medida da nossa receptividade, e canalizamos do Todo de acordo com a nossa idoneidade. Quem se considera FONTE, quando é apenas CANAL, ignora a sua função. Nenhum ser dos Reinos Inferiores da Natureza considera-se FONTE, pois todos funcionam instintivamente como CANAIS do Infinito, e, por isso, tudo na Natureza é harmonia e beleza. Ter fé é assinar uma folha em branco e deixar que Deus nela escreva o que quiser.

De fato, a verdadeira grandeza do ser não está naquilo que o seu *ego humano* faz, mas sim naquilo que ele é capaz de sacrificar e de sofrer sob o impacto e o império do seu *Eu divino* – eco individual da Realidade Substancial.

Paulo de Tarso também sabia o significado da Graça Divina quando disse:

Porque pela Graça [Divina] sois salvos, por meio da fé; e isso não vem de vós; é dom de Deus. (Ef 2:.8)

Pois bem. A Graça de Deus, que Agostinho entendia, não era apenas no sentido transcendente (alorredenção), mas também imanente (autorredenção) na criatura humana (cf. Jo 10:30,38; 14:28). O próprio filho de Mônica disse:

Mas eu caminhava por trevas e resvaladouros, e te buscava fora de mim, e não encontrava o Deus de meu coração; caí nas profundezas do mar. Eu perdera a confiança e desesperava de encontrar a verdade. (*Confissões*, cap. I, Livro VI.)

E mais adiante:

Tarde te amei, Beleza tão antiga e tão nova, tarde te amei! Eis que estavas dentro de mim, e eu lá fora, a te procurar! (*Confissões*, cap. XXVII, Livro X.)

Percebe, caro leitor, que o Deus de fora também é o Deus de dentro? Ora, Deus, que é infinitamente transcendente, é também infinitamente imanente. E o Humano Ser só chega a CONHECER a transcendência de Deus depois de VIVER a sua imanência, que, por sua vez, é ter de Deus a experiência mais verdadeira do que todos os filósofos e teólogos que O estudaram, mas não O viveram.

O filósofo/cristão africano sabia que a Graça Divina está em o indivíduo abrir caminho para o *Eu superior* se quisermos Sua presença. Mas apenas podemos fazê-lo pondo de lado os objetos, as condições e os seres que, pelo nosso apego a eles, bloqueiam a via de acesso à nossa consciência. Removê-los não vai adiantar, mas romper os apegos, sim, pois, desse modo, tornar-nos-emos receptivos às transmissões da Providência.

Quando vivemos a abnegação e o devotamento, pois essas duas palavras resumem todos os deveres que a caridade e a humildade nos impõem (cf. *O Evangelho Segundo o Espiritismo*, cap. VI, item 8), Deus nos descobre, e, então, temos absoluta certeza de Deus, não por provas analíticas (intelectuais), mas, sim, pela intuição (espiritual). Entretanto, se não vivermos de modo que Deus nos possa descobrir, discutiremos sobre Deus, mas não teremos certeza Dele. Certeza não é descobrir Deus; certeza é ser descoberto por Deus.

Perguntar-se-ia: mas como posso fazer para ser descoberto, invadido por Deus? Ora, quem quer luz solar na sua sala de estar deve abrir uma janela rumo ao sol, não é verdade? Simples assim. Devemos remover o obstáculo que impede essa invasão da luz solar da Divindade. Que obstáculo é esse? Ora, a ilusão de que o *ego* físico-mental, sempre profano e vazio, seja a Realidade do ser. Para colocar esse *inimigo* do *Eu* em seu devido lugar, **precisamos começar a nos desprezar por nossas fraquezas, a criticar nossa natureza inferior, chegando a odiá-la; eis aí o mais veemente sinal da vinda da Graça Divina.**

Mais uma vez citaremos o Apóstolo da Gentilidade:

Eu morro todos os dias; e é por isso que vivo. Já não sei se sou eu quem falo ou se é o Cristo que fala por mim (Gl 2:20.)

O Convertido de Damasco refere-se a destruir, diariamente, a representação mental (a imagem) que estava formada a respeito dele mesmo. Em outras palavras: *morrer* diariamente para todas as aflições, para todos os conflitos, para todas as lutas; somente assim existe *algo novo* em nossa existência. É necessário que o homem morra para o seu *ego estéril* a fim de que viva para o seu *Eu fecundo*.

Em O *Evangelho Segundo o Espiritismo*, capítulo V, item 26, o Espírito que se identifica como Anjo Guardião nos presenteou com a sugestão de como o *Eu central* – invisível alquimista de nosso verdadeiro ser –, é capaz de deixar o *ego periférico* na retaguarda. Vejamos:

> Vós, porém, que vos retirais do mundo, para lhe evitar as seduções e viver no insulamento, que utilidade tendes na Terra? Onde a vossa coragem nas provações, uma vez que fugis à luta e deserdais do combate? Se quereis um cilício, aplicai-o às vossas almas, e não aos vossos corpos; **mortificai o vosso Espírito**, e não a vossa carne; **fustigai o vosso orgulho**, recebei sem murmurar as humilhações; **flagiciai o vosso amor-próprio** [vosso *ego*]; enrijai-vos contra a dor da injúria e da calúnia, mais pungente do que a dor física. Aí tendes o verdadeiro cilício cujas feridas vos serão contadas, porque atestarão a vossa coragem e a vossa submissão à vontade de Deus.

E na mesma obra supracitada, no capítulo XXVII, item 11, está exarado pelo Espírito Georges:

> Não, a perfeição não está nisso: está toda nas reformas por que fizerdes passar o vosso Espírito. **Dobrai-o**, **submetei-o**, **humilhai-o**, **mortificai-o**: esse o meio de o tornardes dócil à vontade de Deus e o único de alcançardes a perfeição.

E com sabedoria, alude León Denis:

> Quando chega o declínio da vida, quando nossa existência, semelhante à página de um livro, vai voltar-se para dar lugar a uma página branca e nova, aquele que for sensato consulta o seu passado e revê os seus atos. Feliz quem nessa hora puder dizer: meus dias foram bem preenchidos! Feliz aquele que aceitou as suas provas com resignação e suportou-as com coragem! Esses, **macerando a alma**, deixaram expelir tudo o que nela havia de amargor e fel. (*Depois da Morte*, Primeira Parte, cap. XIII.)

Agindo assim, o *ego periférico* calar-se-á, aquietar-se-á, e, como que *automaticamente*, vislumbraremos o fato de que a Graça é a resposta à devoção que se aprofunda o suficiente para aproximarmo-nos de Deus. Resultado: o *Eu central*, o silêncio interior, o Cristo interno, finalmente sobrepujará a resistência interna do *ego*, que, a seu turno, se desfará em pedaços, e, sem embargo, os olhos em lágrimas. Isso é alorredenção, que, por sua vez, é também autorredenção.

Salientamos que o processo de personalização é um fenômeno intermediário, transitório, algo de provisório no evolucionismo humano, mas não um estado definitivo. O *ego*, portanto, não é, a bem dizer, o polo negativo externo do ser; e o *Eu* não é o seu polo positivo interno. O *ego* representa o estado evolutivo da criatura humana, a sua personalidade, a sua máscara, que vive na ilusão de ser uma entidade separada da Divindade.

Quando, porém, o *Eu* desperta devidamente e se põe na vanguarda da vida, aparece o indivíduo harmonioso que faz o grande tratado de paz com seu *Ego servidor*, sob o desejo do *Eu dominador* – essencialmente cósmico, porquanto representa a consciência da infinita Realidade, que, em última análise, é a Graça Divina (Deus).

Esse é o triunfo máximo do Humano Ser: fazer do tumultuoso *ego periférico* seu doce aliado e espontâneo servidor do silencioso *Eu central*.

Se Agostinho e Pelágio tivessem tido a noção nítida do autoconhecimento, que hoje assinala a mais avançada filosofia e psicologia profunda, não se teriam digladiado sobre alorredenção e autorredenção, sem chegarem a um acordo definitivo.

Por fim, deixaremos esta singela poesia a todos que leram desde o início esta obra, texto após texto. Acreditamos que a nossa proposta de conhecer o fenômeno humano em suas raízes profundas foi atingida. Iniciaremos o poema respondendo as perguntas que fizemos na parte III, último parágrafo do texto n.º 4 (*Sistema límbico*), na parte IV, antepenúltimo parágrafo do texto nº. 2 (*Memória e vontade*), bem como na parte IV, penúltimo parágrafo do texto n.º 4 (*E agora?*), e que prometemos ao leitor retomar a questão.

Mil graças pela honra que você, amigo leitor, nos deu em ler este tratado cujo Humano Ser é o maior dos fenômenos conhecidos no processo ontológico do Universo.

> Existe alguma maneira de INTERROMPER
> a atividade da amígdala cerebelar,
> já que ela nos deixa sob o comando de impulsos,
> sem sequer raciocinar?

Ah! INTERROMPER não é o verbo correto.
Podemos, sim, EVITAR que a amígdala cerebelar
COMECE sua espontânea atividade
e as emoções permaneçam como que em escrutínio secreto.

Mas se o córtex pré-frontal tem a função
de coordenar os pensamentos, com prudência e sabedoria,
como ele poderá realizar sua atribuição de colaborar com a mente,
se a amígdala cerebelar já saiu na frente, sem pedir franquia?

Aí estão as perguntas que não querem calar,
feitas outrora neste livro;
e o leitor aguarda a resposta direta,
sem que a razão exija crivo.

O vosso córtex pré-frontal
por agora irá funcionar;
é sinal de que vossas emoções estão controladas,
sem a ação da amígdala cerebelar.

Neste texto, portanto,
ireis raciocinar com tranquilidade reflexiva,
porque nada irá atrapalhar,
deixando-o na defensiva.

Ó, mas quão diferente
da azáfama de vosso dia a dia!
Quase não pareis para meditar,
Pensar, e, com isso, agir com maestria!

Nossos agradecimentos sinceros
a você que até aqui chegou.
Responder aquelas cruciais perguntas,
ninguém aqui negou.

Prometemos abordá-las,
com clareza e simplicidade,
conquanto vos possa espantar
sua verdadeira autenticidade.

Quem desejar reconhecer suas sombras,
esse é o primeiro passo desse curto caminho.
Se assim o fizerdes,
assemelhar-vos-ei a Santo Agostinho.

Não tão somente ao bispo de Hipona,
conhecido em sua reflexão como Espírito;
mas também ao filho de Mônica, em sua obra *Confissões*:
um dos maiores livros sobre autoconhecimento já escrito.

Depois de convertido, Agostinho
contemplava todos os pecados da sua juventude
pelo prisma do seu acendrado Cristianismo.
Exaltando o poder da graça divina,
sentia em si o desejo, talvez inconsciente,
de se reduzir ao último abismo.

As dores podem ser físicas ou morais,
apresentadas em várias circunstâncias.
Mas as pungentes angústias do coração,
sem embargo, têm maiores relevâncias.

As dores morais acham-se aquém
de qualquer outro tipo de padecimento.
Seu aguilhão não é brincadeira;
antes, é um convite ao nosso despertamento.

A dor moral vai até onde a Lei deseja.
Não há remédio que a debele.
Resta-nos, então, deixá-la doer,
até que a consciência se revele.

A dor, enquanto dói,
Não é amor.
É o simples grito do *ego*,
Em sua função de hostilizador.

Sendo assim, quando vossas emoções aflorarem,
nas mais adversas situações da existência,
dizeis ao *ego* que ele tem razão de se indignar,
pois não é vossa essência.

Agindo dessa forma,
o *Eu central* entra em ação,
para o lento córtex pré-frontal funcionar,
sintonizando-vos com Deus, a Criação.

Na vida prática,
apenas um exemplo vos iremos citar.
Não vos esqueçais, contudo,
que seguindo tal orientação,
de *louco* vos irão tachar.

Mas também assim
não chamaram o Crucificado?
Por que haveis de vos surpreender?
Todo aquele que O segue será vilipendiado!

Aqui vai a dica:
se alguém vos injuriar,
seja de qual nome for,
diga a si mesmo: "Obrigado, Senhor!"
E se existir alguma dúvida,
de que aquele alguém não disse a verdade,
de nada vai adiantar agradecer a Deus,
pois aí não há sinceridade.

Consequência? Vós tereis taquicardia
e vasoconstrição periférica da mesma maneira.
Ora, em verdade ninguém engana a si mesmo;
pensar o contrário é pura asneira.

É recado de Jesus assumirmo-nos verdadeiramente
como o mais enfermo dos doentes.
Em todas as Suas passagens evangélicas,
jamais os vimos ausentes.

Sem devaneio,
não foi para os sãos que Ele veio!

Reconhecendo, portanto, a miserabilidade de vossa alma,
quaisquer injúrias, pela frente ou pelas costas,
o corpo mental vai apenas confirmar com o corpo astral,
as CORRETAS informações já lá expostas.

O resultado só pode ser um:
o perispírito, sem pasmar,
deixar-se-á refletir no corpo físico,
e nada poderá fazer a amígdala cerebelar.

Isso se dá porque o hipocampo
não tem imagens de perigos para comparar,
pois sua lista está vazia.
Desse modo, a figura do observador
e da coisa observada não mais se cria.

Com efeito, espontaneamente vós permanecereis
com as emoções bem articuladas, ou seja, estoicos, serenos.
O córtex pré-frontal, então, vai assimilar aquelas injúrias,
sem medo e com piedade, conforme preconizou o Nazareno.

REFERÊNCIAS

AGOSTINHO, *A Cidade de Deus*, 1ª ed., Editora Vozes Ltda., Petrópolis, RJ, 2012.

_____, *Confissões*, 19ª ed., Paulus, São Paulo, SP, 2006.

_____, *O Livre Arbítrio*, 1ª ed., Centaur Editions (eBook), 2013.

ALMEIDA, João Ferreira de Almeida. *Bíblia Sagrada Almeida Corrigida Fiel*, 1ª ed., Sociedade Bíblica Trinitariana do Brasil, Belenzinho, SP, 1994.

ÂNGELIS, Joanna de (Divaldo Pereira Franco). *Amor Imbatível Amor*, 12ª ed., Livraria Espírita Alvorada, Salvador, BA, 1998.

_____, Joanna de (Divaldo Pereira Franco). *Atitudes Renovadas*, 6ª ed., LEAL, Salvador, BA, 2014.

_____, Joanna de (Divaldo Pereira Franco). *Autodescobrimento*, 5ª ed., Livraria Espírita Alvorada, Salvador, BA, 1981.

_____, Joanna de (Divaldo Pereira Franco). *Estudos Espíritas*, 5ª ed., Livraria Espírita Alvorada, Salvador, BA, 1981.

_____, Joanna de (Divaldo Pereira Franco). *Messe de Amor*, 1ª ed. eletrônica, Editora Leal Publisher, Miami Beach, FL, 2014.

_____, Joanna de (Divaldo Pereira Franco). *O Amor como Solução*, 1ª ed., Livraria Espírita Alvorada, Salvador, BA, 2006.

_____, Joanna de (Divaldo Pereira Franco). *Psicologia da Gratidão*, 2ª ed., Livraria Espírita Alvorada, Salvador, BA, 2014.

_____, Joanna de (Divaldo Pereira Franco). *Triunfo Pessoal*, 7ª ed., LEAL, Salvador, BA, 2013.

ÁUREO (Hernani Trindade Santana). *Universo e Vida*, 5ª ed., Federação Espírita Brasileira, Rio de Janeiro, RJ, 1978.

BARSANULFO, Eurípedes (João Berbel). *O Livro dos Fluidos*, 5ª ed., DPL, São Paulo, SP, 1999.

BERGSON, Henri. *A Evolução Criadora*, 1ª ed., Editora UNESP, São Paulo, SP, 2010.

_____, Henri. *Ensaio Sobre os Dados Imediatos da Consciência*, 1ª ed., Edipro, São Paulo, SP, 2020.

_____, Henri. *Matéria e Memória*, 4ª ed., Editora WMF Martins Fontes, São Paulo, SP, 2010.

BESANT, Annie. *A Doutrina do Coração*, 1ª ed., Editora Teosófica, Brasília, DF, 2012.

_____, Annie. *A Sabedoria Antiga*, 2ª ed., Editora Record, Rio de Janeiro, RJ, 1977.

BLAVATSKY, Helena. *A Voz do Silêncio*, 1ª ed., FV Éditions, e-book, 2013.

BOZZANO, Ernesto. *Pensamento e Vontade*, 11ª ed., Federação Espírita Brasileira, Rio de Janeiro, RJ, 2006.

CARVALHO, Vianna de (Divaldo Pereira Franco). À *Luz do Espiritismo*, 4ª ed., Livraria Espírita Alvorada, Salvador, BA, 2000.

_____, Vianna de (Divaldo Pereira Franco). *Espiritismo e Vida*, 1ª ed., Livraria Espírita Alvorada, Salvador, BA, 2009.

_____, Vianna de (Divaldo Pereira Franco). *Médiuns e Mediunidade*, 7ª ed., Livraria Espírita Alvorada, Salvador, BA, 1990.

_____, Vianna de (Divaldo Pereira Franco). *Princípios Espíritas*, 1ª ed., Livraria Espírita Alvorada, Salvador, BA, 1992.

_____, Vianna de (Divaldo Pereira Franco). *Reflexões Espíritas*, 1ª ed., Livraria Espírita Alvorada, Salvador, BA, 1992.

CERVINO, Jayme. *Além do Inconsciente,* 1ª ed., Federação Espírita Brasileira, Rio de Janeiro, RJ, 1968.

CHARDIN, Teilhard de. *Comment je Crois*, Paris: Seuil, 1969.

_____, Teilhard de. *O Fenômeno Humano*, 1ª ed., Editora Cultrix, São Paulo, SP, 2006.

_____, Teilhard de. *O Meio Divino*, 2ª ed., Editora Vozes, Petrópolis, RJ, 2014.

_____, Teilhard de. *Sobre o Amor*, 1ª ed., Versus Editora, Campinas, SP, 2005.

CROOKES, Willian. *Fatos Espíritas*, 8ª ed., Federação Espírita Brasileira, Rio de Janeiro, RJ, 1971.

DENIS, Léon. *Depois da Morte*, 28ª ed., Federação Espírita Brasileira, Brasília, DF, 2012.

_____, Léon. *No Invisível*, 1ª ed. especial, Federação Espírita Brasileira, Brasília, DF, 2008.

_____, Léon. *Espiritismo na Arte*. 1ª ed., CELD, Rio de Janeiro, RJ, 2016.

_____, Léon. *O Mundo Invisível e a Guerra*, 1ª ed., CELD, Rio de Janeiro, RJ, 2016.

_____, Léon. *O problema do ser, do destino e da dor*, 26ª ed., Federação Espírita Brasileira, Rio de Janeiro, RJ, 1919.

_____, Léon. *O Grande Enigma*, 3ª ed., CELD, Rio de Janeiro, RJ, 2011.

DURANT, Will. *A Filosofia de Schopenhauer*, Editora Tecnoprint, Rio de Janeiro, RJ.

EINSTEIN, Albert. *Como Vejo o Mundo*, 11ª ed., Editora Nova Fronteira, Rio de Janeiro, RJ, 1953.

EMMANUEL, (Francisco Cândido Xavier). *Calma*, 1ª ed., Grupo Espírita Emmanuel (GEEM), São Bernardo do Campo, SP, 2010.

_____, (Francisco Cândido Xavier). *Ceifa de Luz*, 2ª ed., Federação Espírita Brasileira, Brasília, DF, 2019.

_____, (Francisco Cândido Xavier). *O Consolador*, 24ª ed., Federação Espírita Brasileira, Rio de Janeiro, RJ, 1940.

_____, (Francisco Cândido Xavier). *Pensamento e Vida*, 19ª ed., Federação Espírita Brasileira, Brasília, DF, 2013.

_____, (Francisco Cândido Xavier). *Roteiro*, 14ª ed., Federação Espírita Brasileira, Brasília, DF, 2013.

ERNY, Alfred. *O Psiquismo Experimental*, 4ª ed., Federação Espírita Brasileira, Rio de Janeiro, RJ, 1995.

FLAMMARION, Camille. *Deus na Natureza*, 6ª ed., Federação Espírita Brasileira, Rio de Janeiro, RJ, 1937.

_____, Camille. *Narrações do Infinito*, 6ª ed., Federação Espírita Brasileira, Rio de Janeiro, RJ, 1938.

_____, Camille. *Urânia*, 9ª ed., Federação Espírita Brasileira, Brasília, DF, 2005.

GELEY, Gustav. *O Ser Subconsciente*, 3ª ed., Federação Espírita Brasileira, Rio de Janeiro, RJ, 1998.

GIBIER, Paul. *Análise das Coisas*, 6ª ed., Federação Espírita Brasileira, Rio de Janeiro, RJ, 2005.

GILSON, Étienne. *Introdução ao Estudo de Santo Agostinho*, 2ª ed., Discurso Editorial Paulus, São Paulo, SP, 2010.

HEGEL Georg Wilhelm Friedrich. *Fenomenologia do Espírito*, 1ª ed., Editora Livro Móvel (iBooks), 2017.

JOSEPHO, (Dolores Bacelar). *Alvorecer da Espiritualidade*, 1ª ed. Eletrônica, Editora Espírita Correio Fraterno, São Bernardo do Campo, SP, 2020.

KANT, Immanuel. *Crítica da Razão Prática*. Editora Martin Claret, São Paulo, SP, 2011.

_____, Immanuel. *Crítica da Razão Pura*. Editora Martin Claret, São Paulo, SP, 2011.

KARDEC, Allan. *A Gênese*, 48ª ed., Federação Espírita Brasileira, Rio de Janeiro, RJ, 1944.

_____, Allan. *Obras Póstumas*, 11ª ed., Federação Espírita Brasileira, Rio de Janeiro, RJ, 1957.

_____, Allan. *O Céu e o Inferno*, 48ª ed., Federação Espírita Brasileira, Rio de Janeiro, RJ, 1944.

_____, Allan. *O Evangelho Segundo o Espiritismo*, 43ª ed., Federação Espírita Brasileira, Rio de Janeiro, RJ, 1954.

_____, Allan. *O Livro dos Espíritos*, 33ª ed., Federação Espírita Brasileira, Rio de Janeiro, RJ, 1974.

_____, Allan. *Revue Spirite de 1858*, 1ª ed., EDICEL, São Paulo, SP, 1985.

_____, Allan. *Revue Spirite de 1861*, 1ª ed., EDICEL, São Paulo, SP, 1985.

_____, Allan. *Revue Spirite de 1862*, 1ª ed., EDICEL, São Paulo, SP, 1985.

_____, Allan. *Revue Spirite de 1864*, 1ª ed., EDICEL, São Paulo, SP, 1985.

_____, Allan. *Revue Spirite de 1865*, 1ª ed., EDICEL, São Paulo, SP, 1985.

_____, Allan. *Revue Spirite de 1866*, 1ª ed., EDICEL, São Paulo, SP, 1985.

_____, Allan. *Revue Spirite de 1867*, 1ª ed., EDICEL, São Paulo, SP, 1985.

_____, Allan. *Revue Spirite de 1868*, 1ª ed., EDICEL, São Paulo, SP, 1985.

LOMBROSO, Cesar. *Hipnotismo e Espiritismo*, 3ª ed., Livraria Allan Kardec Editora, São Paulo, SP, 1999.

LUIZ, André (Francisco Cândido Xavier). *Entre a Terra e o Céu*, 27ª ed., Federação Espírita Brasileira, Brasília, DF, 2020.

_____, André (Francisco Cândido Xavier). *Evolução em Dois Mundos*, 21ª ed., Federação Espírita Brasileira, Rio de Janeiro, RJ, 2003.

_____, André (Francisco Cândido Xavier). *Libertação*, 22ª ed., Federação Espírita Brasileira, Rio de Janeiro, RJ, 2002.

_____, André (Francisco Cândido Xavier). *Mecanismos da Mediunidade*, 24ª ed., Federação Espírita Brasileira, Rio de Janeiro, RJ, 2004.

_____, André (Francisco Cândido Xavier). *No Mundo Maior*, 27ª ed., Federação Espírita Brasileira, Brasília, DF, 2012.

MIRANDA, Hermínio C. *A Memória e o Tempo*, 8ª ed., Editora Instituo Lachâtre, Bragança Paulista, SP, 2013.

_____, Hermínio C. *Alquimia da Mente*, 3ª ed., Editora 3 de Outubro, Bragança Paulista, SP, 2010.

_____, Hermínio C. *Condomínio Espiritual*, 3ª ed., Editora 3 de Outubro, Bragança Paulista, SP, 2010.

MIRANDA, Manoel Philomeno de. *Nos Bastidores da Obsessão*, 12ª ed., Federação Espírita Brasileira, Rio de Janeiro, RJ, 2006.

_____, Manoel Philomeno de. *Grilhões Partidos*, 1ª ed. eletrônica, Livraria Espírita Alvorada, Salvador, BA, 2017.

_____, Manoel Philomeno de. *Transtornos Psiquiátricos e Obsessivos*, 1ª ed., Livraria Espírita Alvorada, Salvador, BA, 2008.

_____, Manoel Philomeno de. *Trilhas da Libertação*, 8ª ed., Federação Espírita Brasileira, Rio de Janeiro, RJ, 2006.

MYERS, Frederich. *A Personalidade Humana*, 1ª ed., EDIGRAF, 1968.

NEWTON, Isaac. *Princípios Matemáticos da Filosofia Natural*, 1ª ed., Editora da Universidade de São Paulo, São Paulo, SP, 2012.

PARMÊNIDES. *Da Natureza*, 3º ed., Edições Loyola, São Paulo, SP, 2013.

PEREIRA, Yvvone do Amaral. *O Drama da Bretanha*, 11ª ed., Federação Espírita Brasileira, Brasília, DF, 2015.

PLATÃO. *Diálogos. Timeu-Crítias*, 1ª ed., Centro de Estudos Clássicos e Humanísticos, Coimbra, Portugal, 2011.

PLOTINO. *Tratado das Enéadas*, 1ª ed., Polar Editorial, São Paulo, SP, 2002.

RAMATÍS. *Mensagens do Grande Coração*, 7ª ed., Editora do Conhecimento, Limeira, SP, 2004.

RODRIGUES, Amélia. *Até o Fim dos Tempos*, 3ª ed., Livraria Espírita Alvorada, Salvador, BA, 2000.

SÊNECA. *Como manter a calma –um guia clássico de como lidar com a raiva*, eBook, Editora Nova Fronteira, Rio de Janeiro, RJ, 2019.

SPINOZA, Baruch. *Ética*, 2ª ed., Editora Autêntica, Belo Horizonte, MG, 2016.

STEINER, Rudolf. *A Filosofia da Liberdade*, 3ª ed., Editora Antroposófica, São Paulo, SP, 2000.

TRISMEGISTO, Hermes. *O Caibalion*, 1ª ed., Editora Textos para Reflexão, eBook para eReaders v1.0, 2018.

UBALDI, Pietro. *A Grande Síntese*, 1ª ed., Federação Espírita Brasileira, Rio de Janeiro, RJ, 1939.

_____, Pietro. *A Técnica Funcional da Lei de Deus*, 2ª ed., Instituto Pietro Ubaldi, Campos dos Goytacazes, RJ, 1973.

_____, Pietro. *Ascese Mística*, 1ª ed., Federação Espírita Brasileira, Rio de Janeiro, RJ, 1939.

_____, Pietro. *O Sistema*, 2ª ed., Fundação Pietro Ubaldi, Rio de Janeiro, RJ, 1984.

_____, Pietro. *Problemas Atuais*, 2ª ed., Federação Espírita Brasileira, Rio de Janeiro, RJ, 1984.

VINÍCIUS, *Em Torno do Mestre*, 9ª ed., Federação Espírita Brasileira, Brasília, DF, 2015.